PSICOSSOMA III
INTERFACES DA PSICOSSOMÁTICA

PSICOSSOMA III
INTERFACES DA PSICOSSOMÁTICA

Rubens Marcelo Volich
Flávio Carvalho Ferraz
Wagner Ranña
(Orgs)

Aline C. Gurfinkel, Andréa Satrapa, Ângela F. C. Penteado,
Bernardo Bitelman, Cássia A. N. B. Bruno, Cristiane C. Abud,
Decio Gurfinkel, Lia Pitliuk, Márcia de Mello Franco,
Maria Helena Fernandes, Maria José F. Vieira, Maria Luiza S. Persicano,
Mariana T. Silveira, Mário Eduardo Costa Pereira, Mario Alfredo De Marco,
Mario P. Fuks, Nayra C. P. Ganhito, Paulo Schiller, Renata U. Cromberg,
Silvia L. Alonso, Sônia Maria R. Neves, Sidnei J. Casetto,
Themis R. Winter, Wilson C. Vieira

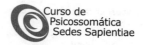

© 2003, 2010 Casapsi Livraria e Editora Ltda.
É proibida a reprodução total ou parcial desta publicação, para qualquer finalidade, sem autorização por escrito dos editores.

Agradecemos à Editora Rocco a autorização para a citação de *As novas doenças da alma*, de J. Kristeva (Trad. Joana Angélica D'Ávila Melo, Editora Rocco Ltda./Rio de Janeiro/RJ)

1ª Edição
2003

2ª Edição
2007

1ª Reimpressão
2010

2ª Reimpressão
2013

Editor
Ingo Bernd Güntert

Produção Gráfica
Renata Vieira Nunes

Capa
*Roberto Strauss a partir do quadro "Campo de trigo com corvos"
(Auvers, 1890), de Van Gogh*

Editoração Eletrônica
Helen Winkler

Revisão Gráfica
Adriane Schirmer

**Dados Internacionais de Catalogação na Publicação (CIP)
(Câmara Brasileira do Livro, SP, Brasil)**

Psicossoma III : interfaces da psicossomática / Rubens Marcelo Volich, Flávio Carvalho Ferraz, Wagner Ranña, organizadores. -- São Paulo : Casa do Psicólogo®, 2013.

1ª reimpr. da 2. ed. de 2007.
Vários autores.
Bibliografia.
ISBN 978-85-7396-266-6

1. Medicina psicossomática 2. Psicanálise 3. Distúrbio do sono na infância I. Volich, Rubens Marcelo II. Ranña, Wagner III. Ferraz, Flávio Carvalho

13-0359   CDD-616.8917

Índices para catálogo sistemático:
1. Psicossomática : Psicanálise

Impresso no Brasil
Printed in Brazil

As opiniões expressas neste livro, bem como seu conteúdo, são de responsabilidade de seus autores, não necessariamente correspondendo ao ponto de vista da editora.

Reservados todos os direitos de publicação em língua portuguesa à

Casapsi Livraria e Editora Ltda.
Rua Santo Antônio, 1010
Jardim México • CEP 13253-400
Itatiba/SP – Brasil
Tel. Fax: (11) 4524-6997
www.casadopsicologo.com.br

Sumário

Apresentação 9
Rubens Marcelo Volich
Flávio Carvalho Ferraz
Wagner Ranña

Considerações epistemológicas

As psicossomáticas 27
Paulo Schiller

Converter e somatizar 33
Sidnei José Casetto

A criança e o adolescente: seu corpo, sua história

A criança e o adolescente: seu corpo, sua história
e os eixos da constituição subjetiva 43
Wagner Ranña

Quadros colados: Relato de um caso de uma criança
com eczema 55
Mariana Telles Silveira

A maternagem como inscrição do desejo
no corpo infantil 69
Themis Regina Winter

Histeria: realidade psíquica, realidade somática

Realidade psíquica – Realidade somática:
o corpo na histeria 77
Silvia Leonor Alonso

Modos de ser: compondo com Espinosa e Rodulfo 91
Lia Pitliuk

Hipocondria

As formas corporais do sofrimento:
a imagem da hipocondria na clínica psicanalítica
contemporânea 107
Maria Helena Fernandes

Figuras da hipocondria: do paradoxo à revelação 131
Rubens Marcelo Volich

Transtornos alimentares

O mínimo é o máximo: uma aproximação da anorexia 147
Mario Pablo Fuks

Considerações sobre os distúrbios alimentares
a partir da teoria psicanalítica 159
Cássia A. Nuevo Barreto Bruno

A fobia alimentar: angústia, feminilidade e oralidade 171
Aline Camargo Gurfinkel

Sono e sonho

Sono, sonho e vida contemporânea 187
Nayra Cesaro Penha Ganhito

Sono e sonho: dupla face do psicossoma 205
Decio Gurfinkel

Macbeth e o assassinato do sono:
um ensaio psicanalítico sobre a insônia 231
Mário Eduardo Costa Pereira

Sobreadaptação, normopatia e somatização

Sobreadaptação à realidade ambiental
e padecimento corporal 267
Renata Udler Cromberg

Normopatia, psicose latente e somatização 279
Flávio Carvalho Ferraz

A angústia entre psique e soma

A angústia na trilha da pulsão: entre psique e soma 299
Maria Luiza Scrosoppi Persicano

O eu e o outro: esboço de uma semiologia
psicossomática da angústia 309
Rubens Marcelo Volich

Sumário

Considerações sobre alguns fenômenos psicossomáticos

Estudo psicossomático sobre as dores de cabeça:
cefaléia tensional e enxaqueca 327
Wilson de Campos Vieira

Dores somáticas e desvios pulsionais 335
Cristiane Curi Abud

Pele 353
Bernardo Bitelman

Eu-pele, psicossomática e dermatologia:
nos limites da palavra, da transferência e
do corpo: a pele 359
Sônia Maria Rio Neves

Dispositivos clínicos em psicossomática

O dispositivo analítico e a clínica psicossomática 373
Márcia de Mello Franco

A utilização de histórias no manejo terapêutico
de pacientes hospitalizados 385
Andréa Satrapa

Uma cirurgiã na encruzilhada 401
Maria José Femenias Vieira

Psicossomática e interconsulta:
A experiência no complexo HSP-EPM-UNIFESP 415
Mario Alfredo De Marco

A equipe interdisciplinar:
suas dimensões clínicas e institucionais
em psicossomática 445
Ângela Figueiredo de Camargo Penteado

Sobre os autores **461**

Apresentação

Rubens Marcelo Volich
Flávio Carvalho Ferraz
Wagner Ranña

Entre o deslumbramento e o terror. A esse território nos transportam, permanentemente, os jornais cotidianos. Da arte à barbárie, do sublime à violência, da esperança ao medo e ao desespero. A ciência não escapa a esse movimento.

Nas mesmas páginas em que se anunciam tratamentos e curas para doenças invalidantes e mortais, estampam-se fotos de crianças e de populações inteiras desamparadas diante da fome, da guerra e do exílio. Ao lado das esperanças depositadas nas terapias genéticas, anuncia-se a clonagem humana e a fertilização *in vitro* que possibilita a uma mulher de 62 anos gestar um filho de seu irmão. As cirurgias plásticas, que permitem aos mutilados por acidentes resgatar suas feições, curvam-se aos ditames de um imaginário que, ao sabor da moda, transmuta o corpo ainda informe na adolescência.

Em uma cacofonia de sintomas e métodos terapêuticos, médicos e pacientes vivem a dificuldade crescente de se compreenderem. Uns não se sentem escutados, outros não reconhecidos. Circulam os sintomas ao sabor de uma ciranda cada vez maior de profissionais. Ao longo de consultas e intervenções, muitas vezes permanece o paciente com sua queixa e o médico com seu sofrimento. Compartilham apenas uma incômoda solidão, indizível.

O desejo de compreender esse panorama e algumas de suas manifestações motivou a organização, em novembro de 2001, do *III Simpósio de Psicossomática Psicanalítica*.

Naquela ocasião, pudemos constatar as intensas repercussões dessas questões sobre a prática clínica de médicos, psicólogos, psicanalistas e dos profissionais de saúde em geral. Examinamos também os insidiosos reflexos de tais processos sobre os laços sociais, as relações humanas e o mundo do trabalho, bem como sobre os enigmas cada vez mais freqüentes no trabalho terapêutico.

Organizado pelo Curso de Psicossomática do Instituto Sedes Sapientiae, de São Paulo, o III Simpósio revelou-se fruto do trabalho coletivo de professores, alunos e ex-alunos que, com colegas oriundos de outros horizontes, há dez anos dedicam-se ao estudo, à formação e à pesquisa em psicossomática psicanalítica e a atividades clínicas e institucionais na área da saúde.

Ao longo desses anos, aulas, encontros teórico-clínicos, debates e eventos pontuaram trocas extremamente fecundas. O intercâmbio com colegas de outros Departamentos do Instituto Sedes Sapientiae, entre os quais se destacam os de Psicanálise, Psicanálise da Criança e Formação em Psicanálise, foi sempre estimulante. Nossa participação em congressos nacionais e internacionais de psicossomática, psicanálise, psicologia hospitalar e da saúde promoveu encontros produtivos com colegas de outras instituições de formação, de universidades e de associações profissionais.

O I e o II Simpósio de Psicossomática Psicanalítica, realizados em 1995 e 1997, foram momentos marcantes de nosso percurso, nos quais o desejo de encontro e de troca sobre a clínica e a teoria psicossomática psicanalítica foi viabilizado. Esses simpósios resultaram na publicação de duas coletâneas, *Psicossoma* e *Psicossoma II – Psicossomática Psicanalítica* (Ed. Casa do Psicólogo), que, em função da boa acolhida dos leitores, encontram-se ambas, atualmente, em sua segunda edição.

No primeiro livro buscamos definir os fundamentos de uma psicossomática psicanalítica – até então quase inexistente em nosso meio – e, ao mesmo tempo, demarcar o seu campo clínico e institucional. Tratava-se, assim, de um trabalho inaugural. Em *Psicossoma II*, ampliamos o debate não apenas para os temas concernentes à problemática clínico-institucional da psicossomática, mas também para outras questões decorrentes de nossa experiência como pólo de formação profissional e de pesquisa. Abordamos, assim, por exemplo, a psicossomática aplicada às situações de trabalho e o ensino da psicossomática nos programas da graduação em Psicologia, em Medicina e em nível de especialização.

Psicossoma III – Interfaces da psicossomática é fruto de um momento particularmente feliz de nossa história. Coroando os dez anos de trabalho clínico e de formação do *Curso de Psicossomática*, ele revela também os resultados das trocas e das criações coletivas que realizamos ao longo desse período. Reunindo a maior parte dos trabalhos apresentados no *III Simpósio* de *Psicossomática Psicanalítica*, ele reflete a boa receptividade ao nosso convite para a participação no Simpósio, a qualidade dos trabalhos apresentados, o clima agradável, e o grande interesse e participação do público nos debates. Ele permite ainda vislumbrar o desenvolvimento de reflexões originais da maioria dos autores, e também os resultados da intensificação e do aprofundamento do diálogo com profissionais de outras instituições e da participação crescente de profissionais já formados em nossa instituição, elementos que testemunham a maturidade clínica e científica alcançada graças a um intenso trabalho de pesquisa e de formação.

Psicossoma III – Interfaces da psicossomática abre espaço para campos que transcendem a psicossomática *stricto sensu*. Sempre considerando os fundamentos da psicossomática – em particular a perspectiva psicanalítica – buscamos explorar aqui suas interfaces, tais como a conversão histérica, a hipocondria, os distúrbios alimentares e do sono, o autismo, a psicose infantil, etc., preocupando-nos também em refletir sobre os dispositivos clínicos e institucionais para lidar com essa ampla gama de manifestações.

A maior parte dos trabalhos foi gestada à sombra dos ataques contra o *World Trade Center* em Nova York, em setembro de 2001, que revelaram de forma radical e extrema a capacidade de destruição e de ódio que o ser humano carrega dentro de si.

Durante o *III Simpósio*, muitos trabalhos e discussões tentaram elaborar tais manifestações. Revelou-se assim a necessidade de compreender os destinos da destrutividade humana, como um meio fundamental para decifrar o sofrimento e a doença. As mesmas forças capazes de conduzir à destruição coletiva operam permanentemente no indivíduo em suas relações com seus semelhantes, consigo mesmo, no seu próprio corpo. A preservação da vida está fadada a um combate permanente contra essas forças.

Por mais que conheçamos todos os segredos do genoma humano, por mais que possamos desenvolver as mais eficientes drogas contra as doenças, por mais que sejamos capazes da mais fina análise sociológica para explicar a insatisfação de um grupo ou de um povo, nenhuma autêntica transformação é possível se não entrarmos em contato com a destrutividade, do outro e de si mesmo.

É este o desafio do gesto terapêutico.

O corpo entre a destrutividade e o prazer

É crescente a constatação que, em nosso tempo, o corpo vem se tornando um palco privilegiado no qual o sujeito busca certificar-se de sua existência e manifestar seu prazer, sua dor, seu padecer. Se essas manifestações são essenciais e incontornáveis na natureza humana, chama a atenção, porém, a insatisfação crescente do sujeito com relação a sua existência, as formas cada vez mais primitivas para manifestar tais sofrimentos ou prazeres e a precariedade crescente de seus recursos para lidar com essas vivências.

Tanto a clínica médica como a psicoterapêutica ressentem-se da insuficiência dos instrumentos clínicos e teóricos para lidar com essas formas cada vez mais primitivas de expressão da existência humana que, muitas vezes, colocam até mesmo em risco a própria existência do sujeito.

Os trabalhos de *Psicossoma III – Interfaces da psicossomática* oferecem diferentes perspectivas para tentar compreender e superar tais paradoxos e dificuldades.

A epistemologia e a psicossomática na constituição do sujeito

Na primeira parte do livro, são esboçadas algumas *considerações epistemológicas* sobre o campo da psicossomática. A partir de uma perspectiva histórica, Paulo Schiller aponta para a necessidade da distinção entre as várias visões da psicossomática, ressaltando as diferenças entre o organismo, objeto da medicina, e o corpo, objeto da psicossomática psicanalítica, como condição para a constituição de uma experiência subjetiva e de uma escuta específica que permita o contato do clínico com essa experiência. Ele sustenta a importância de uma leitura psicossomática que possa reconhecer que o homem não é formado apenas por instintos, mas também por desejos; que além de uma herança genética constrói também uma herança histórica, simbólica, herança esta também capaz de exercer sobre o corpo efeitos materiais, mensuráveis. As diferenças entre sintoma analítico e fenômeno psicossomático são enfocadas, reforçando a especificidade do campo da psicossomática.

Por sua vez, partindo da distinção clássica entre *conversão e somatização*, Sidnei Casetto aborda certos fenômenos fronteiriços entre estes processos, que apresentariam, seja uma realidade física, seja um arranjo sintomático passível de descrição em termos psíquicos. Por meio de um exemplo clínico, ele aponta para as circunstâncias em que o surgimento de uma doença grave podem remeter a algumas características típicas do processo conversivo: conflito organizado segundo representações mentais, de clara significação simbólica. A denominada *modificação somática autoplástica*, descrita por Ferenczi, o dispositivo terapêutico do hipnotismo, e a dinâmica da identificação são também tomados como instrumentos capazes de produzir transformações somáticas daquela natureza.

O infantil e a perspectiva do desenvolvimento humano são também fundamentais para a compreensão das dinâmicas e manifestações psicossomáticas. Nesse sentido, Wagner Ranña ressalta a importância de considerar as interfaces entre a pediatria, psiquiatria infantil e a psicanálise. Ele sugere que diante das novas modalidades de subjetivação da criança, é possível constatar na clínica pediátrica uma crescente demanda por atendimentos de problemas de natureza subjetiva. Para lidar com essas questões, é fundamental a compreensão do conceito de corpo erógeno em oposição ao de corpo biológico. Ressaltando que a psicossomática da criança tem um papel importante na construção dos novos paradigmas para a clínica pediátrica e para a psicanálise da criança, principalmente no campo das intervenções precoces e na construção de novas perspectivas para a psicopatologia infantil, o autor sugere três eixos para a construção desses paradigmas: o *eixo pulsional*, o *eixo da simbolização* ou da *mentalização* e o *eixo intersubjetivo*. As vicissitudes desses eixos permitem melhor compreender os fenômenos psicossomáticos e o desenvolvimento de abordagens terapêuticas específicas.

Mariana T. Silveira discute o caso clínico de uma criança de 9 anos com eczema, que permite compreender a utilidade da abordagem proposta por Ranña. Por intermédio de das diferentes etapas do processo psicoterapêutico, foi possível observar a passagem gradativa da paciente de uma relação dual "colada" entre ela e a mãe, para uma posição triangular que passou a incluir o pai e a possibilidade de apropriação do espaço terapêutico. Esses processos evidenciaram a desalienação da criança do desejo materno e uma maior subjetivação dela, paralelamente a uma melhora significativa de seu eczema e o aparecimento de conflitos relacionados à alteridade e à triangulação.

No âmbito institucional, pelo relato de uma observação na Inglaterra de um serviço de profilaxia dos distúrbios pré e perinatais, Themis R. Winter ressalta a importância da maternagem como a função que possibilita ao existir somático infantil transformar-se em um existir psíquico, por meio do desejo de um outro. A autora aponta os benefícios significativos do trabalho de prevenção daquele serviço que, por intermédio de um apoio à maternagem desempenhado por *midwifes*, promove a redução das depressões pós-parto, das conseqüências de diferentes dinâmicas de aleitamento materno, as cólicas infantis, entre outras manifestações.

Realidades psíquicas, realidades somáticas: da histeria à hipocondria

Por meio do fenômeno histérico, e principalmente após suas elaborações teóricas posteriores a 1920, Freud inaugurou a compreensão da constituição do corpo erógeno que revela a dupla inscrição da experiência do sujeito em uma realidade psíquica e em uma realidade somática. Silvia Alonso analisa as repercussões dessa descoberta freudiana discutindo a especificidade do corpo na histeria. Compreender que o corpo pode falar no sintoma algo que foi calado por efeito do recalque pode permitir o reconhecimento de um "outro corpo", que introduz mudanças importantes na maneira de pensar a relação do psíquico com o fisiológico. Segundo ela, para quem não se deixa capturar hipnoticamente pelo visual, e se dispõe a escutar, é possível descobrir que em todo sintoma se mantêm vivo o conflito e presente o desejo, ainda que condensado, deslocado, deformado.

Lia Pitliuk sugere realizar essa reflexão sobre as dimensões corpórea e psíquica a partir de duas referências. Por um lado, a do pensamento de Espinosa, com ênfase em sua noção de corpo e de alma como *modos de ser* de uma mesma realidade, por outro, o da concepção de *escrita subjetivante* desenvolvida por Ricardo Rodulfo, segundo uma perspectiva winnicottiana e com fortes referências de Piera Aulagnier. Por essas aproximações, a autora sugere investigar a possibilidade de se pensar um *algo* que ganhe existência à medida em que se escreve de modos diferentes e simultâneos – como corpo e como pensamento. Essa perspectiva se distingue tanto de uma posição monista, que afirmaria uma continuidade entre soma e psique, quanto do modelo da subversão libidinal, que faz psique e corpo derivarem de um organismo pré-formado.

O paradoxo em torno do fenômeno hipocondríaco inspira os trabalhos de Maria Helena Fernandes e de Rubens M. Volich: cada vez mais, na atualidade, o corpo se presta à manifestação do sofrimento humano enquanto que a especificidade e a importância da dinâmica hipocondríaca vem sendo relegada a um lugar cada vez mais marginal. Em seu trabalho, Fernandes aponta para a diversidade e para a plasticidade das formas de organização da hipocondria, capazes de transitar entre a neurose e a psicose, entre o normal e o patológico, entre a psique e o soma. Segundo ela, o modelo da dinâmica hipocondríaca contém uma fecundidade teórico/clínica apta a aumentar a compreensão, não apenas acerca dos pacientes com queixas somáticas, mas também das demais formas de presença do corpo no cotidiano da clínica atual, recolocando na ordem do dia a hipocondria como modalidade de funcionamento psíquico. O investimento hipocondríaco do corpo permite compreender as experiências de representação e percepção do corpo, sobretudo aquelas que se situam aquém da simbolização. Segundo a autora, esses elementos permitem aperfeiçoar a escuta dos eventos corporais na clínica psicanalítica da atualidade, que solicitam o analista a "dar ouvidos" àquilo que a palavra não tem condições de expressar.

Por sua vez, Volich aponta para a função estruturante da experiência hipocondríaca nas dinâmicas de nossa subjetividade. Ao longo da história, a hipocondria sempre se prestou às tentativas dos médicos de representar e compreender o fenômeno da doença. Diferentes momentos da conceitualização de Freud que permitem constatar a importância da dinâmica hipocondríaca para uma compreensão mais abrangente da constituição da representação do corpo pelo sujeito e do funcionamento psicossomático. Essa perspectiva permite desenvolver um outro olhar sobre a demanda dos pacientes, revelando que toda queixa, independentemente de sua fonte física ou psíquica, comporta uma dimensão hipocondríaca, caracterizada como uma tentativa primitiva de comunicação e de representação. Para além de suas repercussões na clínica psicanalítica e psicoterapêutica essa visão permite também o resgate pela medicina da essência do sofrimento humano, oferecendo também uma perspectiva mais favorável ao ato terapêutico.

Mal comer, mal dormir:
a atualidade das desorganizações psicossomáticas

Os transtornos alimentares, outra freqüente manifestação da desorganização psicossomática na atualidade, são discutidos por três autores. Mario P. Fuks aponta como – em nossa época que se pretende sem enigmas nem dramas existenciais – a rejeição da alimentação ou os modos de sua gestão (onipotentes ou descontrolados) faz da vida de um número crescente de jovens, mulheres, em sua maioria, um enigma e um desafio para os saberes e práticas terapêuticas contemporâneas. Para compreender essas manifestações, ele defende a necessidade de um trabalho de pesquisa e elaboração que articule história, contexto sociocultural e teorização metapsicológica. Ao mesmo tempo em que a "histeria" aparece nessas questões como conceito teórico e clínico obrigatório, de referência e de comparação, as dinâmicas narcísicas vem se revelando cada vez mais proeminentes nessas manifestações. Segundo o autor, as problemáticas identificatórias, a constituição do laço social e a dinâmica do "ideal" são também elementos significativos para a compreensão desses quadros.

Cássia A. N. Barreto Bruno analisa os transtornos alimentares ressaltando que no século XVIII, o amor era cantado como um enredo de personagens com sentimentos passionais, mortes e a defesa a tais sentimentos era o afastamento do corpo dos amantes, concretamente. Atualmente, a defesa continua sendo o afastamento, não do corpo, mas do afeto. A própria fonte geradora de afeto é atacada, o objeto é supervalorizado em detrimento do afeto, há um desejo de viver apenas as vantagens do prazer do corpo sem as desvantagens do sentimento. O corpo é vivido na sua fisicalidade. Os transtornos alimentares colocam em jogo rituais macabros e perversos, relacionados à morte, com volúpia de não ser, com a erotização da morte do corpo e da mente, e, até mesmo, com a erotização do poder sobre a própria mente – corpo, decidindo onipotentemente quando ser e quando não ser. A função do analista nesses casos é oferecer um espaço ficcional dentro do qual o analisando possa alucinar, fantasiar, desejar, e, conseqüentemente, pensar. Isso resulta na construção de recursos para lidar com separações sem esvair-se, viver as violências do cotidiano como conflito, enfim, na possibilidade de ser.

Por meio de um caso de fobia alimentar, Aline C. Gurfinkel aborda as questões da oralidade em suas relações com a sexualidade feminina. Considerando que a adolescência é um momento de passagem no qual as questões constitutivas do sujeito são retomadas, fazendo emergir determinados sintomas, a autora defende a necessidade de, na clínica, buscar ir além do aspecto descritivo da "doença". Essa visão pode proporcionar uma visão mais crítica do panorama psicopatológico que se apresenta. A fobia alimentar, a anorexia e outros quadros neuróticos que se manifestam com sintomatologia alimentar relacionam-se a aspectos importantes da constituição psíquica em torno da oralidade. A análise do caso revela, por um lado, as angústias de castração na configuração de casos de fobia em mulheres, e, por outro, a manifestação de questões da oralidade, especificamente das angústias ligadas a fantasias canibalísticas.

Também o sono vem sendo uma das dimensões pelas quais se manifesta de forma cada vez mais freqüente as perturbações da economia psicossomática. Os distúrbios dessa função destacam-se como uma manifestação característica do mal-estar da atualidade. Nayra Ganhito descreve as contribuições da teoria psicanalítica para a compreensão do valor do ciclo sono-sonho como experiência subjetiva, ressaltando a importância da dimensão libidinal desse ciclo, construída a partir das relações mais primitivas com os primeiros objetos. A possibilidade de adormecimento do bebê relaciona-se à vivência da alternância entre a presença e a ausência da mãe e suas implicações para as capacidades de simbolização: antes dos sonhos advirem, a mãe é a primeira "guardiã do sono" de seu bebê. Os rituais de adormecimento – em seus elementos sensoriais e lingüísticos – constituem-se como uma via privilegiada para pensar o sono e suas perturbações, mas também as condições de instalação dessa base psíquica primeira, tela de fundo aquém do sonho e da fantasia, na qual estes podem se inscrever. Nesse sentido, os distúrbios do sono podem ser compreendidos como uma dificuldade do homem contemporâneo para "habitar" seu próprio mundo, noturno e singular.

Por sua vez, Decio Gurfinkel sustenta que, além da clássica função de *"via régia"* para o inconsciente, o sonho se constitui também como um modelo para a construção do dispositivo analítico. A ampliação da clínica psicanalítica para além da "clínica do recalcamento" exigiu também a complementação do estudo da função sono-sonho. A psicossomática psicanalítica permitiu compreender que o dormir e o sonhar são duas faces de uma mesma experiência, sendo o primeiro a face somática e o segundo a face psíquica. Os distúrbios do sono revelam-se, então, como o protótipo de toda perturbação do psicossoma, já que neles se verifica como uma falência das funções psíquicas pode atingir as funções vitais. Segundo o autor, é de grande utilidade voltarmos nossa atenção para a *fenomenologia do dormir*. Ele sugere que as especificidades do *despertar* e do *adormecer* podem revelar as particularidades dos estados de integração do Eu e de reencontro com o si-mesmo e a relação do sujeito com o espaço, com o tempo e com os mundos interno e externo.

Mário E. C. Pereira examina as relações entre a insônia, a angústia e o desamparo. Por meio de um recurso caro a Freud, o mergulho na dramaturgia de Shakespeare, ele se debruça sobre o enigma do sono, sobre a capacidade de sonhar e sobre a proximidade subjetiva do dormir e da morte. O autor também se remete à experiência analítica questionando as relações entre o término da análise e tais experiências. Freud e Lacan descrevem a análise como uma experiência radical de desilusão e de contato com o próprio desamparo. Nessas condições, pergunta Pereira, como seria ainda assim possível ao sujeito dormir em paz após o desabamento de suas garantias reasseguradoras ilusórias e o (re) encontro com o próprio desamparo? Seria ainda possível repousar após se haver contemplado frontalmente a *"noite horrenda"* — aquela para além da noite do seio mau: a do seio nenhum? Ele se interroga ainda sobre o destino do sono após se haver transposto esse ponto crucial de toda análise.

As normopatias e a angústia:
o vazio afetivo e as catástrofes psicossomáticas

A exigência crescente de adaptação às condições de vida do mundo moderno podem se constituir como uma condição patogênica para a desorganização psicossomática. Utilizando o referencial winnicottiano proposto por D. Liberman, Renata Cromberg aponta como manifestações corporais patológicas podem ser a expressão de uma sobreadaptação à realidade ambiental em função de dissociações entre as necessidades e possibilidades emocionais e corporais do sujeito. É possível, então, observar nele um *self* ambiental sobreadaptado em detrimento de um *self* corporal subjugado e repudiado que não conseguiu uma articulação adequada entre maturação e aprendizagem corporal. Nessas pessoas, que padecem de sensatez, o sintoma somático tem um valor de denúncia do grau massivo de postergação a que o corpo foi submetido nesta constelação mental. Ele é, ao mesmo tempo, produto da estrita dissociação corpo/mente a que essas pessoas apelaram precocemente em sua evolução. O sintoma é também uma tentativa de recuperar a unidade psicossomática rompida, pela emergência do corpo, presente com seus sofrimentos e requerimentos, dinâmicas nas quais estão muitas vezes implicadas falhas maternas e da interação vincular, do ambiente e do mundo intrapsíquico.

Discutindo as *normopatias*, "doença da normalidade", Flávio C. Ferraz descreve um tipo de paciente aparentemente "normal", isto é, sem um conflito psíquico ruidoso, nem neurótico nem psicótico, cujo trabalho analítico chega a um impasse em função da dificuldade ou impossibilidade de fazer um mergulho profundo em seu mundo interno, exigência básica para o sucesso de uma análise. Essas características, bem como a tendência desses pacientes a manifestarem doenças orgânicas é descrita por diversos autores por diferentes conceitos. Na verdade, como destaca Ferraz, a *normopatia* é uma "falsa normalidade": aparente, estereotipada, uma hipernormalidade reativa decorrente de um processo de sobreadaptação defensiva, que comporta um risco de sérias desorganizações, psíquicas ou somáticas, que requer especial atenção do analista. O autor discute um caso descrito por Jung no qual, nas condições do dispositivo psicoterapêutico, um paciente aparentemente "normal" desenvolveu um episódio psicótico, revelando que normalidades sintomáticas podem disfarçar condições patológicas. A abordagem clínica dessas manifestações requer cuidados especiais, especialmente a espera paciente de que o pensamento associativo seja conquistado paulatinamente, tendo como corolários os efeitos mutativos sobre a linguagem.

Resgatando o modelo do estado do desamparo como "o" traumatismo por excelência, Maria Luiza S. Persicano parte das concepções freudianas sobre a angústia para sugerir que a vivência da angústia catastrófica é automática, traumática e inerente a esse estado. O trauma é uma catástrofe necessária para a subjetivação e a angústia catastrófica primordial e traumática é uma condição para a representação e para o impedimento da catástrofe psíquica. A partir dessas considerações, a autora propõe, dentro de uma perspectiva metapsicológica, um *gradiente de eixo triplo* para a consideração da angústia: *angústia/elaboração psíquica/alterações do soma*. O pânico (ou angústia catastrófica) é a mais primitiva forma de enfrentar o desamparo como aparelho psíquico. Possuindo uma vertente no soma e outro na psique, a angústia entrelaça psique e soma. O fenômeno somático acompanha o fenômeno psíquico na angústia automática, no pânico. Às vezes, o fenômeno somático surge *no lugar da* angústia psíquica automática dando origem às somatizações.

Por sua vez, Rubens M. Volich propõe a construção de uma semiologia psicossomática da angústia. A angústia emerge da confrontação das pulsões, entre si, com instâncias internas e com o mundo exterior. É importante, portanto, melhor conhecer o papel de duas instâncias organizadoras e determinantes das condições e destinos da angústia, o ego e o objeto. O autor propõe considerar a angústia a partir de uma dupla perspectiva: por um lado, como uma experiência a ser constituída, parte indissociável do desenvolvimento do humano; por outro, como uma experiência que se organiza a partir das relações mais primitivas com o objeto. A qualidade dessas relações determinará a possibilidade ou não de evolução do aparelho psíquico e de suas instâncias e, da mesma forma, da experiência de angústia. Assim, a angústia se revela como um sinalizador importante do grau de evolução do aparelho psíquico, e da capacidade de suas instâncias promoverem a intricação pulsional necessária à vida e à elaboração dos conflitos da existência. Desses processos resultam diferentes modos de expressão das dinâmicas psicossomáticas às quais correspondem formas específicas de manifestação de angústia, ou mesmo a impossibilidade de sua manifestação. Nessa condição extrema, a não-manifestação de angústia pode ser um sinalizador importante de um processo de desorganização progressiva que pode prenunciar uma doença orgânica e mesmo culminar, no limite, com a morte.

Considerações sobre alguns fenômenos psicossomáticos

Alguns trabalhos abordam de forma específica algumas manifestações psicossomáticas. Wilson C. Vieira examina as dinâmicas relacionadas às dores de cabeça. A cefaléia tensional configura-se como uma defesa contra o *pensamento racional*, como se a mente pudesse manter-se apenas vinculada à percepção, sem a inferência, a dedução, o conhecimento enfim. O autor aponta que essas dinâmicas são conseqüentes à erotização da atividade mental pela observação precoce de cenas sexuais, mas também pelos desvios de certas tendências pedagógicas "modernas" que propõem muito cedo o ensino da vida sexual promovendo nas crianças sensações e fantasias que ainda não são capazes de elaborar. A manifestação precoce desses modos de defesa (a partir do período de latência) pode cronificar-se prejudicando o desenvolvimento mental, acarretando uma predisposição marcante para as somatizações graves. Por meio da cefaléia tensional é também retomada a discussão sobre o sentido simbólico ou não do sintoma somático.

Cristiane Curi Abud discute o caso uma paciente que, durante alguns anos, em suas peregrinações por diversos serviços de saúde, recebera diferentes diagnósticos, tais como síndrome do cólon irritado, fibromialgia, gastrite, infecção urinária. A partir da teoria freudiana das pulsões, a autora analisa alguns dos mecanismos psíquicos envolvidos na formação desses sintomas, considerando três organizações possíveis para eles: somatização, conversão e hipocondria.

Sonia Maria Rio Neves e Bernardo Bitelman debruçam-se sobre as funções anatômicas, fisiológicas, psicossomáticas e relacionais da pele e das doenças dermatológicas. Ambos destacam as funções de isolamento e proteção do interior do corpo em relação ao mundo externo exercidas pela pele. Bitelman descreve as características estruturais desse tecido e a atividade de neurotransmissores, hormônios, enzimas e outras substâncias com vistas à defesa contra agentes agressores biológicos e químicos do ambiente e à manutenção do equilíbrio térmico. Ao mesmo tempo, a pele reage a sentimentos como vergonha, timidez, raiva-ódio, ansiedade, estresse, ou estados de depressão grave. Essas reações podem determinar uma situação de auto-agressão à pele que contribuem ao aparecimento de doenças deste órgão.

Neves amplia a compreensão dessas dinâmicas pela noção de *eu-pele*, desenvolvida por D. Anzieu, que levanta hipóteses sobre as relações entre o ego corporal e o ego psíquico. O desenvolvimento dessas funções organiza-se da estimulação tátil para elementos visuais e auditivos, fundamentais, por sua vez, para a entrada no domínio do simbólico, do pensamento e da palavra. Por intermédio dessas operações, organizam-se os envelopes da contenção pulsional e a proteção do sujeito com relação aos estímulos do meio e de seus semelhantes. A compreensão dessas dinâmicas traz contribuições importantes ao trabalho terapêutico.

Dispositivos clínicos em psicossomática

Vários autores refletem sobre os dispositivos clínicos para o trabalho com os pacientes que não se "enquadram" nas indicações terapêuticas "clássicas" de análise ou de psicoterapia. Márcia de Mello Franco destaca a importância e as particularidades da mente do analista no trabalho com esses pacientes. Com eles, a pobreza da vida representativa exige algumas vezes, antes mesmo de *"tornar consciente o inconsciente"* (Freud), *"propiciar condições mínimas para que a simbolização possa ocorrer"* (Green), *"ampliar o mundo representacional"* (Rojas e Sternbach), *"desenvolver um aparelho para pensar"* (Bion). Portanto, o respeito ao funcionamento psíquico desses pacientes exige do analista pensar ou sonhar aquilo que os próprios pacientes são incapazes de sonhar ou pensar. O trabalho psíquico do analista revela-se, então, fundamental para a clínica da psicossomática. Este deve poder entrar em ressonância, conter e transformar o que é vivido pelo paciente, algo mais essencial do que a problemática apresentada ou o tipo de enquadre utilizado. Desloca-se, assim, a discussão da especialidade em psicossomática, para a da especificidade do analista na clínica da psicossomática.

Em outro trabalho, Andréa Satrapa relata o interesse da utilização de histórias como um valioso recurso terapêutico para o trabalho com pacientes hospitalizados, crianças ou adultos. Em função da permanência geralmente breve no hospital e da vivência aguda de um período de crise – que podem exacerbar angústias persecutórias e comportamentos regressivos – os métodos psicoterapêuticos clássicos são, muitas vezes, pouco eficientes com esses pacientes. Por intermédio de vinhetas clínicas, a autora mostra como as histórias podem se prestar como um recurso transicional, no sentido de Winnicott: emergindo em um contexto relacional carregam um potencial metafórico que permite a nomeação de experiências muitas vezes indizíveis, ligadas às experiências mais primitivas e à doença orgânica, geralmente de difícil expressão e elaboração.

Por sua vez, Maria José F. Vieira relata a mudança de paradigma terapêutico a que foi conduzida na passagem de sua posição inicial de cirurgiã para o acolhimento e acompanhamento psicoterapêutico de uma paciente com tumor avançado de cólon, com perspectiva de óbito em poucos meses. O forte vínculo com a paciente levou a autora, que participou como médica dos procedimentos cirúrgicos, a assumir uma outra posição diante da paciente, como psicoterapeuta. Discutindo as implicações desse movimento, Vieira descreve a importância para a paciente e também para os familiares de sua presença nos momentos de dor física e psíquica. A luta entre a vida e a morte foi travada não só com as armas da medicina. Essas experiências conduziram a autora à reflexão e a mudanças de atitudes frente à doença e à morte. Apesar de continuar seu trajeto como cirurgiã, a médica descobriu um outro caminho, paralelo, que colocava armas invisíveis em suas mãos a cada sessão. Apesar da morte da paciente, estas armas continuaram presentes para serem utilizadas com outros pacientes que delas necessitem.

No âmbito institucional, Mario A. De Marco discute as dimensões psicossomáticas em interconsultas por meio da apresentação do Serviço de Interconsultas do Complexo Hospital São Paulo – Universidade Federal de São Paulo (UNIFESP EPM). Apontando as relações históricas e institucionais entre os serviços de psiquiatria, de medicina psicossomática e interconsultas, ele aponta para as contradições e questões de identidade desses serviços. A partir da descrição das características do Serviço de Interconsultas da UNIFESP-HSP, o autor relata as diferentes técnicas individuais e de grupo utilizadas no trabalho com os pacientes e com os profissionais das equipes do hospital. As questões mais comuns que emergem ao longo dos tratamentos e internações, relacionam-se ao adoecer, à morte, à comunicação de notícias dolorosas a pacientes ou familiares, à comunicação entre especialistas, aos transtornos mentais e aos dilemas éticos, entre outros. O autor discute ainda as dificuldades de uma proposta de trabalho como essa frente às visões de mercado que têm se intensificado em muitas instituições de saúde e de ensino.

Concluindo nossa coletânea, Ângela A. C. Penteado discute a especificidade da posição dos profissionais que trabalham em instituições e com equipes de saúde. Ela aponta as implicações, as dificuldades e os impasses da adoção, na organização clássica dos serviços de saúde, de disciplinas, departamentos e serviços que têm como modelo as especialidades médicas. Nesse contexto, os novos desafios clínicos, o sofrimento dos profissionais, ou os fracassos terapêuticos levam, porém, muitas equipes a refletir sobre sua prática. Abre-se, então, uma possibilidade para o reconhecimento pelos profissionais dos nexos entre vida somática e psíquica, entre sintomas físicos e afetos, entre desejos proibidos e relações objetais atualizadas nos vínculos de cuidado, permitindo grandes modificações na concepção da forma e função da relação médico-paciente. Torna-se também possível compreender a relação entre os vários atores da equipe de saúde, ampliando a compreensão diagnóstica e a criatividade nas proposições terapêuticas e possibilitando uma escuta ampliada e o manejo dos distúrbios ocorridos na clínica ou no cotidiano institucional. A autora descreve a trajetória de uma equipe interdisciplinar de atendimento domiciliar em Aids da rede pública, propondo algumas reflexões segundo o referencial psicanalítico e o da análise institucional que ajudam a pensar o trabalho de supervisão a equipes interdisciplinares como um dispositivo clínico em psicossomática.

Interfaces

Vivemos em uma época em que podemos observar uma mudança fundamental na compreensão dos fenômenos humanos. A ciência cada vez mais reconhece a insuficiência dos modelos explicativos e dos padrões de conduta globalizantes e reducionistas. Evidencia-se que tanto os processos vitais como aqueles que podem conduzir à desorganização e à morte, como a doença, são fenômenos complexos impossíveis de serem reduzidos a modelos isolados. Processos cuja compreensão exige também a consideração do humano na singularidade de sua história dos processos biológicos, subjetivos e sociais que dela decorrem.

Psicossoma III – Interfaces da psicossomática revela que diversas são as vias de acesso e de elaboração do sofrimento humano. Que a referência ao inconsciente e à subjetividade é fundamental nesses percursos.

Por meio dos trabalhos desta coletânea, percebemos que a *psicossomática psicanalítica* produz conhecimentos e instrumentaliza intervenções terapêuticas. Porém, notamos também que ela não é um edifício construído sobre alicerces únicos, nem uma linguagem cuja gramática esteja rigidamente regulamentada. Sendo ela própria uma interface, relaciona-se com outras disciplinas, influenciando-as e recebendo suas influências. Os discursos que a constituem são múltiplos e diversificados quanto aos modelos que adotam. Eles apontam para a necessidade de situar-se em um território de diálogos que supõe interlocutores dispostos à escuta, com vistas a lidar com a diversidade e com a grande capacidade de mutação das formas de expressão do sofrimento humano.

À leitura dos trabalhos aqui apresentados, compreendemos que a Psicossomática Psicanalítica revela-se como uma importante alternativa para lidar com o sofrimento crônico, solitário e emudecido, efeito perverso dos sistemas contemporâneos de atendimento à saúde. É nessa perspectiva que ela se presta ao gesto terapêutico, contrapondo-se à violência e à destruição.

Considerações epistemológicas

As psicossomáticas

Paulo Schiller

Quando se fala das relações entre o psiquismo e o organismo é essencial delimitar-se de imediato que existe mais de uma psicossomática. A questão reedita a confusão que habitualmente vigora na definição dos fundamentos que sustentam a psiquiatria, a psicologia e a psicanálise. Na verdade, existem a psicossomática da medicina, a da psicologia e a da psicanálise. Embora possa haver traços, distantes, de parentesco entre as três, elas constituem recortes radicalmente diferentes, modos incompatíveis entre si de se vislumbrar e pensar as relações entre os processos psíquicos e o organismo. Para o leigo, a fronteira e os territórios compartilhados desses três campos são de hábitos imprecisos. Entretanto, proliferam os profissionais que, por falta de clareza conceitual, ou por um sintoma da teoria que defendem, parecem caminhar nesse terreno como se trilhassem areia movediça, contribuindo assim para a desinformação e, muitas vezes, para a desconfiança justificada de quem se aproxima das disciplinas que se debruçam sobre o estudo formal e a clínica do psiquismo.

A psicossomática médica é o receptáculo dos restos incompreendidos da medicina. Segundo os manuais de diagnóstico psiquiátrico, tem um "componente" psicossomático a doença que não comporta uma explicação científica reconhecida. Podem ter uma "vertente" psíquica os sintomas não justificados por evidências orgânicas ou exames laboratoriais. O emaranhado celular, como sede *causal* das doenças, não está jamais excluído. Esse raciocínio pressupõe que, com o avanço da pesquisa, reduz-se a participação do psiquismo – como estrutura abstrata e destacada da anatomia – na gênese das doenças.

Assim, configura-se o equívoco que apaga a distinção entre causa e mecanismo. Pois para o médico um aumento da freqüência cardíaca é *causado* pela produção de adrenalina. Este, na realidade, não passa do *mecanismo* que leva à taquicardia. A verdadeira *causa* estará na esfera psíquica: um drama existencial, uma dificuldade, uma situação de medo.

Se dizemos que a *causa* de um infarto do coração é a obstrução de um ramo das artérias coronárias, de novo excluímos o psiquismo como origem do evento orgânico. É clássico o estudo que demonstrou a altíssima incidência de placas de ateroma nas artérias de recrutas americanos na frente de batalha. A *causa* das placas reside na interação entre o psiquismo individual e as circunstâncias da vida ou do meio — a história passada e o momento vivido. O *mecanismo* da doença, este sim, é a presença da obstrução ou da contração das artérias que irrigam a musculatura cardíaca.

A descoberta de genes indutores do crescimento tumoral, ou de certas substâncias presentes no tecido cerebral do esquizofrênico, não aclara em nada as causas do câncer ou da psicose. Simplesmente aprofundam o conhecimento dos mecanismos moleculares presentes nessas situações.

Assim, o uso de medicações no tratamento de sintomas ou quadros clínicos diagnosticados pelo psiquiatra se restringe a uma intervenção, no mais das vezes precária, nos mecanismos bioquímicos. Se interferimos nos processos celulares, nosso tratamento se limita a um *controle* do quadro clínico. As causas, e portanto a *cura*, ficam em segundo plano.

Por essa razão, recorre-se à sedutora cisão em que se admite uma causalidade mista, em parte psíquica, em parte orgânica. Estabelece-se, assim, a possibilidade da mescla de medicação com psicoterapia (freqüentemente denominada psicanálise – e que de psicanálise nada tem). Se existe inconsciente, se existe resistência, essa abordagem leva a um contra-senso: no momento em que aparece a resistência (do paciente ou, por que não? do profissional), a tentação de se atribuir os males ao organismo é irresistível. O uso de medicação para sintomas psíquicos configura a impotência parcial do terapeuta. Fala dos limites da análise ou da psicoterapia a que ele próprio se submeteu.

Por fim, o recurso às drogas em situações críticas amortece a angústia, justamente o que impulsiona, mobiliza o sujeito a buscar um trabalho analítico. Entre as raríssimas exceções a esses princípios, a iminência de suicídio ou o risco de uma situação de violência pode justificar a intervenção farmacológica.

A psicologia insere-se no mesmo terreno epistemológico que a medicina. Também propõe a dicotomia entre mente e corpo. Pela aspiração de ser incluída no domínio das ciências tradicionais, recorre a classificações, tabelas, testes, parâmetros de normalidade, de saúde e doença, em suma, à coleta de dados e à estatística. Na essência, a psicossomática da psicologia não difere da médica. Na verdade, em alguns aspectos, na pretensão de se diferençar forja novos equívocos.

Em uma certa inconsciência, a psicologia recorta o psiquismo a partir da anatomia descrita pela medicina. É nessa linha que temos psicólogos especializados em doenças respiratórias, cardiovasculares ou digestivas, em oncologia ou em adolescência. Assistimos a cursos ou congressos sobre as características psicológicas – que levam à elaboração de "perfis" – encontradas nas cefaléias, nas alergias cutâneas ou nas diarréias crônicas. Assim, é o atlas de patologia médica que mapeia os traços psíquicos associados a cada grupo de doenças. Às vezes, como na psiquiatria, essa espécie de teorização é associada à psicanálise. É tudo menos isso.

A medicina e a psicologia são herdeiras da cisão estabelecida por Descartes na primeira metade do século XVII. Descartes concebeu o nosso mundo estruturado por duas entidades de natureza distinta: a *substância extensa*, a matéria, que ocupa lugar no espaço e que pode ser medida e subdividida, e a *substância pensante*, o pensamento imaterial, sem dimensão ou peso, e que não pode ser fracionada. Essas duas substâncias são de natureza radicalmente diferente, não se misturam, não há transição entre uma e outra. Uma constitui a alma. A outra, o corpo.

Alma e corpo. A partir de então separados. A substância extensa passa a ser o foco de estudo de uma nova ciência "objetiva". Essa díade está na origem da divisão entre corpo e mente que permeia a medicina e a psicologia.

Corpo e mente. A mente como que pairando acima do corpo, exercendo uma dublagem dos fenômenos físicos.

Palavras, pensamentos, imagens, sonhos e fantasias atuam sobre nosso organismo e determinam mudanças, transformações. Uma frase dita por alguém, as letras do texto de um livro, uma cena projetada em uma tela são conjuntos de símbolos, blocos de linguagem processados pelo nosso psiquismo, que interagem com o organismo.

Nascemos imersos em um campo de linguagem. Um universo de símbolos que grudam em cada poro do nosso organismo e o arrancam do domínio biológico. O que seria natural, instintivo, monótono, previsível é moldado e modificado por aqueles que cuidam de nós. O organismo virgem é exposto ao outro, que demanda, que tem um projeto para o filho e cujo olhar é um espelho que aglutina, cristaliza e reflete uma imagem. *O organismo transforma-se em corpo.*

A verdadeira divisão não é entre *mente e corpo*, como queria Descartes, mas entre *corpo e organismo*. Esse corpo é formado por um conjunto de representações. Uma unidade constituída por uma associação entre símbolos e imagens. Uma estrutura construída na primeira infância, imutável ao longo da vida. Quando digo "meu corpo" não incluo o objeto da anatomia, a concretude dos órgãos, a intimidade descrita pela medicina. De meu organismo recebo apenas sinais fragmentados que, em relação ao meu corpo, parecem provir "de fora".

As ciências da natureza desvendam o *como*, mas desejamos saber o *porquê*. A descrição dos mecanismos fisiológicos – cuja importância não se discute – implica um deslizamento interminável. A medicina criará sempre novos recursos para neutralizar ou reverter os distúrbios do organismo. Mas para o sujeito que sofre restará sempre a busca dos significados, dos sentidos que escapam, de uma outra cura.

O nascimento da psicanálise foi, em parte, uma reação ao poder extremo adquirido pela medicina moderna, que passou a tratar os pacientes como organismos à deriva, ao sabor das leis naturais. Compreender os processos orgânicos não nos autoriza a excluir a participação do psiquismo na gênese de nenhuma doença. A comprovação da ação de mecanismos bioquímicos, bacteriológicos ou genéticos *não equivale* a negar o psiquismo como causa.

Se pensarmos não em um psiquismo que reflete o organismo, mas em um corpo recortado pelo psiquismo, distinguimos dois grupos de doenças:
- as que podem ser atenuadas, modificadas ou curadas pela descoberta de um sentido, de um significado, ou por uma elaboração que identifique uma causa não-orgânica;
- as que seguem seu curso apesar da identificação de uma associação psíquica.

Em psicanálise, sintoma é aquilo que é passível de se modificar por conta de uma interpretação. Esse efeito não é oferecido pelo analista, mas resulta do próprio discurso de um sujeito. A palavra tem o poder de operar o deslocamento do sintoma (puramente psíquico ou associado a um distúrbio orgânico). É neste bloco que se inserem as doenças ou sintomas físicos descritos no primeiro grupo. Caracterizam os *sintomas* psicossomáticos.

O que não é passível de mudança a partir da linguagem cai no terreno do *real*, e constitui o que chamamos *fenômeno* psicossomático. É evidente que é neste grupo que, na maior parte das vezes, se inserem as doenças mais graves, que causam lesões irreversíveis.

Assim, o que marca o corpo não mais se classifica a partir da anatomia ou da fisiologia, mas do conceito psicanalítico de sintoma. Do pressuposto de que não há lesão orgânica sem uma causalidade ancorada na história do sujeito. Do absurdo de se traçarem *perfis* associados a determinadas doenças. Do fato de que é o psiquismo que recorta o *corpo*. Diante de uma doença o que importa ao psicanalista não é a intimidade da fisiologia, não é uma possível interpretação baseada em tabelas ou coleções de casos clínicos, mas a teoria do paciente, o que ele tem a dizer sobre ela. Como diante de qualquer sintoma, será por meio da linguagem, e no *après coup*, que se desvendará a estrutura causal.

Referências bibliográficas

BALINT, M. *Le médicin, son malade et la maladie*. Paris: Payot, 1996.

BENOIT, P. *Psicanálise e medicina*. Rio de Janeiro: Jorge Zahar, 1989.

CLAVREUL, J. *L'ordre medical*. Paris: Seuil, 1978.

COUREL, R. *La cuestión psicosomatica*. Buenos Aires: Manantial, 1996.

FOUCAULT, M. *O nascimento da clínica*. Rio de Janeiro: Forense-Universitária, 1987.

LAPLANTINE, F. *Antropologia da doença*. São Paulo: Martins Fontes, 1991.

OPPENHEIM, D. *L'enfant et le cancer*. Paris: Bayard, 1996

PORTER, R. *The greatest benefit of mankind*. Nova York: Norton, 1998.

Converter e somatizar

Sidnei José Casetto

Habituamo-nos, em psicossomática, a distinguir conversão e somatização. Historicamente, esta diferença parece ter sido importante para o estabelecimento da psicossomática como um campo com direito a reivindicar sua especificidade: diria respeito a fenômenos irredutíveis aos já descritos na histeria, o que também justificava uma teorização própria. Com esta distinção, não se tratava de estender o raciocínio das neuroses para as disfunções somáticas, mas construir um entendimento novo, que desse conta da particularidade do adoecimento orgânico. De fato, e a despeito de eventuais divergências, esta visão parece ter se tornado hegemônica na psicossomática psicanalítica. Segundo ela, o distúrbio histérico, conversivo, *malum sine materia*, não teria realidade fisiopatológica ou anatômica, mas somente realidade psicológica (Kreisler, [1974]1981, p.318). Ele seria um sintoma, ou seja, uma formação do inconsciente, representativo de um conflito psíquico edipiano e recalcado. Em contraste, a afecção somática não seria resposta a um conflito, não estaria configurada a partir de representações mentais, não teria significação simbólica, não implicaria o mecanismo do recalcamento *(Verdrängung)*. Ela decorreria da desorganização do aparelho psíquico ou da repressão *(Unterdrückung)* de representações (Marty, [1970] 1993, p.35). Uma outra diferença, de menor peso, seria que a histeria de conversão afetaria mais seletivamente certas funções, sobretudo as motoras e sensoriais.

Pois bem, entre uma coisa e outra, entre a conversão tal como definida e as doenças físicas bem-estruturadas, não existiria nenhum intermediário? Estaríamos favorecidos por uma organização natural sem fenômenos fronteiriços a embaralhar nossas definições? Sabemos que não, mas, neste terreno, a teoria nos esclarece menos: como reconhecer algum destes supostos híbridos? Como explicá-los como arranjos psicossomáticos?

Encontramos, em Ferenczi ([1919]1988), em um trabalho dedicado a abordar o "misterioso salto do psíquico para o somático", algumas idéias que poderiam servir de pista para esta discussão. Procurando tratar da conversão histérica clássica, nosso autor toca na questão das paralisias, espasmos, anestesias e parestesias histéricos, que poderiam ser explicados simplesmente por uma modificação das condições no âmbito psíquico. Mas, seguindo adiante, afirma que outros sintomas histéricos poderiam envolver modificações na circulação sanguínea, perturbações na função glandular e da nutrição dos tecidos. E mais:

"As fibras lisas da musculatura do tubo digestivo, dos brônquios, das glândulas lacrimais e sudoríparas, os corpos erécteis do nariz, etc., estão à disposição do inconsciente do histérico; ele tem a faculdade de realizar inervações isoladas (por exemplo, dos músculos do olho ou da laringe) que são impossíveis para o indivíduo saudável; conhecemos também a aptidão deles, mais rara, de provocar hemorragias locais, empolamentos, tumescências da pele e das mucosas" (*ibid.*, p.132).

Tratam-se, portanto, de efeitos resultantes de uma regência modificada dos próprios processos somáticos. Como se eles pudessem ser dirigidos para outras finalidades que não as relacionadas com sua "razão" orgânica. Vejamos como Ferenczi explica esta possibilidade.

A sua idéia básica é que corresponderia a um processo que chama de "materialização", no qual a realização do desejo seria buscada por meio de mudanças provocadas no próprio organismo, em vez de serem procuradas em objetos do ambiente. Ferenczi compara este fenômeno ao do sonho; também neste os desejos são representados como satisfeitos, embora, aqui, pelas imagens perceptivas. A regressão seria ainda maior na conversão, chegando à motilidade voluntária e involuntária, paralisada no sono. Como se o organismo regredisse a um estágio muito primitivo, que chama de autoplástico, em que seu principal recurso para lidar com uma necessidade detectada fosse produzir uma transformação em si mesmo[1].

---

[1] "Nos processos vitais primitivos a que a histeria parece voltar, produzem-se correntemente modificações corporais que, quando resultam de um processo psicógeno, aparecem-nos como hiperproduções. A mobilização dos músculos lisos das paredes vasculares, a atividade das glândulas, a composição biológica e química do sangue, assim como toda a nutrição tecidual, estão no entanto submetidas a uma regulamentação infra-psíquica. Na histeria, todos esses mecanismos fisiológicos se põem à disposição de moções de desejos inconscientes e, por um reviramento completo do curso normal da excitação, um processo puramente psíquico pode assim se exprimir numa modificação fisiológica do corpo" (ibid., p.137).

Isso ocorreria em função do fracasso do recalcamento diante de impulsos genitais sentidos como extremamente fortes e ameaçadores, que seriam então "empurrados" aos processos somáticos. Mas por terem estes impulsos chegado às camadas psíquicas superiores, eles deixariam de ser simples quantidades, passando a meios de *"expressão simbólica de conteúdos psíquicos complexos"* (ibid., p.139). Daí a possibilidade desta força retrocedida fazer os processos fisiológicos funcionarem como representantes de processos psicológicos: o corpo revolucionado pelas fantasias inconscientes.

Até onde poderíamos fazer operar este modelo? A que complexidade de alterações somáticas ele poderia chegar? Tomemos, por exemplo, o caso dos sintomas histéricos que eram denominados *estigmas*. Eles correspondiam a algo como "marcas" somáticas, algumas desconhecidas pelo sujeito, mas que permitiam chegar ao diagnóstico de histeria pela sua presença objetiva e permanente: ausência ou diminuição da sensibilidade, em uma certa região do corpo, ao tato e à dor; ausência de alguns reflexos, como os da faringe; retração concêntrica do campo visual; sensação de bola na garganta *(globus hystericus)*; hiperestesia na região ovariana, etc. Ferenczi dedica-se, em um outro trabalho ([1919]1993), a buscar um entendimento destes traços. Por exemplo, arrisca que, sendo a visão central mais estreitamente vinculada à atenção consciente, as bordas do campo visual estariam particularmente suscetíveis, pela sua menor definição, à influência das moções inconscientes.

Ora, o termo estigma, usado para estes sinais histéricos, tem origem no fenômeno religioso, de mesmo nome, do aparecimento em fiéis de chagas semelhantes às de Cristo, após orações e estados de êxtase. No primeiro semestre de 2001, assistimos na tevê, em um programa dominical de grande audiência, uma reportagem sobre uma senhora em quem apareciam estes estigmas em algumas ocasiões. A filmagem mostrava todo o processo: como ela se recolhia em uma espécie de sono ou estado letárgico, semiconsciente, e gradativamente iam surgindo as feridas e sangramentos. Um padre acompanhava tudo, emocionado, e o fenômeno era compreendido como de natureza mística. Há outros casos relatados sobre este tipo de ocorrência, inclusive um que ficou muito conhecido na Europa, no século XIX, o de Louise Lateau (Delboeuf, [1869]1993). Não vamos nos ocupar destes fatos, mas gostaríamos de tomá-los como mote para pensar na possibilidade de um processo capaz de fazer do corpo o palco de uma transformação somática de ordem semelhante.

Valeria a pena, para isso, considerar uma velha conhecida ou desconhecida nossa, a hipnose. Seu poder efetivo, de fato, não parece muito claro. Se, por um lado, mostra-se bastante eficaz para produzir analgesias ou sensações físicas sugestionadas, por outro, deixa muitas dúvidas: estaria restrita ao âmbito das alterações funcionais ou poderia alcançar as lesões? Os autores divergem a respeito, desde os primeiros teóricos desta técnica. Em um trabalho mais recente, publicado em 1990 na *Revue Française de Psychanalyse*, um psicanalista inglês chamado Albert A. Mason conta a experiência que teve nos anos 50 com a utilização da hipnose para o tratamento de verrugas. Um caso importante foi o de um jogador de rúgbi em quem múltiplas verrugas reapareciam regularmente após diatermia, o que o impedia de jogar. Duas semanas após o tratamento por hipnose, as verrugas desapareceram e ele pôde retomar a carreira. Um mês depois deste caso, Mason recebeu um rapaz de 15 anos cujos braços estavam completamente cobertos por milhares de verrugas negras. Suas mãos estavam praticamente inutilizáveis como instrumento de trabalho, apesar de um enxerto de pele na palma das mãos ter sido tentado. Uma semana após a primeira sessão de hipnose, o rapaz voltou com o braço direito transformado. O cirurgião, quando soube, ficou estupefato, e informou que o paciente não tinha verrugas (que são tumores virais), mas uma má-formação congênita conhecida por *eryhtrodermia ictiósica* congênita de Brocq. Ela era estrutural, às vezes com um substrato genético. O exame histológico posterior confirmou o diagnóstico.

O tratamento com hipnose continuou por mais seis semanas com este paciente, chegando a uma melhora de 70%. Ele foi interrompido, pois, a partir de um certo momento, o rapaz passou a resistir a entrar em transe; mais tarde Mason descobriu que isto acontecia por medo do paciente de que ele, Mason, tentasse provocar-lhe o retorno da doença. Este caso foi publicado no *British Medical Journal* de fevereiro de 1952 (1990, p.722).

Claro que, depois de um resultado tão surpreendente, Mason passou a dedicar-se a esta técnica. Mas, seja porque novas "curas" não se mostraram tão espetaculares quanto aquela, seja porque ele começou a perceber que havia efeitos puramente sugestivos, sem realidade física, a sua convicção no procedimento declinou. Talvez o golpe fatal tenha sido dado com a sua entrada no Instituto Britânico de Psicanálise. Vale a pena, entretanto, considerar a sua explicação para a eficácia da hipnose. Apoiado no conceito kleiniano de identificação projetiva, Mason sugere que a entrega do hipnotizado ao hipnotizador dá-se como expressão do seu fantasma de posse onipotente do objeto, do qual participa como possuído, mas também como possuidor, identificado que está com o outro. Os efeitos poderosos deste encontro fusional teriam relação com esta forma, a mais primitiva de domínio mágico. Nele a dupla terapêutica teria a experiência deste poder sem limites próprio de quem tem todo o controle sobre o seu objeto (*ibid.*, p.731).

A identificação projetiva no contexto do transe hipnótico seria potencializada, em relação à ocorrida em situações comuns, por encontrar no hipnotizador um sujeito disposto a sustentá-la, e mesmo a reforçar os fantasmas onipotentes inconscientes do paciente (*ibid.*, p.732). E em que pese todos os possíveis benefícios, o inconveniente de seu uso estaria em estimular um registro dos mais primitivos do aparelho psíquico, na contramão do próprio desenvolvimento, este dirigido à crescente diferenciação entre o eu e o objeto.

A explicação de Mason não coincide com a de Freud ([1921]1981), que supunha existir uma diferença importante entre a identificação e o que acontecia na hipnose. O hipnotizado situaria o hipnotizador no lugar do seu ideal de eu, submetendo-se a ele com a mesma docilidade e ausência de crítica que teria o enamorado em relação ao seu objeto. Neste processo, o eu ficaria empobrecido pela sua entrega ao objeto. Tendendo igualmente para a unificação, mas na direção do outro extremo da polaridade, ocorreria a identificação. Ela representaria a assimilação do objeto pelo eu, a sua devoração. O canibal, diz Freud, teria permanecido nesta fase: se come seus inimigos é porque os ama de algum modo. Afinal, podemos concordar, não conseguimos comer aquilo que nos causa repugnância.

Apresentada como a forma mais primitiva de enlace afetivo, a identificação teria como fim tornar o eu conforme o outro, isso podendo acontecer em relação a aspectos apenas parciais do objeto de amor ou mesmo da pessoa não amada. Freud dá como exemplo o surgimento da tosse como um sintoma neurótico: no caso de Dora, ela decorria de uma identificação com o pai, seu objeto afetivo. Mas quando uma filha contrai a mesma tosse persistente que atormenta sua mãe, ela pode significar o desejo hostil de substituí-la, e também o compromisso com a culpa resultante: *"você não queria ser sua mãe? Conseguiu; pelo menos já experimenta seus mesmos sofrimentos"* (*ibid.*, p.2.586).

Identificação e somatização

Um sintoma neurótico pode ser, portanto, adquirido por identificação. Caberia perguntar: só sintomas neuróticos? Haveria alguma possibilidade de estendermos este raciocínio para um certo tipo de somatizações? Se alguns quadros somáticos estruturais puderam ser desfeitos via hipnose, haveria a recíproca no sentido inverso, a saber, a produção de distúrbios orgânicos por incorporação de uma característica alheia?[2]

Se a resposta a estas questões puder ser afirmativa, então, ao que tudo indica, teríamos um processo em que conversão e somatização se sobreporiam. Seria essa a explicação psicossomática para os estigmas?

Tomemos o exemplo de casos em que, logo após a perda de um objeto de afeto em decorrência de uma doença, o sujeito a ele ligado vem a apresentar um quadro de mesmo diagnóstico e localização corporal. Nem sempre se verifica aí uma resposta de depressão essencial ou de desorganização das funções psíquicas que pudessem justificar este mimetismo da patologia. Ao contrário, nos casos a que nos referimos foi possível encontrar reações de forte coloração afetiva, verbalizadas, que incluíam sentimentos de culpa em relação ao objeto, normalmente ausentes nas dinâmicas malmentalizadas[3].

Sabemos que a identificação pode seguir-se à perda de um objeto de afeto, como ocorre na melancolia. *"A sombra do objeto cai assim sobre o eu"*, diz Freud ([1917]1981, p.2095). Trata-se de um modo de preservá-lo em si, de reconstruí-lo no eu (Freud, [1923]1981, p.2.710). No caso relatado, a doença poderia ser suposta como expressão de uma experiência em que tivessem se desfeito os limites entre eu e outro, e assim gerado um novo parâmetro para a relação entre psique e soma. Pois, nessa medida, os processos fisiológicos estariam orquestrados segundo as representações psíquicas identificatórias. Eles passariam a ajustar-se a uma informação nova sobre a identidade do sujeito, assim como, analogamente, as expressões corporais procuram sintonizar-se com o enredo complexo que vai sendo representado no palco do teatro psíquico.

Ferenczi ([1919]1988) havia sugerido a necessidade de se ampliar a fisiologia utilitária que conhecemos com uma fisiologia do prazer, argu-

---

[2] Neste caso, a diferença estabelecida por Freud entre identificação e hipnose seria esclarecedora, pois entenderíamos como uma poderia operar como o negativo da outra no aparecimento e desaparecimento de sintomas.
[3] Agradeço a Thereza Cristina de Oliveira Giorgi pela informação sobre um caso desta natureza.

mentando que as funções orgânicas não operam somente com o objetivo da conservação. Mas neste nosso caso talvez tivéssemos de pensar em uma *fisiologia da identificação*[4], em que processos fusionais fizessem de algumas doenças orgânicas o sintoma dos conflitos gerados em relações afetivas.

Referências bibliográficas

DELBŒUF, J. *Le sommeil et les rêves et autres textes*. Paris: Fayard, [1896]1993.

DEJOURS, C. Biologia, psicanálise e somatização. In VOLICH, R.M.; FERRAZ, F.C. & ARANTES, M.A.A.C. *Psicossoma II: psicossomática psicanalítica*. São Paulo: Casa do Psicólogo, 1998.

FERENCZI, S. (1919) Fenômenos de materialização histérica (Uma tentativa de explicação da conversão e do simbolismo histéricos). *Escritos psicanalíticos – 1909-1933*. Rio de Janeiro: Taurus, 1988.

—————. (1919) Tentativa de explicação de alguns estigmas histéricos. *Psicanálise III: Obras Completas*. São Paulo: Martins Fontes, 1993.

FREUD, S. (1917) Duelo y melancolia. *Obras Completas*. Madrid: Biblioteca Nueva, 1981, v.2.

—————. (1921) Psicologia de las masas y analisis del yo. *Obras Completas*. Madrid: Biblioteca Nueva, 1981, v.3.

KREISLER, L. Psicossomatismo e histeria. In KREISLER, L.; FAIN, M. & SOULÉ, M. (orgs.) *A criança e seu corpo: psicossomática da primeira infância*. Rio de Janeiro: Zahar, [1974] 1981.

MARTY, P. *A psicossomática do adulto*. Porto Alegre: Artes Médicas, [1970]1993.

MASON, A. A. Hypnose et psychosomatique. Regard d'un psychanalyste sur un hypnotiseur. *Rev. Fr. Psychanal.*, 3:719-733, 1990.

---

[4] Dejours faz um raciocínio análogo a este, falando da inexistência de uma biologia da intersubjetividade: *"Quando estudamos linfócitos, estudamos linfócitos isolados ou em grupo, mas pertencentes a um indivíduo tomado isoladamente. O problema é que nós adoecemos e que, portanto, nosso sistema imunológico erra; ou, falando mais tecnicamente, ele se deprime no momento em que o sujeito está comprometido numa relação com outro. Não existe, por enquanto, uma biologia da intersubjetividade. Não sabemos estudar os linfócitos em função do que se passa numa relação. Não quero dizer que não vamos conseguir isso, mas, por enquanto, nós não conseguimos. Todavia, é verdade que existem trabalhos de biólogos que começam, anualmente, a colocar este problema em campos específicos da biologia, em particular no campo da memória e dos comportamentos agressivos, que, como vocês sabem, são ligados ao nível do hipocampo, da amígdala e do giro singular"* (1998, p.43).

A criança e o adolescente: seu corpo, sua história

A criança e o adolescente: seu corpo, sua história e os eixos da constituição subjetiva

Wagner Ranña

Aferições sobre os problemas de saúde mental da criança e do adolescente no Brasil, obtidas a partir de documentos da OMS, estimam taxas de 12 a 29% de prevalência a eles; em estudo feito no ano de 1982, Almeida encontrou taxa de prevalência de transtornos mentais de 23,2% em crianças e adolescentes entre 5 e 14 anos; 20% das consultas de pediatria, nos EUA, resultam em diagnósticos ou conduta de saúde mental. A baixa na mortalidade infantil e os perfis de morbidade apontam para tendência crescente na demanda por atendimentos em saúde mental, colocando-a em evidência e com ela a psicanálise da criança com novas psicopatologias, ou novas expressões das subjetividades, tendo a psicossomática psicanalítica papel de destaque neste cenário (Volich, 2000).

Contrastando com esses dados, Costello (1988) descreve o pequeno reconhecimento dos transtornos mentais mais leves por pediatras na atenção primária, embora no Brasil nos últimos 30 anos temos vivido processos de mudanças nas políticas públicas no âmbito da saúde da criança com objetivos humanitários, que tiveram influência de conceitos e participação de profissionais ligados à psicanálise, mostrando que a parceria entre Psicanálise e a Saúde da Criança e do Adolescente, embora não recente, ainda tem muito que avançar. Dessas parcerias destacamos:

- a abertura das enfermarias pediátricas para os pais e a multiprofissionalização das ações nelas nas décadas de 70/80;
- a retomada do aleitamento materno com a implantação dos alojamentos conjuntos e a humanização das UTIs neonatais nas décadas de 80/90;
- a divulgação da psicossomática da criança e a ainda inicial implantação do projeto de indicadores clínicos de risco para o desenvolvimento infantil nas décadas de 90/00;
- a organização dos programas de atenção à saúde dos adolescentes a partir da década de 70.

Persiste, portanto, um cenário contraditório, no qual essa crescente demanda para atendimentos e capacitação de profissionais de saúde em relação aos transtornos de saúde mental e do desenvolvimento infantil alia-se à inadequação ou inexistência de serviços voltados para eles. Podemos dizer que, no Brasil, a reforma psiquiátrica da criança ainda é incipiente, pois, se para os adultos atualmente existem leis e discussões sobre a criação de rede de serviços assistenciais em alternativa às desumanas internações psiquiátricas do passado, podendo-se considerar vitorioso o movimento antimanicomial dos adultos; para a criança ainda vive-se um verdadeiro caos conceitual e um vazio assistencial, principalmente em relação aos transtornos globais do desenvolvimento, que somente a partir do fim da década passada foram objeto de políticas públicas, visando tanto ao seu diagnóstico precoce, bem como à criação de rede de dispositivos assistenciais para eles (Jeruzalinsky, 1999). Em relação à psicossomática, o destaque dado a ela na pediatria e nas suas entidades é inversamente proporcional à sua importância.

Nesse panorama devemos pensar a interface entre as várias especialidades que atuam no campo da saúde mental da criança, tais como: pediatria, psiquiatria, psicanálise, psicologia, pedagogia, fonoaudiologia, terapia ocupacional, entre outras. Essas especialidades devem articular-se a fim de produzir um campo *interdisciplinar*, para não fazer da criança e do adolescente um mosaico excessivamente fragmentado. A interdisciplinaridade é alcançada a partir de um processo que inicialmente passa pela articulação *multiprofissional*, que é da ordem da soma de ações assistenciais. Em uma segunda etapa, deve evoluir para a construção de um objeto comum para elas, avançando para um olhar novo de cada especialidade sobre o objeto de trabalho, no nosso caso a criança, sendo, portanto, resultado de mudanças conceituais nelas. Na *interdisciplinaridade* cria-se um novo paradigma que atravessa todos os procedimentos técnicos e pensamos, em sintonia com as colocações de Jeruzalinsky (1999), que este paradigma é *subjetividade*: a necessidade de escutar e encontrar a criança, o homem, o sujeito, enfim, a subjetividade do outro humano, constituída ou em vias de se constituir, recuperando o sujeito dessa fragmentação ineficiente para a pesquisa e avançando no entendimento de vários pontos obscuros, tanto no campo da saúde somática como da psíquica, ou subjetiva. Para além da linguagem, da aprendizagem, das funções neurológicas e das etapas de fixação da libido, está o sujeito, que atravessa todas as intervenções.

Neste trabalho, vamos abordar pontos que considero contribuições para a construção dessa interdisciplina e suas implicações nos procedimentos técnicos da clínica tanto no âmbito dos diagnósticos como no âmbito das intervenções terapêuticas, sendo que tal divisão existe em psicanálise apenas como metodologia expositiva, na medida em que estão integradas na prática clínica. Estamos diante de importantes e significativas revoluções no campo da genética com a decifração do genoma humano e a realidade das clonagens, no campo da reprodução humana, com possibilidades inimagináveis. No campo da medicina estamos em vias de erradicar várias doenças, como o sarampo e a varíola; criamos métodos de cirurgias endoscópicas, que descartam a necessidade de internações; e hoje curamos em até 80% dos casos de neoplasias, que antes eram fatais em meses. É uma realidade constatar que o foco da assistência em saúde desloca-se do modelo hospitalocêntrico para o ambulatorial. Associa-se a esse quadro a importância crescente dada aos aspectos subjetivos nas doenças e suas terapêuticas, como já afirmamos.

No meio desse cenário, está a psicanálise que *"partindo do rejeitado pela ciência – os sonhos, os lapsos, a histeria – revelou a existência no homem de uma anatomia, imaginária, determinante da experiência de seu corpo e de seu sofrer, sugerindo uma outra perspectiva para compreender as relações entre manifestações psíquicas e somáticas"* (Volich, 2000, p.14).

O corpo da criança e do adolescente não pode ser visto apenas como um organismo ou um corpo biológico, sede de processos metabólicos e funções fisiológicas, reducionismo exageradamente presente na medicina. Remeto o leitor ao capítulo de Paulo Schiller neste livro, para aprofundamento dessa questão. Muitos dos enigmas do corpo da criança só podem ser desvendados quando nossa escuta recai sobre a história do encontro com o outro dos cuidados maternos, que vai dar-lhe uma sexualidade e uma subjetividade. É a partir dessas evidências que as teorias que contribuem para aprofundar os conhecimentos sobre os processos que levam à constituição do psiquismo e da subjetividade humana são importantes.

Pensamos que o trabalho atual pudesse fazer uma ligação e ser complementar em relação aos outros dois trabalhos anteriores, nos quais já abordaram aspectos constitutivos da subjetividade da criança. No primeiro trabalho, abordamos a psicossomática e o infantil, tomando a organização pulsional como eixo (Ranña,1997). No segundo, tomamos os eixos dos níveis de simbolização e da compulsão à repetição (Ranña, 1998). Neste, vamos articular esses dois eixos da constituição subjetiva a um terceiro, o eixo intersubjetivo, tomando-os como eixos da investigação diagnóstica e das intervenções terapêuticas. Esses eixos são portanto: o *pulsional*, o *simbólico* e o *intersubjetivo*.

O eixo pulsional

O conceito de pulsão forma um par dialético com o conceito de instinto. A biologia do ser de linguagem é subvertida e deformada para estruturar-se em uma outra lógica, distinta da lógica do instinto. O conceito de pulsão é abordado na obra freudiana inicialmente em *Três ensaios sobre uma teoria sexual* (Freud,1905), tomando a pulsão sexual como ponto privilegiado para estudo de todas as pulsões. O autor postula que o funcionamento sexual humano não é determinado pela biologia sexual e reprodutiva, a qual tem padrões fixos de conduta em relação ao objeto e objetivo sexuais, mas é constituído no sujeito a partir de sua história. Nessa obra, Freud formula também o conceito de sexualidade infantil, com suas etapas e seus apoios sobre as funções vitais.

Desde então, o conceito de pulsão, que até sofreu desvio conceitual em função da má tradução da palavra *trieb*, ocupa na metapsicologia o lugar equivalente ao conceito de quanta na física, o qual procura resolver um impasse sobre a dualidade constitutiva da matéria como energia e/ou massa. O conceito de pulsão articula, portanto, várias dualidades do campo metapsicológico: excitação e representação, subjetividade e objetividade, psíquico e somático, vida e morte. A pulsão inicialmente foi conceituada como resultado do trabalho do aparelho psíquico com o fim de dominar excitações que chegam até ele, provenientes do corpo, transformando estas excitações em representações. Posteriormente, por meio do conceito da *sedução generalizada*, Laplanche (1988) afirma que as excitações provêm do corpo e são marcadas pelas "experiências de satisfação", fortemente libidinizadas na relação com o semelhante. O semelhante ao cuidar do bebê não o faz apenas a partir de uma disposição operatória, mas toma o bebê como um sujeito amado e desejado, antecipando neste um sujeito que ainda não existe. É a partir desse encontro que vai se instalar um circuito pulsional no bebê, transformando o organismo em um corpo. Assim estamos, portanto, considerando a pulsão para além do biologicismo e do solipsismo que foram dominantes nos primeiros momentos da construção deste importante conceito da Psicanálise, mas ampliando sua concepção baseados no conceito de Laplanche, no qual a pulsão é vista neste contexto intersubjetivo. O trauma da sedução aqui é visto como a sexuação do corpo infantil do bebê no seu encontro com o outro, pelo qual e com o qual ele pulsiona.

A experiência clínica com os transtornos globais do desenvolvimento (autismo e psicose infantis) e com os fenômenos psicossomáticos da criança vêm evidenciar as indicações teóricas de Laplanche, principalmente no posicionamento de Bleichmar (1993). De acordo com esse posicionamento, o bebê humano é um deficiente instintivo. Para o bebê existe o desamparo e um equipamento fisiológico altamente capacitado para entrar em sintonia com o próximo, o *nebemensch*, mas o objeto que poderá aplacar o seu mal-estar não está geneticamente constituído. Ocorre outro tipo de transmissão, que não é mediada pelo genoma, mas, sim, pelos processos constitutivos que são disparados pelo encontro com o outro dos cuidados maternos.

O outro, ao atender a necessidade biológica, invade o equipamento genético-neurofisiológico do bebê. Instala-se aí, resultando desta fusão um pictograma, como assinala Aulagnier (1975), criando uma rede de marcas mnêmica que captura todo o funcionamento do corpo. Tal como uma barra de ferro se transforma em ímã pela ação de um campo magnético, o bebê vai estruturar-se a partir do efeito do outro. Passa a existir um novo estado no ser, determinado por marcas mnêmicas libidinizadas. Emerge daí um novo corpo, com leis de funcionamento que vão além do biológico. Trata-se do corpo erógeno, pulsional, que já não se satisfaz com o alimento, mas com o próprio encontro. O corpo que vai se constituir daí em diante é um corpo resultado da fusão de dois, que não é o corpo materno nem o corpo do bebê, mas o corpo pictográfico no bebê, efeito da sedução generalizada.

Essas questões são importantes para a clínica, pois nos falam de uma instância de descontroles e de disfunções reveladas nos distúrbios funcionais (de sono, respiratórios, imunológicos, etc.) que implicam a excitação, a para-excitação, o holding, o manhês (a linguagem dos adultos com o bebê), o desejo e a sexualidade materna.

Por necessidade de ser atendido no desamparo absoluto que caracteriza o originário do humano, ou seja, o desamparo na sua dimensão social e o desamparo instintivo, dado pela ausência de um objeto definido, o bebê vai ser capturado neste estado de fusão com o corpo, o desejo e a sexualidade materna. Toda a sua fisiologia será regulada por uma presença suficiente e uma ausência onírica. Suficiente não só nos aspectos objetivos dos cuidados maternais, mas também na intensidade de excitações advindas no encontro, sendo que é desta suficiência que decorrem as marcas mnêmicas que serão matéria para as produções oníricas, as quais são indispensáveis para o bebê suportar a ausência, abrindo caminho para sua autonomia psíquica e singularidade subjetiva.

Essa captura resulta, portanto, em uma "deformação" dos funcionamentos corporais que passam a se organizar desde este campo de presença – ausência, criando o dentro – fora, o somático – psíquico, o contínuo – descontínuo, o estar acordado – estar dormindo. Organizar a passagem da amamentação, contínua, para a alimentação descontínua e depois para a sólida. Colocar ritmo nos processos funcionais e entrar na descontinuidade das emissões sonoras passando dos sons vocálicos contínuos, para a silabação descontínua, descontinuidade esta que se estrutura a partir das descontinuidades da presença – ausência e do eu – outro. Linguagem e funções corporais organizam-se a partir desse corpo duplo.

Os distúrbios funcionais do bebê poderiam ser assim chamados de *distúrbios pulsionais*. As cólicas dos bebês são um protótipo do que estamos falando, pois, na medicina, o enigma que paira sobre elas poderia ser descoberto ao atentarmos para as evidências de sua relação com as etapas iniciais da instalação do circuito pulsional. Assim, a sua presença não deve ser tomada somente na vertente de um sinal nosológico de uma doença, mas um sinal, ou um efeito, de que algo para além do organismo pulsa no corpo do bebê, um sinal de que já existe um início de vida psíquica e pulsional no bebê, apontando para as vicissitudes dos encontros humanizados com os seus cuidadores.

Os distúrbios funcionais podem ser ferramentas clínicas de grande importância, pois, ao sinalizarem para a instalação e características do circuito pulsional, podem ajudar a descartar um risco de estruturação autística, na qual a instalação do circuito pulsional não ocorre (Lasnik-Penot, 1994). Estamos tomando como referência a concepção que define autismo como falha na instalação do circuito pulsional, ou falha na sedução. Nessa concepção, a psicose é decorrente de uma falha na castração, ou na *"metáfora paterna"*, o que significa que o sujeito não ultrapassa o momento simbiose ou identidade maciça com o outro. Os fenômenos psicossomáticos e os distúrbios funcionais são concebidos como vicissitudes da maternagem, o que implica em um além da instalação do circuito pulsional, mas um aquém de autonomia psíquica, ou uma forma singular de falha na autonomia psíquica.

A pulsão vai se instalar primeiro no seu componente *ativo*: o bebê "come o outro", e assim come o leite, o seio, o alimento. A mãe deve fazer uma boa apresentação do mundo para o bebê, para não levá-lo a uma "má digestão psíquica". Depois a pulsão instala-se no seu componente *reflexivo*. O bebê "se come", o que resulta nos processos auto-eróticos, que estão automatizados no autismo, ou intensos e destrutivos demais no bebê somatizador, como podemos constatar nas condutas auto-agressivas observadas nas desordens psicossomáticas. Finalmente, a pulsão manifesta-se no componente *passivo*, que se evidencia nas atitudes de "ser comido", desejar que o outro me beije, me morda, ou me abrace.

A ausência desses comportamentos ativos, passivos e reflexivos na busca do outro, evidenciando isolamento e ausência de captura na relação com o outro, são hoje tomados como sinais de possível risco de estrutura autística, abrindo um capítulo riquíssimo da psicopatologia do bebê e das intervenções precoces, promissoras de avanços no campo das intervenções nos Transtornos Globais do Desenvolvimento (Lasnik-Penot, 1994).

Do lado oposto, a impossibilidade de estar só, manifestada por exemplo nos distúrbios de sono, bem como a presença de outros distúrbios funcionais, são indicadores de vicissitudes na instalação do circuito pulsional, dificuldades na alternância entre presença e ausência entre o bebê e o outro, estando associadas aos Fenômenos Psicossomáticos. Existe uma importante diferença entre estar fora da relação com o outro e estar vivenciando distúrbios por estar capturado, seduzido, tomado na relação com o outro. Também é muito diferente um bebê que é capaz de estar só na medida em que sustenta a ausência com auto-erotismo, objetos transicionais e criatividade lúdica, de um estar só vazio dos sinais mnêmicos da presença do outro, como vemos nos casos de autismo (Lasnik-Penot, 1994).

Resumindo, a partir de uma ampliação dos pontos de apoio da pulsão para além das zonas erógenas, todo o corpo estará submetido ao conceito freudiano e em toda disfunção implica-se uma desordem pulsional. A sedução generalizada tem assim um correspondente no *apoio generalizado*.

O eixo simbólico

No eixo simbólico, vamos operar o conceito de mentalização na vertente do nível de simbolização que, partindo da coisa, passa pela imagem e pela palavra, desdobrando-se nas metonímias e nas metáforas. O corpo é um produtor de sintomas quando não pode produzir metáforas por intermédio dos gestos, da atividade lúdica ou da linguagem. Alguns sofrimentos físicos começam a melhorar logo nas primeiras sessões de ludoterapia, evidenciando a força fantástica da fantasia em produzir representações. Os níveis de simbolização têm suas bordas, na direção regressiva, com o soma e, na direção progressiva, com a linguagem. No meio desse caminho encontramos os sonhos, pontos de erupção do inconsciente, nos quais a malha dos processos somáticos com os psíquicos estão atemporalizados, para onde toda noite retornamos ao encontro com a mãe – água – seio – universo, nossa matriz psicossomática; onde ocorre a usinagem que traduz vivências e imagens em palavras, lá onde o inconsciente faz borda com o pré-consciente e com o soma.

O que vamos destacar nesses deslocamentos regressivos e progressivos é o movimento. Tal como uma câmera cinematográfica o aparelho psíquico necessita do movimento para que a excitação percorra um caminho, saltando de traço mnêmico para outro, percorrendo caminhos já facilitados no passado e construindo imagens ou pensamentos. Essas afirmações inspiradas em *Projeto de uma psicologia científica*, de Freud (1895), evocam a imagem de uma rede de representações, cujas malhas são trilhamentos facilitados pelas vivências anteriores. Freud falava da rede neuronal *"para pensar as representações como armazenadas nas células nervosas, e para fazer viajar as excitações sobre as fibras"*, mas depois abandonou estas idéias. Hoje com as modernas concepções sobre a rede neuronal e os modelos cibernéticos de inteligência e memória artificiais, o grande mestre não hesitaria talvez em manter essas idéias em sua linha de frente de conceitos psicanalíticos. Freud nesse texto aponta para os níveis de registro psíquico: signos perceptivos, representação coisa, inconsciente e registro em apresentação de palavra, pré-consciente. De um nível para outro não ocorre um novo registro, mas uma tradução de uma forma de registro para a outra. Cria-se uma rede ou malha que são caminhos para a excitação.

A tendência da excitação em seguir um caminho somático, imaginário, onírico ou simbólico vai depender da existência de ligações ou trilhamentos duradouros entre os vários níveis desta construção. O investimento e a satisfação libidinal é que vão determinar a qualidade e a durabilidade dos trilhamentos, que, em outras palavras, significa a capacidade de simbolização do sujeito. Por exemplo na criança com vários distúrbios psicossomáticos, distúrbios de sono e hiperatividade ocorre uma falha nos trilhamentos. A matriz dessa falha vem de uma impossibilidade de ocorrer a *"realização alucinatória da experiência de satisfação"*, quer por uma superpresença, quer por ausência de qualquer satisfação no encontro com o outro.

A importância dessa constatação na clínica está na atitude de se colocar no início das terapias mais como construtor de trilhas e representações, deslocando a importância da ação terapêutica para que ocorra um desenho, um sonho e um relato, deixando para outro momento a interpretação. Desde as pioneiras descobertas de M. Klein, o brinquedo assumiu grande importância como meio para penetrarmos o mundo psíquico da criança. O clássico *fort-da* descrito por Freud em *Mais além da princípio do prazer* (1920), e o jogo da espátula, descrito por Winnicott (1978), assim como os brinquedos simbólicos e os desenhos, além de criarem uma via de acesso aos conteúdos inconscientes, criam metáforas e sublimações para abrandar uma realidade dolorosa ou indizível, evitando um transbordamento na vertente da loucura ou da doença.

Outra questão que queremos enfocar com relação ao eixo simbólico refere-se ao poder que um acontecimento traumático tem de produzir uma compulsão à repetição e um travamento na circulação pulsional, desmentalizando ou travando as operações simbólicas. Tudo se passa como se o aparelho psíquico ficasse na cena traumática, que é vivida com alto nível de excitação, sendo registrada como uma representação coisa (*das Ding*), travando o movimento ou trilhamento para outras formas de representação (representação imagem ou representação palavra). Dessa forma, os traumas podem desencadear fenômenos psicossomáticos enquanto ficarem paralisados os meios psíquicos de representação e deslocamentos simbólicos do real traumático. A possibilidade de colocar em palavras uma cena traumática na terapia é, às vezes, impossível, dada a sua cristalização ou congelamento. Não se trata de um recalcado que pode retornar, como no caso do recalque secundário, mas um ponto mudo, responsável por um verdadeiro *"feitiço do tempo"*, implicados em repetições mortíferas, que infelizmente encontramos na clínica, em um mais aquém do princípio do prazer, ponto de erupção da economia de gozo. Em seu trabalho sobre as terapias conjuntas mãe-bebê Rosine Debray (1988) desenvolve estes conceitos, mostrando como eles são úteis na clínica com os somatizadores.

O eixo intersubjetivo

Esse eixo é o mais importante como podemos depreender dos eixos anteriores. Se o eixo pulsional está na passagem do somático para o psíquico e o simbólico está no intrapsíquico, o intersubjetivo está na borda que dá para fora, para o mal denominado ambiente. Para o humano, o ambiente é o que vêm do outro. O instinto responde a uma imago, um estímulo, a sua resposta é sempre a mesma. Já o humano responde a um apelo e deseja o que o outro deseje nele. Assim o sujeito fica tensionado pela falta, efeito da marca libidinal que o encontro com o outro lhe causa.

A intersubjetividade vai dar conta do fato de que um sujeito exerce uma força constitutiva sobre o outro e todos os elementos do encontro são modificados. Se a sexualidade, o circuito pulsional e a subjetividade vêm com o outro, os pais ou as funções por eles efetuadas são importantes e complexas. Os pais necessitam de ajuda, pois a construção de um sujeito no bebê é complexa e pode ser um caminho cheio de emboscadas. E essa afirmação deve apontar para uma posição terapêutica de acolhimento e cuidados para com as feridas narcísicas dos pais. As simbioses, os pactos inconscientes do tipo "juntos para sempre" entre pais e filhos e o mito edípico, renovam-se cotidianamente em nossos atendimentos, com toda sua dramaticidade.

Não podemos falar de estruturas clínicas acabadas e fechadas na criança, pois dependendo do grau de fusão ou captura pelo outro, vamos constatar melhoras e deslocamentos espetaculares a partir dos deslocamentos nas posições paternas, mas aí está o ponto mais difícil e doloroso para a contratransferência.

A organização funcional do corpo infantil implica a posição do outro em relação à castração e ao terceiro na triangulação edípica. A *censura do amante* (Debray, 1988), que permite ao bebê vivenciar a ausência psíquica da mãe na sua presença física, o *"buraco no desejo materno"*, fundamental para o recalque originário, para a instalação de um adequado fluxo pulsional e para a constituição subjetiva, opera a partir da ausência real da mãe em relação ao bebê, mas principalmente a partir da ausência psíquica. Ela deseja algo além do filho. Aqui devemos destacar a função paterna que só poderá representar seu indispensável papel estruturante para o corpo infantil à medida que o pai ame a mãe e o filho, pois só assim poderá resgatar, mãe, filho e ele mesmo desse estado de fusão apaixonada "de um corpo para dois", "de um desejo para dois", de onde nascem as psicossomatoses e as psicoses (McDougall, 2001).

Para encerrar, apresento um fragmento de um caso que tive a oportunidade de acompanhar por longos vinte anos. Quando bebê era um grande alérgico e sua mãe tinha de ser consultada sobre qualquer coisa que fosse comer ou tocar. Aos 15 anos, procurou-me para psicoterapia em função de uma encoprese, que desapareceu após poucos atendimentos. Aos 18 anos, procurou-me para voltar à terapia, pois a mãe queria que fizesse medicina e ele queria engenharia, mas estava se preparando para medicina, *"vivendo grandes angústias em função desta dúvida"*. Emergia dessa demanda inicial uma atitude inconsciente que era de apresentar para a mãe mulheres pelas quais tinha um interesse. Somente se a mãe aprovasse ele seguia no interesse. O paciente não é mais alérgico, a pulsão está no leito genital e os alimentos foram metaforizados em mulheres e profissões, mas o estado de fusão com a mãe permanece, tal como um sítio arqueológico, intacto e imóvel, desde os primeiros tempos.

Referências bibliográficas

ALMEIDA Fo., N. Estudo de prevalência de desordens mentais em zona urbana de Salvador. *J. Bras. Psiquiatria*. 1988, 155: 715-25.

AULAGNER, P. *La violence de l'interprepation*. Paris: PUF, 1975.

BLEICHMAR, Silvia. *Nas origens do sujeito psíquico – do mito à história*. Porto Alegre: Artes Médicas, 1993.

COSTELLO, E.J. et al. Psychopathology in pediatric primary care: de new hidden morbity. *Pediatrics*,1988(b): 82: 415-2.

DEBRAY, R. *Bebês/mães em revolta*. Porto Alegre: Artes Médicas, 1988.

FREUD, S. (1905) Três ensaios sobre a teoria da sexualidade. *EBS*, v.7.

──────. (1920) Além do princípio do prazer. *EBS*, v.18.

──────. (1895) Projeto para uma psicologia científica. *ESB*, v.1.

JERUSALINSKY, A. *Psicanálise e desenvolvimento infantil*. Porto Alegre: Artes e Ofícios, 1999.

KREISLER, L. *A nova criança da desordem psicossomática*. São Paulo: Casa do Psicólogo, 1999.

LAPLANCHE, J. *Teoria da sedução generalizada e outros ensaios*. Porto Alegre: Artes Médicas, 1988.

LAZNIK-PENOT, M.C. Do fracasso da instalação da imagem do corpo ao fracasso da instauração do circuito pulsional. Quando falta a alienação. In *O que a clínica do autismo pode ensinar aos psicanalistas*. Col. Psicanálise da Criança, nº 6. Algama, 1994.

McDOUGALL, J. Um corpo para dois. *Corpo e história.* São Paulo. Casa do Psicólogo, 2001.

RANÑA, W. A psicossomática e o infantil: uma abordagem através da pulsão e da relação objetal. In FERRAZ, F.C. & VOLICH, R.M. (orgs.) *Psicossoma: psicossomática psicanalítica.* São Paulo: Casa do Psicólogo, 1997.

——————. Pediatra e psicanálise. In VOLICH, R.M., FERRAZ, F.C. & ARANTES, M.A.A.C. (orgs.) *Psicossoma II: psicossomática psicanalítica.* São Paulo: Casa do Psicólogo, 1998.

——————. Distúrbios funcionais na clínica pediátrica. *Pediatria básica.* Tomo I. Marcondes E. (org.) São Paulo: Sarvier, 2002.

VOLICH, R.M. *Psicossomática: de Hipócrates à psicanálise.* São Paulo: Casa do Psicólogo, 2000.

Quadros colados: Relato de um caso de uma criança com eczema

Mariana Telles Silveira

Este trabalho abordará a psicossomática da criança a partir de um caso de eczema infantil, destacando os efeitos do processo terapêutico na doença. Levaremos em conta o que nos capítulos anteriores foi discutido. Ou seja, de que muitos dos enigmas do corpo da criança e do adolescente só podem ser desvendados quando nossa escuta recai sobre a história do encontro com o outro dos cuidados maternos, que permite o desenvolvimento da sexualidade e da subjetividade.

A literatura tem evidenciado a profunda articulação entre os processos psíquicos e somáticos, principalmente em idades precoces, quando ocorrem os distúrbios funcionais tais como as cólicas do bebê, a insônia, o merecismo e a asma, entre outros, resultam da grande sintonia entre o corpo, a organização psíquica e as relações com o ambiente, justificando sua descrição como perturbações relacionais (Cramer, *apud* Ranña, 2002).

Desta forma, os distúrbios funcionais são compreendidos como derivados de uma falha da função materna e/ou paterna, ou das vicissitudes da construção do corpo erógeno. Em muitos casos, a mãe não consegue exercer seu papel de pára-excitação. O bebê, sem ter ainda uma autonomia psíquica, acaba descarregando no soma esses excessos, sob a forma de distúrbios funcionais (Castro, 1997).

A psicanálise tem demonstrado que a criança não nasce com a sua subjetividade já formada e que essa se desenvolverá no encontro com a linguagem, com a cultura. O bebê nasce com urgências vitais e necessita totalmente de um outro para atendê-las. Sem o outro não existe possibilidade do bebê humano sobreviver, nem de estruturar-se como sujeito.

Entendemos aqui como *função materna* a função de mediação entre as urgências que são do registro do real, de objetos necessários, e as que são do registro do simbólico, permitindo o bebê passar do regime da necessidade para o regime pulsional. Cabe ao outro da função materna que também é denominado de *mãe simbólica*, realizar essa tarefa, de tomar o bebê como sujeito, interpretar seu apelo como demanda dirigida a ela e fazer alternância de presença e ausência simbólica (Infante, 2002, p.775).

Como afirma Schiller,

"Nascemos imersos em um campo de linguagem. Um universo de símbolos que grudam em cada poro do nosso organismo e o arrancam do domínio biológico. O que seria natural, instintivo, monótono, previsível é moldado e modificado por aqueles que cuidam de nós. O organismo virgem é exposto ao outro, que demanda, que tem um projeto para o filho e cujo o olhar é um espelho que aglutina, cristaliza e reflete uma imagem. O organismo se transforma em corpo.
(...) Esse corpo é formado por um conjunto de representações. Uma unidade constituída por uma associação entre símbolos e imagens" (Schiler, 2003).

Já a *função paterna* será entendida aqui como aquela que introduz a lei simbólica, na qual reinava o imaginário entre mãe e criança. É ela que interdita a criança de ser ou ter o objeto do desejo materno e a mãe de tomar a criança como aquilo que lhe falta. É a função paterna que interdita o incesto, marca a separação entre as gerações e introduz a lei do desejo (Infante, 2002, p.775).

Ainda podemos dizer que cada função somática, principalmente as ligadas aos comportamentos que garantem a sobrevivência do bebê humano, vão sendo articuladas à rede simbólica, a qual segundo Winnicott (*apud* Rañna, 1998), resulta na constituição de um *self* integrado e reconhecido. Assim, o desenvolvimento do *self* necessita de uma função materna sintonizada com as características singulares de cada bebê. A maternagem intrusiva ou desvinculada das particularidades do bebê cria neste uma necessidade de usar a sua organização mental para defender-se, o que, por si só, já significa um desvio da mente para funções que deveriam ser garantidas pelo outro (Rañna, 1998, p.123).

O fenômeno psicossomático seria, então, uma disfunção do corpo biológico em função de processos vividos pelo sujeito na passagem do corpo biológico para outra ordem, a ordem do pulsional, na qual a instintividade é substituída pela erogeneidade. O homem é, portanto, pulsional e isto tem profunda implicação na sua fisiologia e na sua organização biológica, sendo esse aspecto um dos conceitos fundamentais da psicossomática (Rañna 1998, p.122).

Infante (2002) descreve uma seqüência lógica para que ocorra a formação da subjetividade. Primeiramente, a *incorporação simbólica* (momento de inscrição pulsional que se efetua nos seis primeiros meses), seguido do *infantil* propriamente dito (do sexto ao décimo oitavo mês); da neurose infantil e Édipo. Esses momentos são estruturantes e cada etapa tem um efeito retroativo sobre a etapa anterior.

Ranña (2003) afirma que o aparelho psíquico constitui-se por meio do intricamento de três processos: o primeiro, a realização alucinatória da experiência de satisfação e da atividade lúdica, o *eixo simbólico*; o segundo, a compulsão à repetição e a inscrição pulsional, o *eixo pulsional*; o terceiro, o encontro com o outro, semelhante, no *eixo intersubjetivo*. Tais eixos serão tomados como orientadores no trabalho terapêutico, englobando o que acontece com os pais, a criança e o analista, apontando para o discurso que se constitui em torno do sintoma apresentado pela criança.

Na apresentação e discussão do caso procuramos mostrar como os sintomas se deslocaram à medida que a paciente se desprendeu da posição de dependência e identificação com a depressão materna, para se permitir usar o espaço da terapia como um espaço de construção de suas próprias demandas e desejos, apoiada na transferência com a terapeuta.

Schiler (2003) afirma que *"em psicanálise, sintoma é aquilo que é passível de se modificar por conta de uma interpretação. Esse efeito não é oferecido pelo analista, mas resulta do próprio discurso do sujeito. A palavra tem o poder de operar o deslocamento do sintoma (puramente psíquico ou associado a um distúrbio orgânico)"*. Já os fenômenos psicossomáticos, não deslocáveis pela interpretação, são deslocados pelas construções simbólicas, que estão em um vazio de palavras, que, por sua vez, corresponde a um vazio no sujeito.

Relato do caso, as entrevistas iniciais

Trata-se de uma criança, que chamaremos de Paula. Uma menina de 9 anos que iniciou psicoterapia em 2001 porque apresentava um eczema generalizado, grave e resistente às medicações.

Na primeira entrevista, Paula veio acompanhada de sua mãe. Quando lhe perguntei o que a trazia a mim, ela me respondeu: *"Vim aqui por causa da dermatite"*. Em seguida olhou para a mãe e solicitou que ela continuasse a entrevista. Somente voltou a falar no fim da entrevista, quando relatou o seguinte sonho: *"eu vejo um palhaço, de nariz vermelho e roupa colorida, ele queria me matar".* Perguntei a ela o que pensava sobre esse sonho e a única associação que fez é que tinha medo dos barulhos que escutava o pai fazer de noite; dizia que parecia ter mais alguém no quarto.

A mãe relatou que Paula não conseguia dormir à noite e que ela (a mãe) ficava atenta a todos os barulhos que ela fazia. *"Ela se coça sem parar, normalmente até sangrar, muitas vezes sem se dar conta".* Por conta dos pesadelos de Paula e da insegurança da mãe, Paula dormia com os pais quase todas as noites.

Paula é a terceira filha, e tem mais duas irmãs.

Luiza[5], a mãe da paciente, mostrou-se extremamente angustiada com o quadro clínico da filha, chorando muito durante a primeira entrevista. Relatou que Paula não tinha mais amigos na escola, e que os colegas temiam que a *"alergia"* fosse contagiosa. Conta que já não sabia mais o que usar na pele da filha, pois todos os remédios já haviam sido testados sem nenhum resultado.

Segundo Luiza, o eczema havia piorado há mais ou menos um ano, desde que se iniciou uma crise conjugal. A mãe relatava ter se automedicado algumas vezes para tentar aliviar a angústia que estava sentindo. Paula falou sobre isso na escola e a mãe foi chamada pela diretoria para esclarecer o ocorrido, pois a criança havia dito que a mãe havia *"se drogado".* Isto provocou a mudança de Paula para outro colégio.

Segundo a mãe, Paula vinha apresentando quadros psicossomáticos desde o primeiro ano de vida. Aos três meses, vomitava após as mamadas, o que foi diagnosticado como refluxo gastroesofágico (inversão nos movimentos fisiológicos da deglutição). Tal quadro fez com que a mãe levasse o bercinho de Paula para o lado da sua cama, fazendo-a acordar inúmeras vezes durante a noite. Luiza conta que morria de medo que a filha se afogasse no próprio vômito e temia que ela morresse. Relata que isto mudou totalmente sua vida.

Paula informou sua primeira crise de asma com oito meses. Todas as crises que sucederam sempre foram severas e fizeram com que Paula fosse internada inúmeras vezes. A mãe não sabia precisar em que idade se manifestou o eczema.

---

[5] Os nomes são fictícios.

Luiza informou que também tinha asma desde pequena e contou que todas as vezes que engravidou teve alguma doença. Na primeira teve depressão pós-parto, na segunda um grave quadro infecto-contagioso e na de Paula precisou ser internada com uma grave crise de asma.

Luiza, quando criança, foi abandonada pela mãe com seu irmão mais velho. Luiza é a segunda filha de uma grande família. Casou-se aos 16 anos e logo depois teve a primeira filha que foi dada para a avó paterna cuidar.

Foram realizadas algumas entrevistas individuais com a mãe, que resultaram no seu encaminhamento para psicoterapia individual. Durante essas entrevistas, Luiza vinha sempre muito malvestida, chorava a maior parte do tempo na consulta e descrevia a angústia que tinha ao ver sua filha daquele modo. Notei que o choro e a reação materna eram colocados em relação à Paula, mas verifiquei que diziam respeito aos conteúdos pessoais da mãe, da sua história de vida.

O pai de Paula não compareceu às entrevistas iniciais e era descrito pela mãe como um homem bom, mas *"muito bruto, violento"*.

O primeiro momento da terapia: os quadros colados

No primeiro encontro, Paula chegou com um aspecto bastante *"feio"*. Seus olhos estavam extremamente irritados e vermelhos, sua pele toda descamada e com um cheiro forte. Parecia apreensiva e desconfortável, sem saber o que fazer. Aguardou que eu lhe dissesse o que ela poderia escolher o que fazer, para então começar a usar a caixa lúdica. Manteve esse mesmo padrão por mais algumas sessões, depois se soltou.

Durante esse primeiro momento, descreveu o modo como as pessoas a olhavam, dizendo que era feia e não tinha uma pele bonita.

Logo no início da terapia, Paula mudou de escola e eu notei uma piora violenta no seu eczema. Seu pescoço estava todo cortado e seus olhos bem mais irritados. Segundo a mãe, o oftalmologista havia receitado colírios *"perigosos"* para ela, e a mãe estava muito assustada. Luiza dizia que *"via coisas"* na filha e temia que isso pudesse ser uma piora.

Quando perguntei à Paula como havia sido mudar de escola, ela disse que foi bem melhor e que não percebeu nenhuma diferença. Mais adiante no seu tratamento, durante algumas sessões, ela pôde fazer uma elaboração psíquica sobre essa mudança, mas em um tempo psíquico próprio.

Outra tônica desse primeiro momento da terapia foi a sua rivalidade comigo. Nas suas brincadeiras, ela sempre queria que competíssemos, fazia um placar para anotar os pontos. Todas as vezes que ela perdia, se coçava sem perceber, tendo isto sido apontando a ela.

Nesse momento pude trabalhar a relação dual dela com a mãe, que se repetia na transferência comigo. Paula começava a querer saber tudo sobre mim, o que eu fazia no hospital, qual era a minha cor preferida, se eu tinha filhos, quantos pacientes eu tinha, etc.

Em uma de suas sessões quebrou um palito de um dos jogos e ficou pálida na hora. Perguntou se eu ficaria brava, assim como sua mãe, *"se você fosse a mamãe já iria vir me dar uma bronca, na certa eu apanharia..."*.

Paula estava ativamente discutindo a questão da sua relação de dependência com a mãe, enriquecendo as sessões com atos simbólicos. Seu eczema e seu vínculo dual com a mãe começaram a aparecer em vários detalhes da sessão. Levantei a hipótese de que seus desenhos na lousa eram feitos com textura que lembravam a aparência da sua pele. Além disso, começou a me contar que se preocupava muito com a mãe, que sabia tudo o que se passava em casa, dizendo ouvir escondido todas as conversas.

Dizia também que detestava se separar da mãe para ir à escola, mas não tinha coragem de contar isso para ninguém. Em muitas sessões, era comum brincar de professora e dizia que a professora estava ficando louca, ou com depressão; *"quem tem depressão fica o dia todo em casa, vive chorando pelos cantos. A pessoa tem uma tristeza muito profunda, é um problema na cabeça"*.

Dando seguimento a essas sessões em que falávamos sobre a sua relação com a mãe, ela fez um trabalho que representava essa "colagem" que existia entre ambas.

Paula propôs que fizéssemos uma competição para ver quem desenhava mais rápido. Escolheríamos um objeto para ser desenhado e quem desenhasse mais rápido ganharia. Ao fim da brincadeira, ela terminou o seu desenho, preenchendo todos os espaços da folha. Pegou uma folha em branco e disse que ia colar uma folha na outra. Colou e retirou a folha de cima, dizendo que aquele era o seu quadro, *o quadro colado!* Perguntei a ela se o seu quadro era feito a partir do outro, e ela me respondeu que sim, que ele ficava com menos coisas, mas ficava bem legal!

Tal trabalho nos permitiu perceber que o caminho para a separação estava se delineando. De alguma maneira, Paula estava podendo representar seu conflito, sem necessariamente ter de vivê-lo no corpo. A partir desse momento, seu eczema melhorou visivelmente. Ela passou a vir às sessões de camisa regata, seus olhos não precisaram mais de colírios *"perigosos"* e no seu pescoço quase não se percebia mais o eczema.

Nesse momento, fui chamada pela equipe médica que cuidava de Paula para discutir o caso, pois a sua melhora surpreendia a todos.

O segundo momento:
a entrada do terceiro, reconhecimento do espaço de análise

Nesse momento da terapia, Paula começou a reconhecer o espaço como sendo dela, e passou a demonstrar o medo que tinha de que a sua mãe o tirasse dela. Mais de uma vez trouxe a fantasia de que a mãe a separava das pessoas de quem ela gostava. Chegou em uma sessão contando que por causa da briga da mãe com o marido da tia, ela ficou sem ver a prima, que segundo ela, era sua melhor amiga, desde alguns anos.

De alguma maneira começou a expressar o medo de se separar da mãe e de sofrer retaliações por querer se tornar independente. Fez um desenho expressando seu temor. Desenhou três flores, todas elas nascendo de uma mesma flor, que ela disse ser a mãe. Pedi-lhe que me contasse uma história desse desenho e ela disse:

"As três flores se alimentam da mamãe, essas duas precisam da outra pra se alimentar. O pai também bebe da mãe, mas só a filha pode escolher se fica com um ou com o outro, e tem um namorado também, mas se ela for casar ele tem que alimentar ela, ela não vive sozinha, a mamãe não gosta de ver ela sozinha...".

Foi somente nesse momento que o pai participou diretamente do tratamento da filha, vindo a uma entrevista individual comigo. Durante a entrevista, o pai demonstrou vergonha e preocupação em ser adequado. Disse não saber ler e que sempre achou que não tivesse como contribuir para o tratamento da filha. Por isso não veio com a mãe nas primeiras entrevistas. Trabalhei com ele o fato de que ele é o pai da Paula e que isso fazia toda a diferença. Disse que ele tinha, sim, muito a contribuir para a história dela. Ele chorou durante a entrevista, dizendo que percebia que a filha gostava mais da mãe do que dele.

Foi durante esse segundo momento da terapia que Paula chegou a verbalizar que se sentia melhor depois que veio para a terapia, dizendo: *"Sabe, que desde que eu venho aqui eu tenho melhorado muito, eu tenho sabido mais das coisas..."* Diante de minha pergunta: *"E o que você tem sabido?"*, ela responde: *"É que aqui eu converso, você me pergunta as coisas, eu falo, eu penso, respondo e assim eu vou sabendo".*

Paula começou assim a descrever esse movimento de alternância entre presença e ausência simbólica, apontando para a sua construção de sujeito desejante.

No primeiro momento da terapia, Paula havia feito uma elaboração sobre a sua mudança de escola. Era comum escolher brincar de professora-aluna, escrevendo na lousa o cabeçalho da escola. Em uma sessão, esse cabeçalho foi mudado, o nome da escola era outro, e eu perguntei se havíamos mudado de escola. Ela me disse que sim que antes estávamos na antiga, mas que agora podíamos ir para a nova. Nessa sessão pôde dizer em palavras como foi mudar de escola, comparou as duas, separou o que gostava de uma e de outra.

De alguma forma, Paula começou a se questionar sobre os próprios desejos, trazendo temas que gostaria de trabalhar nas sessões. Chegava com uma brincadeira pensada, algumas vezes trazia algum jogo de casa, me contava histórias da escola. Tornou-se mais ativa nas sessões e começou a reivindicar mais tempo comigo, dizendo que queria uma sessão dupla, sessões de duas horas.

Concomitantemente, começou a expressar sua agressividade, irritando-se todas as vezes que íamos encerrar as sessões. Era comum ela terminar a sessão me preparando um chá de mosquitos, um doce de barata, uma papa de formigas entre outros *"quitutes"*.

Para encerrar o relato do caso, gostaria de ressaltar uma frase que foi repetida muitas vezes por Paula. Algumas vezes ela suspirava tal frase, outras deixava registrada para mim na lousa: *"A gente nunca pode tudo o que quer, mas pode ir procurando..."*.

Discussão

Durante as entrevistas iniciais, evidenciou-se uma mãe deprimida, violenta, superpresente (não comia e não dormia por causa da filha), angustiada e bastante ansiosa. Paula respondia a essa angústia da mãe, por meio de seus sintomas. Vinha a meu encontro totalmente identificada com a doença *"venho aqui por causa da dermatite"*. De uma forma real, seu eczema dizia desse limite tênue entre ela e a mãe apontando para a dificuldade de se separarem uma da outra. A separação era vivida como morte, retaliação e vingança. Mãe e filha viviam uma dualidade "espinhuda e rugosa", tal como a pele de Paula. Afastavam desesperadamente aquele que se impunha entre elas.

O pai, que poderia fazer um corte nesse vínculo simbiótico entre mãe e filha, era trazido no discurso da mãe como insuficiente, *"um homem bom, mas bruto"*. Devemos lembrar que esse era o pai do imaginário da mãe, e não o pai real. No entanto, não podemos nos esquecer de que o pai também não compareceu às entrevistas, deixando Paula sob a trama da mãe.

Consideremos o que foi exposto sobre a formação da subjetividade da criança, no contexto da segunda etapa da terapia de Paula. Nesta etapa do desenvolvimento, evidencia-se o fato de que mãe e filho entram em um jogo de enganos mútuos, um tentando ocupar o lugar de falta do outro. Nesse jogo de enganos, as funções corporais vão estar em jogo, pois, muitas vezes, a criança responderá com um distúrbio corporal àquilo que acredita ser o que a mãe quer. Nesse jogo, desejo e demanda confundem-se e essa lógica se sustenta por muito tempo, pois ela produz uma satisfação de uma fantasia de não-separação. E ao nível de cada sujeito evita-se o confronto com suas próprias faltas.

Se pensarmos em Luiza e Paula, veremos que ambas não se separavam e a separação era vivida como fantasias que condensavam as vivências traumáticas de Luiza com sua própria mãe. Isso pode ser claramente exemplificado com o fato de que à noite, momento de privacidade do casal, Paula dormia com os pais. Quando questionadas sobre isso, a mãe logo dizia que queria que Paula dormisse no seu próprio quarto, mas que não podia deixá-la sozinha, pois tinha medo de que ela se machucasse. Já Paula respondia dizendo que tinha medo de escuro, mas que se a mãe colocasse um abajur no quarto ela poderia dormir sozinha, mostrando seu desejo de autonomia.

Do lado de Paula, podemos notar que, com sua demanda e com seu sintoma, ela não responde à demanda da mãe, mas esse sintoma certamente correspondia ao seu desejo de permanecer dependente e expressa o não dito: medo de ser abandonada e medo de assumir seu desejo de autonomia. Poder colocar em operações simbólicas e protegidas pela transferência esses conteúdos teve efeito evidente sobre os sintomas.

A mãe de Paula ficou doente em todas as suas gravidezes. Diante desse fato, levantamos a hipótese de que durante as gestações, Luiza reativou seus conflitos inconscientes com a própria mãe. Mostrando-se incapaz de subjetivá-los, o que a levou a adoecer e a falhar na sua função materna deixando a sua filha mais velha para os cuidados da avó. Com esse ato, repetiu o mesmo que a sua mãe havia feito com ela, esquivando-se da maternagem da mesma forma que sua mãe havia esquivado-se. Ser mãe é um papel que foi marcado pela sua história e que agora se repete.

Em outro capítulo deste livro, Winter aponta para este fato:

"No processo de dar a luz a outrem, uma mãe mesmo em condições de equilíbrio psicossocial, recupera sensações muito primitivas seus antigos fantasmas (vivência de prazer e desprazer, representadas ou apenas percebidas). Esses fantasmas são aliados às situações reais e novas em relação ao corpo, ao projeto de bebê e depois de bebê concreto.

Com o nascimento há uma falência do estado de complementação, mais fragilidade ainda poderá ocorrer, oferecendo um campo propício para as regressões patológicas prejudiciais à maternagem" (Winter, 2003).

Podemos pensar que Luiza sofreu em todas as gravidezes dessas regressões patológicas, voltando a reviver suas angústias em relação à própria mãe. Uma volta para o seu narcisismo primário, cheio de vivências traumáticas e de abandonos.

O sintoma da criança reforçava a conduta intrusiva da mãe. A sucessão de quadros psicossomáticos de Paula era efeito de uma presença maciça que impedia uma alternância entre presença e ausência simbólica, assim, a criança ficava sem uma marca simbólica para as suas experiências de satisfação, ficando presa no registro de pura necessidade. No lugar onde existia uma colagem com a mãe intrusiva estavam os sintomas e fenômenos psicossomáticos à espera de uma inscrição, de uma palavra.

Se tomarmos como direção os eixos de constituição psíquica propostos por Ranña (2003), veremos no eixo pulsional os efeitos do estado de fusão com a mãe, no que diz respeito à instalação do circuito pulsional. Os ritmos fisiológicos e as excitações vindas do corpo ficaram sem possibilidades de representação, encontrando nos distúrbios funcionais (refluxo gastro-esofágico, asma e eczema) o seu único caminho de expressão.

Já no eixo simbólico podemos perceber inicialmente um corpo tomado por sintomas somáticos, vazios de representação. Com a possibilidade de uma abertura para a escuta desse sofrimento e o oferecimento de recursos simbólicos, as produções simbólicas de Paula enriquecerem, à medida que ela, pela atividade lúdica e pelas brincadeiras, expressava seus conflitos e angústias.

Mannoni (1999) afirma que a criança, no seu brincar, reordena o seu mundo presente e passado de acordo com o seu desejo. Assim como o adulto que, quando relata sua história, relata a partir do seu desejo. O analista deve sustentar essa produção do paciente, pois

"a tendência da excitação em seguir um caminho somático, imaginário, onírico ou simbólico vai depender da existência de ligações ou trilhamentos duradouros entre vários níveis desta construção (...) A importância dessa construção na clínica está na atitude de se colocar no início das terapias mais como um construtor de trilhas e representações, deslocando a importância da ação terapêutica para que ocorra um desenho, um sonho e um relato, deixando para outro o momento da interpretação" (Ranña, 2003).

Em relação ao eixo intersubjetivo, encontraremos no discurso da mãe uma indiferenciação entre o próprio corpo e o corpo da filha. Mãe e filha estavam ligadas, não existindo lugar para a ausência. Quando a mãe ia falar sobre os sintomas da filha, sempre acabava se referindo aos próprios sintomas. Como aponta Ranña,

"A organização funcional do corpo infantil implica a posição do outro em relação à castração e ao terceiro na triangulação edípica. A censura do amante, que consiste em o bebê estar vivenciando a ausência psíquica da mãe na sua presença física, o que em outras palavras significa perceber 'o buraco no desejo materno', é fundamental para o recalque originário, para a instalação de um adequado fluxo pulsional e para a constituição subjetiva. (...) Ela deseja algo além do filho. Aqui devemos destacar a função paterna que só poderá representar seu indispensável papel estruturante para o corpo infantil na medida em que o pai ame a mãe e o filho, pois só assim poderá resgatar, mãe, filho e ele mesmo desse estado de fusão apaixonada 'de um corpo para dois', 'de um desejo para dois', de onde nascem as psicossomatoses e as psicoses" (Ranña, 2003).

Sem a entrada de um terceiro e sem ausência psíquica por parte da mãe, só restava a Paula manifestar sua angústia de separação na pele, nos seus pesadelos com o palhaço (sendo esse associado à figura do pai que a separa fisicamente, algumas vezes, da mãe) e na sua preocupação em ficar na escola, deixando a mãe sozinha em casa.

Nesse sentido, a castração falhava no que tem de mais importante, que é o acesso do sujeito à lei que o obriga a uma implicação em sua própria falta. Mãe e filha, como vimos, mantinham-se fortemente ligadas, em uma posição de um só corpo. *"No que na mãe não pode ser vivido na experiência de castração, será vivido em eco pela criança, nos seus sintomas, não fará, freqüentemente, mais que falar com a angústia materna"* (Mannoni, 1995).

Considerando as colocações de Kreisler (1999) a respeito da personalidade alérgica vamos encontrar seus vários aspectos presentes neste caso, tais como:
- uma necessidade permanente de enganche às pessoas e ao meio, que traduz, ao mesmo tempo, a intensidade das necessidades afetivas e a falta de autonomia para satisfazê-las;
- a evitação das situações conflitivas, que se faz por vários meios;
- a anulação da agressividade do sujeito e sua negação nos outros;
- a substituição rápida, quase instantânea, de um objeto de vínculo por outro;
- apagamento das diferenças em objetos e pessoas, tomando-as como já conhecidas, ou familiares.

Se retomarmos alguns pontos do caso, poderemos perceber que, no início do tratamento, Paula realmente não conseguia expressar sua agressividade, bem como dizia ter gostado de mudar de escola, quando, na verdade, teve algumas dificuldades em se adaptar ao novo ambiente e aos novos amigos. Mas, se olharmos para as reivindicações feitas a partir da transferência, podemos pensar em um importante deslocamento proporcionado pelo processo analítico.

Se pensarmos nos três momentos constitutivos da subjetividade da criança, veremos que a análise contribuiu para um importante deslocamento no que diz respeito à alienação de Paula em relação ao desejo e as demandas maternas. Podemos dizer que o desejo por parte de Paula seria o de autonomia, se ela não estivesse, de certa forma, sendo sufocada pela satisfação da demanda da mãe, pelo medo de ser abandonada, pelas fantasias de retaliação e pelo desejo de autonomia. A análise pôde operar um corte que proporcionou a separação. A função paterna pôde ter seu efeito simbólico.

Para concluir, gostaria de retomar a frase de Paula: *"A gente nunca pode tudo o que quer, mas pode ir procurando..."*. Essa frase aponta para o desejo de Paula, para a sua posição de sujeito barrado e desejante. Podemos pensar nessa frase como um representante da instalação da falta, na medida em que Paula reconheceu que nem tudo o que queria ela podia ter. Além disso, ela não se fixou em uma posição de eterno queixume; pelo contrário, apontou para caminhos de buscas e substituições.

A análise deve propiciar ao paciente deslocar-se da castração imaginária (o sujeito acha que não tem o objeto amado porque foi proibido de tê-lo) para a castração simbólica, ou seja, o sujeito se implica com as próprias queixas e faltas.

Referências bibliográficas

CASTRO, L.R.F. Uma introdução à psicossomática da criança através do estudo funcional da asma. In FERRAZ, F.C. & VOLICH, R.M (orgs) *Psicossoma: psicossomática psicanalítica*. São Paulo: Casa do Psicólogo, 1997.

CRAMER, B. Técnicas psicoterápicas pai-mãe-bebês. Porto Alegre: Artes Médicas, 1994.

INFANTE, D.P. A formação da subjetividade da criança. In MARCONDES, E. (org.) *Pediatria Básica*, São Paulo: Sarvier, 2002.

KREISLER, L. *A nova criança da desordem psicossomática*; São Paulo: Casa do Psicólogo, 1999.

MANNONI, M. *A criança retardada e a mãe*. São Paulo: Martins Fontes, 1995.

—————. *A criança sua doença e os Outros*. São Paulo: Via Lettera, 1999.

RANÑA, W. Psicossomática e o infantil: uma abordagem através da pulsão e da relação objetal. In FERRAZ, F.C. & VOLICH, R.M. (orgs) *Psicossoma: psicossomática psicanalítica*. São Paulo: Casa do Psicólogo, 1997.

—————. Distúrbios funcionais da criança na clínica pediátrica. In MARCONDES, E. (org.); *Pediatria básica*. São Paulo: Sarvier, 2002.

—————. Pediatria e psicanálise. In VOLICH,, R.M., FERRAZ, F.C. & ARANTES, M.A.A.C. (orgs) *Psicossoma II: psicossomática psicanalítica*. São Paulo: Casa do Psicólogo, 1998.

RANÑA, W. A criança e o adolescente: seu corpo e sua história. In VOLICH, R.M., FERRAZ, F.C; & RANÑA, W. (orgs) *Psicossoma III: interfaces da psicossomática*. São Paulo: Casa do Psicólogo, 2003.

SCHILLER, P.; Psicossomáticas. In VOLICH, R.M., FERRAZ, F.C; RANÑA, W. (orgs) *Psicossoma III: interfaces da psicossomática*. São Paulo: Casa do Psicólogo, 2003.

WINTER, T.R. A maternagem como inscrição do desejo no corpo infantil. In VOLICH, FERRAZ, F.C; R.M. & RANÑA, W. (orgs) *Psicossoma III: interfaces da psicossomática*. São Paulo: Casa do Psicólogo, 2003.

A maternagem como inscrição do desejo no corpo infantil

Themis Regina Winter

A partir de Freud, muitos autores contribuíram para definir mais claramente os processos envolvidos na formação da entidade psíquica, por meio da pesquisa sobre as patologias infantis.

Para postular a inscrição do desejo materno, condição que inaugura o psiquismo infantil autores como Jacques Lacan (1966), com a descrição do estágio do espelho e dos registros real, imaginário e simbólico, e Piera Aulagnier (1975) com sua teoria sobre os primeiros momentos da vida humana, diferentes do existir somático, lançam uma luz sobre a complexidade da formação psíquica na primeira etapa de vida humana.

Segundo Piera Aulagnier, a relação mãe-bebê é uma relação assimétrica. Essa assimetria evidencia-se porque a mãe se relaciona com seu filho de uma maneira desejante, falante, pensante, enquanto o bebê é só sensação (corpo) e percepção (capacidade de captar em um processo crescente, prazer e desprazer).

E é nessa relação assimétrica, que a criança consegue se auto-engendrar formando registros mnêmicos dessas sensações e percepções, que funcionam como carimbo, marcando a existência de um eu diferente, distante das necessidades fisiológicas.

Então o desejo materno, com o qual a mãe recebe a criança, transforma o impulso para a satisfação em um anseio que visa repetir a experiência vivida por meio desse desejo oferecido. Alimento para o corpo e mãe para o prazer.

No registro imaginário, segundo Lacan (1966), o elemento essencial é a libido que circula entre a mãe e o bebê, ao contrário do que às vezes se pensa: que as imagens seriam o centro desse processo. As imagens e representações só poderão se configurar com o selo da libido. O estágio do espelho não organiza o imaginário. O espelho só poderá ser percebido pela criança, se esta sofreu os efeitos do desejo materno, inscrito muito antes em seu corpo biológico. O espelho solda e unifica os pontos isolados (pictograma) descritos por Piera Aulagnier como auto-engendramento.

Então o espelho é a imagem refletida captada pela percepção infantil, este dá forma e sentido para o olhar materno investido em algo, "o bebê", que por sua vez se extasia quando percebe no espelho essa forma, que está longe ainda de ser o equivalente da própria imagem refletida. Como se a criança pudesse compreender:

"*Ah, isso que é o meu bebê?!!*" – Essa é a imagem refletida, o desejo e amor materno, não uma criança.

Há então, uma unificação entre amor e objeto representado. Esse fenômeno explica por que uma criança cega de nascença passa pela fase do espelho, por mais paradoxal que pareça.

Dos primeiros momentos vividos do estágio do espelho, os pontos isolados sentidos e percebidos vão diferenciando a experiência corporal da sua marca, inscrita em uma "memória" chamada por Freud de traços mnêmicos.

Essa "memória" será, com o desenvolvimento, representada pela linguagem, constituindo o psiquismo simbólico.

A função materna, exercida com o fantasma desse mesmo processo no interno de quem exerce essa função, é o que, por meio do desejo, possibilitará o existir somático infantil ir se transformando em um existir psíquico.

O outro que faz a maternagem é o que fala por meio de símbolos e representa por meio de desejos. Essa impregnação do materno transforma o corpo biológico em corpo erógeno. Desses cuidados – a maternagem – depende a integridade psicossomática da criança.

O termo maternagem aparece em vários momentos na obra de D. W. Winnicott (1971):

> "*Na tenra infância, essa área intermediária é necessária para o início de um relacionamento entre a criança e o mundo, sendo tornada possível por uma maternagem suficientemente boa na fase primitiva crítica*".

Na maternagem, segundo Winnicott, a mãe passa ao seu bebê os limites de proteção dando-lhe possibilidades de sobrevivência com o mínimo possível de desconforto frente ao ambiente fora do útero, ambiente esse que pode ser muito hostil no sentido de agressões e estimulações desconhecidas.

Consideramos que a maternagem com a criança seria própria da função materna. Coincidiria com a função de cuidados que ultrapassam a proteção fisiológica, atingindo níveis de proximidade prazerosa da função materna, proporcionando no bebê um invólucro de Eros, invólucro de vida afetuosa e de amor.

Assim se constrói a saúde psicossomática infantil.

A maternagem pode ser facilitada por algumas intervenções possíveis da cultura, da coletividade, da família ou de alguns cuidados de saúde preventivos. Não se pode ensinar uma mãe a ser mãe, mas gerar um contato para a gestante, da ordem do prazer, que pode facilitar efeitos de investimento mais fortes e prazerosos também.

Pude assistir recentemente a uma profilaxia possível de ajuda à maternagem.

No processo de dar à luz outrem, uma mãe mesmo em condições de equilíbrio psicossocial, recupera sensações muito primitivas seus antigos fantasmas (vivências de prazer e desprazer, representadas ou apenas percebidas). Esses fantasmas são aliados às situações reais e novas em relação ao corpo, ao projeto de bebê e depois de bebê concreto.

Com o nascimento há uma falência do estado de complementação, mais fragilidade ainda poderá ocorrer, oferecendo um campo propício para as regressões patológicas prejudiciais à maternagem.

Quando a mãe cuida do bebê, inclui nesses cuidados a sombra das suas vivências, que se contiverem limites fornecidos pela própria castração, a função será exercida com menos ameaça e menos patologias provocadas por essa sombra regressiva.

A profilaxia a que me referi acima realiza-se em um serviço de saúde pública na Inglaterra: é o trabalho das midwives[6] (parteiras). As midwives têm uma formação específica de três anos podendo ou não ter um curso prévio de enfermagem. São treinadas para todo o processo do pré-parto, encontros de grupos de gestantes para os ensinamentos sobre a gravidez e os cuidados com o bebê, semelhantes ao serviço de puericultura oferecidos nos postos de saúde do Brasil. Acompanham todo o trabalho de parto no hospital, sendo o obstetra solicitado nos minutos finais do nascimento, em situações normais.

Observamos que o índice de cesariana é de 11% na Inglaterra, sendo que no Brasil chega a ser 70%. Quando mãe e bebê chegam em casa, iniciam-se visitas diárias. Além da atenção fisiológica ao bebê e à mãe, por meio de exames físicos, a midwife participa como uma "mãe" atendendo aos choros,

---

[6] Dados fornecidos por Sue Lendsley Midwife, de Bournemouth, Inglaterra.

depressões, pedidos de ajuda e queixas da nova mãe, o que é o mais importante para o nosso tema.

Os cuidados são muito mais voltados à mãe que ao bebê. A visita da midwife é esperada como um tesouro pela mãe. Conversam, tomam chá com a mãe e familiares e se colocam à disposição por meio de telefone para serem chamadas a qualquer hora. Essa prevenção – não intencional no sentido do conhecimento dos efeitos da maternagem, pois não há, na formação, uma disciplina que se aproxime da psicossomática psicanalítica – realiza um benefício impressionante, reduzindo o índice de depressões pós-parto, ausência de aleitamento materno, cólicas infantis, entre outros.

Após a quinzena de visitas, há uma Health visit[7] realizada por outra midwife voltada mais para os cuidados fisiológicos do bebê.

De um a três meses, o mesmo grupo de gestantes do pré-parto passa a se reunir no Centro de Saúde do Município, com a presença da mesma midwife, para trocarem experiências, quando todas levam seus bebês e travam uma cumplicidade muito interessante.

Alguns países cuidam de seu povo de uma maneira correta, protetora e não perversa. Esses cuidados são introjetados na cultura e tornam-se valores sólidos, de primazia na constituição social. Então, a previdência e assistência sociais giram em torno de criar e manter recursos que se tornam os responsáveis pela segurança de modelos de saúde, como é a realidade da Inglaterra, Cuba, Israel e outros.

Sendo assim, não há necessidade de incluir na formação acadêmica e nos programas de treinamento e capacitação dos profissionais de saúde, conhecimentos específicos da formação psíquica, das conseqüências patológicas resultantes de entraves na maternagem. Mas, ao contrário, frente a modelos de saúde de países como o Brasil, onde há uma desarticulação entre as políticas de saúde e a práxis eficaz, é necessário um olhar permanente para a natureza psicossomática do humano e o emprego de recursos didáticos e pedagógicos na formação e capacitação daqueles que vão trabalhar com saúde, principalmente com a saúde pública, cujos usuários são desprotegidos pela condição econômica.

Amélia Cohn e Paulo Eduardo M. Elias dizem com propriedade:

---

[7] Visita de Saúde realizada por uma midwife ou pelo médico pediatra do bairro mais próximo.

"Diante dessa realidade, e para que se compreenda o real significado e alcance das políticas de saúde que vem sendo implementadas – como por exemplo, o PAB previsto no NOB/96 e os Programas de Saúde da Família e de Agentes Comunitários de Saúde – impõe-se reconstruir a trajetória das políticas de saúde e da conformação do sistema de saúde no Brasil até o momento presente, sempre buscando vincula-los à constituição do nosso sistema de proteção social" (Cohn e Elias, 1999).

A ilustração desse trabalho de saúde com as midwives inglesas nos fornece parâmetros de um trabalho efetivo em prevenção psicossomática. Esse é efetivamente um trabalho de prevenção em Psicossomática que podemos, com a nossa tradução, explicá-lo.

Com as atenções, carinho e apoio, as midwives fornecem à mãe mais possibilidades de diminuição dos efeitos patológicos dos fantasmas aterrorizantes surgidos com a aproximação do bebê (corpo extensão) e da separação do bebê (filho).

A mãe precisa de um intermediador entre ela e a criança para poder efetivar melhor essa separação. Fico cada vez mais inclinada a pensar que esse intermediador deveria representar a imagem idealizada de uma boa mãe, continente, que pudesse ter uma fala: *"Eu cuido de você e você cuida do seu bebê"*.

Referências bibliográficas

AULAGNIER, P. *La violence de l'interpretation*. Paris: PUF, 1975.

COHN, A. & ELIAS P.E. *Saúde no Brasil: políticas e organizações de serviços*. São Paulo: Cortez, 1999.

DEBRAY, R. *Mães e bebês em revolta*. Porto Alegre: Artes Médicas, 1988.

FREUD, S. (1915) Los instintos y su destinos. *Obras Completas*. Madri: Bilioteca Nueva, 1982.

KREISLER, L. *Le nouvel enfant du desordre psychossomatique*, Paris: Dunot, 1992.

LACAN, J. O estágio do espelho como formador do eu. In *Escritos*, 1966.

NHS, PlanNews. Março, 2001.

RANÑA, W. Pediatria e psicanálise. In VOLICH. R.M., FERRAZ, F.C. & ARANTES, M.A.A.C. (orgs.) *Psicossoma II: psicossomática psicanalítica.* São Paulo: Casa do Psicólogo, 1998.

WINNICOTT, D.W. *O brincar e a realidade.* Rio de Janeiro: Imago, 1971.

Histeria: realidade psíquica, realidade somática

Realidade psíquica – Realidade somática: o corpo na histeria

Silvia Leonor Alonso

"Não acredito mais na minha neurótica"

"Devo confiar-te o grande segredo que, no decorrer dos últimos meses, se me revelou lentamente: não acredito mais na minha neurótica", confidenciava Freud a Fliess na carta de 21 de setembro de 1897.

Momento de desconcerto, de reconhecimento de um "erro", no qual ele caíra durante um tempo, e desmoronamento da teoria da sedução sobre a qual, até aquele momento, apoiara a conceitualização que lhe permitia explicar os sintomas neuróticos. Momento de luto de uma teorização e de desilusão.

Os relatos de suas pacientes, povoados de cenas de sedução durante a infância, aos quais Freud dera crédito, tinham-no levado a postular que o motor provocador dos sintomas neuróticos seriam as cenas traumáticas, *"realmente vividas"*. Mas isto não foi só uma constatação dos fatos. Sobre elas, Freud elaborara a teoria da sedução, esquema explicativo da causa das neuroses.

Os pais ou tios perversos e as babás masturbadoras, que abusaram das crianças, são presenças freqüentes nos historiais da época. Tratar-se-ia de uma realidade fatual, uma realidade violenta, que, penetrando no mundo psíquico e não encontrando nexos de ligação, produziria um efeito traumático, causador do recalque. Essa explicação desmorona em 1897.

No relato de sua *Autobiografia*, Freud (1925) refere-se a este momento dizendo: *"há que se discernir que essas cenas de sedução nunca tinham acontecido, foram só fantasias criadas pelas pacientes"* (p.23). Uma ordem de realidade caíra por terra, a realidade fatual da cena, o realismo do evento datável concretamente acontecido.

Após o desconcerto, relata Freud: *"quando eu sosseguei, extraí da minha experiência as conclusões corretas, a saber, os sintomas neuróticos não se enlaçam de forma direta a vivências efetivamente reais, mas sim a 'fantasias de desejos' para as neuroses ; vale mais a realidade psíquica do que a realidade material"* (p.33).

Diferente da "realidade" material, no entanto não menos "realidade". Mantendo este termo, Freud certamente marca que os desejos inconscientes e os fantasmas com eles conectados são tão incontornáveis, pois se impõem a nós com tanta premência quanto a realidade material. A ordem de realidade – a forma de existência dos desejos inconscientes – é muito diferente daquelas dos pensamentos de ligação e de transmissão, tal como Freud o afirma em *A Interpretação dos sonhos*.

Neste momento de inflexão da teoria, a cena de sedução deixa de ser um evento real e passa a ser uma fantasia, produto do próprio auto-erotismo dos primeiros anos da infância.

Não há mais um fato traumático. A partir deste momento, o desejo inconsciente e a fantasia à qual ele se articula produzem para Freud o sintoma neurótico. Como ele afirmara no seu texto "As fantasias histéricas e sua relação com a bissexualidade: *"os sintomas histéricos não são mais que fantasias inconscientes figuradas mediante a conversão"* (1908, p.143).

O conceito de realidade psíquica nasce para Freud no bojo da elaboração de um aparelho psíquico no qual primam os processos inconscientes. Em *A Interpretação dos sonhos*, de 1900, Freud desenvolve a conceitualização da primeira tópica, a sobredeterminação inconsciente e o conceito de desejo. Simultaneamente, é um momento de descortinamento que faz aparecer ante seus olhos o mundo da sexualidade infantil, perversa e polimorfa. No texto *Três Ensaios...* (1905), o conceito de pulsão como limite entre o psíquico e somático, e o conceito das pulsões parciais e suas fontes – as zonas erógenas –, reincluem o corpo na teorização freudiana, mas seu estatuto é aí redefinido.

O estatuto do corpo

Partindo do conceito de realidade psíquica, alguns autores se restringem a tratar da problemática identificatória e da fantasia existente na origem da histeria. Outros, ao contrário, insistem na necessidade de positivar o lugar do corpo na teorização, assim como especificar seu estatuto na histeria.

Existe um corpo que é objeto da ciência que, desde a Grécia antiga, é explorado pelos anatomistas e que, desde o século XVIII, é cortado pelos anatomistas, expondo nesses cortes a fragmentação corporal que se opõe à unidade visível, em parcelas cada vez menores: órgãos, tecidos, células, genes. Os avanços da informática e da cibernética acrescentaram a esses o corte digital. Desses avanços científicos se desprendem discursos culturais sobre o corpo que mudam com as épocas e que são um dos lugares dos quais surgem as representações que fazemos de nosso corpo.

O afastamento da psicanálise do corpo anatômico, do corpo organismo, não exclui que o corpo conserve um lugar na teorização psicanalítica.

A psicanálise começou sua clínica escutando as histéricas, e, certamente, não há melhor clínica do que esta para nos ensinar sobre relações entre o corpo e o inconsciente. Na histeria é justamente o corpo o palco dos sintomas em qualquer uma de suas apresentações – na sedução que erotiza o entorno, no histrionismo exagerado que desperta hostilidade nos outros, na espetacularidade das crises "charcotianas", no recorte segundo a geografia imaginária nas paralisias, nas afonias, nas anestesias ou ainda atraindo o olhar para a realidade fragilizada do corpo quase desfalecente das anoréxicas. Essas manifestações são distintas da neurose obsessiva na qual, a partir de uma cisão com a fonte pulsional, se produz uma migração das zonas erógenas para outros campos da realidade.

Quando na psicanálise nos referimos ao corpo histérico, não estamos falando do corpo como um organismo. Já em 1893, Freud se encarregara de mostrar essa diferença a partir da pesquisa que lhe encomendara Charcot na Salpêtrière, mostrando a diferença entre as paralisias orgânicas e as histéricas, afirmando que estas últimas não acompanham os circuitos de inervação descritos nos manuais de anatomia. Essa constatação levou Freud a afirmar que *"a histérica se comporta nas suas paralisias e em outras manifestações como se a anatomia não existisse ou como se não tivesse notícia dela"* (1893, p.206).

Por não se adequarem aos livros de anatomia, os sintomas histéricos mostraram a Freud que havia uma "singularidade" a ser ouvida, conduzindo-o até o singular a ser escutado.

Mas as histéricas também conduziram Freud até a ambigüidade do sentir corporal. Em 1895, Elizabeth Von R. encarregou-se de mostrar a Freud essa ambigüidade: *"quando nela se oprimia a pele e a musculatura hiperálgica das pernas, o seu rosto cobrava uma peculiar expressão mais de prazer do que de dor, lançava uns gritinhos frente aos quais não se podia deixar de pensar na raiz de umas voluptuosas cócegas – seu rosto ficava avermelhado, jogava a cabeça para trás, seu tronco se inclinava na forma de um arco (...) o seu gesto não harmonizava com a dor"* (p.153). A presença do prazer introduz um descolamento em relação ao corpo fisiológico. Na ambigüidade do corpo histérico, o prazer se mantém entrelaçado com o sofrimento.

Finalmente, as histéricas ainda conduziram Freud até o inconsciente. Sua atenção – diz Freud ao referir-se à sua paciente – está em outro lugar, nos pensamentos que se entrelaçam com as dores. A histérica remete-nos a "outra cena", à cena inconsciente, fazendo aparecer aquilo que é da ordem das representações inconscientes, sexuais e recalcadas, cisão interna ao aparelho psíquico, que permitiu a Freud entender o sintoma como produto do recalque.

O corpo dos histéricos é o território no qual se exilam as marcas do passado afastado da consciência e o instrumento pelo qual se veicula uma mensagem; seu corpo pensa e fala.

A histérica modela seu corpo na cena, mantendo a cena se repetindo na sua própria forma e, ao mesmo tempo, expressa na linguagem dos gestos (pantomima) algo que está carregado de sentido. Afirma Freud: *"os ataques histéricos não são mais que fantasias inconscientes projetadas na motricidade, figuradas de uma maneira pantomímica"* (1908, p.207).

O sintoma conversivo surge ali onde algo não pode ser traduzido em palavras. Os textos nos quais Freud pensa o recalque como impossibilidade de tradução localizam a conversão onde falta aos restos mnêmicos uma tradução a *representações de palavras* (1896, p.270).

Um corpo que fala por efeito do recalque é muito diferente da *linguagem de órgão* da psicose. Freud fez esta distinção no texto *O inconsciente*, de 1915, retomando o relato de Tausk sobre uma paciente esquizofrênica que, depois da briga com um namorado, queixava-se: *"os olhos não estão direitos, estão tortos"* (p.153). Esclarecendo a queixa, a paciente afirmava que o namorado era um hipócrita, um torcedor de olhos. Nesta situação, Freud esclarece que na linguagem de órgão prevalece um fio de pensamento, do elemento que tem a ver com a inervação corporal, ou, melhor dito, com a sensação. Ao contrário, se a paciente tratada fosse uma histérica, ela teria entortado os olhos e não conservaria nenhum pensamento consciente sobre isto. Se na psicose a palavra vira coisa, na histeria o corpo fala aquilo que perdeu a possibilidade de ser dito em palavras, pelo efeito do recalque, mantendo-se, porém, a mediação simbólica perdida na psicose. Na histeria há um corpo que busca uma palavra, na esquizofrenia há uma palavra-coisa que busca um corpo, ou a integração de um corpo fragmentado.

Se o corpo do qual trata a psicanálise não é o corpo fisiológico, isto não implica que ele tenha de ser totalmente reduzido à *"dominação simbólica"*, nem quando se trata "do corpo erógeno" nem quando se trata do "corpo histerógeno". Freud nos *Três Ensaios*... encarregou-se de mostrar como a erogeneidade do corpo se constrói apoiada e articulada *"no corpo vivo"*. Leclaire, na sua conceitualização do "corpo erógeno", categoria que para o autor substitui com vantagem a idéia de "alma" ou de "psique", retoma o pensamento freudiano dos *Três Ensaios*..., pensando o corpo erógeno como um "duplo" do corpo biológico, valendo-se da imagem do ectoplasma para defini-lo: *"(...) duplo do corpo biológico (...), esta outra vertente que a ele inteiramente se conjuga e liga"* (1992, p.33).

Em alguns exemplos de sintomas histéricos, Freud parece, em um primeiro momento, tê-los explicado pela primazia do significante. Assim, no caso Cäcilie, Freud vê a nevralgia facial da paciente dissolver-se quase magicamente quando ela, referindo-se a uma conversa com o seu marido, na qual se sentiu dolorosamente tocada por um comentário dele, levara a sua mão até a bochecha dizendo: *"é como um golpe recebido em pleno rosto"*. Freud acrescenta: *"A dor e a crise encontraram lá o seu ponto final"* (1895, p.189), o que leva Freud a afirmar que se trata de uma *simbolização*. Esta é uma situação exemplar de como *"o corpo histérico fala"* e como ele se cala no momento no qual pode ser dito com palavras aquilo que até então o corpo se encarregava de transcrever. No entanto, Monique Schnaider, em seu texto *Afeto e linguagem nos primeiros escritos de Freud*, retoma esta seqüência do texto freudiano para mostrar que não é essa a última palavra dele. Afirma a autora que, se Freud reconhece que o sintoma depende da linguagem – ele tenta encontrar uma "fonte" da linguagem que não a reduza ao arbitrário aparente do significante e que encontre a emoção como fundamento da linguagem (1993, p.82). Freud afirma que quando a histérica se vale da expressão "golpe no rosto" na situação de uma ofensa, sentindo-o como um fato real, ela não fez mais que reavivar as sensações às quais a locução verbal deve sua justificativa:

> "todas essas inervações, todas essas sensações, fazem parte da expressão dos movimentos emocionais. Consistindo primitivamente em atos adequados, bem motivados, estes movimentos, em nosso tempo, encontram-se geralmente tão enfraquecidos que sua expressão verbal não surge como uma tradução figurada, mas parece provável que tudo isto teve, anteriormente, um sentido literal. A histérica tem, então, razão em restituir para as suas inervações mais fortes o sentido verbal primitivo. Talvez estejamos

errados em dizer que ela cria tais sensações por simbolização; talvez a histérica não tenha, de forma alguma, tomado a linguagem usual como modelo, mas talvez se alimente da mesma fonte que ela" (Freud, 1895, p.193).

Que o corpo presente nos sintomas histéricos não se reduz ao corpo simbólico é também o que afirma Monique David-Ménard quando, na tentativa de construir uma *metapsicologia do movimento*, mostra como a incoerência dos movimentos do recém-nascido indicam uma espacialidade corporal, na qual acontecem prazeres e desprazeres, sendo que essa espacialidade não é o espaço perceptivo, nem tampouco o espaço fisiológico, e sim um espaço promovido "pelo auto-erotismo motor" que irá articular-se com a ordem simbólica. Afirma a autora: *"na sua incoerência os movimentos indicam um espaço, uma tópica pulsional que não é biológica nem significante"* (2000, p.132).

O corpo erógeno e o corpo histerógeno constituem-se na articulação entre as zonas corporais, nas quais se apóiam, e o desejo do outro, que os determinam.

Zonas erógenas, zonas histerógenas

A passagem da sexualidade adulta à sexualidade infantil na etiologia das neuroses não significa apenas que se anexem à vivência atual lembranças de situações acontecidas em tempos mais remotos; o descortinamento da sexualidade infantil introduz uma conceitualização diferente da sexualidade humana e do corpo. É o que nos mostra Freud nos *Três Ensaios...* O conceito de pulsão como conceito-limite entre o psíquico e o somático, diferenciando-se do "instinto", quebra a idéia de um "natural" no que se refere à sexualidade humana. Ao mesmo tempo, a pulsão parcial mostra que a libido é diversificada em relação às suas "fontes". Sendo ainda as zonas erógenas – zonas do corpo que se tornam sede da excitação sexual – são as *"zonas da pele ou da mucosa sobre as quais certas excitações são capazes de provocar uma sensação prazerosa de determinada qualidade"* (1905, p.165).

Embora existam zonas predestinadas à erogeneidade (como a zona oral, pois a atividade da sucção está fadada a adquirir valor erógeno), qualquer outro setor da pele ou da mucosa pode converter-se em zona erógena. Pulsões orais, anais, escópicas e outras surgem apoiadas nas necessidades vitais; no entanto, é por se diferenciarem das necessidades que se constituem como pulsões. O caos orgânico vai se organizando pelo ritmo, no mamar, por exemplo. A incoerência da diversidade das excitações vai se recortando à medida que se constituem as zonas erógenas e os alvos da pulsão construindo os objetos da pulsão. É somente *a posteriori* que a diversidade das forças pulsionais converge em relação a um objeto.

O prazer introduz no corpo a possibilidade de *"erogenização"*, *"o cálido leite materno"* introduz na mucosa da boca um *"a mais de prazer"*, convertendo a mucosa em uma zona erógena. Com o prazer se introduzem os traços mnêmicos que recortam o corpo em *"zonas erógenas"* e criam os circuitos de pulsão que marcam desde o início a repetição com as marcas da alteridade.

Nesse prazer marginal vai se produzindo um desvio da pulsão em relação à necessidade, no qual a função serve de apoio. Por exemplo, a ingestão de alimentos serve de modelo à incorporação fantasística. É no mamar que a boca obtive as primeiras experiências de satisfação, prazer que se deseja repetir por intermédio do "chupetear" – *"os lábios da criança comportam-se como uma zona erógena e a estimulação pelo cálido afluxo do leite foi a causa da sensação prazerosa"* (1905, p.165).

Só depois o prazer sexual, apoiado na satisfação das necessidades vitais, se independentiza. Na ausência do objeto real, da experiência da satisfação original, instala-se a satisfação alucinatória do desejo, na qual o bebê reproduz o objeto ausente de forma alucinada.

As zonas das bordas, dos buracos, são privilegiadas como zonas erógenas, já que marcadas pela sexualidade desejante dos adultos.

Nos últimos textos de Freud sobre a sexualidade feminina, a mãe aparece no lugar da *"sedutora"* erotizando o corpo da criança à medida que exercita os cuidados maternos, substituindo o pai sedutor da primeira teoria das neuroses; mas, neste momento da conceitualização não se trata de um *"fato traumático"* nem de um *"adulto perverso"*, mas da sedução que produz erotização no corpo da criança no interior do exercício da função materna, dos cuidados ao *"infans"*. Nos primeiros cuidados do bebê, a boca, o ânus e os genitais são lugares que despertam o interesse da mãe justamente por serem lugares privilegiados das trocas, as zonas erógenas são a porta de entrada, a abertura ao externo, os lugares pelos quais a sexualidade se implanta a partir do exterior, ao mesmo tempo em que são as portas de comunicação com o inconsciente. Alguns lugares do corpo do bebê são pontos de apoio para o prazer de órgão, mas também pontos de encontro com a "fantasia" e o "desejo materno".

Retomando o desenvolvimento freudiano dos *Três ensaios...*, Leclaire (1992) caracteriza o corpo erógeno como um duplo constituído a partir da superfície do corpo. Cada elemento da superfície do corpo faz parte do conjunto orgânico e, portanto, está inserido na ordem biológica, mas também cada ponto do corpo pode originar uma excitação sexual, ou seja, cada ponto pode cumprir uma função e ser um lugar de excitação. Cada ponto se insere então – segundo Leclaire – em uma dupla ordem: a ordem biológica e a ordem erógena, sendo esta última uma ordem particular, nada ordenada. O corpo erógeno é um corpo *"não-unificado"*, *"não-globalizado"*, que responde à *"perversidade polimorfa"*, no entanto *"singular"*, enquanto fixado em uma rede na qual predominam determinadas zonas do corpo, que desenham os circuitos de pulsão e que sediam os sintomas.

O corpo erógeno é gerado pelos pais a partir de seus próprios corpos erógenos, suas organizações libidinais, suas neuroses, suas defesas e seus recalcamentos, e sustentado por estes no exercício da função materna e paterna.

Às zonas erógenas vêm se somar as zonas histerógenas. Essas são zonas libidinalmente investidas, que os histéricos designam freqüentemente como zonas dolorosas, mas que quando são excitadas produzem reações que se aproximam daquelas que têm origem no prazer sexual. As zonas erógenas e histerógenas têm para Freud características semelhantes, entre elas a possibilidade de deslocamento. Na histeria, a propensão ao deslocamento prevalece e a zona sobre a qual recai o recalcamento é fundamentalmente a zona genital.

Com relação à histeria, diferentes autores concordam tanto com os efeitos do recalque sobre o genital quanto com a inclinação fortemente marcada do deslocamento, mesmo que não concordem necessariamente com a conceitualização que fazem tanto do recalque quanto do deslocamento.

Para Christopher Bollas (2000), a mãe do histérico experimenta uma intensa ambivalência com relação ao filho como ser sexual, fundamentalmente em relação aos seus genitais, não podendo, por isso, comemorar o corpo do filho. Ela transmite essa ambivalência ao filho, enfraquecendo os genitais como objeto de amor e exaltando outras partes do corpo: pés, ombro, estômago, que se tornam zonas erógenas alternativas para posteriores deslocamentos. O corpo histérico torna-se carregado de uma libido deslocada e hipersexualizado, ao mesmo tempo que se produz um enlutamento do *self*.

Para David Nasio (1991), o corpo do histérico divide-se em duas partes, a genital, anestesiada, com fortes inibições expressas na impotência, frigidez, ejaculação precoce, e todo o resto do corpo, muito erotizado – corpo sensação pura, libidinalmente intenso. No entanto, este simulacro de sexualidade tem a ver mais com as brincadeiras sexuais infantis do que com a genitalidade, e acompanha-se de um "eu tristeza"

A idéia de deslocamento estava já presente nas fantasias teóricas dos antigos, como nas teorias hipocráticas, nas quais o útero migrante, quando insatisfeito, deslocava-se pelo corpo todo e, apoiando-se em diferentes órgãos, provocava as doenças de sufocação.

Realidade psíquica – realidade somática

É importante pensar no estatuto do corpo e também nas suas mudanças nos diferentes momentos da teorização freudiana. Monique David-Ménard, no seu livro *A histérica entre Freud e Lacan* (2000), acompanha, a partir do texto freudiano, as transformações que a conceituação do corpo sofre na passagem da primeira teoria da conversão ao conceito de corpo erógeno. Acompanhemos o desenvolvimento da autora.

No interior da primeira teoria da conversão, o sintoma histérico surge para Freud como conseqüência de um processo de defesa. A existência de um conflito entre representações faz com que as representações contrastantes sejam desalojadas da consciência ou sejam recalcadas, enquanto o afeto que as acompanha produziria uma inervação motora que origina o sintoma conversivo. Há, então, algo da ordem da "alma" que se converte em uma perturbação no "corpo".

No historial de *Estudos sobre a histeria*, afirma-se que Elisabeth sofre de dores nas pernas e apresenta dificuldades para andar. Quando Freud se propõe entender como se produzem essas dificuldades, ele se depara com as perturbações motoras dolorosas (astasia-abasia), de um lado, e, de outro, com a história das infelicidades na vida da jovem. São duas *"séries heterogêneas"*, dirá Monique David-Ménard, que, em princípio, não parecem ter nenhuma relação e que, no primeiro momento, Freud conecta pela coincidência no momento dos acontecimentos, ou seja, o *"acaso temporal"*, coincidência esta que teria possibilitado que as dores no corpo de Elisabeth se convertessem em um *"símbolo das dores de sua alma"*. Para compreender melhor esta transformação, para entender como as dificuldades que Elisabeth tinha para viver podem ter se convertido em dificuldades para andar, Freud se dirige à busca dos acontecimentos e impressões ligadas ao aparecimento das dores pela primeira vez; a dor possibilitará tornar *"homogêneas"* duas séries *"heterogêneas"*. No início do processo da doença, o conflito vivido por Elisabeth entre a tendência erótica e o dever filial (entre a relação com o namorado e a relação de cuidados ao pai) é um conflito psíquico intolerável, da mesma maneira que o será o conflito entre o desejo pelo cunhado e o desejo de morte em relação à irmã, no fim do processo. São conflitos *"dolorosos"*. Será então a palavra *"dor"* que terá para Freud esse poder mágico que permitirá a passagem de uma série para outra, uma dor da alma se transformará em uma dor física, ou irá se fixar sobre as dores reumáticas previamente existentes (facilitação somática).

À medida que o intolerável do conflito psíquico é considerado como o que faz associação com a dor e permite a passagem do psíquico ao somático, todas as dores anteriores ao conflito são consideradas puramente fisiológicas – *"dores reumáticas"*. Por outro lado, aquilo que se considera psíquico está restrito a um conflito de ordem psicológica. Como afirma a autora, nesse momento a oposição feita entre o psíquico e o fisiológico impede que Freud reconheça *o corpo desejante* que está em jogo. Monique Ménard tenta descobrir onde ele aparece: na transferência, já que é nela que o inconsciente *"age"*. No processo de cura, as pernas de Elisabeth se põem a *"falar"*, diz Freud (1895):

"as doloridas pernas começaram a falar, durante a sessão de sua análise. Expliquemo-nos este estranho estado de coisas. Em geral, no momento de dar início a nosso trabalho, a paciente não sofria; no entanto, quando, com as minhas perguntas, ou ao pôr minha mão sobre a sua fronte, acordava alguma lembrança, se produzia uma sensação de dor, geralmente era tão intensa que a paciente se contraía e segurava a zona dolorosa. Esse sofrimento assim acordado se mantinha o tempo durante o qual a paciente persistia presa à lembrança, alcançava o seu ponto culminante no momento no qual a paciente iria revelar fatos decisivos e desaparecia com as últimas palavras de seu relato. Pouco a pouco aprendi a valer-me do despertar de sua dor como uma bússola para o trabalho" (p.163).

Vemos aqui um corpo que, na própria vivência da transferência, vai tecendo suas narrativas e uma dor que adquire um outro sentido – o reviver de uma cena que não fora totalmente elaborada.

As dores de Elisabeth partiam sempre de um ponto na coxa direita. *"Tratava-se justamente da zona sobre a qual todas as manhãs o pai deixava descansar sua perna inflamada, enquanto ela trocava os curativos"* (p.167).

Além disso, Elisabeth queixava-se durante o tratamento de frio nos pés, lembrando que durante a doença do pai ela pulava da cama, pisando no chão frio, nos momentos nos quais acudia ao chamado do pai. Lembra também que, estando imobilizada na cama pelas dores reumáticas, recebera a visita de um homem ao qual não pôde atender por estar doente. Em certo momento de seu processo de cura, em uma sessão, Elisabeth escutou os passos e a voz de um homem; pensando que se tratava do seu cunhado, levantou-se e pediu que Freud interrompesse a sessão, já que o seu cunhado tinha vindo buscá-la. Sucedeu-se a esta situação a "dor nas pernas". O movimento que a fez ir ao chamado do pai, a imobilidade que lhe impede de receber o homem, a dor que aparece depois do movimento de ir na direção do cunhado, tudo isto mostra na própria cena, a presença da realidade psíquica, a realidade desejante, levando David-Ménard a se perguntar : *"o que é seu corpo senão o ator que deseja escutar a palavra de um homem e se imobiliza porque ela interdita este desejo a si própria?"* (2000, p.34)

Na releitura que David-Ménard faz do historial freudiano, encontramos, então, um *"corpo histérico"* no qual o desejo e a proibição se entrecruzam encenados juntos em um corpo que é, ao mesmo tempo, ator e palco na apresentação da pantomima. Corpo que fala na linguagem dos gestos, especificidade que não seria necessária supor se nos restringíssemos à idéia da conversão como transformação de energia psíquica em inervação somática.

Como afirmamos anteriormente, concomitantemente ao reconhecimento da realidade psíquica vai-se desvendando para Freud a sexualidade infantil, assim como a sua importância na etiologia das neuroses.

No historial do caso "Dora" há, então, um corpo de prazer que se constrói na história singular e que vai escrevendo uma "geografia imaginária no corpo" sobre a qual surgem os sintomas conversivos.

Com a história da erogenização, vai se fazendo uma história de recalcamento. Algumas zonas vão sendo privilegiadas e outras excluídas; esta situação serve de base à possibilidade dos *"deslocamentos"*. No historial de Dora, Freud afirma que, em seu entender, a histeria se localiza no *"transtorno do afeto"*; no lugar onde alguém deveria sentir prazer, sente desprazer; a esse transtorno soma-se o deslocamento da sensação. Assim, quando Dora, na sua adolescência, fora beijada pelo Sr. K., na escada da loja, o contato com os genitais do Sr. K. e a sensação produzida nos seus próprios genitais ficou recalcada. Da parte inferior do corpo a sensação se deslocou para o peito, onde, na forma de alucinação negativa, apareceu uma sensação de pressão de um abraço sobre o seu corpo, deslocando-se também para a zona da boca e da garganta, provocando repugnância, que testemunha a erogeneidade dos lábios. O deslocamento da sensação mostra a forma como a história do seu desejo se inscreveu no seu corpo. A zona do corpo que se põe em jogo na facilitação somática está totalmente marcada desde a infância. A geografia imaginária sobre a qual se constrói os sintomas presentifica no corpo a história do prazer e do recalque.

O acesso à sexualidade infantil permite reconhecer a história da erogenização do corpo para um sujeito, bem como incluir a historização dos movimentos desejantes. Como o sintoma prolonga com a sua existência a sexualidade infantil, este não surge pelo efeito direto do trauma, e sim pelo impacto que este produz sobre o corpo erógeno.

Se na primeira teoria da conversão Freud pensa nas dores reumáticas de Elizabeth como dores fisiológicas que vão se anexando às dores produzidas pela transformação de algo psíquico em somático, em Dora, pelo contrário, a zona erógena bucal está lá, na própria constituição da sexualidade infantil, presente na lembrança infantil na qual Dora suga o polegar de uma de suas mãos enquanto, com a outra, puxa a orelha do irmão – *"é a intensa atuação desta zona desde a sua infância que outorga à garganta a sua condição para solicitação somática"* (David-Ménard, 2000, p.27). Esta intensidade oral ocupa um lugar central na transferência pelo cheiro de fumaça que ela sente após o sonho, e que a conduz até Freud, até o Sr. K. e até a seu próprio pai, e também a ela própria, na intensidade do auto-erotismo presente na lembrança.

Zona erógena oral que vai contando a história libidinal, a complexa história da erogenização de seu corpo, a história do seu desejo, mas também do recalcamento.

Para Monique David-Ménard, a criação de um outro corpo, o *"corpo erógeno"*, transforma a perspectiva para pensar a relação entre o psíquico e o somático. Na primeira teoria da conversão, há presente um dualismo cartesiano: psique/soma, alma/corpo, pensados como duas séries heterogêneas totalmente diferentes e por isso passíveis de se fazerem uma. *"É somente porque não há nada de espiritual na ordem do corpo, e nada de corporal na alma, que o que se produz em cada substância tem efeitos sobre uma outra"*. É pela extrema diferença que se faz possível esse salto no orgânico, espécie de *"transubstanciação"* presente na primeira teoria da conversão. Para a autora, o corpo erógeno destitui a idéia de extrema heterogeneidade, mas também a de total homogeneidade lograda supostamente no momento da conversão. Contrariamente, na concepção do corpo erógeno não há alma que se converta em corpo, há uma realidade desejante que se apresenta no corpo, *"atualizando a pulsão lá onde não se pode representar o desejo"*.

Para Ménard, o fato de o corpo histérico falar e pensar e, ao mesmo tempo, o fato de que, para Freud, o próprio pensamento é também uma forma de descarga de excitação, mas postergada inviabiliza a possibilidade de manter uma epistemologia dualista entre alma e corpo. Para esta autora, a oposição para Freud está colocada entre: o desejo que se atualiza nas experiências de gozo e o desejo inibido na sua realização, capaz de satisfazer-se com atividades representativas. Por isso a autora entende que o conceito de corpo erógeno, que é o que nos interessa na Psicanálise, mantém presentes diversos planos de realidade, se conserva a realidade fisiológica, mas entrecruzada pela realidade desejante, formando um tecido outro, um *"corpo outro"*.

Referências bibliográficas

BOLLAS, C. *Hysteria*. São Paulo: Escuta, 2000.

DAVID-MÉNARD, M. *A histérica entre Freud e Lacan*. São Paulo: Escuta, 2000.

FREUD, S. (1893) Algunas consideraciones con miras a un estudio comparativo de las parálisis motrices orgánicas e histéricas. In *Obras Completas*. Buenos Aires: Amorrortu. v.1.

―――――. (1895) Estudios sobre la histeria. *Op. cit.*, v.2.

―――――. (1896) Manuscrito K. *Op. cit.*, v.1.

―――――. (1897) Carta 69. *Op. cit.*, v.1.

―――――. (1905) Fragmentos de análises de um caso de histeria. *Op. cit.*, v.7.

―――――. (1905) Três ensaios de uma teoria sexual. *Op. cit.*, v.7.

―――――. (1908) Apreciaciones generales sobre el ataque histérico *Op. cit.*, v.1.

FREUD, S. (1908) Las fantasias histéricas y su relación con la bisexualidad. *Op. cit.*, v.9.

――――. (1915) Lo inconsciente. *Op. cit.*, v.14.

――――. (1925) Presentación autobiográfica. *Op. cit.*, v.20.

――――. (1931) Sobre la sexualidade feminina. *Op. cit.*, v.21.

LECLAIRE, S. *O corpo erógeno.* São Paulo: Escuta, 1992.

NASIO, J.D. *A histeria teória e clínica psicanalítica.* Rio de Janeiro: Jorge Zahar, 1991.

Modos de ser: compondo com Espinosa e Rodulfo

Lia Pitliuk

Os debates sobre a questão soma-psique, em psicanálise, recentemente vêm tomando a forma de uma espécie de autocrítica referida à exclusão do corpo de nossas teorizações e dos processos analíticos – como encontramos, por exemplo, em J. Birman (1999). É um fenômeno curioso, este: falamos tanto de corpo e, ao mesmo tempo, ele parece não estar. A atual expansão de núcleos de estudo, pesquisa e debate em psicossomática psicanalítica me parece essencial, neste sentido, e espero que rapidamente ela deixe de ser considerada como uma "especialidade" : penso que não há possibilidade de um acontecimento humano que não seja – percebamos ou não – psicossomático; e a amplitude dos temas tratados nesta coletânea é prova clara de que, hoje, já somos muitos com essa mesma opinião.

Em 2000, em um encontro multidisciplinar dedicado ao papel da mídia nos processos de subjetivação, discuti rapidamente o percurso de uma paciente, que chamei de Silvia, ao longo de uma relação intensa via internet. Esta apresentação foi publicada sob o título *Subjetivações e informática: uma perspectiva psicanalítica* (Pitliuk, 2001). Ali eu me perguntava sobre as possibilidades constitutivas daquela experiência, sobre o que processos como aquele podem nos ensinar a respeito dos modos de funcionamento no mundo contemporâneo. Perguntei-me, também, sobre a análise: parecia-me que as experimentações cibernéticas traziam elementos para um percurso reflexivo importante sobre o que se passa em um divã.

Hoje retomo esta mesma história, agora no contexto nas relações soma-psique. Uma das críticas mais generalizadas às interações com o computador se refere a um sedentarismo existencial suposto em quem se senta frente à tela: as pessoas se afastariam da vida dita real e mergulhariam em um mundo entendido como "de fantasia", do qual corpo e atos de corpo estariam excluídos. De fato, enquanto tudo acontecia naquela relação internética, a moça de quem eu falava permanecia grandes espaços de tempo sentada à frente do computador; paralelamente, ela se deitava no divã do meu consultório por várias horas por semana e, com o corpo imóvel, vivia ali processos de extrema intensidade.

Enquanto sua vida se desdobrava quase que exclusivamente entre sua poltrona frente ao computador e o divã, eu me preocupava muitíssimo com os destinos desta moça que, de certa forma, me parecia *"enterrada viva"*, como ela costumava dizer. Era algo muito paradoxal: do ponto de vista físico, Silvia evitava ao máximo qualquer movimento e qualquer contato – humano ou não – que não fosse mediado pelo computador, o que correspondia muito literalmente à sua descrição de que estava *"emparedada"*, incapaz de construir qualquer coisa significativa em sua vida. Paralelamente, seu mundo psíquico era riquíssimo: Silvia era extremamente criativa e com capacidades ilimitadas tanto para o humor e o riso quanto para o sofrimento. Eu pensava, evidentemente, na dissociação como seu mecanismo defensivo principal e aguardava que seu corpo nos "dissesse" algo sobre essa dissociação.

Ocorria-me que era um corpo extremamente "dócil", muitas vezes eu pensava que ele parecia *"em paz"* com o modo de vida que Silvia estava levando – e isto era absolutamente sintônico com a própria avaliação da paciente do que lhe acontecia: ela sofria muito com a idéia de ausência absoluta de perspectivas de vida para si, mas de forma alguma localizava sua reclusão e seu imobilismo corporal como sintomas patológicos; em sua opinião, eram montagens circunstanciais e necessárias, totalmente compatíveis com seu *"emparedamento existencial"* – este sim tomado por ela como *sua "verdadeira doença".*

Sem que eu pudesse explicar, algo me indicava que havia alguma sabedoria ou consistência na quietude corporal daquela moça, independentemente do "senso comum". E aqui abro um parêntese para sublinhar quanto é precioso este momento da relação analítica – momento privilegiado em que desgrudamos de nossas preconcepções e passamos, de fato, a desejar o processo, a desejar o que está por vir e que não sabemos o que será. Eu tinha, apenas, uma intuição de que o contraste entre sua versatilidade mental e seu imobilismo corporal era uma espécie de simulacro. Sua história, conforme emergia nas sessões, mostrava uma Silvia que, até pouco tempo antes, vivia o jogo inverso: corpo e interesses vitais como fontes intensas de prazer e de contato, com uma mente intelectualizada, controladora e muito rígida. Quando nos defrontávamos com a magnitude da inversão, ela dizia: *"Tudo imagem. Como é fácil enganar qualquer um em qualquer coisa!".* E fazia um pedido freqüente, a mim e a seu companheiro na internet, de *que "não nos deixássemos enfeitiçar por uma ou outra de suas performances".*

Estamos no campo da plasticidade expressiva da histeria. Sobre isso, há uma frase muito interessante de Silvia Alonso, em artigo apresentado aos Estados Gerais da Psicanálise de São Paulo. No contexto da passagem da abordagem visual de Charcot para o modo freudiano de apreensão – a escuta –, Alonso escreve: *"A histérica, para fazer-se ouvir, precisou substituir os gestos por palavras"* (Alonso, 1999). Esta é a inversão exata da fórmula tradicional, que situa o histérico como precisando substituir as palavras por gestos.

Modos de ser: Espinosa

Ainda no encontro sobre mídia e subjetivação, Norval Baitello, diretor da Faculdade de Comunicação e Filosofia da PUC de São Paulo, defendia a idéia de que quando sentamos o corpo, ele é sedado; e que, ao mesmo tempo, o próprio pensamento é sentado, amansado, domesticado. Baitello dizia: *"a cadeira e suas variações poderão constituir o golpe de misericórdia dado na agilidade e na mobilidade do homem e seu pensamento. Um pensamento sentado significa um agir acomodado, conformado e amansado, incapaz de sequer decifrar o mundo ao seu redor e menos capaz ainda de atuar transformadoramente"* (Baitello, 2001, p.33). Essa é uma questão de impacto evidente sobre nosso trabalho. No público, uma analista formulou uma pergunta: *"quando o corpo está sentado, a mente não voa?"* (Baitello, 2001, p.35).

Nessa cena concentram-se duas visões do psicossoma. A resposta de Baitello foi o elemento desencadeante das reflexões que agora trago ao debate. Seu tema era o efeito sedativo das imagens da mídia e, neste contexto, ele respondeu à pergunta do seguinte modo: *"Quando as imagens que nos sedam, ou que nos sentam, voam, então a mente não pode voar. (...) quem voa são as imagens, não somos nós"* (Baitello, 2001, p.35). Ou seja, Baitello se referia a velocidades e lentidões de um ser relativas ao mundo. Na sua opinião, portanto, é o *ser* que senta – ou que voa – nas suas duas expressões – somática e psíquica.

Esta concepção de expressões simultâneas, com a plasticidade dos modos de expressão na histeria, remeteu-me ao pensamento de Espinosa, filósofo do século XVII: corpo e pensamento como dois atributos, dois modos de existir de uma mesma e única realidade, que é a realidade do ser. Para Espinosa, o que acontece em um dos atributos necessariamente está se passando também no outro, ainda que não nos apercebamos disto: são acontecimentos paralelos, simultâneos e autônomos um em relação ao outro. Marilena Chauí, uma das maiores estudiosas da obra de Espinosa no Brasil, resume este ponto-chave do pensamento espinosano:

"Pela primeira vez, em toda a história da filosofia, corpo e alma são ativos ou passivos juntos e por inteiro, em igualdade de condições e sem relação hierárquica entre eles. Nem o corpo comanda a alma nem a alma comanda o corpo. A alma vale e pode o que vale e pode o seu corpo. O corpo vale e pode o que vale e pode sua alma" (Chauí, 1995, p.66).

Esse olhar me parece um desafio e uma promessa de abertura para pensar o tema soma-psique. Para entrarmos por essa via, farei um resumo muito sintético dos alicerces da construção espinosana em relação ao nosso tema – tais como desenvolvidos na obra-mestra do filósofo, a *Ética* (Espinosa, 1677) – para verificarmos que efeitos essa aproximação pode produzir em nossas reflexões.

Para Espinosa, a Natureza manifesta-se em infinitos atributos dos quais temos conhecimento de dois: Pensamento e Extensão. No atributo Extensão, a Natureza constitui-se em todo o universo material produzindo modos que são os *corpos*. No atributo Pensamento, por sua vez, ela se desdobra em modos do pensamento como, por exemplo, nas *idéias*. Ou seja, para Espinosa, a própria Natureza é simultaneamente extensa e pensante: absolutamente tudo que existe e acontece, existe e acontece no atributo Extensão tanto quanto no atributo Pensamento – uma mesma realidade expressando-se destas duas formas e, portanto, podendo ser apreendida em qualquer uma delas ou nas duas ao mesmo tempo.

Há um elemento inédito introduzido por Espinosa em sua concepção dos atributos e completamente pertinente ao nosso tema: trata-se de uma teoria da expressão em que o ser está totalmente presente e ativo nas suas expressões; não produz emanações semelhantes a ele, não se trata de algo que se expressa, simbolicamente, em alguma outra coisa; é ele mesmo que se efetua nos atributos – e é isto que faz Espinosa ser conhecido como o grande filósofo da imanência. Lemos em Marilena Chauí:

"Não é expressão do ser que se exprime em um outro, dele diverso, que o reflete, espelha ou representa, nem é a do ser que se exprime em seu outro; exprimir significa que o ser se exprime nele mesmo, diversificando-se e diferenciando-se originariamente, pois a expressão é ele mesmo em cada um de seus infinitos atributos infinitos" (Chauí, 1999, p.815).

Ou seja, para Espinosa *somos* corpo e idéia. Dois séculos depois, no contexto de suas primeiras reflexões sobre a histeria, Freud dirá algo muito semelhante. Na discussão do caso Elisabeth von R., publicado em 1895, Freud analisa a hipótese de que os sintomas corporais na histeria sejam representações simbólicas de pensamentos recalcados. É esse o fundamento da conversão histérica: uma manifestação corpórea simbolizando o que acontece em outro lugar – no pensamento. Seu tema específico era a representação, no corpo, de expressões lingüísticas figuradas. A este respeito, Freud escreve: *"Na realidade, talvez seja errado dizer que a histeria cria essas sensações através da simbolização. Talvez ela não tome absolutamente o uso da língua como seu modelo, mas que tanto a histeria, como o uso da língua, extraiam seu material de uma fonte comum"* (Freud, 1893-95, p.231).

Freud está se referindo a manifestações simultâneas de uma única e mesma coisa. Ele exemplifica:

"Ao tomar uma expressão verbal literalmente, e ao sentir a 'punhalada no coração' ou a 'bofetada na face' após uma observação desatenta como um fato real, o histérico não toma liberdade com as palavras, mas simplesmente revive as sensações às quais a expressão verbal deve sua justificativa. Como é que nos referimos a alguém alvo de uma desatenção como sendo 'apunhalado no coração', a menos que a desconsideração tenha de fato sido acompanhada por uma sensação precordial que poderia adequadamente ser descrita naquela frase e a menos que fosse identificável por aquela sensação? O que poderia ser mais provável do que aquela figura de linguagem, 'engolir alguma coisa', que empregamos ao falarmos de um insulto ao qual não foi apresentada nenhuma réplica, tenha de fato se originado das sensações inervatórias que surgem na faringe quando deixamos de falar e impedimos a nós mesmos de reagir ao insulto?" (Freud, 1893-95, p.230).

Nessa passagem vemos, então, Freud afirmando justamente duas maneiras de ser simultâneas do sujeito.

Retornando a Espinosa, o filósofo fará ainda uma afirmação surpreendente sobre os atributos, que tem fortes ressonâncias em nosso tema: para ele não há relação causal entre corpo e pensamento porque cada um se desdobra segundo leis que concernem exclusivamente ao atributo a que pertence. Só pensamentos são capazes de produzir e afetar pensamentos, assim como só corpos podem produzir e afetar corpos. Portanto, não há possibilidade de qualquer eminência ou domínio de um sobre o outro. Mas as duas expressões estão mutuamente implicadas, posto que ambas são modos pelos quais cada um dos atributos, Pensamento e Extensão, efetua a mesma potência – que em Espinosa recebe o nome de *conatus* e é definida como tendência ou esforço para perseverar no próprio ser. Ao *conatus*, no corpo, Espinosa dá o nome de *apetite*; no pensamento, de *desejo*.

Com isso Espinosa está afirmando que os modos de cada atributo – os corpos ou as idéias – não agem visando fins externos: seus atos são desdobramentos necessários de uma potência inerente a aquele composto. *Conatus*: elemento de autoconservação, certamente, mas que aponta para muito além de uma perseveração em um estado ou qualquer tipo de tendência à inércia: trata-se, como Espinosa diz, de perseveração no ser – o que imediatamente implica conservação e expansão.

Corpo e psique em psicanálise

Na formulação psicanalítica do apoio e em suas implicações estão supostos dois corpos: um corpo erógeno, obtido por uma espécie de derivação de outro, corpo biológico: os impulsos libidinais e um corpo libidinal emergem apoiados nas funções somáticas, como efeito dos encontros do bebê com o mundo humano que dele cuida. Em outras palavras: um soma na origem, um ser de natureza com existência e desenvolvimento regidos por leis e automatismos biológicos, do qual brota, como efeito das operações intersubjetivas (da cultura, portanto), um corpo libidinal ou erógeno – um corpo imaginário, representado e, assim, absolutamente uno com o funcionamento psíquico. É o que se condensa na expressão *subversão libidinal* de Dejours – noção referida à "*luta travada pelo sujeito para construir uma ordem psíquica por meio da qual ele tenta se livrar da ordem fisiológica*" (Dejours, 1991, p.13). Temos assim uma concepção genealógica do corpo erógeno e da psique, que funcionariam com uma lógica própria, subvertendo a lógica somática que permaneceria viva e atuante: *"A lógica psicológica, dentro da concepção da subversão, nunca se libertaria da lógica biológica. Pelo contrário, alimentar-se-ia dela e nela se renovaria, ou até se faria aprisionar"* (Dejours, 1991, p.16).

Essa conceituação das origens acarreta, necessariamente, a concepção de duas realidades: psique e corpo erógeno como elementos adicionados a um soma que, mantido "ao lado" ou "por baixo" do corpo libidinal, persiste, "reaparece" e insiste – muitas vezes de modo extremamente ameaçador. Com isso, uma demarcação de territórios entre disciplinas: como diz Birman, *"o corpo-organismo foi colonizado pela medicina e o psiquismo desencarnado foi entregue à psicanálise"* (Birman, 1999, p.58).

De fato é o que ocorre, por exemplo, quando concebemos um sintoma histérico – dito conversivo – como uma afecção de um corpo puramente imaginário; corpo psíquico desencarnado que, depositando-se sobre o corpo biológico, dele faria uso – como de uma máquina "burra" e "útil" – para encenar suas produções riquíssimas e diabólicas. Nessa concepção, fica absolutamente manifesto o lugar ativo e eminente dado ao psiquismo, sem muito espaço para a produtividade somática na constituição subjetiva. É nesse sentido que a obra de Espinosa é extremamente instigante: o filósofo diz que tagarelamos muito sobre o poder da alma sobre o corpo, mas que de fato não sabemos o que pode um corpo.

É o que também dirá, a seu modo, Ricardo Rodulfo, psicanalista argentino, que, em uma perspectiva winnicottiana e com fortes referências de Piera Aulagnier, vem desenvolvendo uma concepção muito interessante dos processos de subjetivação. Em uma pesquisa clínica e teórica sobre o que, afinal, pode um corpo, corpo este já não tomado como organismo biológico natural nem como entidade desencarnada. Apesar de Rodulfo não eliminar sumariamente o organismo, depois da leitura de sua última publicação, *Desenhos fora do papel* (Rodulfo, 1999), não é mais tão fácil enxergarmos uma ordem somática "por baixo", "por trás" ou mesmo "na origem", à qual depois se adicionariam um psiquismo e um corpo representado e, então, uma ligação entre os dois.

Rodulfo retoma a fórmula freudiana de 1915 que situa a pulsão como *"medida da exigência feita à mente no sentido de trabalhar em conseqüência de sua ligação com o corpo"* (Freud, 1915, p.142). Nessa formulação, corpo e ligação estão dados como pré-existentes, exigindo da mente um trabalho. Rodulfo discorda da existência de duas ordens discerníveis na origem e propõe, então, que o primeiro verdadeiro trabalho seja o de ligação *do* corpo, antes que se possa falar de um corpo que exija de um psiquismo um certo trabalho.

Acompanhando Rodulfo, note-se aqui a importância de mantermos a palavra "corpo" sem especificações que a remetam à concepção de máquina somática ou à de construção psíquica. É justamente essa a divisão questionada pelo autor, que dirá: *ligar o corpo, ligar-se ao corpo, ligar seu corpo a* – um trabalho constitutivo *do* corpo para que sejam possíveis todas as outras montagens subjetivas que concebemos. Esse trabalho será aproximado, das atividades de desenho e de escrita: trata-se de desenhar um corpo, escrever um corpo – operações que constituirão o que ele situa como um processo de subjetivação, no pleno sentido desta expressão.

Uma observação fundamental, que ressoa com a perspectiva espinosana: obviamente, Rodulfo está longe da idéia de um desenho ou de uma escrita que "representam" ou "simbolizam" um corpo-organismo "natural" ou "real". A esse propósito, aliás, Rodulfo se pergunta se nossa insistência na simbolização psíquica do *corpóreo "não denuncia uma resistência (...) aos funcionamentos simbólicos próprios do corpo"* (Rodulfo, 1999, p.160) – tema que será tecido ao longo de todo o seu livro. Os esforços de Rodulfo se dirigem, assim, à tarefa de pensar modos de subjetivação na própria interioridade do mundo físico e material. Em suas palavras: *"um conglomerado de impressões que se tornam inscrições e possibilitam que uma subjetividade habite o corpo, a qual não é uma 'psyché', é uma torção desse mesmo corpo que habita a si mesmo subjetivando-se"* (Rodulfo, 1999, p.243).

O elemento central desse processo subjetivante é a *experiência de vivência de satisfação*, operador da ligação do corporal: vivências intersubjetivas, que operam muito além de uma satisfação fisiológica, desenham corpo. Tomando a via freudiana que nos é familiar, Rodulfo parte do jogo amoroso do acariciar como dispositivo que, com outras operações de prazer, funda corpo, desenha ou escreve corpo – e aqui não se trata de uma metáfora; uma protoescrita, Rodulfo dirá – processo de verdadeira invenção ou fabricação em que o corpo é esculpido, digamos assim. Só depois desse trabalho de escrita *do* corpo é que se pode pensar que ele seja "representado" ou "simbolizado" – até mesmo que possa ser representado como organismo extra-subjetividade, como objeto da anatomia e da fisiologia.

Assim, a carícia, em seu polimorfismo (pois ela se dá não apenas pelo tato, mas também pelo olhar, pela voz, pelo olfato), longe de ser reduzida a uma "expressão de afetos" – em que algo de outra ordem estaria sendo representado naquele gesto –, é tomada como dimensão privilegiada da escrita do corpo. A partir daí, Rodulfo desdobra um delicado trabalho de desentranhar do cotidiano as mais variadas "cenas de escrita de corpo", que se multiplicam ao longo de toda a vida.

Esse modelo transformou muito minha apreensão do discurso e das manifestações corporais de Silvia: aparentemente tão dissociados, em níveis micro eu acompanhava sua nova escrita de si. Um rápido exemplo disso está em sua exploração fotográfica: no início de sua relação internética, Silvia começa a enviar a seu companheiro fotos de partes de seu corpo. Primeiro, de partes que considerava bonitas: seus pés, suas mãos e suas pernas. Uma primeira resposta dele lhe provoca um primeiro susto: ele diz que estava surpreso *pois "esperava que ela fosse muito pior"*. Ele, então, lhe pede que envie uma foto de seu pescoço e, quando a recebe, reage com muita excitação, o que a impacta muitíssimo: Silvia passa um bom tempo olhando para aquela foto, tentando apreender o que havia ali que pudesse agradar tanto a um homem. Ela envia, então, uma foto de seu dorso, em roupas comuns; e ele dirá que aquela tinha sido a mais atraente de todas as fotos, pela postura corporal que ele via ali. Na análise, ela afirma: *"talvez eu não seja só lixo"*. Isto inaugura um período de muita experimentação, que durará alguns meses, em que esta moça investiga e vai descobrindo novos potenciais estéticos e eróticos de seu corpo – no mínimo como corpo visto.

Em um primeiro momento, pensei na busca histérica de uma imagem corporal perfeita, encobridora de um corpo vivido como estragado. Mas Silvia caminhava com muita firmeza a fim de ir retirando os véus: à medida que suas experimentações com as fotos evoluíam, ela começava a arriscar experimentações corporais fora da internet, mantendo aquele vínculo como ponto de sustentação narcísico e afetivo que lhe permitia enfrentar os riscos de falência de si. Seu grande interesse era descobrir o que sua presença, seus atos e suas idéias *realmente* provocavam nas pessoas; com o tempo, começou a pesquisar também como *ela* vivia aqueles encontros – o que, *de fato,* lhe acontecia *"no corpo e na alma"* em cada contato.

Ao longo destas suas pesquisas fomos compreendendo que o que ela buscava, já a partir daquela relação via computador, não era a imagem – como comumente se supõe no mundo cibernético –, mas justamente seu ultrapassamento. Em um momento do processo, Silvia dirá: *"besteira isso de eu ser maravilhosa ou ser lixo, por dentro ou por fora, tudo isso é imagem. Não sou nenhum adjetivo. Preciso descobrir o que eu sou capaz de viver e de fazer – esse é o único real".*

Seu trabalho, ao longo desses anos, pode ser descrito como uma luta contra as imagens, em busca da construção de um corpo – e de todo um modo de ser – capaz de habitar, efetivamente, o mundo e as relações. Era uma desconstrução do imaginário como sustentação da vida – que me parece fundamental que se realize também dentro da Psicanálise para que, nela, possa haver lugar para o corpo como tal.

Uma psicanálise espinosana?

Iniciei este percurso por Espinosa – ou, mais precisamente, por um movimento da obra espinosana –, pensando em nos servirmos dele para a movimentação do nosso pensamento. Comecei a me perguntar por uma "vertente espinosana" da psicanálise – existente ou passível de ser constituída – e pelos possíveis efeitos de um modo psicanalítico de operar atravessado por uma concepção como esta. Para formulá-lo sucintamente: como são nossa clínica e nossas reflexões quando tomamos as dimensões corpórea e psíquica como modos de expressão (no sentido espinosano) de uma mesma e única realidade?

O que não implica a idéia de continuidade entre as duas expressões. Em Winnicott parece-me que temos soma e psique em continuidade. Para quem, como eu, não estuda Winnicott sistematicamente, sugiro o artigo de Decio Gurfinkel, *Psicanálise e psicossoma: notas a partir do pensamento de Winnicott* (Gurfinkel, 1998) – uma apresentação muito cuidadosa e elaborada do que o autor sintetiza como a posição monista de Winnicott a esse respeito. Entretanto, como lemos ao longo do texto, a clínica obriga Winnicott a abrir um espaço enorme ao que ele situa como dissociação patológica: perturbações no desenvolvimento romperiam a continuidade e então soma e psique passariam a funcionar dualisticamente, "por conta própria" – muitas vezes opondo-se ou, até mesmo, combatendo-se mutuamente.

Sabemos que grande parte das conceituações psicanalíticas foram construídas a partir de fenômenos clínicos primeiramente apreendidos em configurações patológicas. Como exemplo temos o narcisismo, que hoje tomamos como elemento constitutivo fundamental, e que foi concebido, inicialmente, a partir de investimentos maciços – e mortíferos – da libido sobre o eu. Pergunto-me se, do mesmo modo, a dissociação não seria o modo como apreendemos, na patologia, uma descontinuidade que, de fato, seria própria aos modos psíquico e corpóreo de existir.

Além das evidências clínicas, há fortes razões para sustentarmos a descontinuidade. Na formulação de Gurfinkel, a continuidade psique-soma em Winnicott implica que ambos *"interpenetram-se e desenvolvem-se em uma relação dialética"* (Gurfinkel, 1998, p.91). Penso que Winnicott, como poucos, sabia conceber relações entre elementos que não implicassem a submissão ou desaparecimento de um deles. Mas a formulação monista tem levado a concepções colonizadoras que submetem e acabam por suprimir o espaço produtivo de um dos membros da relação: neurocientistas garantindo que os mecanismos físico-químicos são os responsáveis por tudo que somos e que nos acontece... e psicanalistas garantindo que a capacidade simbólica do aparelho psíquico decide, em última instância, os destinos de cada um.

Silvia ensinou-me muito. Ela estava *"doente de tanto simbólico e tanto imaginário"* ; buscava meios – na análise e na relação pelo computador – para que seu corpo se reescrevesse, agora com *consistência de corpo*. Com Rodulfo, tenho clareza de que não se tratava de um corpo pré-existente a ser descoberto: Silvia buscava *de que seu corpo era capaz* – algo, portanto, a ser constituído nas relações. O envio das fotos e a apreensão dos efeitos que causavam constituíram-se em um jogo inédito de carícia que iniciou uma nova escrita de um corpo que já não se sustentava maciçamente em imagens e outras representações – sem por isso deixar de ser erógeno.

Seu esforço centrou-se na apreensão do que efetivamente se produzia nos encontros. Foi, e continua sendo, um processo doloroso e cheio de riscos, que ela dosa com delicadeza: quando se percebe fazendo uso de véus encobridores em uma situação, Silvia recua, admitindo que ainda não suporta aquela desmontagem; quando se vê capaz de espontaneidade, avalia que ali está em condições de permitir que a consistência se faça – e então avança. Seus cuidados na colocação do corpo – e de suas idéias – nos interjogos relacionais, longe de uma estratégia para evitar relações, era um modo de chegar a efetuá-las *como relações*, propriamente: em sua luta pelo ultrapassamento das imagens, foi também a dimensão da alteridade que se abriu para Silvia.

Por tudo isto, venho considerando essencial sustentarmos – nas teorizações e na clínica – a existência de dois *modos de ser* do sujeito, radicalmente distintos e descontínuos. Espinosa e Rodulfo me parecem aliados importantes nesse caminho de sustentação de modos de ser que não nos dividem em dois: duas expressões do *mesmo* ser e de suas afecções, que podem ser apreendidas primeiro – ou com mais clareza – em um atributo do que em outro, mas que se fazem presentes por inteiro em cada um deles, segundo as características e capacidades de cada atributo.

Referências bibliográficas

ALONSO, S. A. (1999) *O que não pertence a ninguém... e as apresentações da histeria.* [on-line] Disponível na Internet via WWW. URL: http://www.geocities.com/HotSprings/Villa/3170/SilviaAlonso.htm. Arquivo capturado em 5 de novembro de 2001.

BAITELLO Jr., N. A mídia e a sedação das imagens. In COMPARATO, M.C.M. & MONTEIRO, D.S.F. (orgs.) – *A criança na contemporaneidade e a psicanálise: mentes e mídia: diálogos interdisciplinares II.* São Paulo: Casa do Psicólogo, 2001.

BIRMAN, J. O corpo, o afeto e a intensidade em psicanálise. In *Mal-estar na atualidade: a psicanálise e as novas formas de subjetivação.* Rio de Janeiro: Civilização Brasileira, 1999.

CHAUÍ, M. S. *A nervura do real: imanência e liberdade em Espinosa.* São Paulo: Companhia das Letras, 1999.

──────. *Espinosa: uma filosofia da liberdade.* São Paulo: Moderna, Coleção Logos, 1995.

DEJOURS, C. *Repressão e subversão em psicossomática: investigações psicanalíticas sobre o corpo.* Rio de Janeiro: Jorge Zahar Editor, 1991.

ESPINOSA, B. (1677) Ética demonstrada à maneira dos geômetras. *Os Pensadores.* São Paulo: Nova Cultural, 1997.

FREUD, S. (1893-95) Estudos sobre a histeria. In *Edição Standard Brasileira das Obras Psicológicas Completas de Sigmund Freud,* v.2. Rio de Janeiro: Imago, 1974.

──────. (1915) Os instintos e suas vicissitudes. In *Edição Standard Brasileira das Obras Psicológicas Completas de Sigmund Freud,* v.14. Rio de Janeiro: Imago, 1974.

GURFINKEL, D. Psicanálise e psicossoma: notas a partir do pensamento de Winnicott. In VOLICH, R.M., FERRAZ, F.C. & ARANTES, M.A.A.C (orgs.): *Psicossoma II: psicossomática psicanalítica.* São Paulo: Casa do Psicólogo, 1998.

PITLIUK, L. Subjetivações e informática: uma perspectiva psicanalítica. In COMPARATO, M.C.M. & MONTEIRO, D.S.F. (orgs.) *A criança na contemporaneidade e a psicanálise: mentes e mídia: diálogos interdisciplinares II*. São Paulo: Casa do Psicólogo, 2001.

RODULFO, R. *Dibujos fuera del papel: de la caricia a la lectoescritura en el niño*. Buenos Aires: Paidós, 1999.

Hipocondria

As formas corporais do sofrimento: a imagem da hipocondria na clínica psicanalítica contemporânea[8]

Maria Helena Fernandes

> "*Mistério e fragilidade do corpo, doença e morte, são os aspectos da hipocondria humana que nos tomam, a todos, pelas entranhas...*"
> Henry Ey

As novas imagens evocadas pelas formas clínicas da atualidade parecem inventar ou reinventar, com maestria, novas sintomatologias para a velha dimensão do sofrimento humano. Um sofrimento que, segundo a psicanálise, leva em consideração esse *pathos* que carrega a memória da alteridade na origem de toda experiência humana. Ora, se a psicanálise pode ainda se definir como a *arte da escuta* do sofrimento humano, pode-se pensar que esse sofrimento reclama novas *formas de apresentação*, cumprindo sempre a mesma exigência de se fazer *escutar*.

Embora novas *imagens* tenham surgido – reflexos da mudança dos tempos –, elas continuam, no entanto, a guardar a mesma característica das imagens dos corpos retorcidos das histéricas de outrora, ou seja, a imagem do velamento do sofrimento, do tumulto do conflito, da dor.

Assiste-se, assim, à emergência de novos sintomas: os abundantes e variados transtornos alimentares, a compulsão para trabalhar, para fazer exercícios físicos, as incessantes intervenções cirúrgicas de modelagem do corpo, a sexualidade compulsiva, o horror do envelhecimento, a exigência da ação, o terror da passividade, a busca psicopatológica da saúde ou, ao contrário, um esquecimento patológico do corpo, e ainda a variedade dos

---

[8] Uma primeira versão deste trabalho foi publicada na *Revista Latino-americana de Psicopatologia Fundamental*, 4(4), 2001.

quadros de somatização. Sintomas que denotam, a meu ver, de forma positiva ou negativa, a submissão completa do corpo.

Com o objetivo de apresentar algumas hipóteses de trabalho que venho explorando nesses últimos anos, começarei trazendo alguns *flashs* da minha clínica psicanalítica. Digo *flashs* porque não se tratam de casos clínicos nem tampouco de vinhetas clínicas, mas tão somente de *imagens*. Imagens que evocam *cenas* de uma clínica, que denominei a clínica da *psicopatologia do corpo na vida cotidiana*.

Flávia, 35 anos, dois filhos; aos 20, uma cirurgia plástica para diminuir os seios; hoje, 4 lipoaspirações "para tirar as gordurinhas" – diz ela – *"a da barriga não ficou legal, era melhor como antes, vou ter que refazer!"* Outra cirurgia, desta vez para aumentar os seios: *"agora é legal ter seios grandes"*. Procura análise após sentir-se *"esgotada e sem ânimo"* depois da doença do filho mais novo, que chegou a precisar de uma cirurgia.

Lígia, cujo corpo emagrecido esforça-se por esconder sua rara beleza, vem encaminhada pelo psiquiatra. Encontra-se muito deprimida, chegando a comer e vomitar até oito vezes ao dia. Afirma ela: *"a minha mãe diz que vomito para não engordar, mas a verdade é que não posso suportar tudo aquilo dentro de mim"*.

Pierre tem 50 anos, o cardiologista e a mulher acham importante que ele inicie uma análise. Teve um infarto agudo do miocárdio há três meses (...): *"Eu tive o infarto, mas não senti nada, foi o médico que descobriu"* – diz ele. Ângelo, também teve um infarto, tem apenas 42 anos, recordando-se desse dia, comenta: *"Eu tive dor a noite inteira, mas não quis acreditar que poderia ser algo grave"*.

Eduardo está atormentado pelo temor de ter contraído aids após uma "transa" em que a camisinha rasgou. O resultado do exame de sangue negativo não lhe restitui a calma esperada. Queixa-se de dores nas costas, sente-se cansado e questiona-se: *"e se estiver com um câncer?"*.

Marília, olhar esperto, corpo miúdo, é bailarina de profissão. Não sabe o que se passa com ela, acha que tem tudo, mas não consegue se sentir "feliz"; *"acho que sofro de TPM"* – diz ela. Machuca-se com facilidade, chegando a precisar parar de trabalhar. Diz que parece não sentir o corpo apoiar-se, em toda a sua extensão no divã. O corpo não tem densidade, Marília flutua!

Essas *imagens* evocadas pela clínica psicanalítica, funcionando como espelho da cultura, refletem, de forma diversificada, a imagem do mal-estar na atualidade.

No texto *Psicologia das massas*, Freud afirma que não existe constituição solipsista do psiquismo. Se *"a psicologia individual é simultaneamente psicologia social"* (Freud, 1921), pelo simples fato de que a subjetividade se constitui a partir da alteridade, da existência fundamental do outro como eixo constitutivo do psíquico, então, pode-se avançar a idéia, de acordo com Freud, de que as formações psicopatológicas falam da cultura, ou melhor, retiram dela o material de base que lhes dará forma, que lhes dará *imagem*!

Estabelece-se, com isso, um diálogo que, colocando em evidência os modos de subjetivação de uma época, reproduzem, conforme salienta Silvia Alonso (...) *"o que circula como representação coletiva"* (Alonso, 2000, p.84). A partir daí, fica mais fácil entender como o imaginário da época, com suas referências estéticas, opera na construção dos novos sintomas.

A negação de toda interioridade parece nos afastar cada vez mais de uma subjetividade pautada nos ideais do romantismo de Emma[9] ou Julie[10], personagens de Flaubert e de Balzac, facilmente identificadas ao modo de subjetivação colocado em evidência pela neurose. Se me deixo levar por um raciocínio psicopatológico, fico tentada a pensar que a evolução do pensamento psicanalítico migra, em um primeiro momento, do modelo da neurose para o modelo da psicose.

As contribuições de Melaine Klein, Lacan, Bion e Winnicott, criando novos conceitos e alargando fronteiras, permitiram que a ênfase fosse, de uma certa forma, colocada no modelo da psicose. Isso pode ser facilmente verificado pela quantidade e pela qualidade das publicações psicanalíticas abordando os casos-limite, as psicoses infantis, o autismo, etc. A subjetividade aparece e permanece aí enredada nos meandros do conflito, denotando toda a complexidade e riqueza da interioridade.

Contrariamente a essa ênfase na interioridade, vê-se atualmente uma ênfase na exterioridade, com predomínio das patologias da ação e do

---

[9] Personagem do romance *Madame Bovary,* de Gustave Flaubert.
[10] Personagem do romance *A mulher de trinta anos,* de Honoré de Balzac.

corporal[11]. As problemáticas internas vêm migrando progressivamente para o corpo; a ênfase na corporalidade parece sugerir que a plataforma dos conflitos migra para o exterior do sujeito. O culto ao corpo e à imagem encontra, no terror do envelhecimento e da morte o negativo que lhe justifica, a condição de possibilidade de sua existência[12].

Em termos de publicações psicanalíticas, observa-se uma avalanche de trabalhos abordando direta ou indiretamente as problemáticas corporais. Assim como constata-se na clínica um aumento considerável de demandas de análise que passam pelas *questões corporais*. O corpo toma a frente da cena, constituindo-se como fonte de sofrimento, de frustração, de insatisfação, de impedimento a potência fálico-narcísica. De veículo ou meio da satisfação pulsional, o corpo passa a ser também veículo ou meio de expressão da dor e do sofrimento. Um sofrimento que parece encontrar dificuldade para se manifestar em termos psíquicos.

Esse raciocínio – à medida que se utilizou das formações psicopatológicas para pensar os modos de subjetivação vigentes na cultura e, portanto, presentes na clínica psicanalítica – me permite avançar a hipótese de que a *hipocondria*, justamente pela sua capacidade de transitar *entre a neurose e a psicose, entre o normal e o patológico, entre a psique e o soma, entre a conversão e a somatização*, se apresenta como um modelo fecundo capaz de permitir, a partir do instrumental psicopatológico freudiano, pensar as vicissitudes da emergência do corpo na clínica contemporânea.

Sendo assim, para indicar o caminho metodológico que pretendo traçar para explorar tal hipótese enfatizarei, primeiramente, a especificidade do método de Freud e, a seguir, as modificações introduzidas por ele, ao longo da construção do seu pensamento, que permitiram alargar o campo psicanalítico *para além* do modelo da neurose. Por último, pretendo demonstrar que a fecundidade do modelo da hipocondria se evidencia ainda pela sua potencialidade clínica, isto é, pela sua capacidade para permitir uma reflexão acerca da escuta analítica na atualidade.

---

[11] Sobre isso remeto o leitor ao excelente artigo de Mario Fuks (2000) a respeito das questões teórico/clínicas evidenciadas pela psicopatologia contemporânea.
[12] Pode-se constatar a abrangência (...) dessa afirmação, por exemplo, na excelente discussão a respeito da clínica da perversão proposta por Flávio Carvalho Ferraz (2000) em seu livro sobre esse tema.

O método freudiano

A leitura de Freud revela o quanto a sua maneira de raciocinar por comparações e analogias entre os diferentes quadros clínicos – entre histeria e neurose obsessiva, entre neuroses e perversões, etc. – mostrou-se fecunda, na tentativa de explicar as vicissitudes do funcionamento psíquico. Pode-se mesmo dizer que esse método lhe permitiu colocar em relação entidades nosológicas diferentes, nomeando-as e descrevendo as especificidades de cada uma delas[13]. No entanto, a meu ver, outros dois importantes procedimentos presentes no método da escrita freudiana merecem ser aqui enfatizados.

O primeiro consiste na comparação entre as *"formações do inconsciente"*, do qual o sonho é um exemplo, e os estados patológicos[14], o que implica em colocar o normal e o patológico na raiz mesmo do poder explicativo dos conceitos. O segundo procedimento consiste no que denominei, uma *adjetivação* das palavras. Procedimento que, na escrita freudiana, transforma os substantivos, extraídos da linguagem *psicopatológica* da época, em adjetivos que servem para qualificar as produções *normais* do psíquico.

Alguns exemplos podem ajudar a dar *visibilidade* ao que pretendo enfatizar.

Em 1917, Freud oferece-nos dois exemplos surpreendentes desses dois procedimentos, a saber, a comparação do trabalho do sonho com a

---

[13] Por exemplo, Freud escreve que *"a neurose é, por assim dizer, o negativo da perversão"* (Freud, 1905, p.80). Ou ainda: *"Em nenhuma outra neurose as fantasias que se transformam em sintomas aparecem com maior evidência do que na histeria ; em compensação, as resistências ou formações reativas dominam o quadro da neurose obsessiva ; e, de um outro lado, o que nós chamamos de elaboração secundária, ao falar do sonho, ocupa na paranóia um lugar de destaque a título de falsa percepção, etc."* (Freud, 1916-17, p.360). Ainda um outro exemplo: *"A neurose de transferência corresponde ao conflito entre ego e id, a neurose narcísica (melancolia) àquele entre ego e superego, e a psicose àquele entre ego e mundo exterior"* (Freud, 1924, p.6).

[14] A obra de Freud é rica nesses tipos de exemplos. Saliento aqui apenas alguns que me chamaram a atenção no que diz respeito a comparação entre: 1) Sonho e Fobia: *"O conteúdo de uma fobia é para ela mesma o que a fachada visível de um sonho manifesto é para o sonho propriamente dito"* (Freud, 1916-17, p.387); 2) Sonho e Psicose: *"O parentesco interno dessa psicose (a amência de Meynert) com o sonho normal não pode ser desprezado. Além do mais, a condição do sonhar é o estado de sono, cuja característica principal é o completo afastamento da percepção e do mundo exterior."* (Freud, 1924, p.5); 3) Histeria e Estado afetivo normal: *"A crise histérica pode ser comparada a um estado afetivo individual normalmente constituído, e o estado afetivo normal pode ser considerado como expressão de uma histeria genética, que tornou-se hereditária"* (Freud, 1916-17, p.373).

esquizofrenia e o fato de qualificar de *hipocondríaca* a capacidade do sonho em antecipar o reconhecimento de modificações que estão ocorrendo no interior do corpo. A respeito desta última, vejamos como se expressa Freud: *"Nos sonhos, a doença física incipiente é, com freqüência, detectada mais cedo e mais claramente do que na vida de vigília"*. Apontando para o fato de que no sonho *"todas as sensações costumeiras do corpo assumem proporções gigantescas"*, Freud diz que esta amplificação das sensações é de *"natureza hipocondríaca"* e *"depende da retirada de todos os investimentos psíquicos do mundo externo para o ego, tornando possível o reconhecimento precoce das modificações corporais que, na vida de vigília, permaneceriam inobservadas ainda por algum tempo"* (Freud, 1917, p.125).

Essa formulação supõe que o sono, pela sua própria regressão, permite o olhar do sonho sobre o interior do corpo. O estado de sono, e certamente o sonho, são aqui os instrumentos de uma abordagem que me parece permitir uma compreensão metapsicológica do modo de relação do inconsciente com o corpo.

Essa transformação do substantivo *hipocondria* (palavra que serve para nomear uma doença) no adjetivo *hipocondríaco* (palavra utilizada para qualificar uma função do sonho em relação ao corpo) me interessa particularmente. Podemos nos perguntar: quais são as conseqüências, para o pensamento teórico, da utilização de um qualificativo *psicopatológico* (hipocondríaco) para nomear uma característica *normal* do sonho?

A meu ver, Freud reafirma aqui o seu esforço de nomeação; sua busca das palavras, tanto na linguagem da psicopatologia de sua época quanto na língua comum: "Os nomes são certamente de um uso corrente, porém as coisas que eles designam são indeterminadas e incertas" (Freud, 1916-17, p.367). Ora, retomando a lição metodológica de Freud, não seria útil continuar a deixar o normal e o patológico se aproximarem e se influenciarem de tal forma que eles pudessem se esclarecer mutuamente? Ou, dito de outro modo, não poderíamos nos servir dessa marca da escrita freudiana para pensar a diversidade de formas de presentificação do corpo na clínica contemporânea?

O fato de os desenvolvimentos de Freud sobre a hipocondria serem, em sua maioria, proposições alusivas e pontuais, não nos autoriza a falar de uma *teoria da hipocondria* em Freud, da mesma forma que podemos falar de uma *teoria do sonho*. Entretanto, essa evidência não deve velar o interesse pelas relações que podemos estabelecer entre sonho e hipocondria.

Sabe-se que Freud, desde a época da sua interlocução com Fliess, recusava todo tipo de sistematização da representação corporal no sonho, o que se traduzirá mais tarde por sua recusa em fazer um dicionário de sonhos, a recusa do caráter simbolista de algumas abordagens do sonho, conforme já salientei em um outro momento (Fernandes, 1999, p.159). Entretanto, ele vai retomar essa idéia da representação corporal para assinalar, precisamente, a necessidade de pensar o sonho como uma *formação hipocondríaca*. O que Freud testemunha aqui não é simplesmente uma intuição que seria desprovida de interesse psicanalítico, mas o mecanismo mesmo da hipocondria: o hipocondríaco exagera sua dor, assim como o sonhador amplifica suas sensações corporais.

A plasticidade da hipocondria

No fim do século XIX, a discussão nosológica sobre a hipocondria dividiu-a em dois tipos: a hipocondria maior e a menor.

A hipocondria maior, ligada às psicoses, constituía um tema de delírio sistemático, como o delírio de perseguição e o delírio megalomaníaco. Foi nessa época que se descreveu a célebre síndrome de Cotard. Jules Cotard evoca, na verdade, um tipo de delírio que vai do sentimento de transformação dos órgãos internos até a negação completa de sua existência. Encontramos nessa síndrome também a idéia delirante de enormidade e deformidade física, como também da dolorosa imortalidade.

A hipocondria menor, por sua vez, era identificada à neurastenia, descrita em 1869 por Georges Beard, cujos sintomas foram enumerados por ele da seguinte forma: fadiga, cefaléia, raquialgia, distúrbios neurovegetativos, digestivos e sexuais. Todas essas *"pequenas dificuldades cotidianas"* ligavam-se à neurastenia, lembram C. Guedeney e C. Weisbrot, "e podemos facilmente imaginar que as idéias terapêuticas também eram de impressionar: regime dietético, estadas em climas diversos, hidroterapia, eletroterapia e massagens, etc. (...) A neurastenia lembra a melancolia e o *spleen* dos médicos e filósofos da Antiguidade. O próprio Sigmund Freud também retoma esse quadro clínico e o classifica dentro das neuroses atuais" (Guedeney e Weisbrot, 1995, p.47). Nota-se, de saída, o caráter transnosográfico da hipocondria, transitando aí entre a neurose e a psicose.

Desde 1887, Freud menciona a hipocondria na distinção que estabelece entre neurastenia e doenças orgânicas[15]. Algum tempo depois, ele escreveria:

"Para uma forma de expectativa ansiosa, a saber, a expectativa que se relaciona com a saúde própria, podemos reservar o antigo nome de hipocondria. A hipocondria nem sempre pode ser comparada ao nível da expectativa ansiosa comum; ela exige como condição prévia a existência de parestesias e de sensações corporais penosas. A hipocondria torna-se, assim, a forma preferida pelos neurastênicos autênticos quando eles sucumbem à neurose de angústia, o que acontece freqüentemente" (Freud, 1894, p.34).

Freud enfatiza aqui a especificidade da angústia hipocondríaca, uma angústia que se refere ao corpo. Não poderíamos pensar essa especificidade da angústia hipocondríaca justamente para refletir sobre a importância do corpo na atualidade? Importância que vem se traduzindo por uma preocupação excessiva não apenas com o funcionamento do corpo, mas também com a sua forma[16]. Nessas condições, a angústia parece funcionar como um sinal de alarme, denunciando um mal-estar que hipoteticamente se resolveria pela intervenção no real do corpo, um corpo reduzido, quase que exclusivamente, a objeto de intervenção da medicina diagnóstica e da medicina cirúrgica.[17]

Mas é em *Estudos sobre a histeria* que Freud se propõe a distinguir as manifestações do corpo na hipocondria, na doença orgânica e na histeria. Enquanto o doente orgânico, *"se não for, além disso, um neurótico, consegue descrever suas dores tranqüilamente e com precisão"* (Freud, 1895, 107-108), o hipocondríaco, diz Freud, se apega intensamente à descrição de seus sofrimentos, buscando na linguagem comum as palavras suscetíveis de ligá-los ao discurso médico. Utiliza-se de imagens na tentativa de tornar cada vez mais

---

[15] Refiro-me aqui especialmente às cartas a Fliess de 24/11/1887, 6/10/1893, 29/8/1894; e também ao Manuscrito B. 8/2/1893 e ao Manuscrito K. 1/1/1896.
[16] Observa-se com freqüência na atualidade não apenas uma vigilância do funcionamento do corpo, mas sobretudo uma vigilância da sua forma facilmente constatada, por exemplo, na obsessão pela magreza, na compulsão a fazer exercícios físicos e nas excessivas e múltiplas intervenções cirúrgicas de modelagem do corpo.
[17] Conforme salientam os próprios médicos, a dimensão clínica da medicina encontra-se hoje desvalorizada frente a alta tecnologia dos recursos diagnósticos e cirúrgicos.

clara a descrição do que ele está sentindo. Tentativa, na maior parte das vezes, destinada ao fracasso, visto que o hipocondríaco geralmente sai da consulta médica com a impressão de que não se fez entender. Sua especificidade, acentua J-L. Pedinielli, é *"a de um sujeito certo da existência de sua doença orgânica e rebelde em relação a qualquer reasseguramento. O que o discurso hipocondríaco exprime é, essencialmente, uma dor e uma angústia"* (Pedinielli, 1995, p.601). O discurso hipocondríaco aparece aqui, não apenas como um discurso *sobre o corpo*, mas essencialmente como um discurso *sobre o sofrimento*, dor e angústia dramatizadas no palco do corpo[18].

Quanto ao histérico, Freud ressalta o valor que ele dá às partes de seu corpo, já tendo enfatizado antes que se trata aqui de uma *anatomia fantasmática* que vem a ter um papel na construção do sintoma (Freud, 1893, p.55). Por analogia, eu diria que são os órgãos internos e seu funcionamento que chamam a atenção do hipocondríaco. Com efeito, diferentemente do hipocondríaco, encontramos no histérico uma falta de interesse pela descrição de suas dores e, como diz Freud, a atenção de sua paciente *"estava voltada para alguma outra coisa cujas dores constituíam apenas um fenômeno concomitante"* (Freud, 1895, p.107-108). O hipocondríaco demonstra, ao contrário, um verdadeiro "trabalho mental" que visa a exprimir, detalhada e perfeitamente, uma *queixa*.

O material que Freud utiliza para distinguir o doente orgânico, o hipocondríaco e o histérico é, portanto, o discurso, as particularidades discursivas desses pacientes. Ele chama a atenção, já nessa ocasião, para a especificidade de nosso *instrumento de trabalho*: é exatamente da relação da palavra com o corpo que devemos nos ocupar.

Deve-se notar, entretanto, que, ao chamar a atenção para a queixa hipocondríaca evocada pelo discurso do paciente, Freud tenta, ao mesmo tempo, compreender a hipocondria colocando-a além da pura descrição nosográfica. Isso aparece claramente quando ele observa, por exemplo, ainda em *Estudos sobre a histeria*: *"Todavia, eu não considero exata nenhuma das descrições feitas até hoje, e acho que, atribuir à palavra 'hipocondria' apenas o sentido restrito de 'medo de doenças', é limitar em muito sua aplicabilidade"* (Freud, 1895, p.207).

---

[18] Cf. meu trabalho de pós-doutorado *"O corpo, seus males e a psicanálise: a função do corporal na teoria freudiana"* desenvolvido no Serviço de Interconsultas do Departamento de Psiquiatria da Escola Paulista de Medicina – UNIFESP (financiado pela FAPESP).

Em *Para introduzir a discussão sobre o onanismo*, Freud já enfatiza explicitamente sua intenção de classificar a hipocondria entre as neuroses atuais, ao lado da neurastenia e da neurose de angústia, ao mesmo tempo em que insiste sobre o fato de as neuroses atuais serem o núcleo do sintoma psiconeurótico – *"esse grão de areia no centro da pérola"* (Freud, 1912, p.179). A hipocondria é relacionada aqui às práticas masturbatórias, e a angústia hipocondríaca aparece como uma tentativa de encobrir os poderosos fantasmas de culpabilidade. Com efeito, em 1914, em seu ensaio sobre o narcisismo, Freud incluiu definitivamente a hipocondria no grupo das neuroses atuais enquanto *neurose atual da psicose*, e o que ele descreve como pertencendo ao registro da hipocondria abriga uma certa variedade de definições (Freud, 1914, p.90).

Se simples pontos doloridos podem servir de base à hipocondria, esta aparece, assim, no caso Schreber, como o ponto de partida da paranóia. Freud acentua, por outro lado, a convergência que existe entre certas idéias delirantes hipocondríacas e as apreensões hipocondríacas ligadas ao onanismo (Freud, 1911, p.279). A esse respeito, P.-L. Assoun salienta que: *"A culpa onanista, amplamente relegada pelo discurso médico, continha, na verdade, o medo de uma explicação patológica para essas práticas. Isso, em si mesmo, não é original, mas nos coloca na pista do significado auto-erótico do medo hipocondríaco"* (Assoun, 1996, p.229). Voltarei mais adiante à relação entre auto-erotismo e hipocondria.

No caso do "homem dos lobos", Freud relaciona a preocupação que este tinha com suas espinhas ao onanismo. A extração de seu conteúdo é aqui apresentada como um substituto da prática onanista; em seguida, aparece no paciente o medo da mutilação expresso pelo medo de ter alterado, por meio dessa manipulação, a pele de seu rosto. É preciso observar também que, pela evolução hipocondríaca do "homem dos lobos", Freud acentuou as relações entre *representações de coisa* e *representações de palavra*. Nas psicoses, explica Freud, as segundas sofreriam o mesmo tratamento dado às primeiras.

Em seu texto *O Inconsciente*, Freud, evocando a paciente de Tausk, que se queixa de que seu noivo lhe havia *"virado os olhos"*, escreve:

"ela não consegue entendê-lo de forma alguma, ele parece diferente a cada momento, é um hipócrita, um *virador de olhos*, ele lhe virou os olhos, agora ela está com os olhos virados, não são mais os seus olhos, ela agora vê o mundo com outros olhos. As declarações da doente (...) nos introduzem ao significado e à gênese da formação das palavras nos esquizofrênicos. Concordando com *Tausk*, ressalto nesse exemplo o fato de a relação com o órgão (com o olho) ter assumido a função de representar todo o conteúdo. O discurso esquizofrênico apresenta aqui um traço hipocondríaco, ele se tornou linguagem de *órgão*" (Freud, 1915, p.111-112).

Na linguagem hipocondríaca, as representações de palavra seriam assim tratadas, segundo Freud, como representações de coisa.

P. Fédida faz, em relação a essa passagem de Freud, um comentário que nos interessa particularmente:

"Tanto na esquizofrenia quanto na hipocondria, um único elemento (palavra-órgão) é, portanto, capaz de representar um todo (cadeia de pensamentos/corpo). O modelo de produção das imagens do sonho (que é do processo primário), a partir dos pensamentos latentes segundo uma via regressiva, esclarece diretamente a produção de palavras na esquizofrenia. Poderíamos então completar dizendo que, se o sonho é em sua natureza *hipocondríaco*, isso se deve menos a uma representação qualquer de uma doença ou de um órgão doente do que ao fato de que os órgãos e suas funções pertencem, de alguma forma, ao tratamento esquizofrênico ao qual o sonho submete as representações de palavra ao reconduzi-las às representações de coisa" (Fédida, 1995, p.131).

Observa-se aqui a preocupação de P. Fédida, reafirmada a cada vez que a ocasião se apresenta, em "ler" a *natureza hipocondríaca do sonho*, afastando qualquer risco de apreendê-la por meio de uma espécie de simbolismo esquemático dos órgãos na linguagem do sonho.

De fato, P. Fédida, um dos primeiros autores a chamar a atenção para essa relação entre hipocondria e função onírica, insiste no fato de que:

"O *aumento* hipocondríaco *das sensações corporais do momento em uma escala gigantesca* não nos remete a uma leitura somatizante dos sonhos, mas atesta simplesmente que esses restos diurnos infinitesimais, a maior parte das vezes dificilmente perceptíveis durante a vigília, são tratados como representações de coisa e sofrem, então, os efeitos de condensação máxima e deslocamento, produtores de imagens principalmente visuais" (Fédida, 1995, p.131).

Essas observações sugerem que, se há uma *hipocondria do sonho* (para utilizar uma expressão do próprio Fédida), isso não quer dizer que o sonho contenha uma queixa hipocondríaca, mas, sim, que ele próprio é linguagem de órgão e que, como tal, submete as representações de palavra ao mesmo tratamento que as representações de coisa.

Evocando o fato de que foram justamente as experiências analíticas com os casos "difíceis" que alargaram o campo do analisável, P. Fédida recusa-se a seguir um certo pessimismo de Freud quanto à possibilidade de se analisar os pacientes hipocondríacos e nos propõe escutar esses pacientes *"como escutamos os sonhos na análise – nada mais, nada menos. Pretender, no limite, que o sonho é linguagem de órgão dependeria de uma regra metódica que não imporia nenhuma variante no caso de pacientes hipocondríacos em análise"* (Fédida, 1995, p.131).

Ora, Fédida nos indica aqui o caminho, não somente para uma compreensão teórica, mas também para uma disposição de escuta desses pacientes que nos chegam trazendo suas queixas somáticas. De fato, evocando Ferenczi, Fédida nos convida a considerar a hipocondria *"como um modelo fantástico de uma clínica psicanalítica das afecções somáticas engendradas pelas paixões da alma"* (Fédida, 1995, p.118).

Sugiro, então, ampliar o alcance dessas formulações, pois a presença do corpo na clínica psicanalítica, sobretudo atualmente, conforme tentei mostrar pelas imagens clínicas, vai muito além daquelas situações em que uma queixa somática é formulada. Já enfatizei em outras ocasiões que a presença do corpo se faz, insistentemente, também pelo negativo, o que nos leva necessariamente à pergunta: o que permite ao corpo existir como objeto psíquico? (Fernandes, 2002, p.183)

O modelo hipocondríaco

"A hipocondria abre o caminho para o conhecimento corporal de si – o domínio de si e a animação de si."
Novalis, 1798-1800

O trajeto da hipocondria no pensamento de Freud mostra que ele começou colocando-a no terreno das neuroses atuais, diferenciando-a claramente da histeria. A seguir, à luz de sua teoria da libido, e em seu ensaio sobre o narcisismo, ele considera também o auto-erotismo como prazer de órgão e estabelece uma oposição entre libido do eu, domínio da angústia hipocondríaca, e libido de objeto, domínio da angústia neurótica. Nesse mesmo texto, Freud tenta compreender as relações entre a hipocondria e a parafrenia. Assim, a primeira seria para a segunda o mesmo que as outras neuroses atuais são para a histeria e a neurose obsessiva. Como observou A. Fine, *"Freud faz assim da hipocondria o primeiro tempo do delírio, e a liga a um processo patológico no quadro das patologias narcísicas referentes ao corpo"* (Fine, 1995, p.57).

Mas Freud, como já foi dito, se interrogou igualmente sobre as possíveis ligações existentes entre a hipocondria e a paranóia. Em seu texto sobre o caso do presidente Schreber, ele escreve: *"Eu não deixaria de observar aqui que não considerarei uma teoria da paranóia digna de confiança senão se ela tiver conseguido inserir em seu corpo todos os sintomas hipocondríacos quase regularmente concomitantes. Penso que à hipocondria cabe a mesma posição em relação à paranóia que a posição que cabe a neurose de angústia em relação à histeria"* (Freud, 1911, p.279). Essa abordagem freudiana acentua, portanto, o possível destino psicótico da hipocondria, em que ela só aparece às vezes como um dos sintomas precursores.

Ora, apesar da sensibilidade do sonho em relação às sensações corpóreas e o delírio paranóico de Schreber nos colocarem diante de modos diferentes do funcionamento psíquico, quer dizer, diante de *uma passagem do normal para o patológico*, é a qualificação *"hipocondríaco"* o que persiste a essa passagem. É justamente essa plasticidade que assegura à hipocondria a condição necessária para funcionar como um operador fecundo da nossa reflexão teórico/clínica.

Além das aproximações da hipocondria com a histeria e, no campo das psicoses, com a esquizofrenia e a paranóia, outras aproximações foram estabelecidas. Depois de Freud, a tradição psicanalítica retomou a idéia da relação entre a hipocondria e a melancolia e a depressão, chamando a atenção, desta vez, para os mecanismos de introjeção e projeção[19].

---

[19] A esse respeito, remeto o leitor às contribuições da Escola Inglesa, e, ainda, ao bem documentado artigo de A. Fine já citado (...) e à totalidade dos trabalhos de P. Fédida em relação a esse tema.

Se é verdade que Freud não confrontou explicitamente suas hipóteses sobre a hipocondria com os novos conceitos que introduziu nos anos 20 – como a pulsão de morte, o masoquismo, o fetichismo e a segunda teoria da angústia –, a possibilidade de enriquecer a compreensão da hipocondria à luz dessas inovações não deixa de ter interesse. O fato de a pulsão de morte ter sido descrita como a pulsão sem representação vem igualmente acentuar uma forma de eficácia psíquica que se situa aquém da simbolização, abrindo, assim, todo um campo de possibilidades para se pensar o irrepresentável na metapsicologia.

De fato, os autores contemporâneos, particularmente as contribuições da Escola de Paris, vêm buscando uma melhor compreensão da hipocondria por intermédio da exploração do papel do masoquismo, da relação com a noção de angústia-sinal, e da distinção entre hipocondria e somatização.

É importante também acentuar o interesse que reveste a questão da percepção, como também a do auto-erotismo, para uma melhor compreensão da hipocondria. B. Brusset salienta que *"a questão da percepção tomou, para Freud, um outro lugar com o fetichismo (1927) e a noção de clivagem do eu devido ao alcance traumático do 'horror da castração'"*. Aproximando fetichismo e hipocondria, Brusset continua: *"o sintoma hipocondríaco (...) aparece como um fetiche negativo pela regressão ao auto-erotismo, que inclui o objeto, ao menos parcial, a despeito de sua intenção de emancipar-se dele. A comparação entre hipocondria e fetichismo nos leva a dar lugar às especificidades da percepção, da clivagem e do negativo em relação ao 'horror da castração' "* (Brusset, 1995, p.522).

A. Fine, evocando os trabalhos de M. Aisenstein, A. Gibeault e M. Fain para ressaltar o papel do masoquismo e do auto-erotismo na compreensão da hipocondria, escreve:

> "Pudemos até fazer equivaler o fenômeno hipocondríaco a uma intricação pulsional por meio da atração do nó masoquista primário, fenômeno que poderia, além disso, proteger de uma verdadeira desorganização psicossomática (M. Aiseinstein e A. Gibeault, 1990). (...) M. Fain evoca na hipocondria um 'auto-erotismo encravado', um 'auto-erotismo circunscrito dentro de limites para-excitantes', que visaria mais afastar, por meio de sua presença, o surgimento de uma angústia extrema, que a uma satisfação, o que quer dizer que ele tem uma função de negação em relação à qual, porém, fracassa" (Fine, 1995, p.70).

Com efeito, M. Fain descreve duas formas de auto-erotismo: *"Um mobiliza o supérfluo de um sujeito intensamente investido por seus objetos de apoio, o outro visa mascarar o sofrimento causado pelas privações"* (Fain, 1990, p.76). Este último visaria, portanto, compensar o sofrimento causado pelas privações iniciais da infância, constituindo um auto-erotismo pobre em representações, ao contrário do primeiro. Para esse autor, é essencial distinguir o objeto narcísico, gerado pelas boas condições de vida iniciais, do objeto narcísico gerado na angústia e na privação: *"Um provém do fantasma dos pais, que fazem surgir da percepção de um recém-nascido a imagem de um rei, situando sobre ele um campo de ilusão que o transforma em seu objeto transicional, abrindo-lhe assim a via ao imaginário, a possibilidade de se ver, ele também, como um rei; o outro pode apenas circunscrever seu auto-erotismo dentro de limites pára-excitantes"* (Fain, 1990, p.77). De acordo com M. Fain, o auto-erotismo do hipocondríaco seria deste segundo tipo.

Ainda em relação ao lugar do auto-erotismo na hipocondria, além do trabalho de Fédida anteriormente citado, evoco também o trabalho de Georges Pragier, no qual ele se pergunta se, no hipocondríaco, devemos falar de uma carência auto-erótica ou de um excesso de auto-erotismo deslocado sobre o órgão doente.(Pragier, 1995, p.86) Vê-se aqui todo o interesse da hipocondria, habitualmente designada como patologia narcísica, para se pensar o auto-erotismo e abordar mais precisamente as relações deste com o narcisismo.

No mesmo trabalho, G. Pragier, evocando o conceito de mentalização de Pierre Marty, enfatiza que, na hipocondria,

> "a *desmentalização* não é completa; o interesse ansioso do paciente por sua doença exprime a persistência do tratamento psíquico do sofrimento referido à fonte corporal. Essa operação psíquica distingue geralmente a hipocondria da somatização, e a protege, ao menos, por um tempo. Não é raro encontrarmos na literatura o exemplo clássico de pacientes hipocondríacos que acabam por sofrer realmente da doença pela qual estão obcecados. Podemos, sem dúvida, responsabilizar uma desorganização mais grave, mas nesse caso, por que viriam a sofrer exatamente da doença que temiam? A inquietude em relação ao órgão também não parece poder suscitar que este seja diretamente atingido. Permanece então a possibilidade, no hipocondríaco, de uma percepção precoce infraclínica de distúrbios somáticos iniciantes." (Pragier, 1995, p.87).

Em relação a essa ligação entre a hipocondria e a somatização, e, particularmente, em relação a essa sensibilidade hipocondríaca, encontramos em B. Brusset algumas colocações que vão na mesma direção:

"A introdução, em 1926, do modelo da angústia-sinal, por ocasião da reestruturação da primeira teoria da angústia, nos permite a revisão simétrica da hipocondria pela noção de 'hipocondria-sinal', como sinal do perigo de um dano narcísico? A clínica parece conceder validação empírica imediata à idéia, explicitada recentemente por M. Aisenstein e A. Gibeault, depois de Stolorow, da 'angústia hipocondríaca' como sinal de alarme de um perigo que ameaça a esfera narcísica e, mais precisamente, o investimento narcísico do corpo, especialmente em períodos críticos como a adolescência e a menopausa." (Brusset, 1995, p.515).

Então, no hipocondríaco, o investimento libidinal do corpo parece efetivamente ter um papel nessa capacidade de percepção precoce de distúrbios somáticos iniciantes, ao ponto desses autores não hesitarem em conceder à angústia hipocondríaca a faculdade de funcionar como um sinal de alarme para prevenir o corpo de um perigo que ameaça seu investimento narcísico. Como se a hipocondria, somada à sensibilidade auto-erótica, permitisse antecipar a percepção de um distúrbio somático qualquer que, de um momento para o outro, certamente viria a ameaçar o todo do funcionamento do corpo, constituindo assim uma ameaça narcísica.

Ora, a palavra *hipocondria* recobre, então, numerosas questões relativas a diversos planos psicopatológicos: o plano da percepção da realidade, o da alucinação, e o da crença; em suma, questões relativas a diversos modos de funcionamento psíquico referentes à experiência do corpo. Essa fecundidade semântica da palavra levanta múltiplas questões: ao falar de hipocondria, falamos de uma síndrome ou de um sintoma, de neurose ou de psicose?

Trata-se de um modo de organização psíquica temporário, como sugere A. Gibeault (1995), que pode aparecer em diferentes períodos da existência (adolescência, menopausa, terceira idade)? Estaria ela ligada a determinados momentos da análise? Faz ela referência à expressão de um mal-estar psíquico que, na cultura atual, se traduziria mais facilmente como uma queixa corporal? Ou seria ela uma forma de antecipação de uma doença somática ainda não identificada?[20]

---

[20] A esse respeito ver o caso descrito por M. Aisenstein (1995, p.95).

Para estudar a hipocondria, seria necessário analisar cada aspecto desse quadro tão variado e rico, tarefa que não poderia fazer parte de nosso projeto aqui[21]. Não se trata de realizar um estudo aprofundado como a hipocondria de fato exige, mas apenas de retraçar brevemente um caminho que nos permita enfatizar a fecundidade do modelo psicopatológico da hipocondria para nos ajudar a pensar a diversidade de questões relativas à emergência do corpo na clínica psicanalítica.

Enfatizando a diversidade semântica que o termo *hipocondria* contém em Freud, e também em alguns autores contemporâneos, busquei salientar a plasticidade da hipocondria. Indo além da distinção feita no século XIX entre hipocondria maior e menor, que visava diferenciar o distúrbio psicótico do distúrbio neurótico no hipocondríaco, essa plasticidade me parece ainda mais importante quando nota-se que trabalhos recentes acentuam, como observa B. Brusset, que uma teoria da hipocondria, *"para abordar a especificidade dos sintomas, deve levar em conta o estatuto da percepção da sensação corpórea e, a partir daí, da consciência do corpo em suas relações com o inconsciente"* (Brusset, 1995, p.528). É em relação a essa plasticidade que este autor acrescenta: *"o denominador comum das hipocondrias, qualquer que seja seu estatuto nosográfico, é a queixa somática"* (Brusset, 1995, p.527).

O investimento hipocondríaco do corpo

Ora, se o denominador comum das hipocondrias é a queixa somática, podemos pensar que poder formular uma queixa depende, antes de qualquer coisa, de uma *percepção*. De um modo geral, só nos queixamos quando percebemos algo que nos incomoda.

Em um trabalho anterior (Fernandes, 1999), cujo objetivo era pensar a questão da percepção do corpo, enfatizei a dimensão auto-erótica da hipocondria salientando que nesta, mesmo se o prazer é travestido pela dor, permanece a presença de um investimento libidinal no corpo. Tomando como ponto de partida as vicissitudes da relação do sujeito com o próprio corpo, observei que, ao lado da queixa somática insistente de alguns pacientes,

---

[21] Para um estudo detalhado sobre a hipocondria, remeto o leitor ao belo livro de R. Volich (2002), *Hipocondria – Impasses da alma, desafios do corpo*, e ainda a coletânea *Hipocondria* organizada por M. Aisenstein, A. Fine et G. Pragier (2002).

também encontrava aqueles que muito raramente faziam referência a algo da ordem do corpo durante suas sessões. Alguns chegavam mesmo a dar a impressão de que o corpo havia ficado "para fora" do espaço analítico, evidenciando-se uma ausência completa de percepção de sinais somáticos, até mesmo na existência de uma doença orgânica. Tudo se passava como se o funcionamento do corpo ficasse reduzido ao silêncio. Surge daí uma questão aparentemente banal: o que leva certas pessoas a demorar muito mais do que outras para perceber os sinais do seu corpo?[22]

Tomando como princípio metodológico o que Freud ensinou com o seu método de construção teórica, ou seja, a necessidade de *"reencontrar a aparente simplicidade do normal através de conjecturas a partir das distorções e exageros do patológico"* (Freud, 1914, p.88), pode-se dizer que a hipocondria interessou-me à medida que ela pode ser compreendida como o *"exagero"* patológico de uma escuta do corpo. Foi através desse "exagero" que tentei compreender os mecanismos em jogo na percepção dos sinais somáticos.

Colocando em relação o excesso de sinais somáticos dos hipocondríacos e a completa ausência desses sinais em alguns pacientes organicamente doentes – fenômeno que denominei *o silêncio dos órgãos* – formulei a hipótese de que, nesses últimos, tem-se a impressão de que a experiência do corpo parece ter ficado ancorada no registro da necessidade, em um tempo anterior ao auto-erotismo.

A noção de auto-erotismo, tal como foi enunciada por Freud nos *Três ensaios*, apesar de ter sido relativamente deixada de lado em função do narcisismo, mantém aqui todo seu interesse, sobretudo no que diz respeito à compreensão psicanalítica tanto da hipocondria como de certos pacientes somáticos, aqueles que tomam o corpo como um objeto singular de investimentos. Em se tratando da hipocondria, fica-se tentado a falar de um auto-erotismo negativo em razão do desprazer que ele provoca. Entretanto, no caso da hipocondria, mesmo se o prazer é travestido pela dor, permanece a presença de um investimento libidinal, enquanto o *silêncio dos órgãos* parece denunciar um fenômeno de anestesia do corpo libidinal.

---

[22] Esta questão é discutida em minha tese de doutoramento realizada no *Laboratoire de Psychopathologie Fondamentale et Psychanalyse da Universidade de Paris VII*, defendida em outubro de 1997 sob a orientação de Pierre Fédida e posteriormente publicada pela Ed. Presses Universitaires du Septentrion em 1999.

Se a libido, quando se retira dos objetos, retorna ao ego, pode-se pensar que isso esclareceria o apego do hipocondríaco ao seu órgão doente, da mesma forma que esclareceria o mecanismo da natureza hipocondríaca do sonho. Isto é, durante o sono, o investimento libidinal no ego permitiria ao sonho *"amplificar"* as sensações corporais mínimas. Porém, para que isso seja possível, é preciso que o corpo esteja investido de uma capacidade erógena minimamente suficiente. Dando provas dessa capacidade, o hipocondríaco retira o seu investimento libidinal dos objetos para concentrá-lo quase inteiramente sobre o órgão ou a função orgânica que o preocupa. Já naqueles pacientes nos quais observei o fenômeno do *silêncio dos órgãos*, na ausência de um investimento libidinal suficiente tem-se a impressão de estar diante de *uma espécie de sono do corpo, porém um sono sem sonho* (Fernandes, 2002, p.186). Isso permite supor, como já foi enfatizado por outros autores, que um mínimo de investimento "hipocondríaco" do corpo é necessário a toda organização psíquica (Aiseinstein e Gibeault, 1990). Seguindo literalmente a pista de Freud, vale a pena insistir que o uso que aqui se faz da hipocondria atribui a ela um interesse muito além daquele que se pode ter pelo sintoma hipocondríaco ou pela doença hipocondria propriamente dita.

A qualificação de *modelo* nos convém à medida que Freud emprega igualmente a palavra *modell* e a palavra *Vorbild* para designar tudo que tem o valor de protótipo (*bild* = imagem e forma). O protótipo da hipocondria, ou melhor, a *imagem* da hipocondria, nos será útil ainda para pensar as questões relativas à experiência do corpo na situação analítica, na qual muitas vezes é o corpo do analista que é solicitado a dar ouvidos àquilo que a palavra não tem condições de expressar[23].

A escuta hipocondríaca

No início da vida do bebê, são as sensações corporais que ocupam o primeiro plano. Aquelas sensações que causam desprazer vão constituir uma demanda e, quando o bebê chora, está, à sua maneira, exprimindo uma queixa. A mãe responde a esse apelo apaziguando as sensações corporais desagradáveis. Para que ela possa escutar o corpo do bebê e interpretar os sinais de

---

[23] A esse respeito remeto o leitor ao trabalho de Ivanise Fontes (1999) sobre a dimensão corporal da transferência.

um corpo que não pertence mais ao seu, ela precisa dar provas de um funcionamento psíquico, por assim dizer, suficientemente *"hipocondríaco"* – nem a mais, nem a menos. O trabalho de escuta e interpretação só é possível quando existe um investimento da mãe no corpo da criança. Ora, esse investimento supõe que ela é capaz de experimentar um prazer ao ter contato com o corpo da criança e ao nomear para ela as partes, as funções e as sensações desse corpo. Esse investimento supõe que a mãe é capaz de transformar esse *"corpo de sensações"* em um *"corpo falado"* (Fernandes, 2002, p.58).

Ora, não posso deixar de observar aqui uma analogia possível com a escuta analítica. Tomando o funcionamento "hipocondríaco" da alteridade materna como um modelo de escuta dos eventos corporais na situação analítica, posso enfatizar que é o Outro-analista que, justamente enquanto outro, pode investir o corpo do paciente, acolhendo e nomeando as sensações desse corpo, transformando-o assim em um "corpo falado".

Insistindo na idéia de que a transferência é, na situação analítica, essa via privilegiada que permite ao sujeito *"aumentar a competência do psíquico sobre sua vida somática"*; Fédida (1995, p.115) dirige nossa atenção para uma reflexão que deve passar necessariamente pela metapsicologia dos processos transferenciais. Ele diz:

"o paciente hipocondríaco se dirige ao corpo do analista ao mesmo tempo como se esse corpo pudesse *receber* os reflexos produzidos pela queixa somática, *conservar* esses reflexos como traços de inscrição (valor atribuído por esses pacientes à presença vigilante e atenta do analista) e como se esse corpo pudesse ao mesmo tempo *reconstituir* um sonho e um sono, colocando o paciente ao abrigo de seus tormentos" (Fédida, 1995, p.132).

A diversidade de imagens que evocam o corpo na clínica psicanalítica da atualidade, conforme vimos, nos convida a ampliar o alcance e a fecundidade dessas palavras de Fédida para além da escuta dos pacientes hipocondríacos, ou seja, para além da escuta da queixa somática propriamente dita. É por meio da *imagem* da hipocondria que Fédida expressa a preciosa idéia de que o que se passa na situação analítica, sobretudo, eu diria, em certos momentos de uma análise, se dirige ao corpo do analista. Ora, uma melhor compreensão dos processos transferenciais implica em considerar seriamente que *o analista escuta com o corpo inteiro* e, à semelhança da alteridade materna, acolhe em seu próprio corpo os efeitos do sofrimento do outro.

Sendo assim, eu diria para finalizar, que talvez somente uma escuta essencialmente "hipocondríaca", capaz de *reconstituir em sua sutileza o clima onírico do sonho*, pode nos permitir *receber* e *conservar*, muitas vezes no próprio corpo, os traços de inscrição da dor do outro e assim nos ajudar a compreender melhor a diversidade do funcionamento psíquico que se revela hoje, cada vez mais, pelas formas corporais do sofrimento.

Referências bibliográficas

AISENSTEIN, M. & GIBEAULT, A. Le travail de l'hypocondrie. *Les Cahiers du Centre de Psychanalyse et de Psychotherapie*, 21:19-48, 1990.

AISEINSTEIN, M. Entre psyché et soma: l'hypocondrie. In AISEINSTEIN, M., FINE, A. & PRAGIER, G.(orgs.) *Monographies de la Revue Française de Psychanalyse*. Paris: PUF, 1995.

AISEINSTEIN, M., FINE, A. & PRAGIER, G.(orgs.) *Hipocondria*. São Paulo: Escuta, 2002.

ALONSO, S.L. O que não pertence a ninguém... e as apresentações da histeria. In FUKS, L. B.& FERRAZ, F. C. (orgs.) *A clínica conta histórias*. São Paulo: Escuta, 2000.

ASSOUN, P-L. Métapsychologie de la douleur: du physique ao moral. In TEVISSEN, R. (org.) *La douleur morale*. Paris: Editions du Temps,1996.

BRUSSET, B. Psychopathologie de l'expérience du corps: l'hypocondrie. *Revue Internationale de Psychopathologie*, 20: 505-530, 1995.

FAIN, M. A propos de l'hypocondrie. *Les Cahiers du Centre de Psychanalyse et de Psychothérapie*, 21: 73-82, 1990.

FÉDIDA, P. L'hypocondriaque médecin. In AISEINSTEIN, M., FINE, A. & PRAGIER, G.(orgs.) *Monographies de la Revue Française de Psychanalyse*. Paris: P.U.F., 1995.

FERNANDES, M.H. Le theâtre du rêve: entre hallucination et perception. In *L'hypocondrie du rêve et le silence des organes: une clinique psychanalytique du somatique*. Paris: Presses Universitaires du Septentrion, 1999.

_____. A hipocondria do sonho e o silêncio dos órgãos: o corpo na clínica psicanalítica. In AISEINSTEIN, M., FINE, A. & PRAGIER, G.(orgs.) *Hipocondria*. São Paulo: Escuta, 2002.

_____. Entre a alteridade e a ausência: o corpo em Freud e sua função na escuta do analista. *Percurso*, 29: 51-64, 2002.

FERRAZ, F.C. *Perversão*. São Paulo: Casa do Psicólogo, 2000.

FINE, A. Figures psychanalytiques de l'hypocondrie. In AISEINSTEIN, M., FINE, A. & PRAGIER, G.(orgs.) *Monographies de la Revue Française de Psychanalyse*. Paris: PUF, 1995.

FONTES, I. Psicanálise do sensível: a dimensão corporal da transferência. *Revista Latinoamericana de Psicopatologia Fundamental*, 2(1):64-70, 1999.

FREUD, S. (1887–1902) *La naissance de la psychanalyse*. Paris: PUF, 1991.

―――――. (1893) Quelques considérations pour une étude comparative des paralysies motrices organiques et hystériques. In *Résultats, idées, problèmes I* (1890-1920). Paris: PUF, 1995.

―――――. (1894) Du bien-fondé à séparer de la neurasthenie un complexe de symptôme déterminé en tant que "névrose d'angoisse". In *Oeuvres Complètes*, v.3. Paris: PUF, 1989.

―――――. (1895), *Etudes sur l'hystérie*. Paris: P.U.F., 1996.

―――――. (1905) *Trois essais sur la théorie sexuelle*. Paris:Gallimard, 1987.

―――――. (1911) Remarques psychanalytiques sur un cas de paranoïa (dementia paranoides) décrit sous forme autobiographique. In *Oeuvres Complètes*, vol X, Paris: PUF, 1993.

―――――. (1912) Pour introduire la discussion sur l'onanisme. In *Résultats, idées, problèmes I* (1890-1920). Paris: PUF, 1995.

―――――. (1914) Pour introduire le narcissisme. In *La vie sexuelle*. Paris: PUF, 1995.

―――――. (1915) L'inconscient. In *Métapsychologie*. Paris: Gallimard, 1968.

―――――. (1916-1917) *Introduction à la psychanalyse*. Paris: Payot, 1961.

―――――. (1916-1917) L'angoisse. In : *Introduction à la psychanalyse*. Paris: Payot, 1922.

―――――. (1916-1917) La nervosité commune. In *Introduction à la psychanalyse*. Paris: Payot, 1922.

―――――. (1917) Complément métapsychologique à la théorie du rêve. In *Métapsychologie*. Paris: Gallimard, 1968.

―――――. (1921) Psychologie des masses et analyse du moi. In *Oeuvres Complètes*, v.16. Paris: PUF, 1991.

―――――. (1924) Névrose et psychose. In: *Oeuvres Complètes*, v.17. Paris: PUF,1992.

FUKS, M. P. Questões teóricas na psicopatologia contemporânea. In FUKS, L. B.& FERRAZ, F.C. (orgs.) *A clínica conta histórias*. São Paulo: Escuta, 2000.

GIBEAULT, A. La solution hypocondriaque. In AISEINSTEIN, M., FINE, A. & PRAGIER, G.(orgs.) *Monographies de la Revue Française de Psychanalyse*. Paris: PUF, 1995.

GUEDENEY, C & WEISBROT, C. L'histoire de l'hypocondrie. In AISEINSTEIN, M., FINE, A. & PRAGIER, G. (orgs.) *Monographies de la Revue Française de Psychanalyse*. Paris: PUF, 1995.

NOVALIS (1798-1800) *Aphorismen*, Insel Taschenbuch Verlag. Frankfurt-am-Main und Leibzig, 1992.

PEDINIELLI, J-L. Le discours hypocondriaque. *Revue Internationale de Psychopathologie*, 20: 591-611,1995.

PRAGIER, G. Enjeux métapsychologiques de l'hypocondrie. In AISEINSTEIN, M., FINE, A. & PRAGIER, G.(orgs.) *Monographies de la Revue Française de Psychanalyse*. Paris: PUF, 1995.

STOLOROW, R. D. Notes on signal function of hypochondriacal anxiety. *The International Journal of Psycho-Analysis*, 2: 201-204, 1960.

VOLICH, R.M. *Hipocondria: impasses da alma, desafios do corpo*. São Paulo: Casa do Psicólogo, 2002.

Figuras da hipocondria:
do paradoxo à revelação[24]

Rubens Marcelo Volich

Em 1923, na mesma época em que concluía *O ego e o id*, S. Freud ressaltava em *Uma neurose demoníaca do século XVII* que, por intermédio de suas crenças e seus costumes, cada época determina os meios mais adequados para a manifestação da neurose. Segundo ele, no mundo antigo, a força da crença no sobrenatural e o livre curso à fantasia faziam com que as manifestações neuróticas fossem compreendidas como sendo o resultado da possessão pelos espíritos e pelos demônios. Freud entrevia, porém, que a crença no espírito científico que se intensificava no início do século XX anunciava esta época como *"pouco psicológica"*, produzindo como conseqüência o disfarce hipocondríaco para a manifestação do sofrimento neurótico. Assim, ele afirmava que aquele *"caso clínico de demonologia [descrito no século XVII] produziria, sob a forma de metal puro, um material que nas neuroses de uma época posterior (não mais supersticiosas, mas antes hipocondríacas) tem de ser laboriosamente extraído, pelo trabalho analítico, do minério das associações livres e dos sintomas"* (Freud, 1923b).

Sensível à natureza e à cultura, Freud pressentia as transformações que, por meio do lugar e das funções do corpo humano, já naquela época se operavam insidiosamente nas manifestações da subjetividade e do sofrimento humanos, mas que hoje se mostram exuberantes no mundo em que vivemos. Nessas transformações, as dinâmicas hipocondríacas ocupam um lugar central, que transcende em muito as concepções psiquiátricas dessas manifestações, evidenciando funções já apontadas por vários autores ao longo da História, e particularmente reveladas pela teoria psicanalítica.

---

[24] Este trabalho resume algumas hipóteses desenvolvidas mais amplamente no livro *Hipocondria - Impasses da alma, desafios do corpo* (São Paulo, Casa do Psicólogo, 2002).

A hipocondria, suas marcas e manifestações

Desde Hipócrates, através dos tempos, a hipocondria foi uma importante referência utilizada pelos médicos em suas tentativas de compreensão da etiologia e das dinâmicas das doenças. Ao longo dos séculos, tendo sido associada tanto à melancolia como à mania e à histeria, a hipocondria revelou sua capacidade mimética e migratória, bem como a dificuldade em ser caracterizada como uma entidade nosográfica autônoma. A experiência clínica mostra-nos que ela se presta à livre manifestação em todos os quadros psicopatológicos. A hipocondria faz parte também de muitas de nossas experiências cotidianas e convida-nos a melhor compreender a função da dimensão corporal nas dinâmicas de nossa subjetividade.

A hipocondria é geralmente caracterizada como uma preocupação exagerada da pessoa com seu estado de saúde. Essa preocupação se manifesta pelas crenças, rituais e atitudes aparentemente irracionais com relação a seu corpo, como por exemplo o medo constante de adoecer, de contaminar-se, de desenvolver uma doença grave. Apesar das queixas insistentes dos pacientes, os médicos encontram uma grande dificuldade de tratá-los diante da convicção do paciente na realidade de seu estado (Postel, 1993). Admite-se que a hipocondria se manifeste em 3% a 4% de todos os pacientes, com uma leve predominância da incidência entre os homens. Reconhece-se sua manifestação na adolescência, passando a ser mais freqüente a partir da quarta ou quinta década de vida. Admite-se que indivíduos com mais de 60 anos de idade são particularmente afetados.

Segundo J. Postel, a hipocondria é bastante freqüente nas depressões crônicas pelas *formulações hipocondríacas*, mas se manifesta também nos quadros neuróticos, sobretudo sob a forma *nosofóbica* (medo de adoecer). Nas psicoses, pode assumir formas delirantes, sendo acompanhada de delírios paranóides esquizofrênicos com despersonalização, de idéias crônicas de perseguição e, sobretudo, em uma forma de parafrenia fantástica com delírio de negação de órgãos de danação e de imortalidade denominado síndrome de Cotard, próximo da melancolia delirante. Inúmeros autores, entre eles H. Rosenfeld (1964), apontam para a longa controvérsia existente a respeito da questão de se considerar ou não a hipocondria como entidade autônoma.

Para além das referências clássicas e de suas definições, é possível perceber que a hipocondria prestou-se, e se presta ainda, como uma preciosa fonte de imagens que buscam dar forma e representar os enigmas de um corpo oscilante entre o prazer e o sofrimento, entre as fontes de vida e as forças que podem destruí-la. Os ruídos, a cor, o calor, a umidade, a tensão do corpo sempre sugeriram respostas para sensações e experiências do sujeito diante de si mesmo e da realidade, cujo entendimento parecia inexpugnável ao seu saber e aos conhecimentos de sua época. A obra freudiana colocou particularmente em evidência essa função representativa da experiência hipocondríaca.

Leituras freudianas da hipocondria

A referência à hipocondria é constante ao longo de toda a obra freudiana. Desde seus primeiros escritos, nos anos 1890, as menções a essa manifestação – inicialmente sintomáticas e nosográficas – são constantes, porém fugazes, caracterizando-a quase sempre como uma manifestação sintomática inespecífica, sem vinculação patognômica a um quadro psicopatológico particular. Nos artigos desse período, Freud aponta a presença de sintomas hipocondríacos em quadros por ele caracterizados como histéricos, neuróticos obsessivos, fóbicos, na neurastenia e na neurose de angústia, e também nas chamadas parafrenias.

Naquele momento, tendo se dedicado ao delineamento de um modelo etiológico e funcional da psicopatologia que considerasse suas descobertas a respeito da histeria, das neuroses obsessivas, das fobias, e mesmo da paranóia, Freud distingue dois grandes grupos psicopatológicos, as psiconeuroses e as neuroses atuais (Freud, 1894).

Em função de suas íntimas relações com a neurose de angústia, em carta a Fliess de 8/2/1893, Freud manifesta claramente sua tendência a alinhar a hipocondria no rol das neuroses atuais, que não possuiriam um sentido simbólico, e tampouco uma relação com o infantil (Freud, 1895a). Suas formulações daquela época já sugeriam que as sensações e as idéias hipocondríacas se prestariam a um outro tipo de atividade representativa, para aquém do psíquico, que tem por função justamente preencher uma falha econômica de representação por meio do aparelho mental.

Mais tarde, a partir da análise do relato de Schreber, em 1911, e com o desenvolvimento do conceito de narcisismo, em 1914, Freud pôde esboçar uma tentativa de compreensão da especificidade do fenômeno hipocondríaco a partir das dinâmicas narcísicas (Freud, 1911 e 1914). Nesse momento, a hipocondria passou a ser considerada parte das neuroses narcísicas, sendo particularmente associada à paranóia. Mesmo depois desses desenvolvimentos, Freud continuou situando a hipocondria como uma das três grandes manifestações da neurose atual, ao lado da neurastenia e da neurose de angústia.

Em diferentes momentos, Freud aponta que a preocupação hipocondríaca evidencia uma grande diversidade de dinâmicas psíquicas como o deslocamento, a culpa, auto-acusação, a dúvida e a incerteza. Na articulação da hipocondria com a paranóia, ele destacava o papel da regressão da libido[25], afirmando que a hipocondria seria o equivalente somático da paranóia, ao retorno desprazeiroso da libido para o ego[26].

Segundo Freud, a hipocondria articula-se à neurose obsessiva pelo deslocamento, enquanto que a articulação com a paranóia é promovida pela projeção. Nos dois casos trata-se de elementos que se encontram fora de lugar por não ser possível sua permanência em um lugar próprio. Em ambos, são as representações corporais que se prestam a esses movimentos topográficos, dinâmicas que apenas são possíveis a partir da superação da realidade corporal constituída pela anatomia, por meio da experiência erógena.

A histeria já havia ensinado a Freud que o corpo humano e suas funções podem prestar-se a diversas formas de representação e a funções diferentes daquelas para as quais estariam anatômica e fisiologicamente destinados. Revelou-se, assim, que as dinâmicas histéricas podem produzir manifestações corporais que independem da existência de uma lesão real na parte afetada do corpo. Nos pacientes histéricos, o excesso de excitação liberado pelo sistema nervoso os impele *"a interromper a monotonia da vida através de 'incidentes', entre os quais se destacam os de natureza patológica"*, até mesmo somáticos. Da mesma forma, Freud constatou que também a queixa hipocondríaca se estruturava a partir da referência àquela outra dimensão da experiência corporal marcada pela fantasia. Comparando as duas manifestações, ele aponta que na histeria é notável a necessidade das pessoas de ficarem doentes, contrastando com o medo de adoecer na hipocondria (Freud e Breuer, 1895).

---

[25] *"Na hipocondria como na paranóia, deve se produzir uma regressão da libido"* (Les premiers psychanalystes, p.84-65).
[26] *"A hipocondria deve ser o equivalente somático da paranóia; o retorno da libido para o ego é sempre acompanhado de sensações desprazerosas"* (Les premiers psychanalystes, p.132)

Essas dinâmicas evidenciam a possibilidade do sujeito de alienar-se no saber do outro. O hipocondríaco vive, então, a experiência paradoxal e paroxística de depositar no outro seu corpo e um saber sobre ele, ao mesmo tempo em que trava com ele uma verdadeira batalha para desautorizá-lo, tentativas extremas de garantir sua sobrevivência. O relato de Schreber é uma demonstração exemplar dessas dinâmicas (Schreber, 1903).

Inicialmente diagnosticado como sofrendo de *"uma crise de grave hipocondria"*, Schreber se lançava, em seus delírios, em um vigoroso embate no qual estavam envolvidos Deus, o Dr. Fleichsig, seu pai e as "vozes" que dizia ouvir. Em meio a esses confrontos ocorriam as transformações de seu corpo que era penetrado por raios, se deformava, mudava de sexo, gerava uma nova espécie de seres. Em seu delírio, Schreber se encontrava no centro de um litígio, com todos os traços de um processo judicial, no qual acusação e defesa se digladiavam em torno da posse e da integridade de seu corpo. Pela análise da história de Schreber, Freud fundamentou um outro aspecto de sua compreensão da hipocondria, passando a considerá-la um elemento essencial da paranóia[27].

Em 1914, Freud sistematizou, então, em um artigo específico suas concepções sobre o narcisismo (Freud, 1914). Nele ele retomou, suas hipóteses a respeito da dimensão narcísica da hipocondria já apresentadas a Fliess no manuscrito H (Freud, 1895a). Em 1914, a hipocondria se destacava, juntamente com a parafrenia, a doença orgânica e com a vida erótica dos sexos, como um dos modelos pelos quais Freud discutiu o fenômeno do narcisismo.

Na doença orgânica, o homem doente retira seus investimentos libidinais em seus objetos para reinvesti-los no próprio ego. De forma semelhante, no sono também ocorre essa retirada narcisista dos investimentos de libido do mundo com vistas a promover e preservar a necessidade de dormir.

Apesar da inexistência de lesões corporais reais, a hipocondria também promove, como a doença orgânica, um movimento de retraimento narcísico. A despeito das semelhanças entre essas dinâmicas, Freud afirmava ser frágil a tentativa de discriminar entre a doença orgânica e a hipocondria unicamente a partir dos sinais orgânicos demonstráveis. Nesse artigo, ele deixa claro que, sim, o hipocondríaco pode ter razão em suas queixas. Apesar da inexistência de sinais corporais concretos, a hipocondria manifesta uma alteração corporal de outra ordem, revelando um outro saber sobre o corpo.

---

[27] Freud (1911), *Op. cit.*

"A hipocondria, da mesma forma que a doença orgânica, manifesta-se em sensações corpóreas aflitivas e penosas, tendo sobre a distribuição da libido o mesmo efeito que a doença orgânica. O hipocondríaco retira tanto o interesse quanto a libido – a segunda de forma especialmente acentuada – dos objetos do mundo externo, concentrando ambos no órgão que lhe prende a atenção. Torna-se agora evidente uma diferença entre a hipocondria e a doença orgânica: na segunda, as sensações aflitivas baseiam-se em mudanças demonstráveis [orgânicas]; na primeira, isso não ocorre. Mas estaria inteiramente de acordo com nossa concepção geral dos processos de neurose, se resolvêssemos dizer que a hipocondria deve estar certa: deve-se supor que as modificações orgânicas também estão presentes nela" (Freud, 1914).

Do sonho à estruturação do psiquismo

A perspectiva freudiana evidenciou que a hipocondria não se restringe a uma entidade nosográfica autônoma, podendo manifestar-se livremente em todos os quadros psicopatológicos, fazendo parte também de muitas de nossas experiências cotidianas. À fina capacidade de observação de Freud não escapou a dimensão hipocondríaca da atividade onírica, inspirando-o a pensar também sua função na estruturação do psiquismo. Para além da capacidade mimética e migratória da hipocondria, já apontada por diversos autores ao longo da história, ele também contribuiu para compreendê-la como uma manifestação vinculada às dinâmicas estruturantes de diferentes modos de subjetivação.

A compreensão mais abrangente das dinâmicas hipocondríacas permitiu a Freud ampliar suas concepções sobre as articulações entre o orgânico e o psíquico na atividade onírica. Desde *A Interpretação dos Sonhos*, Freud já apontava os estímulos somáticos e sensoriais como fontes dos sonhos, discutindo a natureza e a participação desses estímulos na formação destes (Freud, 1900). O sonho com Irma – considerado pelo próprio Freud como um marco inaugural da psicanálise – revela-se como um autêntico inventário hipocondríaco realizado por ele a respeito de si mesmo. Nele, Freud, o sonhador, desdobra-se ora em Irma, paciente, ora em Leopold, o médico. Freud examina e é examinado, sendo impressionante a proximidade entre os sintomas apresentados por Irma e os episódios somáticos vividos por Freud[28]. Teorizando sua própria experiência, Freud insiste no fato de que não apenas as doenças, mas qualquer sensação orgânica pode ser representada nos sonhos, e que estes fenômenos ocorrem em qualquer pessoa, sadia ou enferma.

Assim, em 1915, é com naturalidade que Freud aponta para as funções da experiência hipocondríaca na origem e nas dinâmicas formadoras dos sonhos, e, principalmente para o poder de percepção e mesmo de "diagnóstico" do sonho sobre a atividade somática. Retomando sob o ângulo da metapsicologia suas hipóteses apresentadas no capítulo VII de *A interpretação dos sonhos*, ele examina em um novo artigo os efeitos produzidos pelo estado de sono sobre os diferentes 'sistemas' da mente, concentrando-se no fenômeno da alucinação e em uma investigação do modo como, no estado normal, realiza-se a distinção entre a fantasia e a realidade. Ressaltando o caráter narcísico do sonho e a função da projeção como o mecanismo central do processo onírico, Freud atribui à dinâmica hipocondríaca uma parte importante do trabalho representativo do sonho:

> "[...] sabemos que os sonhos são inteiramente egoístas e que a pessoa que desempenha o principal papel em suas cenas deve sempre ser reconhecida como aquela que sonha. Isso é agora facilmente explicado pelo narcisismo do estado de sono".
>
> "[...] A capacidade de 'diagnóstico' dos sonhos – um fenômeno geralmente reconhecido, mas considerado enigmático – se torna igualmente compreensível. Nos sonhos, a doença física incipiente é com freqüência detectada mais cedo e mais claramente do que na vida de vigília, e todas as sensações costumeiras do corpo assumem proporções gigantescas. *Essa amplificação é por natureza hipocondríaca*; depende da retirada de todas as catexias psíquicas do mundo externo para o ego, tornando possível o reconhecimento precoce das modificações corporais que, na vida de vigília, permaneceriam inobservadas ainda por algum tempo." (Freud, 1917).

---

[28] Cf. "O corpo no sonho, um sonho de Freud" em Volich (2002, p.122 e seguintes).

Hipocondria e estruturação do psiquismo

Presente em todos os trabalhos da metapsicologia, o paradigma hipocondríaco é novamente utilizado quando Freud se encaminha para formular seu segundo modelo do aparelho psíquico. Se, no artigo anterior, Freud ressaltava a importância do aparelho muscular na distinção entre as sensações internas e externas, aqui é o papel da superfície do corpo, da pele, do tato, que será ressaltado como lugar dessa discriminação.

O ego é, primeiro e acima de tudo, um ego corporal; não é simplesmente uma entidade de superfície, mas é, ele próprio, a projeção de uma superfície" (Freud, 1923a).

A doença orgânica, a estimulação dolorosa ou ainda a inflamação de um órgão foram explicitamente mencionados por Freud como processos que desencadeiam os movimentos de retraimento narcísico, e que permitem também compreender a dinâmica hipocondríaca, ou seja, a capacidade de um órgão saudável atrair a atenção do ego. É esse paradigma que ele convoca na concepção de seu novo modelo tópico, ao mencionar a função dos *"processos dolorosos"* na discriminação entre o interno e o externo, e, sobretudo, na forma de *"conhecimento dos órgãos"* e do próprio corpo.

O corpo, capaz de catalisar o investimento narcísico, pode mobilizar o desinvestimento da libido colocada no mundo, promovendo dentro do ego, pela introjeção, a constituição dos representantes psíquicos dos objetos do mundo. Por outro lado, o investimento narcísico do corpo atrai a atenção do ego para os processos e as instâncias do corpo, no limite da dor e do prazer. A relação do sujeito com o mundo e com seus objetos fica assim marcada pelas dinâmicas de investimento e desinvestimento, de projeção e de introjeção inevitavelmente permeadas, desde suas origens, pela experiência hipocondríaca.

A clínica e a economia hipocondríaca

Assim, a hipocondria se viu consagrada como um verdadeiro operador da teoria psicanalítica. Mais que uma categoria psicopatológica, ela é reconhecida, por Freud com o mesmo estatuto que o do sonho, que o do recalque, que o da perversão, deixando de ser considerada simplesmente um desvio ou uma perturbação para situar-se plenamente ao longo de toda a linha de continuidade entre o normal e o patológico.

A clínica revela que as sensações e as fantasias hipocondríacas podem vir preencher, de certa forma, uma necessidade imperativa de ligação da excitação. As formas narcísicas ou transferenciais da hipocondria e suas manifestações em todos os quadros da psicopatologia poderiam, então, ser compreendidas como tentativas de ligação da excitação e da angústia segundo um nível mais primitivo de funcionamento, a partir de uma experiência corporal, com ou sem representação psíquica associada.

Muitas vezes, diante do sofrimento e da perda, entre o vazio e a palavra, o corpo se vê convocado. Diante do outro, do médico, do terapeuta, nos pequenos e grandes sinais do corpo, na exuberância e na timidez de suas formas, no silêncio e na eloqüência de suas expressões, escamoteiam-se as marcas da existência humana. Inscrevem-se ali os prazeres, os encontros felizes e gratificantes, mas também as dores, as perdas, as separações, mais difíceis de serem compartilhadas. Entre o real e o imaginário, inclina-se, muitas vezes, o corpo à exigência de conter o sofrimento indizível, de suportar a dor impossível de ser representada. A hipocondria é apenas um dos recursos do humano para lidar com as dores do drama de sua existência.

Partindo das relações esboçadas por Freud entre a hipocondria e o sonho, Pierre Fédida afirma que a hipocondria constitui uma modalidade de reação à perda narcísica, equivalente ao luto, que se manifesta pela representação corporal (Fédida, 1972). Entre o luto e a melancolia, a hipocondria se apresenta como um dos recursos do sujeito para lidar com a perda e com a ameaça de desorganização que ela comporta.

Essas hipóteses são, a meu ver, plena de possibilidades para compreender o constatado cumprimento da "profecia" freudiana, de que a hipocondria constituir-se-ia como um verdadeiro paradigma moderno para a expressão do sofrimento humano. O esvaziamento e o empobrecimento da experiência subjetiva e do sofrimento convocaria cada vez mais o corpo como forma de manifestação da experiência e do sofrimento. Inspirado por Ferenczi, P. Fédida sugere que a dinâmica hipocondríaca se constitui como um verdadeiro paradigma da clínica dos pacientes somáticos.

Por sua vez, Maria Helena Fernandes (1999) e Ivanise Fontes (1999), inspiradas por P. Fédida, ressaltam a importância em considerar, a partir da própria teoria freudiana, a constante referência à experiência corporal, à percepção e à sensorialidade como substrato do desenvolvimento psíquico.

Elas insistem na importância das repercussões transferenciais e contratransferenciais que se impõem à análise em função de "eventos somáticos" Segundo Ivanise Fontes, *"não há despertar do sujeito enquanto uma significância das percepções e das sensações não tiver lugar"*. Também comprovando a profecia freudiana, ela afirma que "doentes deste fim de século, apresentando as *"novas doenças da alma (Kristeva), mostram uma dificuldade crescente de ligar o corpo à palavra. Esses pacientes, que nos impõem impasses técnicos, exigem do analista uma intervenção em que as palavras encontrem maior capacidade sensorial"* (Fontes, 1999, p.69).

Enquanto isso, Maria Helena Fernandes aponta que *"o contato com os pacientes somáticos rapidamente ensina que a expressão verbal e metafórica freqüentemente utiliza o corpo como imagem, solicitando do analista um olhar e uma escuta capaz de figurar essa imagem e descrevê-la em palavra"* (Fernandes, 1999, p.).

Curioso, o paradoxo revelado por essas autoras é apenas aparente. Por um lado, o corpo prestando-se de forma cada vez mais impressionante para a manifestação do sofrimento. Por outro lado, uma alienação significativa da experiência sensorial e do conhecimento do próprio corpo que chega a ser completamente ignorado na experiência psicanalítica.

O alcance de tais descobertas transcende o campo psicanalítico para situar-se como revelador de uma dimensão continuamente negligenciada na prática médica. Mais do que uma doença, a hipocondria deve ser plenamente reconhecida como parte dos processos de expressão e de representação do indivíduo.

Sabemos que os consultórios médicos e os hospitais transbordam de pacientes para cujas queixas não é possível encontrar um diagnóstico ou um substrato orgânico. Esses pacientes, que representam cerca de 40% dos pacientes de alguns serviços de clínica médica, são, muitas vezes, fonte de uma profunda irritação para os médicos. Esses mesmos pacientes relatam em contrapartida uma imensa frustração e mesmo uma certa angústia e sentimentos depressivos após os encontros com aqueles médicos. Geralmente, muitos deles reiniciam seu périplo em outros serviços e com outros médicos, esperando uma solução para "seu caso".

Visando à preservação do equilíbrio psicossomático, as dinâmicas hipocondríacas podem, portanto, manifestar-se associadas a diversos quadros da patologia, além do quadro hipocondríaco propriamente dito. Essa presença é mais evidente no caso de doenças orgânicas, mas é importante também observar suas manifestações nos quadros psicopatológicos. A emergência de queixas e dinâmicas hipocondríacas nesses quadros pode ser um sinalizador da insuficiência da dinâmica psicopatológica em lidar com os conflitos e com a tensão pulsional experimentados pelo sujeito. Em muitos quadros da psicopatologia, o corpo presta-se como suporte à formação sintomática, sem configurar um quadro hipocondríaco propriamente dito.

De todas essas considerações, decorrem algumas hipóteses que repercutem de forma significativa sobre a clínica.

Considerar a hipocondria sob o ângulo de sua função representativa pode permitir um outro olhar sobre a demanda dos pacientes, mesmo aqueles que apresentam efetivamente uma doença "bem configurada", como dizem alguns profissionais... Considerar que a dimensão hipocondríaca de toda queixa é, sobretudo, uma tentativa, mesmo que primitiva, de comunicação e de representação é uma possibilidade de resgate pela medicina da essência do sofrimento humano.

A hipocondria constitui-se inevitavelmente como uma experiência que implica o outro. Piera Aulagnier ressalta a função essencial do corpo como mediador do jogo relacional entre duas psiques e entre a psique e o mundo (Aulagnier, 1985, p.99). É sobre o paradigma da relação entre dois corpos, o da mãe e o do bebê que se estrutura o desenvolvimento da criança e seu funcionamento psíquico. O hipocondríaco tem razão ao tentar utilizar o recurso que garantiu sua sobrevivência e seu desenvolvimento quando todos os recursos que têm à sua disposição se mostram ineficientes para protegê-lo de sua existência ameaçada, ou da dor que não encontra outro meio de expressão.

As sensações hipocondríacas são uma tentativa de controle da desorganização da economia libidinal, uma tentativa de ligação por meio do corpo. Nesse sentido, podemos considerar que a hipocondria se constitui como um recurso de ligação antitraumático não-conversivo por intermédio do corpo.

Mais especificamente, a hipocondria constitui-se como uma defesa contra o desinvestimento objetal. O retraimento narcísico que nela observamos corresponderia, então, a uma reação diante da ameaça ou do abandono real do outro. Essa experiência poderia corresponder à experiência do bebê frente à ameaça de abandono pela mãe, quando só lhe restaria seu próprio corpo, que deve ser "vigiado" e investido de forma a impedir que ele também "o abandone" Nesse sentido, é interessante pensar que o órgão hipocondríaco corresponde de certa forma a uma falha ou a uma perversão de um recurso transicional, no sentido de Winnicott (1969).

O hipocondríaco tem razão. Como Schreber a seu pai, médico e especialista em métodos ortopédicos de educação, ele opõe à ordem da semiologia o caos de seus órgãos andarilhos que se recusam à mortífera submissão.

O hipocondríaco tem razão. Ele apresenta ao outro seu desprazer que desespera para melhor usufruir de seu gozo.

O hipocondríaco tem razão. Ele suplica ao médico a droga milagrosa que o alivie, prestes a sabotá-la quando ela lhe é prescrita.

O hipocondríaco tem razão. Ele se apresenta, humilde e servil, à investigação médica, para melhor infiltrar-se nela e subvertê-la.

O hipocondríaco tem razão. Ele denuncia o engodo dos que urgem em responder à cacofonia de seus sintomas sem dispor sequer um olhar a seu silêncio tão gritante.

O hipocondríaco tem razão. Por mais que ele irrite, frustre e engane aqueles que buscam compreendê-lo, ele sofre.

Referências bibliográficas

AULAGNIER, P. *A violência da interpretação*, Rio de Janeiro: Imago, 1978.

——————. Naissance d'un corps, origine d'une histoire. In Rencontres Psychanalytiques d'Aix en Provence - 4éme Rencontre. *Corps et histoire*. Paris: Les Belles Lettres, 1985.

AYACHE, L. *Hippocrate*. Paris: PUF, 1992.

DEJOURS, C., Biologia, psicanálise e somatização. In VOLICH, R.M., FERRAZ, F.C., ARANTES, M.A.A.C. *Psicossoma II: psicossomática psicanalítica*. São Paulo: Casa do Psicólogo, 1998.

FÉDIDA, P. L'hypocondrie du rêve. *Nouvelle Revue de Psychanalyse*, 5:225-238, 1972.

FERNANDES, M.H. A hipocondria do sonho e o silêncio dos órgãos : o corpo na clínica psicanalítica. *Percurso*, 23, 1999.

FONTES, I. Psicanálise do sensível. A dimensão corporal da transferência. *Revista Latino-americana de Psicopatologia Fundamental*, 2(1):137-152, 1999.

FREUD, S. & BREUER, J. (1895) Estudos sobre a histeria. *Edição Standard Brasileira das Obras Psicológicas Completas de Sigmund Freud* (E.S.B.). Rio de Janeiro: Imago, v.2.

FREUD, S. (1895a) As origens da psicanálise. *E.S.B.* Rio de Janeiro: Imago, v.1.

FREUD, S. (1895b) Sobre os fundamentos para destacar da neurastenia uma síndrome específica intitulada de "neurose de angústia". *E.S.B.*, v.3.

———. (1894) As neuropsiconeuroses de defesa. *E.S.B.*, v.3.

———. (1905) Três ensaios sobre a teoria da sexualidade. *E.S.B.*, v7.

———. (1909) Notas sobre um caso de neurose obsessiva. *E.S.B.*, v.10.

———. (1911) Notas psicanalíticas sobre um relato autobiográfico de um caso de paranóia (*dementia paranoides*). *E.S.B.*, v.12.

———. (1914) Sobre o narcisismo: uma introdução. *E.S.B.*, v.14.

———. (1917) Suplemento metapsicológico à teoria dos sonhos. *E.S.B.*, v.14.

———. (1923a) O ego e o id. *E.S.B.*, v.19.

———. (1923b) Uma neurose demoníaca do século XVII. *E.S.B.*, v.19.

———. (1926) Inibições, sintomas e angústia. *E.S.B.*, v.20.

LES PREMIERS PSYCHANALYSTES *Minutes (I) de la Société Psychanalytique de Vienne (du 10/10/1906 au 03/06/1908)*.

POSTEL, J. (ed.) *Dictionnaire de psychiatrie et de psychopathologie clinique*. Paris: Larousse, 1993.

ROSENFELD, H. (1964) A psicopatologia da hipocondria. In. *Os estados psicóticos*, Rio de Janeiro: Zahar, 1968.

SCHREBER, D.P. (1903) *Mémoires d'un névropathe*. Paris: Seuil, 1975.

VOLICH, R.M. *Psicossomática: de Hipócrates à psicanálise*. São Paulo: Casa do Psicólogo, 2000.

———. *Hipocondria: impasses da alma, desafios do corpo*. São Paulo: Casa do Psicólogo, 2002.

WINNICOTT, D.W. Objets transitionnels et phénomènes transitionnels. In *De la pédiatrie à la psychanalyse*. Paris: Payot, 1969.

Transtornos alimentares

O mínimo é o máximo:
uma aproximação da anorexia

Mario Pablo Fuks

Em uma época cuja aspiração é a de um acesso pleno, livre e a-conflitivo a todo tipo de realizações e prazeres individuais, sem o estorvo de enigmas nem dramas existenciais, a rejeição da alimentação, ou sua gestão umas vezes onipotente e outras descontrolada, faz da vida de um número crescente de jovens, mulheres em sua maioria, um enigma e um desafio para os saberes e para as práticas terapêuticas contemporâneas.

A colocação em jogo no corpo de uma significação que o transcende suscita um trabalho de pesquisa e elaboração que articula freqüentemente história, contexto sociocultural e teorização metapsicológica. Ao mesmo tempo em que a *histeria* aparece aqui como termo obrigatório de referência e de comparação, tanto teórica como clínica, as considerações psicopatológicas referidas às vicissitudes do *narcisismo* e aos modelos explicativos das *impulsões e adicções* ganham um espaço cada vez maior. A problemática identificatória, a constituição do laço social e a dinâmica do "ideal" são, também, elementos significativos para a compreensão desses quadros.

É previsível que, havendo-se acumulado já um considerável cabedal de informações, estatísticas e discursos especializados e de divulgação sobre anorexias e bulimias, e sendo conhecido que os históricos buscam situar-se sempre no lugar do objeto de algum saber constituído e vigente para serem reconhecidos por alguém que situam como mestre desse saber, venha a surgir grande quantidade de pacientes com transtornos alimentares de base histérica[29]. Com essa figura do mestre e seu saber suposto, o indivíduo tenderá a estabelecer esse tipo de vínculo peculiar, de amor e questionamento, de idealização ameaçada de decepção, fundamentalmente paradoxal, que o clínico conhece tão bem, sem por isso deixar de se surpreender.

---

[29] Já vinham sendo conhecidos como "patologias do *Fantástico*", pacientes que procuravam os serviços de saúde na 2ª feira ao dia seguinte dos programas televisivos de audiência massiva em que se tematizava alguma "doença de atualidade". Efeito igual ou maior tem sido produzido ultimamente por protagonistas dos "reality show" falando sobre sua bulimia e descrevendo ou mostrando suas práticas purgativas.

É, justamente, em torno do modo de *saber* sobre o seu padecimento, que podemos apontar, para ir introduzindo o tema, uma diferença entre a anorexia de base histérica e a forma clássica de anorexia nervosa, bastante mais severa. Nesta última, o paciente tende a afirmar um *saber próprio* sobre seu mal-estar, que se contrapõe às exortações da família respaldadas no sentido comum e que se reforça, em forma manifesta ou larvada, quando a família apela ao respaldo do médico. Trata-se de um saber que, segundo Lasègue, um dos primeiros a descrever o quadro[30], se constrói a partir de uma idéia, que ele não hesita em chamar de hipótese teórica ou hipótese instintiva: *"comer me faz mal e o que deve ser feito é evitar comer"*. Com o andar do processo e a estabilização da conduta anoréxica, põe-se em destaque um otimismo inexpugnável, *"eu não estou me sentindo mal, portanto estou saudável"*. Nos casos mais graves, poderá instalar-se uma pugna com os médicos a respeito do conhecimento verdadeiro dos riscos implicados em manter as dietas[31].

Há, em toda esta relação com o saber e com a verdade, um recurso a uma evidência autosustentada e a uma construção lógica e racionalizante, que a aproxima mais das modalidades paranóica e hipocondríaca, dentro do quadro das estruturas narcísicas, que da neurose histérica. Como veremos mais adiante, há nisso tudo uma busca de apropriação subjetiva.

As construções racionalizantes podem mudar conforme a época: nos tempos de Lasègue, o que justificava a dieta era a dor do estômago; hoje, centra-se na imagem do corpo. A vontade de ser magra, recorrendo a dietas rigorosamente controladas, assim como a hiperatividade física, procura legitimar-se em valores culturais contemporâneos que associam essa condição e essas práticas à esbeltez, beleza e saúde. Vistos desde esse ângulo, os transtornos alimentares podem ser incluídos entre os "sintomas sociais" característicos da época.

A dimensão psicopatológica dos transtornos alimentares

A emergência crescente de pacientes com anorexias e bulimias vem ao encontro de uma medicina e principalmente a uma psiquiatria que atravessa um momento peculiar. Por um lado, a inclusão dos transtornos alimentares

---

[30] Lasègue acreditava que a anorexia, conhecida há séculos, era exclusivamente uma forma de manifestação da histeria.
[31] Ver em M. Manonni (1981) o relato do caso Sidonie (p.139-172).

como item diferenciado dentro das classificações psiquiátricas nos faz evocar, em relação a esses quadros, o valor do gesto de Charcot frente à histeria ao outorgar-lhe a dignidade de doença. Por outro lado, o neo-organicismo absoluto predominante condiciona os parâmetros e critérios em base aos quais estas classificações se constróem, operando, apesar desse reconhecimento, um efeito de recusa das dimensões subjetivas e das histórias de vida associadas a essas doenças.

Um dos paradoxos mais curiosos da nosografia oficial atual reside no fato de que, ao mesmo tempo em que pela porta da frente entram os transtornos alimentares, sai, pela dos fundos, nada menos que a histeria. Restam dessa doença apenas conglomerados de sintomas fragmentários, distribuídos pelos diferentes apartados. É que o modelo psiquiátrico hegemônico tende a suprimir a noção de processo psicopatológico e, no limite, a de doença. Trata-se, hoje, de descrever e identificar síndromes, concebidas principalmente a partir de sua modificabilidade por um agente geralmente neuroquímico, em base a um critério puramente sintomático. Esse esquema não se aplica facilmente à complexidade dos quadros que estamos considerando, e apesar de ser o déficit nutricional apontado como o fator causal de grande parte dos sintomas, alguns autores, no campo psiquiátrico, reconhecem a necessidade de uma formulação mais ampla da psicopatologia da anorexia nervosa, tendo em vista a variabilidade histórica e cultural de sua expressão psicológica[32]. A ação terapêutica será endereçada à correção do déficit nutricional e dos sintomas resultantes, como a amenorréia, complementada com a reeducação alimentar e a indicação complementar de uma psicoterapia orientada à correção focal do comportamento alimentar.

Entretanto, em inúmeros trabalhos sustentados em experiências clínicas, adverte-se que se nos limitamos a identificar e agir sobre os comportamentos alimentares e seus efeitos somáticos e psíquicos sem levar em conta os processos estruturais e históricos que os "solicitaram", o resultado é nulo, pobre e proclive à repetição ou uma substituição, não benéfica, da sintomatologia.

O enquadramento médico exclusivamente objetivista, quantificador e pragmatista, centrado na normalização do comportamento, tende a obturar toda problemática em que a subjetividade se faça presente. Quando se insere no jogo de confrontação de forças que já vem se desenvolvendo no

---

[32] Veja as conclusões de Russell recolhidas por Nunes & Ramos (1998, p.22).

campo familiar, para além do caráter repressivo ou agressivo que possa assumir, contribui para reforçar a negação das vivências de extremo desamparo que atravessam esses pacientes. (Brusset, 1999, p.52).[33] Toda suposição relativa à sexualidade ou a algum registro da paixão tende a ser evitada.

A significação e o sentido de sintomas e comportamentos – seja algo a ser decifrado, seguindo a chave da conversão histérica, seja algo a ser reconstruído ou construído tendo como referência as falhas narcísicas precoces ou traumáticas – ficam de lado.

Devemos aceitar, contudo, especialmente em casos graves, a existência de uma fase inicial em que as condições clínicas exigem a prevalência exclusiva do cuidado médico. Inclusive, em boa quantidade de casos, algo que deve ser reconhecido e indicado é um centramento inicial na questão alimentar com pacientes preocupados com ela e que aderem a um atendimento regular por essa via. Mas, um gerenciamento psiquiátrico e/ou nutricional e até psicoterápico, que recuse dimensões mais abrangentes da subjetividade do paciente e de sua história de vida, pode limitar a compreensão dos quadros e o alcance terapêutico a que se pode aspirar.

Trata-se, em geral, de pacientes jovens, freqüentemente adolescentes, em sua maior parte mulheres, com a vida dominada por uma desordem na alimentação baseada em sua restrição quantitativa e qualitativa, intercalada, às vezes, com episódios de comer compulsivo e desesperado, que podem ser acompanhados da indução de vômitos, do uso de laxantes e da prática de exercícios físicos extenuantes. Vivem sobrecarregadas, ao mesmo tempo, pelos procedimentos de controle de calorias e pela preparação minuciosa e ritualística dos alimentos. Algumas delas conseguem, depois de um tempo variável, um importante emagrecimento, a partir do qual parecem afirmar-se em uma determinação: comer o mínimo. Para os pais, principalmente a mãe, isto se configura como um "não comer nada", sem que o adequado dessa percepção se acompanhe, às vezes por um longo tempo, de uma consciência cabal do emagrecimento, sua gravidade e os riscos que estão sendo corridos.

A família reage tentando reordenar sua alimentação e encontra uma resistência obstinada, baseada, como vimos, em idéias e justificações variadas, mas fundada em um princípio complementar explícito ou implícito: *"eu sou dona, única, de meu corpo"*. Apoiadas nessa pressuposição de

---

[33] Lasègue remarcava a conveniência, nesse "meio de campo", de *observar e calar* ; evitar sobretudo entrar em disputa fazendo uso da autoridade médica, sob o risco de perdê-la.

base, mostram-se excessivas nas dietas, nas purgações, no próprio modo de afirmar-se frente aos outros, na forma totalitária de aderir ao ideal ascético de magreza que cultuam e que as transforma em seres únicos, especiais e diferenciados, que não estão submetidos nem são escravos das necessidades como os outros.

A partir dessa adesão, o leque de emoções que as afeta fica polarizado entre o excitante orgulho de cumprir esse ideal, pelo qual se sentem secretamente invejadas e que encobre uma auto-estima quase sempre rebaixada e a vergonha irredutível, em grande medida absurda, de engordar quando algo em sua rotina vem a se descontrolar.

Na gestão narcísica do ideal, não somente se regulam por valores absolutos; elas, mais bem, os representam, os encarnam. Não aspiram à magreza, *são* a magreza. Essa fusão com o ideal, essa condição onipotente é o suporte de sua energia inesgotável e da força de convicção que, como vimos, sustenta seu saber a respeito delas mesmas.

Historicamente, essa identificação com o ideal inserido no sistema religioso vigente permitiu às santas anoréxicas impor a fé à moral em volta delas. A proximidade da morte e o triunfo sobre ela foi condição para sua divinização, base para o ideal. Viraram, na história, objeto de devoção; imagens cultuadas, milagrosas, que estavam neste mundo como se não fossem dele e como se as leis desse mundo, que valessem para os outros, a elas não se aplicassem.

Os transtornos alimentares e a adolescência

Tende-se a situar a irrupção da sexualidade na *adolescência* como o fator que desencadeia uma batalha, intra e inter-subjetiva, entre mãe e filha, deslocada freqüentemente para outros territórios. Esse embate se centra em uma busca de autonomia e, principalmente, de diferenciação, que pode tingir-se de um viés matricida, que aproxima o sujeito da fantasia e da possibilidade real da própria morte.

Nos casos que estamos considerando, as jovens desenvolvem um ideal de auto-suficiência que se entronca, contudo, com valores de auto-suficiência e fortaleza pessoal presentes na própria família, que se muniu, ao longo de sua história, de uma moral de não fraquejar diante das adversidades, dos desafios e das perdas que tiveram de enfrentar. Isso implica, às vezes, um transcorrer silencioso dos lutos ou um bloqueio deles por recusa do sofrimento (Brusset, B. & Rovira, B., 1996).

Nessas circunstâncias, as mães podem ser "duras", pouco dispostas à ternura e ligadas predominantemente no cuidado do formal. Encorajam seus filhos a assumir prematuramente uma atitude de autonomia frente às responsabilidades escolares. O cuidado do corpo e a preocupação com dietas tornam-se presentes na relação com elas mesmas e com suas filhas.

Ocorre, também, uma dificuldade para a entrada do pai. O pai tende a ser uma figura distante, em parte ausente, em parte indiferenciada. Faz-se presente no momento da "descompensação", provavelmente quando a brecha surgida na relação mãe-filha o facilita. Brecha esta que toma a forma de um "fracasso" da mãe.

A auto-suficiência da filha pode ser explicada como defesa contra o fantasma edipiano [modalidade histérica]; mas, principalmente, como algo a serviço da recusa. Recusa da diferença sexual, da castração, e da morte. Mas, também, recusa da alteridade do objeto, da passagem do tempo e das mudanças que ele produz no corpo. Sua capacidade de prescindir da comida é uma recusa das leis próprias da natureza, mas, também, das da cultura. É conhecido o lugar da comida nos rituais coletivos cotidianos e nos grandes eventos, tendo sido destacada, pela psicanálise, sua importância nos processos de identificação constitutivos do laço tribal ou comunitário.

Na gênese das dificuldades que estouram na adolescência, tende-se a pensar que o papel da relação com a mãe remonta aos estágios iniciais do desenvolvimento psíquico. Ansiosas por responder à demanda por meio da satisfação da necessidade, essas mães têm dificuldade em identificar diferentes tipos de choro dos bebês que criam. A monotonia da resposta mediante a provisão alimentar induz na criança uma dificuldade na codificação e decodificação interna das mensagens interoceptivas e proprioceptivas. Sua significação vai além de uma falha no registro de sinais; esses processos implicam qualificação de intensidades, ligação a palavras, produção de sentidos.

O olhar da mãe também é importante. Tem sido apontada a presença, nas mães, de um alto grau de preocupação com a aparência física, o peso e a dieta. Fala-se de um olhar materno intrusivo, traumatizante, que impede a privacidade ou se impõe compartilhando-a. Algo nesse olhar é vivido como indecente, abusivo e, no final das contas, incestuoso (Holcberg, 2001).

A mãe, a quem cabe cumprir, na fase do espelho, o papel de fiadora da relação com a imagem especular, acaba sendo invasora dessa relação, criando uma urgência de separação, simultânea a uma impossibilidade da menina perceber-se sem ela. Isso dá a idéia de que o corpo da anoréxica não é um corpo plenamente próprio, mas um corpo compartilhado pela mãe (Gorgati, 2002). Esse peso excessivo do objeto externo, em suas diversas funções nas fases iniciais, dificulta os processos de interiorização e constituição do narcisismo e deixa uma dependência residual que "priva o sujeito de si mesmo", socavando as bases para o desenvolvimento dos processos identificatórios subseqüentes.

Os conflitos entre autonomia e dependência próprios da adolescência, envolvendo objetos com os quais não foi possível estabelecer uma diferenciação clara, renovam e agudizam as angústias de intrusão ou abandono anteriores ao período de latência, fragilizando o eu e expondo o sujeito a intensos sentimentos de desamparo, desvalimento e desesperança. Tenta-se anular e compensar essas vivências pela adesão ou fusão com o ideal e o controle onipotente sobre o próprio corpo que repete, por meio de uma inversão passivo-ativo, a relação experimentada com a mãe.

Não comer e manter a fome pode corresponder a uma tentativa de criar e preservar um vazio em que o psíquico se torne possível por intermédio das representações, sua constituição em rede e o jogo dos deslocamentos. Poder, a partir de uma ausência, abrir um caminho para um continente íntimo em que um desejo possa vir a aninhar-se. A negativa, o "não à comida", busca instaurar essa possibilidade, em uma luta da resistência destinada a afirmar uma apetência pela vida.

No entanto, o peso do ideal anoréxico, somado à falta de um outro que compreenda o sentido dessa denegação e possa situar-se fora do circuito ambiental de ação e reação, tende a re-inscrever esse movimento nos termos de uma auto-suficiência recusatória de toda falta e de toda alteridade que ameace com o retorno do sofrimento. O ideal de magreza e libertação ascética do corpo serve como contracatexia contra desejos de incorporação resultantes da urgência introjetiva que o processo mobiliza.

A dimensão narcísica e os ideais

A sujeição e fusão com o ideal opera uma espécie de triunfo maníaco sobre o objeto. Mas, ao mesmo tempo, contrapõe às vivências de fragilidade narcísica, um reforço da representação unitária do eu que impõe uma censura e um bloqueio de sensações e impulsos, assim como de formações de afeto e representação, suscitados a partir das fontes erógenas de estimulação. Como pode ser observado em outras patologias narcísicas, os campos da imagem, da motricidade e da agressividade se prestam particularmente bem à realização desses objetivos, às custas de uma renúncia ou de um subdesenvolvimento erótico-afetivo. Uma vez montada essa conformação defensiva reativa, se tentará regular o que possa ameaçar com uma intrusão, vinda dos outros ou do próprio interior, mediante a indução ou intensificação seletiva de *sensações corporais de cheio e de vazio* por meio dos comportamentos alimentares.

A dimensão de exaltação e triunfo maníaco, de energia e vitalidade conhecida desde a antiguidade, é coadjuvada, ao que parece, pela liberação de endorfinas que ocorre quando o jejum atinge um certo limite. Configura-se um quadro que foi caracterizado como uma espécie de toxicomania sem droga.

Do ponto de vista da gestão da sexualidade, a conduta anoréxica implica a assunção triunfante de um ideal ascético. O objetivo da anoréxica é anular o corpo pulsional e sexuado. Seu ideal é um corpo puro, sem libido, sem pulsação; é o ideal de um corpo desencarnado (Gorgati, 2002). O ideal anoréxico opera no repúdio, em particular, de certos aspectos da feminilidade associados à passividade e à dependência e figurados pela imagem de "uma gorda branda, submissa e detestável", ao que se pode contrapor a dureza tônica e auto-suficiente do comportamento ativo e do músculo.

A partir dos trabalhos apresentados no encontro de Toronto de 1981 (Raimbault & Eliascheff, 1991, p.41 e seguintes), ficou estabelecida de maneira incontestável a existência, nessas pacientes, de uma perturbação na formação da imagem corporal, desenvolvendo-se um debate em torno dessa dificuldade ser primária ou posterior à eclosão da doença.

É possível pensar, a partir do que foi exposto, que uma identificação primária com a mãe, mal resolvida, somada às vicissitudes do processo de sexuação (forte fixação materna, distância ou ausência do pai), pode condicionar que, na puberdade, o desenvolvimento de traços corporais femininos seja processado pelo desdobramento projetivo de uma imago feminina rebaixada, contendo aspectos indiferenciados de si e da mãe. Essa é a imagem que se apresenta perceptivelmente para a anoréxica com o signo do horror quando realiza a experiência *unheimlich* de olhar-se no espelho e ver-se gorda. O que está se operando nessa situação é um *retorno* mais do *recusado* que do *recalcado*, como corresponderia em um sintoma neurótico.

Poderia acrescentar-se que a tirania narcísica do ideal, o domínio do idêntico e a onipresença dos mecanismos de recusa impõem um regime de funcionamento em que a tópica intra-psíquica sustentada pelo recalque tende a colapsar-se. Está impedido o processamento elaborativo de desejos e fantasias por meio de processos introjetivos que envolvem simbolização, pensamento e palavra.

Torna-se vigente uma lógica de funcionamento que está além do princípio do prazer, no regime do traumático, da compulsão de repetição, da suspensão ou abolição da produção de ligação e da emergência de sentido, pelo efeito puro, poderíamos dizer, da imposição de um regime narcísico associado a um ideal absoluto e do fechamento do espaço psíquico. Funcionamento este que é próprio das neuroses narcísicas, em que os estímulos não se processam pela via elaborativa, mas por meio de recursos evacuativos, da projeção paranóica para o mundo exterior ou da hipocondríaca dirigida ao corpo (Fuks, 2002).

Vimos anteriormente que, por intermédio dos comportamentos alimentares de preenchimento e esvaziamento, assim como de outras formas de atuação motora (exercícios atléticos, marcha), se induzem sensações corporais, administráveis erigindo o corpo como uma fronteira que separa um exterior e um interior. Alguns enfatizam que isso constitui uma defesa contra o vazio mental associado à realidade interna desfalecente e ameaçadora, mas que também poderia e tenderia a transformar-se em um fator causal dele. Assim, instituir-se-ia uma tendência ao escoamento de todas as tensões pela via comum e indiferenciada da descarga quantitativa sensório-motora, induzindo um curto-circuito que desvia os estímulos do caminho da ligação com a rede de representação e a conseqüente transformação de quantidade em qualidade. Dessa maneira, aplica-se aos transtornos alimentares, o modelo explicativo elaborado por Freud para dar conta das neuroses atuais, diferenciando-as das psiconeuroses, modelo que foi retomado pela psicossomática e utilizado também para o estudo das adicções. Trata-se de uma explicação diferente do modelo da neurose narcísica, que parece corresponder a aspectos diferentes do processo psicopatológico, confluindo em um resultado comum, que temos caracterizado como um fechamento do espaço psíquico elaborativo.

No entanto, algumas observações permitem pensar de forma mais complexa e menos unívoca a significação das condutas descritas. Vimos que elas podem constituir o corpo como uma espécie de fronteira. Contudo, como desdobramento do narcisismo, podem vir a constituí-lo como espaço de projeções, assumindo uma função imaginária inconsciente de corpo-*toilet*, em que o objeto pode ser feito sumir, por exemplo, de forma fecalizada. O recurso a modalidades de expressão hipondríaca abre novas possibilidades de figurabilidade, em termos de conteúdos e perigos corporais, que têm um caráter diferente do medo obsessivo de engordar associado ao ideal que consideramos anteriormente.

Em um caso em que o medo das conseqüências físicas de vômitos praticados persistentemente e jamais revelados a terceiros foi o motivo desencadeante de uma procura de análise, compreendeu-se a importância desses vômitos como índice de que se iniciavam processos de mediação e internalização. Avançado o processo terapêutico, a paciente trouxe sonhos que, por meio de imagens de trasbordamento de esgotos e de associações a elas ligadas, tematizavam essa versão fecalizada do corpo e do comportamento alimentar. Esses sonhos eram comentados com um toque de humor engenhoso e reflexivo que tornava evidente a presença da elaboração introjetiva.

A investigação clínica de pacientes anoréxicos em análise que se habituam a práticas extenuantes de caminhada permite reconhecer, também nelas, uma certa função de re-subjetivação. Segundo Brusset, assim como se observa em certos ataques bulímicos, *"esse tipo de comportamento adictivo, além de sua função de descarga, de evitação da atividade psíquica consciente e da exclusão psíquica relativa, pode ter uma função de estimulação, de neo-regulação e de ligação: novas ligações parecem fazer-se possíveis pelo desligamento que ele tende a instaurar"* (Brusset, 1990, p.160).

Ao mesmo tempo, a caminhada os constitui como sujeitos de uma ação com finalidade precisa, no contexto de uma inserção do corpo em movimento no espaço circundante. O excesso presente no exercício lhe confere um caráter freqüentemente sofrido e sacrificial, graças ao qual podem aceitar os cuidados de outrem, principalmente da mãe, para se repor do esgotamento, se alimentar e tratar das feridas dolorosas dos pés. Trata-se, segundo aquele autor, da erotização masoquista de uma atividade egóica, possibilitando a reintrodução diferenciada do objeto e do desejo. Instaura o acesso a um prazer auto-erótico não antagônico com a satisfação narcísica. Enfim, são diversas as funções "metapsicológicas" atribuídas à estruturação complexa dessa atividade.

Pode-se pensar que esse encaminhamento significativo de atos que poderiam funcionar como mero suporte de um funcionamento aditivo desubjetivante se dá pela presença do analista em uma relação de acolhimento e de fala. De fato, durante o período da caminhada, se fazem presentes pensamentos e conteúdos diversos que serão trazidos à sessão.

Assim, a aproximação psicanalítica dos transtornos alimentares, e à anorexia em particular, permite entrever, o caráter peculiar e complexo das formações psicopatológicas variáveis que os integram. O reconhecimento de alternativas, associadas à sua incontestável condição de processos, que implicam na possibilidade de recriação de significado e sentido na experiência subjetiva desses pacientes, permite encarar com expectativas crescentes, apesar das dificuldades, o trabalho terapêutico que vem sendo desenvolvido com eles.

Referências bibliográficas

BRUSSET, B. La adicción anoréxica a la marcha y el trabajo psicoanalítico. *Revista de Psicanálises de Niños y Adolescentes*, 10:152-169, 1990.

————. Anorexia mental e bulimia do ponto de vista de sua génese. In URIBARRI, R. (org.) *Anorexia e bulimia*. São Paulo: Escuta, 1999.

BRUSSET, B. & ROVIRA, B. Presentación y supervisión de un caso clínico de anorexia. *Zona Erógena*, 30, 1996.

FUKS, M.P. Mal-estar na contemporaneidade e patologias decorrentes. In *Psicanálise e Universidade*, 9-10, 1998-1999.

————. Nos domínios das neuroses narcísicas e em suas proximidades. In FERRAZ, F.C. & FUKS, L.B. (orgs.) *Desafios para a psicanálise contemporânea*. São Paulo: Escuta, 2003.

GORGATI, S.B. O feminino congelado na anorexia. In ALONSO,S., GURFINKEL, A.C. & BREYTON, D.M. (orgs.) *Figuras clínicas do feminino no mal-estar contemporâneo*. São Paulo: Escuta, 2002.

HOLCBERG, A. As alpinistas. In SIGAL, A.M. & VILLUTIS, I.M. (orgs.) *Colóquio freudiano: teoria e prática da psicanálise contemporânea*. São Paulo: Via Lettera, 2001.

LASÈGUE, C. (1873) Da anorexia histérica. *Revista Latino-americana de Psicopatologia Fundamental*, 1(3), 1998.

MANONNI, M. *O psiquiatra, seu «louco» e a psicanálise*. Rio de Janeiro: Zahar, 1981.

NUNES, M. A.A. & RAMOS, D.C. *Transtornos alimentares e obesidade*. Porto Alegre: Artmed, 1998.

RAIMBAULT, G. & ELIASCHEFF, C. *Las indomables: figuras de la anorexia*. Buenos Aires: Nueva Visión, 1991.

Considerações sobre os distúrbios alimentares a partir da teoria psicanalítica

Cássia A. Nuevo Barreto Bruno

Neste trabalho, tento relacionar alguns achados da teoria psicanalítica com os quadros de distúrbios alimentares, muito freqüentes em nossos consultórios atualmente.

Se, no início do século, o quadro psiquiátrico que serviu de base ao estudo da Psicanálise foi a histeria, na contemporaneidade penso que essa tradição de linha de pesquisa deve ser retomada, depois do estudo das psicoses e do autismo. A riqueza de nuances e de formas que tais quadros apresentam hoje enriquecem nossa compreensão sobre o funcionamento da mente. Naquela época, a forma explícita do quadro eram as paralisias, diretamente relacionadas pela psicanálise, com a repressão sexual. Atualmente, a fenomenologia desses quadros toma a forma de adições, distúrbios alimentares, crises de pânico, relacionados, pelo contrário, com a liberação sexual e a conseqüente transformação do mundo nesse século.

Nas paralisias havia uma liberação do afeto e uma repressão do corpo. Era permitido amar, mas era proibido realizar o desejo do corpo. Hoje é permitido usar o corpo como objeto de descarga do desejo sexual, mas é proibido sentir amor.

O amor é temido pelo perigo dos próprios elementos inerentes à sua constituição e natureza, a saber, prazer e dor. Mais especificamente, medo de ligação, medo de perda, de dependência. No século XVIII era cantado como um enredo de personagens com sentimentos passionais, mortes e a defesa a tais sentimentos era o afastamento do corpo dos amantes, concretamente. Atualmente, a defesa continua sendo o afastamento. Não do corpo, mas do afeto. Observa-se que a própria fonte geradora de afeto é atacada, conseqüentemente o amor não é sofrido nem nos seus prazeres nem nas suas dores. Há um desejo de viver apenas as vantagens do prazer do corpo sem as desvantagens do sentimento. Sob essa ótica, o corpo é vivido na sua fisicalidade.

Esta é uma característica do indivíduo dos nossos dias assim como do grupo social. Relacionaremos essas duas entidades, porque entendemos ser possível apreender no grupo social,espaço de forma ampliada, os fenômenos individuais.

Culturalmente vivemos a supervalorização do objeto em detrimento do afeto, com proliferação de manuais determinando regras de comportamento social e até íntimo. Regras gramaticais, semânticas, com função de intermediar o afeto, e mesmo neutralizá-lo. Quanto mais se gramatiza o corpo, mais se domina o afeto. A intenção é domá-lo.

Faço em seguida, a título de ilustração, um recorte da descrição psiquiátrica, porque ela nos fornece dados objetivos sobre o quadro que apresento. Trata-se de uma referência com vistas a generalizações.

Essa descrição muito útil, já é uma evidência do tipo de sociedade que vivemos hoje, objetiva, asséptica, abrangente, operativa, distante, científica. Na psicanálise esses dados ficam como pano de fundo.

Segundo os critérios do DSM-III-R, a *bulimia nervosa* é assim caracterizada:
 a. episódios recorrentes de comer excessivo (consumo rápido de uma grande quantidade de alimento em um discreto período de tempo);
 b. um sentimento de perda de controle sobre o hábito de comer, durante o comer excessivo;
 c. recorrer regularmente à indução de vômito, ao uso de laxativos ou diuréticos, dieta rigorosa ou jejum, ou exercícios vigorosos para evitar ganho de peso;
 d. uma média mínima de dois episódios de comer excessivo por semana por pelo menos três meses;
 e. uma preocupação persistente com a estética corporal e o peso.

E a *anorexia nervosa,* segundo os mesmos critérios, é um transtorno de alimentação caracterizado por fome auto-imposta por causa da perseguição implacável da magreza e o medo mórbido de gordura. Isto gera vários graus de emagrecimento, acompanhado por seqüelas médicas e psiquiátricas significativas.

A bulimia e a anorexia são consideradas transtornos psiquiátricos e não apenas exageros de valores sociais.

Interpretação psicanalítica

A psicanálise atualmente encontra-se em um estágio de desenvolvimento que nos permite tomar sob diferentes ângulos, quadros clínicos como esses.

Em *Formulações sobre os dois princípios do funcionamento mental*, Freud afirma:

"há muito tempo observamos que toda neurose tem como resultado e portanto provavelmente como propósito, arrancar o paciente da vida real, aliená-lo da realidade" e completa: "os neuróticos afastam-se da realidade por achá-la insuportável – seja no todo ou em parte. O tipo mais extremo desse afastamento é a psicose alucinatória. Mas, na verdade, todo neurótico faz o mesmo com algum fragmento da realidade." Mais adiante diz: "Defrontamo-nos com a tarefa de investigar o desenvolvimento da relação dos neuróticos e da humanidade em geral com a realidade e, desta maneira, de trazer a significação psicológica do mundo externo e real para a estrutura de nossas teorias" (Freud, 1911, p.277).

Essa afirmativa de Freud é nosso ponto de partida. A idéia de que os distúrbios psíquicos são recursos altamente sofisticados desenvolvidos pela mente com o intuito de lidar com as dificuldades do real. Ou seja, o resultado final da neurose é na realidade uma articulação para enfrentar estímulos para os quais a mente não está suficientemente preparada. Nesse sentido, todos nós utilizamos mecanismos menos eficientes em relação ao crescimento e ao aproveitamento da situação, em determinados momentos da vida, são os nossos pontos cegos. Essa noção é importante de ser ressaltada para retirar do quadro que está sendo estudado psicanaliticamente o estigma da doença. A idéia é partir da noção de *mecanismo de sobrevivência*, de recurso psíquico para enfrentar o real.

Outro aspecto a ser considerado adiante é a questão acima colocada por Freud sobre a relação do individual com o social. Há um engendramento entre indivíduo e sociedade de modo que ao se enfocar o indivíduo pode-se compreender mecanismos sociais e vice-versa. No social, os traços psicológicos característicos do indivíduo são mais marcantes e mais demonstrativos, ampliando a área de observação dos traços individuais.

A atividade de pensamento

Ainda naquele mesmo texto, Freud delimita sua área de estudo:

"Na psicanálise, tomamos como ponto de partida os processos mentais inconscientes,... que são os processos mais antigos, primários, resíduos de uma fase de desenvolvimento em que eram o único tipo de processo mental. O propósito dominante obedecido por esses processos primários... é descrito como princípio de prazer – desprazer, ou mais sucintamente, princípio de prazer. Esses processos esforçam-se por alcançar prazer; a atividade psíquica afasta-se de qualquer evento que possa despertar desprazer" (Freud, 1911, p.278).

Quando o estado de repouso psíquico é perturbado pelas exigências das necessidades internas que não podem ser satisfeitas no mundo externo, então, ocorre uma tentativa de satisfação por meio da alucinação, até o ponto em que esta mostra-se insatisfatória. Nesse caso,

"o aparelho psíquico teve de decidir formar uma concepção das circunstâncias reais do mundo externo e empenhar-se por efetuar nelas uma alteração real. Um novo princípio de funcionamento mental foi assim introduzido. O que se apresentava na mente não era mais o agradável, mas o real, mesmo que acontecesse ser desagradável. Esse estabelecimento do princípio de realidade provou ser um passo momentoso" (Freud, 1911, p.278-279).

Freud propõe uma descrição esquemática, uma ficção, no seu dizer, para explicar um sistema psíquico desse tipo, que encontraria equivalência no bebê: este alucina a realização de suas necessidades internas e quando há um aumento de estímulo e uma ausência de satisfação, revela seu desprazer pela descarga motora de gritar, de debater-se. Posteriormente, a criança aprende a empregar intencionalmente estas manifestações de descarga como método para expressar suas emoções.

Essas novas exigências provocam uma sucessão de adaptações no aparelho psíquico. Aumenta a importância dos órgãos sensoriais, que estão dirigidos para a captação do mundo externo e da consciência a eles ligada. "A consciência aprendeu a abranger qualidades sensoriais, em acréscimo às qualidades de prazer- desprazer que eram as únicas que lhe interessavam até então. Instituiu-se uma função especial que tinha de pesquisar o mundo externo, a fim de que seus dados já pudessem ser conhecidos se uma urgente necessidade interna surgisse, a atenção. Ao mesmo tempo foi introduzido um sistema de notação, com a tarefa de assentar os resultados desta atividade da consciência, de forma a serem armazenados na memória. Uma nova função foi, então, atribuída à descarga motora, que então servia ao princípio de prazer como meio de aliviar o aparelho mental de adições de estímulo: passa a ser aplicada na alteração apropriada da realidade; foi transformada em ação. Esta modificação foi proporcionada pelo processo do pensar, que se desenvolveu a partir da formulação de idéias. O pensar foi dotado de características que tornavam possível ao aparelho mental tolerar uma tensão aumentada de estímulo, enquanto o processo de descarga era adiado.

"(O pensar) é essencialmente um tipo de atuação experimental de atuação, acompanhado por deslocamento de quantidades relativamente pequenas de catexias, junto com menor descarga destas[34]. Para este fim, foi necessária a transformação de catexias livremente móveis em catexias vinculadas, o que se conseguiu mediante elevação do nível de todo o processo catexial. É provável que o pensar fosse originalmente inconsciente, na medida em que ultrapassava simples apresentações ideativas e era dirigido para as relações entre impressões de objetos, e que não adquiriu outras qualidades perceptíveis à consciência até haver-se ligado a resíduos verbais" (Freud, 1911, p.281).

A partir dessas colocações de Freud, fica claro que estamos falando de processos mentais muito primitivos em relação ao desenvolvimento da mente, de um momento em que os recursos para lidar com o real são escassos e pouco elaborados, funcionando de acordo com o princípio do prazer, isto é, evitando desprazer a todo custo.

Propomos uma pergunta: o que provoca tanto desprazer no caso das adições e dos distúrbios alimentares que a pessoa acaba regredindo a momentos tão primevos do desenvolvimento psíquico? Observa-se que recursos mais evoluídos da mente estão impossibilitados de seguir seu curso natural. Assim, diante de uma frustração, a dor é tão forte, que o aparelho mental não consegue elaborar uma alucinação do prazer, visando à dor

---

[34] Cf Projeto, Parte I, Seção 18 e *A Interpretação de sonhos*, v.5, p.637-8

menor, condição necessária para a formação de sentimentos e de imagens. Estas, armazenadas na memória, resultam em formulações disponíveis para formação de pensamentos, o que implica na possibilidade de lidar com o real de modo a produzir respostas mais eficientes.

Ao contrário, o que ocorre é uma tentativa última de evitar o aniquilamento psíquico. A pessoa desenvolve uma série de recursos intrinsecamente relacionados, que lhe garantem, não o conforto, mas uma sobrevivência. Não uma boa solução, mas uma acomodação possível.

As complexas nuances da existência, sutis e microscópicas, é que são o perigo. A solução mágica e maníaca encontrada pelo sujeito é anestesiar-se com drogas ou com condutas compulsivas. A função da análise é justamente colaborar na formação de um aparelho mental que possa enfrentar o perigo, as dificuldades do cotidiano.

Os principais recursos mentais desenvolvidos como defesa a sentimentos tão fortes diante destas microscópicas dificuldades, remontam a estrutura rígida de comportamento, circunstância em que o movimento e a maleabilidade são impossíveis, com isso garantindo que nada penetre no ego.

O primeiro elo dessa corrente está relacionado com os órgãos dos sentidos, responsáveis pela apreensão do mundo externo, e com a consciência a eles relacionada. Os sistemas de atenção, notação e memória encontram-se prejudicados, resultando em comportamentos que implicam em descarga motora para alívio de tensão, no lugar de ação dirigida pelo pensamento. Esta é a urgência dos atos compulsivos.

Há, nesse caso, uma clara falência dos sistemas de observação do real. O próprio aparelho perceptivo é prejudicado, de modo que a percepção já normalmente seletiva, elimina elementos fundamentais para a compreensão da situação. O fenômeno é observado e é alucinado negativamente, ou seja, é tido como não existindo. Não é que houve uma repressão do fenômeno, porque esta deixaria rastros. O fenômeno é banido do campo perceptivo. Assim é atacada a função da percepção, atenção e notação. Como resultado, a memória, fundamental para o estabelecimento de conexões que resultem em pensamentos, fica alterada.

Sabe-se que a função da memória não é somente reter, mas filtrar. Trata-se de uma dialética muito delicada, de equilíbrio difícil. Não há sobrevivência sem memória, tanto no plano individual como no social. Sem memória não há um ser desejante. Há perda de identidade e inclusive a sociedade sempre contou com a conservação da memória por questões de sobrevivência. O ancião da tribo conta os feitos dos seus antepassados à noite, debaixo da árvore, mantendo a identidade do povo. No caso dos presos políticos da Argentina, que eram dados como desaparecidos, não havia possibilidade de luto, porque essas pessoas passaram a não existir na memória das pessoas, na história. As mães da Plaza de Mayo traziam as fotos de seus filhos, devolvendo à história a memória e identidade dos desaparecidos e revelando, nesse ato, as atrocidades do governo.

O que caracteriza a memória é a filtragem. Nos casos aqui discutidos, não há um ego que possa fazer a filtragem, que deseje, que selecione. O ataque a essa função é fundamental para o alheamento ao mundo externo, para a morte psíquica do indivíduo, que passa a não ter antepassados, nem história, nem corpo, nem foto. Só existe aparelho digestivo. Melhor dizendo, só existe comida que entra e sai, sem ser digerida e transformada em alimento. O que conta é o tubo digestivo e na sua função mais simples que é a de dar passagem. Só existem coisas em trânsito. Nada fica. Nada é retido. Nada é selecionado. Não há o que memorizar.

A atividade de fantasia

Outra importante atividade do pensamento ressaltada por Freud é o fantasiar.

"Com a introdução do princípio de realidade, uma das espécies de atividade de pensamento foi separada; ela foi liberada do teste de realidade e permaneceu subordinada somente ao princípio de prazer. Esta atividade é o fantasiar, que começa já nas brincadeiras infantis, e posteriormente, conservada como devaneio, abandona a dependência de objetos reais" (Freud,1911, p.281).

A função de fantasiar é perigosa porque está associada ao prazer, afeto banido. Quando há um ataque a essa função, não há ser desejante, não há prazer, conseqüentemente não há dependência e dor. Sem alucinação do desejo, sem fantasia do desejo, não há desejo, não há vida de fantasia e não há pensamento. A conseqüência é o pensamento concreto, estereotipado, automatizado e desafetado.

Estamos falando da não-representação da experiência no espaço psíquico. Falta nesse caso uma narrativa que ofereça um espaço de ficção dentro do qual a dor possa ser nomeada e possa ocupar outro espaço que não o espaço do corpo. A questão é colocar prazer e dor não como erotização do perverso, mas como prazer produzido pela constante atividade alucinatória que permite ao mesmo tempo a permanência da dor e sua negação. Falar é primeiro aceitar a alucinação, que permite a sobrevivência do objeto. A possibilidade de narrar a experiência é indissociável de uma perda e tem a ver com uma fenda entre o real do objeto e sua representação. É assim que compreendo a idéia de Freud, acima exposta, de que o pensar é um tipo de atuação sobre o real que desloca quantidades pequenas de catexias. Transformar as catexias móveis em vinculadas, entendo que se refere aos vínculos proporcionados pela narrativa.

Ana, nome fictício, 24 anos, economista, em análise há dois anos, passava o dia todo em casa, comendo e passando mal no banheiro, e isso já vinha acontecendo por pelo menos dois anos. Foi encaminhada pelo gastroenterologista, mas afirma que não sabe em que uma análise pode ajudá-la, pois vive bem e sem problemas psicológicos. Adora o marido e não trabalha. Sobre sua família diz que há alguns probleminhas, que sua mãe é muito diferente dela, muito perua, mas normal, nada demais. O pai, muito parecido com ela, muito organizado, mas ouve muito a mãe. Afastado. Sim, pode fazer análise para experimentar, mas não tem horário, porque pela manhã faz ginástica por seis horas. À tarde fica ocupada em casa, na verdade, comendo e vomitando, passando mal. Bem, isso não suporta mais. Precisa emagrecer alguns quilinhos, ainda falta um pouco para ficar com medidas de manequim. O que não condiz com a realidade, porque é bem magra, e é bonita.

O que mais chama a atenção na sua auto-apresentação é a perturbada noção de si. Para além de uma defesa normal de iniciar uma análise, demonstra uma idéia que mais se aproxima da noção de desafetação. Foi necessária uma abordagem dentro desta área para que se tornasse acessível a ela algumas noções elementares de observação, tal como o fato de estar muito magra, de que vive como um autômato sem perceber o que se passa à sua volta, que não aproveita sua vida de casada, seu marido, sua casa. Perceber que odeia a mãe, o pai e o irmão e que, na verdade, está vivendo uma situação emocional bastante séria.

Cumpre observar que o analista tem de trabalhar com algumas generalizações e muitas particularidades em cada caso. Após muito trabalho pudemos compreender alguns pontos desse caso em particular, que penso que podem ser generalizados. Saliento alguns.

Segundo Pagliarani (1998), o conflito é a substância da vida diária, é uma realidade de todo dia; daí a importância de saber se a mente está habilitada a elaborar a riqueza de nuances que o conflito comporta. É preciso muita coragem para enfrentar adequadamente o conflito diário que é diferente da guerra. Esta seria uma elaboração patológica do conflito, uma elaboração paranóica do luto, da falta e da frustração, resultando em uma dor cruel, degenerada e degenerante.

Outra é a dor do afrontamento do conflito. Colocar-se de acordo, buscar uma solução é doloroso e difícil porque implica em uma renúncia, em uma compreensão do ponto de vista do outro, em assumir compromisso. No entanto, essa dor é geradora e natalícia. O reconhecimento da própria parte e da parte adversa implica em uma depressão positiva que comporta o pensamento, a reparação, a renúncia. Significa sair da mania da polêmica e se voltar para construir uma convincente estratégia do conflito que comporta a compreensão do outro. Trata-se de estar dentro da conflitualidade, encarando as demandas que o presente propõe.

É importante reconhecer esse desafio constante e diário que diz respeito à diferença e à individualidade, e sua elaboração, alimentando-se a capacidade de colocar-se em conflito e habitá-lo como uma nova habilidade. Pagliarani enfatiza a importância de reinventar o processo trágico e entusiasmante da relação indivíduo-sociedade. Vem daí a idéia de que cada um deve inventar sua própria vida.

O mais constante elemento psíquico que surgia nas sessões era o grande medo de Ana de participar de uma vida de relação. O outro, o analista, parecia-lhe assustador. Então, por um lado, tentava viver como se não existisse ninguém mais a não ser ela própria e, por outro lado, vivia como se apenas existissem os outros e nenhum lugar para si própria. Parecia estar em um mundo de sombras onde o foco ora estava nela, ora no outro. Por esse motivo precisava estar muito tempo sozinha. Para poder existir. Mesmo comendo e passando mal, sentia-se si própria, talvez mais um rastro de si própria, mas o espaço seria todo seu e seria usado como bem entendesse sem o olhar do estrangeiro. Em contato com o outro, ficava evidente sua retirada do foco. Imagine o sofrimento em uma sessão de análise, na qual o foco é o paciente. Como fugir desse foco? Logo observou-se que aprendera muitas técnicas ao longo da vida, de esquivar-se destas situações difíceis. Entrava no consultório esgueirando-se pelos cantos, tentando esconder-se. Falava muito, assuntos neutros, tipo notícia de jornal. Sua roupa dizia o mínimo, pois sempre se apresentava de roupa de ginástica, branca ou cinza. Absolutamente clean. Só era possível perceber que tinha um gosto apurado.

Dentro dessa configuração, estava claro que não possuía recursos para lidar com o outro e com as implicações do mundo societário, como competição, comparação, estar em uma situação privilegiada ou, pelo contrário, estar em descompasso. Ela sempre evitou tais situações e com isso não desenvolveu recursos para essa luta. A violência do conflito do cotidiano é por ela apreendida não na riqueza de possibilidade de crescimento, mas como guerra, ou seja, como elemento persecutório, perverso e de morte. Nesse universo, uma pessoa subjuga e anula a outra. Sua resposta, então, é a ausência. Não vi, não notei, não fui notada. Não faz concessões, não pede, não precisa, não dá. Quando recebe, não nota, não agradece, não vê. Não dá, mas também não recebe. Não há o amar, o gostar, o precisar do outro, então fica livre desse tipo de sofrimento que é o sofrer o amor. O outro, nesse sentido, é sempre frustante, porque exige esforço, exige o pensar. Toda a fonte de prazer fica restrita ao próprio corpo. O voltar-se para si, como o autista descrito por Freud, é o modelo. Do outro, o mínimo.

Ana não brincava quando criança. Ficava colada na mãe, com raiva das suas amigas, de sua espontaneidade, de suas piadas e brincadeiras. Chorava muito para ir à escola; durante anos chorava quase a aula toda. Sua mãe a penteava antes de levá-la para o colégio, mas era um ritual de sofrimento e tortura, porque o coque nunca ficava centrado na cabeça e era desmanchado mais de sete vezes, todos os dias. A situação era resolvida quando a mãe, exausta, dava por encerrado o penteado, e ela ia embora chorando porque o cabelo não ficara bom. Quando procurou a análise, havia rompido com a mãe, que descreve como sendo invasiva e controladora, pessoa que decide tudo por ela.

Observa-se que a vida de relação segue o modelo simbiótico entre mãe e filha, em uma despersonalização desta. Só existe a opinião da mãe, que é única e exclusiva. Ana é uma sombra. A existência de Ana restringe-se aos atos estereotipados superegóicos, nunca resolvidos satisfatoriamente. Está sempre em falta, em dívida para consigo mesma. Os exercícios de ginástica que duram seis horas diariamente são sua autoflagelação pelos erros do dia.

Em *Luto e melancolia*, Freud (1917) estuda a questão da separação entre eu e outro que considera o elemento primordial na constituição da mente. A frustração provocada pela fresta mãe-bebê é possível de ser elaborada por meio da alucinação e da fantasia. No famoso exemplo do carretel, a criança faz uma condensação entre mãe e carretel para lidar com a separação. O alucinar, o fantasiar, o jogo estão relacionados. O carretel é um substituto da mãe. Tem o valor de um símbolo que remete à mãe, de um suporte no qual é depositado o sentimento de perda. Esse recurso possibilita o controle da situação, de início alucinada, em seguida introjetada em fantasia. É possível o controle em fantasia, não sobre o objeto real. Esse trabalho intelectual de elaboração do sentimento de dor decorrente de perda é denominado luto. Não é o que ocorre na melancolia. Nessa, o sujeito está impossibilitado de fazer esse trabalho de simbolização, isto é, de substituir o objeto por uma representação abstrata. É invadido pela dor da separação e a sombra do objeto recai sobre o ego, provocando a depressão.

Tal é o caso das adições, em que não há elaboração de luto, mas uma equação simbólica pelo deslocamento, em que a mãe é equivalente a droga ou alimento. É ingerida como símbolo concreto e controlada dessa forma. O alimento toma o lugar do simbolizado; é o carretel. Implica em desafetação. Há um deslocamento da dependência da mãe para um aleitamento libidinalmente mais satisfatório, impedindo a síntese entre agressão e libido, amor e ódio. Isso porque mãe implica também em corte, perdas, dor.

Nesse sentido há uma necessidade muito veemente de controle sobre o próprio comportamento e o do outro, de modo a não poder aparecer nenhuma microfenda entre eu e outro, caso contrário, toda a construção obsessiva pode ficar abalada. O risco de uma desestruturação mental é sentido como bastante grande.

Seu esquema rígido de comer apenas depois de doze horas e alimentar-se de cinco folhas de alface, parece sempre fadado a não dar certo. Na sexta folha de verdura, considera que rompeu o esquema e aí então, só de raiva, está liberada para comer de tudo. Vai ao supermercado e compra doces, chocolates, salgados e começa a comer no mesmo momento, dentro ainda da loja. Quando chega em casa, fecha-se na cozinha, e lá fica até acabar tudo. Não pode interromper. Fica só, longe dos olhares. Em seguida vai para o banheiro e devolve tudo. Escondido. Toma banho e dorme. Fica cansada e boazinha. Agora pode conversar com o marido, talvez até fazer sexo, porque geralmente faz sexo sempre com objetivo de ter filhos.

Estamos falando de um ritual macabro e perverso, que tem a ver com morte, com volúpia de não ser. Com a erotização da morte do corpo e da mente. Com a erotização do poder sobre a própria mente – corpo, decidindo onipotentemente quando ser e quando não ser. Decidindo sobre morte e vida.

A pessoa, a identidade está suspensa no ar. Nada há de palpável, nem sequer de escorregadio.
Como a psicanálise pode abordar esses casos?
Suponho que trabalhando com os aspectos teóricos aqui desenvolvidos, a partir dos estudos de Freud. Cito particularmente os estudos de Francis Tustin com autistas para lidar com formação de mente, a partir dos órgãos sensoriais, da consciência de si, no sentido de formação de ego, de modo a poder lidar com separações sem esvair-se. De modo a viver violências do cotidiano como conflito. A função do analista é oferecer um espaço ficcional dentro do qual o analisando possa alucinar, fantasiar, desejar, e conseqüentemente pensar. Isso resulta em ser. A questão é desenvolver presença que deseja, opina e escolhe. A questão é poder ter medo, poder sofrer dor e amor. O analista, na contratransferência, poder ser não apenas comido e vomitado, mas poder ser.

Referências bibliográficas

FREUD, S. (1911) Formulações sobre os dois princípios do funcionamento mental. *Edição Standard Brasileira da Obras Psicológicas Completas*. Rio de Janeiro: Imago.

────── (1914) Luto e melancolia. *Op. cit.*

PAGLIARANI, L. *Violenza e bellezza: il conflito negli individui e nella società*. Milano: Angelo Guerini, 1993.

A fobia alimentar:
angústia, feminilidade e oralidade

Aline Camargo Gurfinkel

A presente reflexão tem como ponto de partida um estudo psicanalítico sobre a fobia, anteriormente realizado[35]. Desde seus primeiros trabalhos, Freud proporcionou-nos uma compreensão bastante profunda desse quadro clínico, passando pelo minucioso estudo do caso Hans até a retomada do assunto em Inibições, sintomas e ansiedade (1926). Paralelamente, Freud desenvolveu também uma sofisticada reflexão acerca do tema da angústia, e concluiu que a angústia de castração, articulada ao complexo de Édipo, encontra-se no centro de toda problemática neurótica, e da fobia em particular.

As histerias de angústias – ou fobias – são os distúrbios psiconeuróticos mais comuns, as neuroses da infância *par excellence*, como disse Freud; curiosamente, esses distúrbios são encontrados pelo menos duas vezes mais em mulheres do que em homens. Sabemos, porém, que os sintomas fóbicos – assim como também ocorre com os sintomas de distúrbios alimentares – aparecem em diferentes configurações clínicas; além da neurose, encontramos tais sintomas também em quadros de psicose, em pacientes *borderline* e naqueles que apresentam sintomas psicossomáticos. Mais do que isso, encontramos, freqüentemente, em certas neuroses, angústias bastante primitivas e uma grande fragilidade egóica.

Abordarei, aqui, a questão do trabalho clínico com casos nos quais observamos distúrbios alimentares relacionados a sintomas fóbicos. Minha ênfase será nas configurações da oralidade em suas relações com o feminino, estudados a partir de um breve relato clínico que pode ser entendido como uma fobia alimentar.

---

[35] Gurfinkel (2001).

Um caso de fobia alimentar

Rosana, 23 anos, procurou tratamento por causa de um problema alimentar que trazia sérias conseqüências para sua vida: tinha dificuldade para ingerir alimentos sólidos, de modo que só se alimentava de comida batida no liqüidificador ou bem pastosa. Tinha constantemente a sensação que iria engasgar. Esta problemática já durava três anos, durante os quais vinha perdendo peso. Já havia passado por consultas médicas com gastrologista, otorrinolaringologista e neurologista, sendo que não fora constatado nenhum problema estritamente somático. Apresentava, ainda, um estado depressivo considerável.

Ela relacionava o início destes sintomas com o momento no qual começara a trabalhar. Rosana trabalhava em um escritório de contabilidade e sentia-se muito mal no ambiente de trabalho. Sentia-se pressionada, subestimada e humilhada pelo chefe. Na hora do almoço, Rosana desabafava sua tristeza e frustração com uma colega do trabalho; freqüentemente chorava, perdendo assim o apetite.

A primeira imagem que fiz de Rosana era de alguém que não podia mais "engolir" certas coisas. Que coisas eram essas? Era como se construísse um "plano" de revolta, uma revolta autodestrutiva.

Quando criança, Rosana teve o diagnóstico de púrpura de trombocitopenica (p.t.c.), uma doença auto-imune. Em função disso, foi muito medicada dos 3 aos 10 anos e passou a ter dificuldades em ingerir comprimidos, sempre com medo de engasgar.

Rosana morava com os pais, duas irmãs e um irmão. Logo descreveu a figura do pai como alguém bastante autoritário; sentia-se submetida a ele e muito revoltada por isso. Lembrava-se de que, por volta dos 13 anos de idade, era muito triste. Relacionava isto à falta de liberdade que tinha, comparando-se aos outros adolescentes que conhecia; escrevia cartas a si mesma, e nessa época pensou em suicídio.

Eu via se redesenhar na história com o pai a mesma problemática descrita anteriormente em relação ao chefe. A situação econômica da família não era muito boa e por isso Rosana precisava trabalhar, já que o pai não podia mais sustentar os filhos. Do ponto de vista dos valores da família, parecia que isto era visto como algo natural; já do ponto de vista de Rosana, significava uma interrupção em seus planos de estudo. Sentia um desgosto grande por ter de ir trabalhar no momento em que gostaria de ingressar em um curso superior. Considerava que fazer as duas coisas era inconciliável.

Trabalho e estudo constituíam uma equação insolúvel. Rosana via no trabalho uma opção profissional que não fora feita por ela, e à qual tinha de se submeter. Dizia não gostar de sua profissão; no entanto, o chefe havia lhe fornecido uma formação – cursos de contabilidade – que não podia desprezar: *"seria uma ingratidão"*, segundo ela. Uma vez que ele havia pagado cursos para ela, sentia-se obrigada a permanecer no emprego. Por outro lado, o fato de não estar freqüentando um curso universitário era a grande frustração de sua vida, e Rosana culpava o pai por não lhe ter dado apoio em seus planos.

A queixa da falta de apoio logo se estendeu à figura da mãe. Falava pouco dela, e demonstrava pela mãe mais afeto do que pelo pai; mas predominava em relação a ela o sentimento de pena, e de alguém com quem não se pode contar. Submissa ao pai, Rosana atribuía a fragilidade da figura da mãe à história pessoal desta; perdeu sua mãe logo cedo e foi criada pelo pai, que, por sua vez, também era uma figura autoritária. Ou seja: a história se repetia, ficando a mãe em pé de igualdade com os filhos e submetida ao marido, pai de Rosana. Pelo que dizia, ninguém na casa contrariava o pai.

No relacionamento social, havia também algumas dificuldades. Rosana tinha poucos amigos, o que ela relacionava ao problema alimentar: não queria falar para ninguém *"de seu problema"* e não queria ser vista comendo – dizia sentir vergonha –; sendo assim, evitava sair. É visível que, no campo social, ela reproduzia seu sintoma evitativo. Tinha poucas amizades, apenas *"aquelas mais mastigadas"*, em quem podia confiar. Tinha um namorado que encontrava raramente; quando os encontros se tornavam mais freqüentes, ela esboçava o desejo de romper. Apresentava muitos sentimentos de inferioridade em relação aos outros. Embora falasse muito de seu desejo de sair para o mundo, fazia sempre o movimento contrário: fechava-se em casa. Aparentemente, vingava-se do pai atingindo a si mesma.

A questão das restrições aparece em muitos casos de fobia; o sujeito constrói formas de se "afastar" daquilo que teme, limitando profundamente sua vida. Devemos, no entanto, relativizar este movimento de afastamento, já que um olhar mais acurado – como propôs Mom (1962) – revela que pode tratar-se de uma busca do objeto fóbico. Neste caso, o sintoma funciona como defesa, garantindo a manutenção de uma dissociação psíquica. Assim, o sujeito não toma contato com suas falhas, fugindo das questões relativas à castração.

Essas dinâmicas também apareciam nas condições de seu tratamento. Por uma conjunção de fatores, logo me vi também submetida a muitas restrições em seu atendimento. Ela trazia muitas impossibilidades de horário, e muito pouca margem de negociação. Frente a essas restrições, não adiantava interpretar: ela precisava que, como ela, eu me submetesse. Muito lentamente, fomos saindo da submissão às restrições que impunha a sua vida.

A princípio, eu a atendia em horário de almoço, de modo que seu atendimento me colocava na situação de restringir minha própria alimentação. Não tardei a ficar alerta ao que isso expressava em termos da dinâmica da transferência, relacionado às questões de minha paciente. Algo nela evocava um sacrifício no campo alimentar. As restrições não findaram aí.

Nossas sessões eram como a comida batida no liqüidificador, restritas ao mínimo; às vezes, um pouco menos que ao mínimo. O "cardápio" não variava muito: o assunto era sempre o desgosto de não estar estudando o que queria e sua falta de perspectivas. Havia sempre um sentimento de fatalismo, em frases como: *"não dá mais"*, *"eu não acredito mais que vou conseguir"*, *"sinto-me velha"*, *"tenho vergonha de minha idade"*, *"vou acabar assim como estou"*. Rosana trazia uma fantasia de definhar, sem comer, isolada em um quarto, e apresentava pensamentos de morte.

A restrição que impunha ao nosso tempo de encontro era muito marcante, fazendo-me pensar sobre o sentido daquela temporalidade: tratava-se de um tempo perdido, algo do passado a ser "preenchido"?. O passado devorava seu futuro. Rosana vinha sempre por pouco tempo, falava pouco e, nos primeiros sinais de melhora, abandonou o tratamento.

Retornou um ano depois, com uma aparência diferente, rosada e mais robusta; disse que já não apresentava a problemática alimentar, creditando sua melhora ao tratamento psicoterápico. Qual teria sido o efeito do tratamento? Suas outras queixas, no entanto, se mantinham. Continuava deprimida, e o fato que a trouxe de volta foi que uma amiga sua, com quem muito se identificava, havia se suicidado. Rosana estava apavorada com isto, parecia ter medo de ser aspirada por esta história. Assim, recomeçamos nosso delicado "jogo", no qual o sofrimento e a recusa de ajuda caminhavam lado a lado.

Sobre a fobia alimentar

Considero o caso de Rosana uma fobia alimentar por observar nele uma dinâmica psíquica diferente daquela da anorexia, embora guarde com esta também algumas semelhanças sintomáticas, tais como a restrição alimentar e a perda de peso. A proeminência de uma angústia deslocada e ligada a um objeto, assim como a atividade defensiva de tipo evitativo, surgem aqui em primeiro plano.

Uma definição psiquiátrica de fobia nos é dada por Bernik, Lotufo-Neto, Tess e Barros Neto (1997): *"As fobias são medos persistentes de situações que normalmente não incomodam a maioria das pessoas. O indivíduo procura evitá-las e, se isto não é possível, sente grande manifestação de ansiedade. Tem noção clara que seus receios são absurdos, mas não consegue controlá-los"* (p.113).

A fobia alimentar é entendida como um dos tipos das fobias específicas que, por sua vez, são caracterizadas por comportamentos de esquiva em relação a estímulos restritos e a situações determinadas. Elas podem se originar após uma experiência traumática, mas, na maior parte dos casos, não se encontra o fator desencadeante. Alguns exemplos de fobias específicas, fornecidas por estes autores, são: medo de animais, de sangue e de ferimentos, medo de avião ou de doenças, medo de certos alimentos, etc.

As fobias alimentares apresentam-se sob duas formas. Uma delas é a fobia de deglutição, na qual o sujeito tem medo de engasgar; o medo é mais freqüentemente precipitado com alimentos sólidos. Em geral, ocorre a esquiva desta situação, e pode haver perda de peso. Este parece ser o caso de Rosana. O outro tipo de fobia alimentar caracteriza-se pela aversão a determinados alimentos, e pode se relacionar a questões culturais ou tabus religiosos. Aqui a reação é de repulsa, em vez de medo.

Se, por um lado, a psiquiatria nos brinda com uma descrição acurada e precisa dos quadros de fobia, a origem e os aspectos psicodinâmicos de tais manifestações permanecem por ela ainda pouco explorados. Com a psicanálise, buscamos ir além do aspecto descritivo da "doença", o que nos proporciona uma visão mais crítica do panorama psicopatológico que se apresenta.

Freud concebeu a fobia como uma forma de histeria, a histeria de angústia, na qual a ação do recalcamento tende essencialmente a separar o afeto da representação. Nesta, a libido, em vez de ser convertida (produzindo a sintomatologia de histeria de conversão), é liberada na forma de angústia, ligando-se secundariamente a um objeto. O deslocamento para um objeto fóbico é secundário ao aparecimento de uma angústia livre, não ligada a um objeto.

Fobia e feminilidade

Como se sabe, Freud encontrou a angústia de castração e o complexo de Édipo no centro da problemática da fobia. Porém, em um momento mais maduro de sua obra, ao tratar da neurose a partir da problemática da castração, ele se indagou também sobre a questão do feminino e sobre o lugar desta angústia nas neuroses de mulheres.

"É absolutamente certo que o medo da castração é a única força motora do recalcamento? Se pensarmos nas neuroses em mulheres estamos destinados a duvidar disso, pois embora possamos certamente estabelecer nelas a presença de um complexo de castração, dificilmente podemos falar com propriedade em [angústia de] castração onde a castração já se verificou" (1926, p.123).

Nos textos freudianos mais tardios sobre a feminilidade (1931 e 1933), os elementos pré-genitais, a questão do desamparo e a das relações precoces com a mãe são enfatizados. O temor da perda do amor desta faz a menina tomar contato com o horror experimentado nos primeiros tempos de sua vida. A fobia na mulher levanta, de modo particular, os temas da angústia, do desamparo, do masoquismo e da feminilidade. São aspectos conceituais da psicanálise para os quais Freud abriu caminhos, e a respeito dos quais analistas que o sucederam contribuíram significativamente.

Para Annie Anzieu (1992), a feminilidade *"não é apenas o fato de ter nascido com o sexo de mulher. É um conceito que cobre um conjunto de afetos, de modos emocionais, ligados a representações do espaço do corpo interno, ao desejo da gestação e ao prazer narcísico de ser possuída enquanto objeto de amor"* (p.6). Esta autora dá uma grande ênfase às vivências corporais na construção da identidade sexual, em especial na mulher. A mulher é vista como um envelope carnal e social, lugar de passagem da criança e do homem; é pelos orifícios femininos que ela tem acesso ao seu mundo interno, o que se reflete na percepção do mundo externo.

Diante da amplitude de questões que o estudo da sexualidade feminina tem levantado, nos interessa, aqui, uma em especial: quais seriam as angústias propriamente femininas que, por isso mesmo, poderiam nos ajudar a esclarecer os quadros de fobia em mulheres? E qual é a peculiaridade da fobia alimentar?

Anzieu (1992) afirma que, para a mulher, o sentimento de ser castrada toma uma forma diferente do que para o homem: está vinculado ao temor de sufocamento ou de uma privação do funcionamento da sensibilidade vaginal e da fecundidade uterina.

"Encerrada no seu próprio espaço pulsional e nas representações que dele lhe são propostas pela interiorização do dentro com o fora, a mulher se esforça por minimizar sua culpa para construir de si e do seu pensamento uma imagem digna de ser expressa. A interioridade característica da mulher obscurece a 'dessomatização' de sua vida psíquica. Como se ela se visse retida pelo espaço carnal interno onde se prende a vida e seu único valor fosse essa qualidade de ser sem pensamento" (p.XXIV).

Quanto à relação da angústia com a idéia de sufocamento, é curioso observarmos que, na língua portuguesa, o termo angústia tem o sentido de estreiteza e de limite, e que, como Freud (1917) mesmo apontou, o substantivo *Angst* indica, no alemão, uma *"limitação da respiração"* (p.462). A sensação de sufocamento parece ser, pois, quase que inerente à experiência da angústia.

A oralidade e a relação de objeto

Gostaria de mencionar aqui, também, o trabalho de M. Klein, por esta se aproximar bastante das questões da oralidade em conexão com a fobia. Segundo a concepção kleiniana, a fobia, mesmo sendo a rigor uma neurose, está sempre construída sobre um pano de fundo de angústias de tipo paranóide, e são estas que, segundo este ponto de vista, devem ser necessariamente trabalhadas na análise.

As fantasias ligadas ao universo da oralidade foram muito bem descritas por Abraham e M. Klein. Em seu estudo sobre os estados depressivos, Klein propôs um processo de introjeção específico da melancolia que se diferencia da incorporação na paranóia, pois há uma mudança na relação com o objeto. Conforme se dá uma evolução no desenvolvimento do eu, este passa a ser capaz de se identificar com os objetos bons, e o medo à perseguição, antes dirigido somente ao eu, agora se dirige ao objeto bom internalizado. Aqui se dá a passagem de uma relação de objeto parcial a uma relação de objeto total, formando os fundamentos da situação chamada *"perda do objeto amado"*.

Bem, em algum momento deste processo, observa-se como *"a ansiedade paranóica de que os objetos sadicamente destruídos sejam uma fonte de veneno e de perigo dentro do corpo do sujeito faz com que este, a despeito da veemência dos seus ataques sádico-orais, mostre profunda desconfiança para com eles, ao mesmo tempo que os incorpora"* (Klein, 1934, p.358). Em decorrência disto, ocorre um enfraquecimento nas fixações orais, que pode ser observado nas dificuldades que as crianças muito novas têm com a comida e que são, do ponto de vista desta autora, de origem paranóica. Por outro lado, quando a criança ou o adulto se identificam com o objeto bom, aparece o desejo de devorar o objeto, reforçando-se o mecanismo de introjeção. Nesta situação, o sujeito sente-se compelido a repetir a incorporação de um objeto bom por medo de havê-lo perdido com seu canibalismo, e para que o objeto o ajude na luta contra seus perseguidores. Nota-se, pois, como se dá um delicado jogo entre recusa e incorporação do objeto-alimento na passagem de uma posição paranóide a uma posição depressiva.

Ora, as pesquisas de Klein (1921) dirigiram-se especialmente para as chamadas *"fobias precoces"* da primeira infância, consideradas como modelo de todas as ulteriores. Tais quadros seriam derivados, em última instância, de angústias psicóticas, que têm origem no temor de ser devorado pelo superego precoce em decorrência de um aumento do sadismo canibalístico da posição depressiva.

Discussão do caso de Rosana

Poderíamos entender o medo de engasgar de Rosana em termos de fantasias paranóides de envenenamento? Penso ser possível considerarmos, ainda que concentrados na relação primária com a mãe, outras linhas possíveis de raciocínio teórico-clínico. Um primeiro aspecto que me chamou a atenção no caso de Rosana foi justamente o tema do sufocamento. Como vimos anteriormente com Anzieu, as angústias femininas de castração muitas vezes tomam a forma de um temor de sufocamento, em uma retomada das vivências pré-edípicas da relação da menina com a mãe.

O *"medo de engasgar"* da minha paciente estava associado, no seu discurso, por um lado aos remédios que precisava engolir na infância, e, por outro, a um *"choro engasgado"* O primeiro aspecto traz consigo a idéia de *"cuidados que envenenam"*, o que nos faz lembrar as proposições kleinianas; o segundo, porém, está ligado à idéia de um *"crescimento interrompido"* em relação a seu ideal – o curso superior – que a exigência do pai de que trabalhe teria provocado, redimensionando o seu caminho. Submetida ao pai, fica com a contabilidade. Estes dois aspectos podem ser relacionados, segundo penso, aos dois tipos de angústia anteriormente mencionados: a angústia paranóide de envenenamento e a angústia de sufocamento. Podemos, ainda, levantar a hipótese de que, subjacente aos dois tipos de fobias alimentares descritos pelos psiquiatras – a fobia de deglutição e a aversão a determinados alimentos –, encontra-se justamente a predominância de uma ou outra destas formas de angústia, a de sufocamento no primeiro caso e a de envenenamento no segundo. Poderiam estas duas formas de angústia serem remetidas, em última instância, à angústia de castração?

Estas reflexões nos fazem perceber a complexidade da questão da angústia, e como ela requer dos psicanalistas uma contínua reavaliação. O estudo da sexualidade feminina e das fobias precoces mostram-nos como a angústia de castração, se bem que central ao problema da fobia, não encerra de modo definitivo a pesquisa analítica; muito ao contrário, os desenvolvimentos teóricos e as dimensões novas que vão emergindo do material clínico só nos empurram para uma nova abertura.

Assim como se faz necessária uma reconsideração da questão da angústia de castração, também o lugar das funções paterna e materna merece ser recolocado. Neste aspecto, tanto o estudo freudiano sobre a sexualidade feminina – que pôs em relevo a importância da relação pré-genital da menina com a mãe – quanto o estudo das fobias precoces de Klein – que enfocou a relação dual da criança pequena com a mãe, marcada por uma pulsionalidade oral-canibalística – nos fornecem alguns subsídios importantes. Naturalmente, as problemáticas da angústia de castração e das funções paterna e materna estão absolutamente entrelaçadas, uma vez que a angústia nodal das neuroses só é compreensível no contexto das relações triangulares da situação edipiana.

O tema da figura paterna é, na fobia, sempre de grande importância; nela, o sujeito fica preso aos conflitos de ambivalência, na impossibilidade de superação do conflito edipiano e de enfrentamento da angústia de castração. Observamos, na história clínica de Rosana, um primeiro plano no qual se dá um embate com o pai, na forma de uma luta pelo poder; seria uma luta fálica? O que mais se destaca em seu romance familiar é um pai despótico que subjuga a todos os outros. Não se trata de um pai que possibilita uma castração estruturante; ao contrário, ele fecha as portas ao caminho do tornar-se sujeito, restando a Rosana apenas o papel de objeto.

Mas, subjacente ao pai, há a figura de uma mãe de pouca presença em sua vida subjetiva. Rosana quer se diferenciar desta mãe, pois a submissão desta representa para ela uma morte psíquica. No entanto, com toda a sua revolta, reitera-se essa submissão: era como se Rosana tivesse de aceitar ser "devorada" pelo pai, em uma submissão ao desejo incestuoso.

A alimentação de Rosana – comida liqüefeita ou *"papinha"* – lembra-nos da colocação de Freud de que o fóbico fica sempre em uma posição infantil. Esta moça, ao alimentar-se de papinhas, como um bebê, fica em uma posição bastante regredida. Muitas crianças apresentam dificuldades na passagem do alimento pastoso, como as papinhas, para a alimentação sólida, ou mesmo do leite para as sopas. Essas passagens constituem uma evolução importante no distanciamento do corpo materno, em um percurso que vai do sugar ao mastigar, percurso que, como sabemos, é acompanhado de importantes fantasias.

Considero, pois, que a tendência regressiva de Rosana põe em relevo, para além da luta fálica com o pai, também a relação primitiva com a mãe. Talvez pudéssemos generalizar a conclusão de que toda fobia alimentar já indica, em relação às outras fobias, uma especial tendência regressiva, que coloca em proeminência a organização oral da libido, e que traz à tona, também – conseqüentemente – a relação primária da criança com a mãe.

Alimentação e intersubjetividade

Lemoine-Luccioni (1990) propõe que na alimentação *"há duas leis no princípio da sua evolução e organização: a de um empobrecimento, e uma uniformidade concomitante, e a de um enriquecimento, com variações e diferenciações contínuas."* (p.15) Seguindo a primeira lei, somos conduzidos a um único alimento ingerido apenas pelo seu valor nutritivo, enquanto que a segunda lei trata da necessidade humana de variação e de intercâmbio. A primeira é metafórica e a segunda metonímica. A primeira detém-se no alimento único que é o leite e a mãe, e a segunda leva a papas e cozidos, e destes ao pão. Eu acrescentaria, ainda, ao pai. Ora, na prática, existe uma dinâmica de interjogo entre essas duas leis. Parece-me que esse interjogo fica truncado para Rosana, ainda presa na primeira lei proposta por Lemoine-Luccioni.

Em outra passagem, essa autora diz que é próprio do humano comer acompanhado. É difícil comer sozinho, pois comemos sempre por alguém ou contra alguém. A comida é um compêndio de todos os dramas de uma família; nela se revelam as relações sexuais dos pais e a relação incestuosa de cada um dos filhos com eles (p.26-7). Estas observações nos alertam para a importância de levarmos também em conta, nos casos estudados, o contexto da dinâmica familiar e o interjogo das figuras parentais, tanto no plano intrapsíquico quanto no plano intersubjetivo. Aliás, o alimentar-se e seus inúmeros tipos de distúrbios só podem ser verdadeiramente compreendidos no campo intersubjetivo.

É importante que discriminemos, ainda, a fobia alimentar – pelo menos no caso de Rosana – dos quadros de bulimia, nos quais aparecem representações de uma mãe devoradora e indiferenciada da filha. Aqui o que surge é um pai devorador pela via do superego, e uma mãe vazia de existência e de preenchimento. Esse vazio está representado no afastamento da comida, no esvaziamento do alimento-mãe e, de um modo mais amplo, em uma espécie de vazio de figura feminina. Segundo Winnicott (1963), o comer, como o aprender, só se dá a partir da experiência de um vazio; se o sujeito não suportou experimentar o vazio no seu início – por falhas na mãe ambiente –, este vazio será ao mesmo tempo temido e buscado compulsivamente. Esta problemática, de seu ponto de vista, estaria na origem de diversos distúrbios de alimentação.

A temporalidade nos distúrbios alimentares

No discurso de Rosana, se destacava a sua relação com o tempo; ela repetia com insistência que não tem mais tempo, e que passou da idade para iniciar um curso universitário. Em uma sessão, diz que está triste por fazer aniversário; tem vergonha de que o tempo passe e sua vida continue a mesma. A que tempo se refere? Penso que é como se houvesse uma temporalidade circular, sem saída; aqui nos lembramos da tendência regressiva acima referida, assim como de uma fixação a alimentos pastosos indiferenciados. Rosana submetia também seu tratamento a esse tempo, já que nele as coisas não podiam acontecer, e nada *"diferente"* podia emergir.

Ao discutir um caso de bulimia e suas relações com a temporalidade, Pouliechet (1996) propôs que *"a história se fossiliza, às vezes, em impasses narcísicos que destoem o tempo identificante e desencadeiam um movimento de um puro devir circular"* (p.123). Este se inspira na lógica implacável da primeira fase oral da organização da libido, na qual o objeto cobiçado é incorporado, e assim aniquilado. Trata-se de um corpo destinado à destruição do seu objeto, a fim de conservá-lo.

"Repete-se assim o circuito de uma incorporação aniquiladora: engolir incessantemente o objeto amado e assim destruí-lo eqüivale a tornar-se mais e mais esse objeto engolido e aniquilado. Nem presente, nem ausente, o objeto só consiste em uma passagem evanescente para reconduzir incessantemente, e o destino do eu se assimila ao do objeto: desaparecer tornando-se. Tornando-se sem cessar um objeto que, por isso, se suicida: tal seria o movimento de um corpo cujo tempo se encontra, de certa forma, destruído" (p.123).

Como recolocar a questão da temporalidade para o campo das fobias, e, mais especificamente, o das fobias alimentares? O trabalho com Rosana parece indicar, neste aspecto, um elemento de contato com os apontamentos de Pouliechet a respeito da bulimia. Uma temporalidade circular apresenta-se nos dois casos, e talvez possamos compreender esta convergência a partir, justamente, de algumas particularidades da organização oral da libido. Ela é marcada por uma lógica autofágica e devoradora, à maneira da figura de Cronos, da mitologia grega. Este deus arcaico devorava seus próprios filhos assim que eram paridos por Gaia – a mãe-terra –, não permitindo, assim, que o tempo passasse e que as gerações se sucedessem. Ora, procedendo assim Cronos estava precisamente recusando a essência da lógica edipiana que organiza a civilização e a subjetividade humana, segundo a qual o filho está fadado a matar simbolicamente seu pai. Se não for assim, o tempo não passa. Não nos parece casual, portanto, que no relato mítico foi precisamente um ato de castração que deu fim a esta história fossilizada, ato perpetrado pelo filho Zeus ao pai Cronos, em aliança com Gaia; aqui, a função paterna é tomada nas mãos pelo próprio filho. Zeus pôs fim a esta lógica arcaica ou, se quisermos, realizou um trabalho primário de recalcamento.

Da lógica implacável da primeira fase oral, caímos em um novo tempo: a adolescência. É na adolescência que as questões edípicas reaparecem com toda força; para a menina, surge o temor da feminilidade pelo afastamento de um referencial fálico. É na adolescência que encontramos um grande número de depressões e tentativas de suicídio, muito mais freqüentes, aliás, em meninas do que em meninos[36]. Na adolescência, o medo da feminilidade, tão freqüentemente citado, pode ser compreendido como um medo do

---

[36] 392% maior em meninas na faixa de 10 a 14 anos, segundo dados do Ceatox - HC USP (*Folha de São Paulo*, 1998).

corpo feminino como objeto não recalcado, irrepresentável, conforme propôs Anzieu. O sintoma de Rosana ressurge – pois já estava presente, sob uma outra forma, na infância – por volta dos 17 anos. O jogo de aproximação e afastamento dela com o namorado mostra seu movimento – ou a falta deste – em relação à própria sexualidade. O acesso a um corpo feminino que não seja desqualificado ou submetido é um ideal que se mescla com seu sonho do curso superior, ou com uma profissão *"autônoma"*, a qual vivencia como sendo para ela inacessível.

* * *

Procurei realizar, neste trabalho, um levantamento inicial de questões a respeito da fobia alimentar. Este curioso quadro clínico está, por um lado, relacionado aos chamados distúrbios alimentares e, por outro, ligado às questões mais gerais da fobia e da angústia. Mas é justamente a sua especificidade que torna o seu estudo mais interessante, já que, mesmo sendo um tipo de fobia, traz à tona, de modo muito pungente, o universo da oralidade, o que não deixa de ter diversas conseqüências teórico-clínicas. A articulação da lógica oral com o complexo de castração acaba por produzir, na fobia alimentar, uma coloração muito própria, irredutível à fobia em geral ou aos distúrbios alimentares (anorexia e bulimia). Os estudos freudianos e pós-freudianos a respeito da sexualidade feminina e da relação precoce da criança com a mãe mostraram-se ferramentas úteis para o esclarecimento desta especificidade.

Referências bibliográficas

ANZIEU, A. *A mulher sem qualidades: estudo psicanalítico da feminilidade*. São Paulo: Casa do Psicólogo,1992.

BERNIK, M. A., LOTUFO-NETO, F., TESS,V.L.C.& BARROS NETO,T.P. Transtornos fóbico-ansiosos. In GENTIL, V., LOTUFO-NETO, F., BERNIK,M.A. (orgs.) *Pânico, fobias e obsessões*. São Paulo: Edusp, 1997.

FOLHA DE SÃO PAULO, "Depressão leva crianças ao suicídio". *Caderno São Paulo*, p.1-4, 29/03/1988.

FREUD, S. (1909) Análise de uma fobia em um menino de cinco anos. *Edição Standard Brasileira das Obras Completas de Sigmund Freud*. Rio de Janeiro: Imago, 1988, v.8.

――――. (1917) Conferências introdutórias sobre psicanálise. *Op. cit.*, v.15-16.

――――. (1926) Inibições, sintomas e ansiedade. *Op. cit.*, v.20.

――――. (1931) Sexualidade feminina. *Op. cit.*, v.21.

――――. (1933) Novas conferências introdutórias sobre psicanálise. *Op. cit.*, v.22.

GURFINKEL, A. sexualidade feminina e oralidade: comer e ser comida. *Percurso*, 26: 69-78.

――――. *Fobia*. São Paulo: Casa do Psicólogo, 2001.

KLEIN, M. (1934) Uma contribuição à psicogênese dos estudos maníaco-depressivos. In *Contribuições à psicanálise*. São Paulo: Mestre Jou, 1981.

LEMOINE-LUCCIONI, E. La alimentación está estructurada como un lenguaje. In *Las mujeres tienen alma?* Barcelona: Argonauta, 1990.

Le POULIECHET, S. A bulimia e o tempo canibalesco. In *O tempo na psicanálise*. Rio de Janeiro: Zahar, 1996.

MOM, J.M. Consideraciones sobre el concepto de fobia em relacion com algunos aspectos de la obra de Melanie Klein. *Revista de Psicoanalisis*, 19: 26-33, 1962.

WINNICOTT, D.W. (1963) O medo do colapso. In *Explorações psicanalíticas*. Porto Alegre: Artes Médicas, 1994.

Sono e sonho

Sono, sonho e vida contemporânea

Nayra Cesaro Penha Ganhito

À noite cada um de nós procura o repouso – deita-se sob as cobertas, apaga luz e fecha os olhos: ao dormir nos retiramos do mundo compartilhado... para onde? Transportados pelos devaneios que sobrevêm, flutuamos em uma atmosfera macia em que vacilam as fronteiras do tempo e do dentro e do fora. Finalmente mergulhamos no silêncio, na imobilidade, na escuridão, até que o despertar ou o sonho venham trazer suas luzes peculiares. Pensar o sono é interrogar essa região de recuo, escura e silenciosa, que, no entanto, é condição de acesso à vida onírica. Mas é também considerá-la no interior de certos ciclos rítmicos e dos processos que marcam suas transições: dia-noite, vigília-sono, sono-sonho, sonho-pesadelo. Ciclos regidos por conformações subjetivas e pulsionais de cada corpo e cada psiquismo, mas, além disso, atravessados pelas determinações sociais de cada época e lugar.

O sono e suas perturbações ostentam hoje o estatuto de temática contemporânea, como testemunha sua freqüência tanto na mídia como nas queixas quanto à qualidade do sono – dorme-se mal na nossa civilização? As noites maldormidas existiram em todos os tempos, mas como psicopatologia da vida cotidiana ou enquadradas na figura clínica dos transtornos do sono emergem, na atualidade, como representantes do mal-estar da época. Nesse contexto, podemos entender as perturbações do sono como expressões das vicissitudes tanto do sujeito quanto da cultura frente à possibilidade de repouso e recolhimento.

A intervenção do discurso médico neste panorama tem dois efeitos contraditórios. Por um lado, a objetividade dos modernos traçados sonográficos pode ser confundida com a univocidade de sua causalidade e seu significado clínico (2), reduzindo o sono às suas dimensões neurobiológicas. Por outro, abre-se potencialmente um campo inédito de trocas entre psicanálise e medicina, ao contrário do impasse que os sonhos representam, já que os achados fisiológicos não são incompatíveis com as proposições psicanalíticas, mas complementares.

Quanto à psicanálise, sua contribuição específica, desde o início, foi considerar o sono em sua dimensão de experiência subjetiva e introduzir a questão das relações intrínsecas entre sono e sonho. Se historicamente preteriu o sono pelo sonho, ela vê-se hoje convocada pela clínica a precisar as bases metapsicológicas do sono e sua psicopatologia.

O objetivo deste trabalho é pensar algumas articulações entre o dormir, o sonhar e as injunções próprias da vida contemporânea. Para isto sintetizamos as proposições de um trabalho anterior (Ganhito, 2001), articulando as produções psicanalíticas acerca do sono-sonho, para em seguida situá-las frente às características e mal-estares específicos da atualidade.

Freud: o sonho como guardião do sono.

Freud não se ocupou metodicamente do problema do sono e do adormecer, optando de saída pela perspectiva dos sonhos e sua função. Mas o sono comparece em momentos cruciais de sua construção metapsicológica, como uma espécie de pano de fundo: uma tela para a projeção de sonhos? Justamente essa formulação – o sono como tela para o sonho – veio a constituir-se como uma das mais importantes contribuições psicanalíticas sobre o sono.

As primeiras hipóteses acerca da existência de um inconsciente e depois de sua sistematização partiram de observações cuja condição eram estados da consciência diferentes da vigília: o estado hipnótico, no qual emergiam conteúdos relacionados à gênese dos sintomas e o sonhar, cuja condição é o sono.

Freud, movido pela clínica das neuroses, encontrava-se interessado nos mecanismos do trabalho do sonho, cuja elucidação será o modelo de toda formação do inconsciente e da própria proposição de um aparelho psíquico; por isso ele não se detém na questão do que precede e possibilita o sonhar, o aquém do sonho, suas pré-condições.

Assim, em *A interpretação dos sonhos* (1900), ele faz do sonho o guardião do sono, fundando uma psicopatologia do sono por seu avesso: os desejos infantis e recalcados que emergem com o rebaixamento da censura e que poderiam perturbar o sono são "tratados" pela elaboração onírica pela figurabilidade e pelos mecanismos de condensação e deslocamento, produzindo a realização – simbólica – destes desejos. O sonho, portanto, protege o sono, garantindo sua duração.

No sono se inverte o fluxo de catexias característico da vida diurna no interior do aparelho psíquico: a inativação do pólo motor e a pressão dos conteúdos inconscientes determinam uma regressão do fluxo das excitações, ativando o pólo perceptivo e gerando a experiência alucinatória do sonho. Esta regressão tópica (do pré-consciente para o inconsciente) é acompanhada de uma regressão formal (do processo secundário para o primário) e temporal (para o infantil recalcado).

Quanto ao que possibilita o adormecimento, Freud contenta-se em propor, aqui, um vago *"desejo de dormir"* do eu. Mesmo considerando que o eu seja nesse momento o representante da autoconservação em oposição ao sexual, a expressão tem o mérito de estender desde logo a questão do sono ao campo do desejo, ultrapassando o puro registro da necessidade.

O sono comum do adulto instala-se a partir de uma "auto-sugestão" – formulação apoiada na experiência da hipnose como estado semelhante ao sono, à diferença de ser induzido por um outro, o hipnotizador. A ordem para dormir, que determina a retirada dos investimentos do exterior, pode adotar um tom persuasivo e tranqüilizador, segundo o modelo materno, ou ameaçador, conforme o modelo paterno.

O papel da sugestão na indução do sono, assinalada por Freud, coloca a questão decisiva do papel do outro no adormecimento. A possibilidade de conciliar o sono solicita a presença mediadora, sugestiva – real ou fantasística – de um outro investido com o sujeito. Note-se que esta opera por meio de uma atitude asseguradora, calmante, ou ao contrário, por seu valor de corte ou limite. Isso interessa seja ao adormecimento das crianças pelo adulto, seja à possibilidade do adulto entrar no sono: há que se considerar o efeito de estrutura que os dois posicionamentos compõem em conjunto, de modo conjugado. Quanto à "auto-sugestão" da qual o adulto é capaz, pode-se inferir que ela implica uma internalização da função que antes um outro real desempenhara.

Narcisismo do sonho e narcisismo do sono

O "desejo de dormir" viria a ser ressignificado na obra freudiana com a introdução do conceito de narcisismo e de sua função estruturante. O eu passa a ser um possível objeto dos investimentos libidinais do sujeito, a partir da organização das pulsões parciais em torno dessa instância, sob a condição de um investimento amoroso prévio realizado por um outro: um eu erotizado.

O dormir é uma situação cotidiana em que se surpreende uma retração da libido dos objetos em direção ao eu, em uma experiência de retirada e reclusão cuja economia se aproxima de condições como o luto, a dor ou certas patologias – relacionadas à necessidade de uma reparação do eu. A vida desperta é plena de cansaços e conflitos, é necessário que toda a noite o eu recolha-se sobre si mesmo, retire-se do mundo compartilhado e se realimente interiormente.

Mas trata-se de um movimento regressivo que ultrapassa o próprio eu: o estado de sono é considerado como um retorno ao *narcisismo primário* dos tempos míticos de fusão com a mãe, o modelo dessa regressão sendo o estado intra-uterino de repouso e calor, de não-perturbação e proteção contra os estímulos.

O fato de que o sono passe a representar uma retirada narcísica do mundo tem conseqüências para a teoria do sonhar como um todo: o processo regressivo do sonho é assimilado à retração narcísica que caracteriza o dormir. O sonho já não é apenas o guardião do sono expressando o desejo de continuar dormindo, mas passa ele mesmo a representar um retorno, no interior do sono, da situação dos inícios da vida, pela retirada do interesse do exterior e pelo abandono das aquisições psíquicas em seu funcionamento de vigília (McDougall, 1992).

Sono e o sonho são experiências fundamentalmente regressivas, mas quais as especificidades dessas regressões e do tipo de satisfação que proporcionam?

Green respondeu à questão assinalando as duas acepções de narcisismo primário em Freud: de um lado o narcisismo primário *absoluto*, a tendência à abolição total das tensões (modelo uterino do sono) ligado à pulsão de morte e, de outro, o estado de completude narcísica, ligado às marcas das primeiras experiências de satisfação (modelo do sonho). Trata-se de discriminar "a supressão de uma tensão pelo retorno à calma trazida pela satisfação de uma pulsão (...) e o estado de absoluta eliminação da tensão." No sonho está em cena o narcisismo do sonhador, que protagoniza o sonho; no narcisismo do sono o próprio sonhador, como seus desejos, se dissipam (Green, p.95 e 99).

Outros autores entendem que a regressão da qual o sono é o protótipo é *ao mesmo tempo* restabelecimento do narcisismo primitivo (modelo intra-uterino de repouso absoluto) e do estado de alucinação alucinatória do desejo (modelo do sonho como realização de desejo). A questão da regressão e da satisfação narcísica do sono *ou* do sonho corresponderia à própria ambigüidade da experiência de satisfação: apaziguamento (saciedade oral), mas dentro de um processo que inclui excitação e angústia. O sonhador buscaria o conjunto do processo, enquanto o objeto do desejo de dormir é o absoluto, o ponto zero de relaxamento. As oposições entre o princípio do Nirvana e princípio do prazer se relativizam: o desejo de dormir e o desejo de sonhar são permeáveis um ao outro; o desejo de dormir como retorno aos inícios tende a absorver as figuras do sonho, e, ao contrário, os sonhos intervêm e modificam todo o sono (Fédida, 1977; Pontalis, 1977).

Na obra freudiana, a questão do fracasso e da incapacidade de sonhar são tratados em um fio descontínuo que liga o estudo sobre as neuroses atuais (no qual examinou vários tipos de insônia e quadros como o terror noturno), a consideração dos sonhos de angústia e o exame dos sonhos traumáticos, que levou à postulação da pulsão de morte e um mais além do princípio do prazer (Gurfinkel, 1997).

No *pesadelo*, o sonho falha como guardião do sono no seu próprio decurso: a deformação onírica insuficiente deixa parte do recalcado reconhecível, dando lugar à angústia e ao despertar súbito. Freud admite a origem sexual da angústia desencadeada no pesadelo, o que remete à teorização das neuroses atuais, nas quais uma excitação sexual é incapaz de derivação psíquica, sobrevindo a angústia.

No *sonho traumático*, o relaxamento da censura permite que o impulso da atividade traumática entre em atividade, mas a elaboração onírica que transformaria as marcas mnésicas em realização de desejo fracassa, a angústia emergindo na sua forma mais pura, o terror, despertando o sujeito.

Na revisão da teoria dos sonhos, de 1932, o sonho passa, oficialmente, a ser entendido como *tentativa* de realização de desejo que pode fracassar. A repetição do sonho traumático indica a necessidade de condições prévias à instauração do sonho como satisfação de desejo: para que o sistema psíquico do sonho seja constituído e funcione em sua própria lógica, cumprindo sua função de ligação, *"uma outra tarefa deve ser cumprida antes"*, estabelecendo uma espécie de pré-ligação: o trabalho exigido ao psiquismo é aqui o de restauro, remendo, aquém do princípio do prazer, próximo à autoconservação. A pré-condição do sonhar é a de que o eu seja reparado, tal o significado de que nos traçados sonográficos o sono lento preceda o sono o sono paradoxal, que porta os sonhos (Pontalis, 1977).

Em *Mais além do princípio do prazer* (Freud, 1920), a incapacidade de sonhar abriu um campo de reflexões que viria mais tarde a ser explorado pela psicossomática psicanalítica para pensar especificamente o sono e seus distúrbios: do terror noturno, no qual fracassa radicalmente a figurabilidade e o sujeito se vê invadido pela angústia mais extrema, sem nome ou imagens, ao sonambulismo, em que a atividade motora toma o lugar do sonho.

Na psicanálise, ele foi o ponto de partida dos vários desenvolvimentos que passaram a se ocupar do que se chama genericamente as *"falhas da simbolização"* (Ferraz, 1997).

Ao mesmo tempo, a aproximação do estado de sono com a região do narcisismo primário – campo das relações primordiais com a mãe – determina que a constituição da capacidade de dormir seja inseparável da própria possibilidade de instauração de um espaço psíquico. Por isso nos trabalhos pós-freudianos sobre o sono as relações primordiais com a mãe passam ao primeiro plano.

A mãe como primeira guardiã do sono.
Os deslocamentos da mãe.

No escuro, mãe e bebê protagonizam a cena cujo desfecho esperado é o adormecimento do bebê. Cena fundante: o que aí se passa à maneira de um ciclo – a mamada, o embalo, a voz que entoa um acalanto, os ritmos e as palavras sussurradas – deixará "dela" a marca nostálgica, sempre procurada, jamais reencontrada... a não ser, talvez, no sono e nos sonhos que porta. Mas para isso é preciso fechar os olhos, perder a mãe real por um instante.

A hora de dormir é o momento de uma separação, de uma suspensão do olhar mútuo mãe-bebê. A capacidade do bebê de dormir e conservar seu sono concerne essa primeira ritmação do ciclo sono-vigília decorrente do campo do narcisismo primário: o olhar materno narcisizante constitutivo e o jogo que possibilita sua retirada provisória.

São descritos dois esquemas de sono infantil. No primeiro a criança experimenta um sentimento de satisfação e de fusão com a mãe, em um estado libidinal próximo ao narcisismo primário: um sono libidinal. No segundo modelo o sono é precedido de um episódio doloroso de frustração, durante o qual o bebê adormece em estado de esgotamento: um sono puramente fisiológico, enquanto o primeiro é profundamente impregnado de elementos libidinais e narcísicos. O sono libidinal seria adquirido por meio de um contato suficientemente bom com a mãe (Fain e Spitz, *apud* McDougall, 1989).

Por isso a mãe, antes dos sonhos advirem, é considerada a primeira "guardiã do sono" A libidinização do sono do bebê está intimamente relacionada com a prefiguração daquilo que será mais tarde a sua capacidade de sonhar. A questão que se coloca é de que modo se dá essa libidinização do sono que se confunde com a fundação mesma de um aparelho psíquico capaz de sonhar.

Considera-se que ela depende da qualidade dos investimentos da mãe, principalmente quanto à possibilidade de instituir entre ela e o bebê um intervalo psíquico: os distúrbios graves e precoces do sono surgem tanto por um investimento narcísico transbordante, que leva à excitação constante, quer a um investimento insuficiente que impõe privações (McDougall l, 1989). A questão da dialética ausência-presença da mãe é, portanto, crucial para pensar a constituição do sono, tanto quanto para a instauração de um jogo simbólico no psiquismo, como Freud assinalou.

A mãe aparece e desaparece no campo sensitivo do bebê, portando com ela conforto e bem-estar, alimento e descanso. Marca com suas indas e vindas uma descontinuidade – ausência-presença, longe-perto, aqui-lá, bom-mau, dentro-fora, eu-outro – no espaço e no tempo, que se relaciona com a própria fundação de um sentimento de existência.

Os desaparecimentos e retornos da mãe propõem ao pequeno ser o primeiro grande enigma: o que a faz mover-se? A matriz do que será o pensamento parte desse esforço de imaginação que concerne ao desejo materno. A insônia pode, deste ponto de vista, ser pensada como uma angústia de espera: o sono ganha o estatuto de um objeto idealizado que é a evocação do objeto das primeiras satisfações (Zygouris, 1995).

A questão fundamental na dialética ausência-presença da mãe refere-se à possibilidade dessa ausência ser negociada com a criança, de modo a sentir-se assegurada de um fundo de presença. A instalação de uma zona potencial de adormecimento se constitui a partir de uma presença "suficientemente boa": nem demais, nem de menos, ir e vir que não obture a possibilidade de deslocamentos que sua ausência mediada favorece. Isso diz respeito à capacidade da mãe paulatinamente introduzir entre seu próprio corpo, sua presença concreta e o bebê, objetos substitutos, intermediários, ajudando-o a desenvolver estratégias de espera cada vez mais elaboradas: a série dos objetos transicionais.

Freud descreveu a aquisição fundamental que se opera no momento de instauração do jogo no psiquismo, concebendo a criança do carretel. Vislumbrou no jogo do *fort-da* a função das brincadeiras e o protótipo dos processos de simbolização, que é sempre uma simbolização da ausência. Lançando para longe e puxando de volta para si o carretel-mãe e nomeando estes movimentos, o psiquismo da criança processa, por intermédio do jogo, um duplo afastamento – da mãe para o carretel e do carretel para a linguagem. A cadência do elemento lingüístico do jogo – *fort...da* – reproduz o ritmo do movimento do fio do carretel e da mãe que vai e vem...como o balanço do berço, a melodia da canção de ninar, o embalo nos braços da mãe: porque as práticas de adormecimento privilegiam a repetição?

A repetição nas brincadeiras infantis foi um dos pontos de partida para a formulação da pulsão de morte. Mas, se a criança repete também o acontecimento desagradável – o afastamento da mãe – o ponto crucial da brincadeira é o júbilo pelo retorno da mãe-carretel, deslocando a criança para uma posição ativa, de certo domínio sobre o objeto e sobre a angústia de separação: brincar de estar com a mãe elabora um "estar com" interno que concerne à ação intrapsíquica de Eros, reunindo as pulsões em torno do novo objeto que é o eu da criança (Zygouris, 1999).

Nas práticas de adormecimento, a repetição em jogo – tão explícita por exemplo no contar histórias – não é, portanto, compulsão mortífera a repetir, mas uma repetição diferencial, a serviço da elaboração da ausência.

O processo de adormecimento e suas práticas rituais

Em 1932, Freud observou que o homem para dormir se despoja dos acessórios que usa para recobrir a pele ou substituir suas deficiências corporais: a roupa, os óculos, a peruca, a dentadura – acessórios identitários, que emprestam contorno ao eu. Mas, *"ao ir deitar-se ele despe, de modo análogo, seu psiquismo, renunciando a maior parte de suas aquisições psíquicas... dos dois lados, se aproxima da situação que foi o ponto de partida de seu desenvolvimento"*.

O estudo das mudanças sinestésicas que acompanham o adormecimento – tácteis, visuais, sonoras, etc. – mostrou que todo o esquema corporal é afetado, sofrendo uma desorganização de seus contornos (Isakower, *apud* Fédida, 1990). A questão crucial quanto ao momento do adormecimento refere-se, portanto, à possibilidade de entrega do sujeito a esta regressão radical, análoga às origens da vida, na qual o eu renuncia e se vê despossuído de seus laços e aquisições. Trata-se de uma verdadeira *desinserção funcional do corpo*, que testemunha *"uma regressão arcaica na qual conteúdos sepultados pela amnésia reaparecem sob a forma de impressões corporais"* e por isso o momento do adormecimento é fonte de resistências (Fédida, 1990).

Sono, noite, solidão são, portanto, experiências que podem deslizar do repouso aconchegante e revigorante para o campo do sinistro, remetendo ao imaginário que recobre o desconhecido, e, portanto, temível da morte.

Freud relacionou o estranhamento que a solidão, o silêncio e a escuridão suscitam ao caráter sinistro que acompanha o retorno do recalcado. O medo do escuro relaciona-se à ausência da mãe e ao desamparo infantil; a escuridão equivale a retirada do olhar materno.

Nos primeiros tempos trata-se menos da vivência de estar só que a de deixar de existir, a própria vivência de continuidade sendo interrompida por uma invasão pulsional, em um momento em que o olhar amoroso do outro antecipa e empresta consistência à imagem do corpo unificado, garantindo a integridade narcísica. A capacidade de suportar as ausências da mãe, como posteriormente outras, depende da constituição da *"capacidade de reter o ausente na ausência, constituindo o objeto interno"* – processo simultâneo, inseparável da própria constituição do aparelho psíquico (Calderoni, 1999).

O adormecimento reativa as noites e os fantasmas ligados ao desamparo infantil, que persiste vida afora, parcialmente ressignificado por ocasião do Édipo, como angústia de castração – segundo Freud, o medo da morte é uma de suas manifestações. O fato de que a morte própria não encontre uma representação definitiva no inconsciente deixa um espaço vazio que se torna um lugar para todos os possíveis e que pode ser preenchido pelas mais terríveis fantasias (Pereira,1999).

Por isso o momento de dormir solicita, quando somos pequenos, práticas de adormecimento que implicam na presença imediata de um outro: o embalo, a canção de ninar, o contar histórias. Quanto ao adulto, as práticas corporais (carinhos, banhos, relaxamentos) e condições ambientais (escuro, silêncio, calor) propícias à indução do sono testemunham a necessidade de liberar o corpo de excitações ("presenças" estranhas ou excessivas) e por outro a necessidade de "re-unir-se" abrigando-se em um espaço familiar – a mãe e seus deslocamentos, suas representações.

As práticas de adormecimento comportam, portanto, a dupla função de esconjurar o perigo e evocar uma proteção. Para o adormecimento da criança, o adulto lança mão de certas práticas rituais – e sua eficácia simbólica – apoiadas em uma tradição cultural. Em nosso meio o acalanto pode ser designado como paradigma dessas práticas, como ritual complexo que reúne elementos lingüísticos – a canção de ninar: texto e melodia; e sensoriais – a voz, o embalo, o afago, a chupeta (Jorge, 1988).

O papel fundamental dos elementos sensoriais nas práticas de adormecimento refere-se ao fato de que incidem diretamente no corpo, cujos contornos estão ameaçados no momento do adormecimento.

O embalo é considerado pela psicossomática uma técnica motora de efeito calmante: um investimento de corpo inteiro, em oposição à estimulação localizada que representa, por exemplo, o uso da chupeta ou ainda o afago. Nesse momento a mãe funciona como uma mãe calmante, exercendo a função de pára-excitação para o bebê.

Silvia Bleichmar (1994) mostrou a importância das vias materiais, corpóreas, dos investimentos maternos nos cuidados ao bebê entre os quais a amamentação-adormecimento ocupam um lugar privilegiado. A capacidade da mãe efetuar uma narcisização estruturante inclui a possibilidade, apoiada no vínculo amoroso, de introduzir "investimentos colaterais" no corpo do bebê no contato direto com ele, gerando vias de evacuação e ligação para a excitação que ingressa a partir de sua libido intrusiva.

Podemos salientar, ainda, nestes inícios, o papel da voz materna e suas entonações, em um momento em que os sentidos prevalecem sobre a significação. A voz veicula tanto a ternura quanto a sexualidade da mãe, expressando seus humores e estados de ansiedade. No contexto do adormecimento do bebê, o canto, apoiado na melodia simples, ritmada, funciona como um embalo sonoro que sustenta para ele e para ela um fundo de calma pelo qual a separação é significada enquanto provisória.

Quanto às cantigas de ninar, a interrogação fundamental que se coloca é porque apesar da melodia calma, tranqüilizante, repetitiva, trazem invariavelmente a figura de seres que amedrontam e assustam, caracterizados pelo sinistro, o terrível indeterminado: as cucas, tutus e equivalentes (Jorge, 1988).

No acalanto, o estar junto prepara uma separação: o adormecimento do bebê deixa a mãe livre para outras funções e tarefas, compreendendo a insinuação de um terceiro na relação mãe-filho. A polaridade horror-ternura das cantigas de ninar responde, portanto, à contradição intrínseca à função materna – de completude narcísica e, ao mesmo tempo, de reconhecimento da lei que a interdita, concernindo à própria ambivalência na mãe em relação dual com a criança. Os elementos do acalanto conjugam essa contradição em uma formação de compromisso que tem valor de elaboração tanto para o bebê como para a mãe, que se encontra sob o influxo de uma atualização de suas próprias experiências anteriores de separação – o terror reproduz o recalcado que retorna, mas é relativizado pela melodia e os elementos com função de narcisização: o olhar, o embalo, o afago.

O sono como tela para o sonho. Sono e oralidade.

As considerações acerca de uma regressão, no sono, mais radical do que a que caracteriza o sonho, leva a conceber uma região aquém do sonho, da qual o sono pode ser o protótipo, e ao mesmo tempo sua condição de possibilidade. B. Lewin postulou a idéia de uma tela do sonho – o próprio sono – introduzindo um ponto de vista que valoriza a oralidade e as trocas mãe-bebê por intermédio do seio para pensar o adormecimento e o sono (*apud* Fédida, 1977).

Nos inícios, a mãe é para o bebê o alimento e também o sono: o ciclo sono-vigília é ligado à satisfação alimentar, que adormece, enquanto a fome desperta. Mas a seqüência mamada-adormecimento não é meramente fisiológica: trata-se de uma atividade rítmica pulsional impressa no bebê, que depende da pulsionalidade da mãe engajada na sua nutrição. A qualidade do investimento libidinal da mãe imprime ritmos que fundarão um circuito pulsional no bebê, imediatamente implicado no funcionamento das grandes funções de base que são a alimentação e o sono – funções que na idade adulta tendem a permanecer suscetíveis às variações de nossos humores e angústias.

Na dinâmica das trocas orais, importa a identificação com o que é "comido": o seio é o representante privilegiado da qualidade das primeiras relações com a mãe e a "saciedade alimentar", que induz o sono, implica este registro da maternagem. O seio, por suas retiradas provisórias e no desmame, concerne à simbolização da ausência e à constituição de um dentro e de um fora, pois boca e seio se determinam reciprocamente como conteúdo e continente. A incorporação de "um seio aplanado no contato com a boca" constituiria no bebê essa tela-base psíquica na qual poderão, posteriormente, projetarem-se os sonhos.

O sono como tela do sonho pode então ser pensado como uma região plana, imóvel, branca, anterior a todo conteúdo psíquico, paulatinamente constituído na trocas com a mãe; uma invisível forma de base análoga à idéia de uma depressividade fundamental do psiquismo: psique como vão, concavidade ou recuo – um lugar e um tempo para o acontecer psíquico, vazio que é condição de criação da linguagem e do brincar que é (Delouya, 1999). Mas a tela do sonho não é apenas superfície de projeção, ela é também uma superfície de proteção, de anteparo – sobretudo aquilo que ameaça de dentro, o excesso de excitações que levaria ao traumatismo (Pontalis, 1990).

Fédida (1990) concebeu uma *zona de adormecimento* – espaço de trocas entre o adulto e a criança e espaço potencial da elaboração onírica, caracterizado por instaurar um jogo sem um fim em si mesmo, mas que favorece a instalação de "um intervalo virtual entre o dentro e o fora e entre os dois protagonistas, onde o sonho pode advir como objeto que oscila entre eu e não eu".

Entre os objetos orais que povoam a zona de adormecimento, o autor privilegia a palavra do conto e seu valor metafórico – nos devaneios e fantasias que precedem o adormecer adulto ou contada às crianças sob a forma de histórias. Por meio dessa palavra, o recalcado atualiza-se no ato da narrativa, encontrando a infância como mediação entre adulto e criança.

No contar histórias, o conteúdo mítico, encorpado nas entonações da voz próprias à narrativa oral, presta-se a inscrever em uma narrativa acontecimentos do corpo relativos às experiências originárias, cuja repetição está em jogo no adormecimento. Entre esses conteúdos, destaca-se a imagem de um "sono profundo semelhante à morte", favorecendo a possibilidade do vazio, condição do psíquico, representar-se: podemos assim, a cada manhã, como Bela Adormecida ou Psique despertada pelas flechas de Eros, acordar dessa morte aparente que é o sono.

O sono-sonho implica, portanto, a capacidade de estar só sem a vivência de que isto é mergulhar em uma não-existência, em um não-mundo-só-terror. A mãe que permite a instauração dessa tela ou película protetora que é o sono, que se confunde com a base que possibilita a inscrição mais primária do psíquico, não é uma mãe toda presença e sim aquela capaz de instaurar um jogo ausência-presença mediado; primeiramente, por suas próprias representações marcadas por uma interdição e em seguida por objetos transicionais, entre os quais a palavra pode ser incluída de modo privilegiado, por seu valor potencialmente metafórico.

No sono, trata-se de um lugar – constituído na relação com o outro materno – um dentro de si, para voltar. O adulto, na hora de dormir, recorre à função maternante de que um dia foi o objeto, já internalizada, de modo ativo e singular: toma seu livro de cabeceira ou um banho quente, abraça seu amante ou travesseiro... tentativas de reencontrar no seu sono-sonho os ecos de um acalanto.

O sono e o sonhar no mal-estar contemporâneo

Se dormir é um retorno cotidiano a essa região de recuo, de silêncio regenerador relacionada ao campo do narcisismo primário – mergulho regressivo e amoroso em si mesmo (Pereira, 2001) – como pensar as dificuldades do homem contemporâneo para descansar, fechar os olhos e "habitar" por meio do sono-sonho, seu mundo noturno e singular?

Em mostra recente, comemorativa dos 50 anos da TV brasileira, o artista Bill Viola montou a instalação *Limiar*: no centro da exposição, telas de TV mostravam a imagem de pessoas dormindo sob o influxo de uma luz azulada e fria, como diante de um televisor ligado, os semblantes sugerindo um sono incômodo ou mesmo impossível. Inaudível, porém sugerido, participa da imagem um som de fundo ininterrupto, "ruído" persistente e invasivo.

" a melhor forma de manter a individualidade na aldeia global é fechar os olhos (...). As pessoas que estão dormindo lá representam o espírito escondido (...), pressionado por milhares de informações que nos bombardeiam constantemente. Nossa única alternativa é fechar os olhos para tudo isso; nessa obra é relevante a condição que os meios de comunicação criam em nossas vidas, ou seja, a descontinuidade entre nossas vidas interiores, na mais privada e silenciosa forma, e nossa vida pública. O desenvolvimento tecnológico da mídia cada vez mais tira o tempo de o indivíduo estar com si mesmo" (*Revista da Folha*, 2000).

Acerca daquilo que pode nos autorizar a considerar um sintoma ou uma problemática subjetiva como um *sintoma social*, Melman escreveu:

"não basta que um grande número de indivíduos em uma comunidade seja atingido por algo para que isso se transforme em um sintoma social (...). Pode-se falar de sintoma social a partir do momento em que [um sintoma] é, de certo modo inscrito, mesmo que seja nas entrelinhas, no discurso dominante de uma sociedade em uma dada época" (1992).

Freud postulou um mal-estar na cultura, universal e irredutível, já que toda forma cultural exige uma cota de sacrifício das exigências pulsionais. Mas as configurações que o mal-estar adota não são idênticas para cada cultura, e cada época gera formas específicas de sofrimento. A historicidade das representações sociais determina metamorfoses tanto nas formas subjetivas e sintomatológicas como naquilo que socialmente é reconhecido como sintoma (Rojas e Stainbach, p.15) As relações sono-sonho-vida contemporânea devem, portanto, considerar as especificidades do mal-estar na atualidade.

Nosso tempo caracteriza-se pela velocidade vertiginosa, seja dos ritmos cotidianos seja das transformações de vários aspectos da vida social – político, econômico, ideológico, tecnológico. Um momento de perplexidade, no qual o sujeito se vê obrigado a reconsiderar suas convicções mais estáveis, ancoradas na garantia cultural outorgada pelas referências anteriores.

O momento de dormir tende a reativar aquilo que nos defronta com o desamparo característico da condição humana. O contrato narcísico sujeito-cultura incide sobre a constituição de instâncias protetoras internas, cuja consistência não dispensa, entretanto, os resseguramentos proporcionados por representantes externos. Ainda que o sono dependa da interiorização de uma instância materna, a função materna "suficientemente boa", desde o início, não prescinde de uma referência terceira. Para Freud, ao lado da proibição estava a proteção paterna benfazeja – e suas implicações na instauração do superego – continuada pela fé nas instituições, como foram na modernidade a religião, a família, o Estado. O declínio simbólico dessas instituições seria indiferente ao modo como o sujeito pode hoje entregar-se ou não ao sono?

Entre as vicissitudes da primeira infância na atualidade, as novas configurações da família, do casal e da parentalidade apontam a tendência tanto a um esgarçamento das relações precoces com a mãe, marcadas por uma descontinuidade excessiva (Kreisler, 1999) quanto à carência de uma mediação dessas relações, seja pela ausência concreta do pai real seja pelo enfraquecimento da função paterna.

O mercado e o consumo erigidos no lugar de novos grandes reguladores sociais determinam conseqüências para as lógicas libidinais: quais os possíveis efeitos de que o futuro sujeito seja, desde o berço, constantemente coberto de ofertas de objetos? A multiplicação de brinquedos e estímulos antecipa-se a qualquer demanda e babás eletrônicas e vídeos relativizam precocemente o ciclo de alternâncias presença-ausência da mãe, constitutivo das capacidades de simbolização e da zona de adormecimento. Em um contexto cuja concepção de formação restringe as possibilidades da brincadeira espontânea, o tempo de lazer é recoberto por propostas de recreação hipomaníacas e a TV e o computador obturam os intervalos. Não se trata, portanto, apenas de variações histórico-culturais do *objeto transicional*, mas da saturação precoce de um espaço potencialmente criativo (Rojas e Stainbach).

O excesso de estímulos sensoriais da vida urbana obtura o espaço e o tempo delicado dos rituais e preparativos de entrada no sono, entre os quais certas condições ambientais objetivas do ambiente – escuro, silêncio, calor – não são prescindíveis. O bombardeio de informações e imagens satura nossos sentidos e espaços vitais, explodindo o soerguimento de barreiras capazes de defender uma intimidade.

Os novos meios tecnológicos e os ritmos do trabalho reforçam o imperativo para manter-nos permanentemente conectados – celular, e-mails, TV, bancos e supermercados 24 horas – sob a pena de ver-nos excluídos das inserções sociais. Em um contexto que chega a subverter o ciclo natural dia-noite, o contraste de oposições e alternâncias trabalho-lazer, atividade-repouso se diluem e se descaracterizam, até a perda das próprias características cíclicas dos ritmos do sono e da vigília.

Nossa época é marcada por representações ligadas à idéia de um fim: do século, da história, das ideologias, impondo uma mutação na experiência do tempo, restrito à fruição imediata de um presente fugaz. O espaço do sonho – compreendida aí a possibilidade de sonhar no mundo, um campo de realização (condicional e futuro) de desejos – não pode desenvolver-se em um campo completamente abstrato, ele precisa de um solo compartilhado, coletivo, para exercer-se. Quais as conseqüências da queda das grandes utopias sociais que marcaram a modernidade? O sonho ainda é possível para o homem contemporâneo?

A história da modernidade foi a história de uma progressiva internalização do homem, calcada no individualismo e na oposição público-privado, resultando em uma espessura interna valorizada como reduto último e mais verdadeiro da subjetividade. Paradoxalmente, o individualismo exacerbado característico do momento atual convoca os indivíduos a uma exteriorização acentuada, por meio de enunciados imperativos pelos quais o "parecer" tende a substituir o "ser". A extroversão do homem contemporâneo mantém uma peculiar relação com o narcisismo, já que é *fora-de-si* que é incessantemente chamado a apresentar-se no social, enquadrado em imagens pré-moldadas, reconhecidas enquanto ideais. Algo pouco propício ao recolhimento narcísico do sono – que implica justamente o desligamento do mundo e a dissolução do eu – ou qualquer experiência do vazio, espaço potencial da criação, do sonhar.

Como a clínica testemunha, as perturbações do sono freqüentemente inscrevem-se na tendência tão atual pela qual o sofrimento psíquico tende a apresentar-se em formas diversas do conflito neurótico classicamente descrito por Freud, relacionando-se sobretudo às vicissitudes dos processos de simbolização e convergindo para as questões narcísicas e suas instâncias privilegiadas – o superego e os ideais – que parecem falhar em sua função de sustentação/organização efetivas frente ao desamparo.

Versão possível do mal-estar contemporâneo: sem mais barreiras ante a saturação de injunções imperativas das imagens e dos enunciados, resta ao sujeito fechar os olhos, dormir como último reduto da subjetividade. O sono, desta perspectiva, tanto quanto o ócio, o silêncio e o isolamento, pode, então, representar uma espécie de atividade "rebelde", afirmativa do espírito – um "não" que resguarda, defende um espaço interior ainda capaz de criar por intermédio do sonho.

A insônia, deste ponto de vista, pode ser a figura radical dessa exteriorização alienada do homem contemporâneo, de sua impossibilidade de estar ou contar consigo mesmo, de refugiar-se ciclicamente em um lugar narcisicamente regenerador. Algo bem distante do sujeito freudiano nascido na modernidade – sujeito fundamentalmente sonhador, desejante, tendo seu funcionamento marcado pelo conflito e pelos mecanismos de condensação e o deslocamento, cujo paradigma é a elaboração dos sonhos.

Assim, se historicamente a psicanálise subordinou a questão do sono à experiência do sonhar, ela vê-se hoje provocada pela clínica a pensar um aquém do sonho e da fantasia, que remete às vicissitudes desse espaço interior primário e primeiro para a instalação e o funcionamento de um psiquismo, cujo protótipo pode ser o sono infantil libidinizado a partir da sensação de bem-estar e segurança experimentados nos braços da mãe. O problema da qualidade do sono hoje, em última instância, diz respeito às dificuldades ou impossibilidades da criação ou do cultivo desse vazio, tela ou fundo de base sobre o qual se inscreve aquilo que é propriamente psíquico. Em tais casos, a tarefa clínica desloca-se da interpretação dos sonhos ou das formações do inconsciente para procurar as condições de possibilidade da constituição desse espaço anterior ao sonho e ao sujeito como sujeito sonhador.

Referências bibliográficas

BLEICHMAR, S. *A fundação do inconsciente*. Porto Alegre: Artes Médicas, 1994.

CALDERONI, M.L.B. As várias formas de resistir à perda ou de como é difícil o trabalho de luto. Resenha de "Depressão', de Pierre Fédida. *Percurso*, 24:124-126,1999.

DELOUYA, D. Introdução a "Depressão", de Pierre Fédida. São Paulo: Escuta, 1999.

FÉDIDA, P. Le conte e la zone de l' endormissement. In : *Corps de vide et espace de séance*.Paris: Jean-Pierre Delarge, 1977.

FERRAZ, F.C. Das neuroses atuais à psicossomática. In VOLICH, R.M. & FERRAZ, F.C. (orgs.). *Psicossoma: psicossomática psicanalítica*. São Paulo: Casa do Psicólogo, 1997.

FREUD, S. (1900) A Interpretação dos sonhos. In *Edição Standard Brasileira das Obras Psicológicas Completas*. Rio de Janeiro: Imago, 1976, v.4-5.

―――. (1914) Sobre o narcisismo: uma introdução. *Op. cit*, v.14.

―――. (1920) Além do princípio do prazer. *Op. cit.*, v.17.

―――. (1932) Complemento à teoria dos sonhos (Novas conferências introdutórias sobre psicanálise). *Op. cit.*,v.22.

GANHITO, N.C.P. *Distúrbios do sono*. São Paulo: Casa do Psicólogo, 2001.

GREEN, A. *Narcisismo de vida, narcisismo de morte*. São Paulo: Escuta, 1988.

GURFINKEL, D. Regressão e psicossomática: nas bordas do sonhar. In VOLICH,R.M. & FERRAZ F.C.. (orgs.) *Psicossoma: psicossomática psicanalítica*. São Paulo: Casa do Psicólogo, 1997.

JORGE, A. L.C., *O acalanto e o horror*. São Paulo: Escuta, 1988.

KREISLER, L.*A nova criança da desordem psicossomática*. São Paulo: Casa do Psicólogo, 1999.

McDOUGALL, J. (1989) Sobre o sono e a morte. In *Teatros do corpo*. São Paulo: Martins Fontes, 1991.

McDOUGALL, J. Sobre o sono e o sonho: um ensaio psicanalítico. *Psichê*, 4:145-171, 1999.

MELMAN, C. *Alcoolismo, delinqüência, toxicomania, uma outra forma de gozar.* São Paulo: Escuta, 1992.

PEREIRA M.E.C. *Pânico e desamparo: um estudo psicanalítico.* São Paulo: Escuta, 1999.

————. "A insônia, o sono ruim e o dormir em paz: a 'erótica do sono' em tempos de Lexotan", Palestra no IV Fórum de Psicanálise, Poder e Transgressão. Porto Alegre, 2001.

PONTALIS, J.-B. (1990) *A força de atração.* Rio de Janeiro: Zahar, 1991.

————. *Entre le rêve e la douleur.* Paris: Gallimard, 1977.

ROJAS, M.C. & STERNBACH, S. *Entre dos siglos: una lectura psicoanalítica de la posmodernidad.* Buenos Aires: Lugar, 1994.

ZYGOURIS, R. O espreitador do amanhecer; Idéias lunáticas. In *Ah! As belas lições.* São Paulo: Escuta, 1995.

Sono e sonho:
dupla face do psicossoma[37]

Decio Gurfinkel

O estudo do sonho e a dimensão onírica da experiência psicanalítica

A psicanálise nasceu, por assim dizer, com *A Interpretação dos sonhos*. Com a publicação de seu livro sobre os sonhos, Freud consolidou o objeto específico de investigação da nova ciência, o inconsciente. Construiu, também, um primeiro modelo teórico, coerente e complexo, que serviu como quadro inicial de referência para descrever a estrutura e o funcionamento do psiquismo humano, no qual o inconsciente ganhou o estatuto do *"psíquico verdadeiramente real"* (1900, p.715); aqui nasce a noção fundamental de *"realidade psíquica"*. Freud apresenta-nos, ainda, neste trabalho, um método de investigação particular e, de maneira indireta, um *locus* em que tal investigação deve se dar. O método da associação livre, com a contrapartida, do lado do analista, de uma atenção equiflutuante, é a maneira particular de pesquisa do dito inconsciente, e o lugar onde tal processo se desenrola é a sessão psicanalítica. Afinal, um cientista criador não está completo se não constrói o seu próprio laboratório. Estava criado o enquadramento, o *setting*, ou o contexto do processo analítico.

Mas por que o estudo dos sonhos teve tal importância fundadora? Ora, *"a interpretação onírica é a via régia para o conhecimento do inconsciente na vida anímica"* (1900, p.713). Sim, Freud descobriu, nas suas primeiras incursões no campo da psicoterapia, um precioso atalho para o lugar virtual onde buscava chegar: a análise de sonhos relatados por seus pacientes. Nenhum outro caminho se mostrava tão profícuo e rico, e creio que até hoje podemos reafirmar tal constatação. Esta descoberta pode ser comparada à descoberta súbita de uma *passagem secreta*, a entrada de um túnel até então

---

[37] O material deste artigo faz parte de uma pesquisa mais ampla, em curso, desenvolvida no programa de pós-graduação do Departamento de Psicologia Social da USP (nível doutorado). Trabalho também publicado na revista *Psychê* n° 10 (2002).

pouco percorrido, que conduz a terras míticas e desconhecidas. A imagem do caminho freudiano, neste texto fundador, como uma *expedição de exploração* – o mesmo poder-se-ia dizer de cada aventura analítica que tem se renovado neste último século – não é alheia ao próprio Freud, que abre o capítulo 3 de seu livro com as seguintes palavras:

"Quando por uma estreita garganta desembocamos, de repente, em um platô do qual partem diversos caminhos, e no qual se nos oferece um variado panorama em distintas direções, nos detemos por um momento a meditar sobre para qual delas devemos voltar primeiro nossos olhos. Algo análogo nos acontece agora, depois de terminarmos a primeira interpretação onírica: nos achamos envoltos pela luminosidade de um súbito descobrimento" (1900, p.21).

Estas imagens – a estreita garganta e, posteriormente, a luminosidade súbita – não deixam de evocar uma metáfora do processo de nascimento e do despertar ou, se quisermos, do relacionamento sexual e do adormecer.

Bem, a aventura exploratória da análise se dá em condições muito singulares: em uma mesma sala, com a companhia de um analista, sem interferências exteriores, e conservando, no máximo possível, os estímulos da *realidade material* fixos. Trata-se de uma situação absolutamente artificial, mas que nos lembra outra absolutamente natural e universal da experiência humana: as condições em que nos colocamos para poder dormir. Assim, acompanhando a proposição de diversos autores, sugiro que consideremos o processo que se desenrola em uma sessão analítica como um sonho; nem sempre este sonhar é possível, mas é importante guardarmos a idéia que ele é sempre idealmente buscado. O *setting* produz, potencialmente, as condições para uma espécie de adormecimento, no qual o sonhar possa emergir. A aventura analítica, análoga a uma expedição exploratória, difere desta última, no entanto, em um ponto crucial: ela se dá na dimensão da *realidade psíquica*, e não da *realidade material*. Ora, Freud logo ressaltou que para o adormecimento é necessária a interrupção de qualquer atividade motora, enquanto que, no sonhar, a atividade *perceptiva* está absolutamente operante. Estas são as condições para "a viagem ao centro da Terra" do inconsciente; sabemos que no sonambulismo se dá uma curiosa falha de tal equilíbrio entre interrupção do pólo motor e ativação do perceptivo.

Assim, se o sonho é a via régia de estudo do inconsciente, ele fornece o modelo para a construção do dispositivo analítico, refletindo-se no *setting*, na regra da associação livre e da atenção flutuante, e nos princípios de neutralidade e abstinência em relação à transferência[38]. Há ainda, porém, mais um fator da maior importância: o sonho é o modelo para compreendermos o sintoma psiconeurótico, e vice-versa. *"Dada a total identidade entre as peculiaridades da elaboração onírica e da atividade psíquica que culmina com a criação de sintomas psiconeuróticos, cremos ser justificado transferir ao sonho as conclusões que obtemos do estudo da histeria"* (Freud, 1900, p.707). Os processos da elaboração onírica – condensação, deslocamento, e tendência à figurabilidade segundo um caminho regressivo – encontram-se igualmente na formação de sintomas; em ambos os casos estamos diante do processo primário do sistema inconsciente.

Penso que se este conjunto de elementos que acompanham o estudo dos sonhos são fundantes da disciplina psicanalítica, eles o fazem segundo um campo de abrangência: aquele de uma *clínica do recalcamento*. É o tratamento das neuroses que levou Freud a colocar o recalcamento no centro da metapsicologia e da clínica psicanalíticas, já que tal mecanismo é a chave da compreensão de sua sintomatologia e da criação de um dispositivo para sua abordagem terapêutica. *A sessão-sonho é a via régia de trabalho com os sintomas-sonhos.* A teoria sobre o psíquico que então se construiu teve como matriz clínica, portanto, a psiconeurose, com especial destaque para a histeria.

O estudo do sono e as necessidades do eu

Ora, conforme a prática psicanalítica avançava para o estudo e tratamento de outras formas clínicas, novos desafios foram surgindo, e o modelo do sonho precisou ser complementado. De maneira geral, penso que as primeiras descobertas freudianas mantiveram toda a sua validade e poder dentro do campo de abrangência de uma clínica do recalcamento; hoje, no entanto, podemos recortar com mais clareza este campo de abrangência, e levantar um grande número de problemas teóricos e clínicos que transcendem tais limites. Um destes problemas é, certamente, o estudo psicanalítico do *sono*, de maneira diferenciada e complementar ao estudo do *sonho*. Aqui se abrem novas perspectivas.

---

[38] Trabalhei estes elementos em "A realidade psíquica, o sonho, a sessão", In Gurfinkel (2001).

Já no livro dos sonhos, o estudo do sono entra em cena, ainda que de maneira coadjuvante. Para se sonhar, é preciso dormir, e o adormecimento implica em uma reorganização das energias que circulam no aparelho psíquico e em uma modificação especial na organização do eu. Ainda que o eu aqui esteja longe do eu como instância psíquica da segunda tópica, temos já aqui um ponto de partida significativo. O adormecimento do pólo motor do aparelho psíquico permite um processo regressivo no fluxo das excitações, de modo que há um reinvestimento de marcas mnêmicas inconscientes, à maneira de um reavivamento da alma dos mortos "adormecidos" no inferno, conforme um dos episódios vividos por Ulisses na *Odisséia*.

Além da questão da regressão, no adormecimento se dá uma curiosa associação de dois tipos de desejos: aqueles originados no infantil recalcado – os desejos inconscientes – e o desejo do eu de dormir, de natureza pré-consciente. Estes dois grupos de desejos nos remetem à conceitualização freudiana, formalizada alguns anos depois, da primeira dualidade pulsional; pois os desejos recalcados referem-se às pulsões sexuais, enquanto que o desejo de dormir concerne às pulsões de autoconservação. Para sermos mais precisos, podemos dizer que o desejo de dormir é mais bem uma *necessidade* do eu, guardando o termo *desejo* mais para plano das pulsões sexuais. De qualquer modo, se lembrarmos que Freud (1923) propôs uma relação intrínseca entre eu e experiência corporal – uma vez que, na sua gênese, o eu é essencialmente um *"ser corpóreo"* –, podemos concluir que a necessidade de dormir relaciona-se à autoconservação do indivíduo; as pulsões do eu tornaram-se, para Freud, equivalentes às pulsões de autoconservação[39].

É digno de nota que já no texto dos sonhos de 1900 emerge uma temática "lateral", e que veio a ganhar corpo nos desenvolvimentos ulteriores da psicanálise. Se o estudo do sonho enfatizou o papel de um inconsciente recalcado, o estudo do sono já coloca, desde o começo, a problemática do eu. O eu, no início da obra de Freud, não tinha ainda o estatuto de um conceito claro e bem delimitado, mas era entendido como o agente do recalcamento, aquele que imprime uma força contrária ao desejo proibido que busca caminho à consciência; tratava-se da *"segunda instância"*, em

---

[39] *"É muito importante, para a nossa tentativa de explicação, que partamos da inegável oposição entre as pulsões postas a serviço da sexualidade e da consecução do prazer sexual e aquelas outras cujo fim é a conservação do indivíduo, ou seja, as pulsões do eu"* (Freud, 1910, p.1633).

oposição ao Inconsciente recalcado, e estaria, assim, de maneira um tanto imprecisa, associado ao Pré-consciente e à Percepção-Consciência[40]. Houve um longo caminho de pesquisas teórico-clínicas até o eu tornar-se aquela instância psíquica que se equilibra entre seus três senhores – o mundo externo, o isso e o Supereu. Bem, esta "temática lateral" também se mostrou significativa em outra região da teorização psicanalítica: se a psicanálise dedicava-se, inicialmente, a considerar o desenvolvimento do ser humano do ponto de vista da psicossexualidade, fez-se necessário complementar esta descrição com o ponto de vista da gênese, da construção e do desenvolvimento de um eu, como Freud mesmo já havia assinalado.

Ora, o estudo das chamadas neuroses narcísicas em contraste com o das psiconeuroses – e agora podemos acrescentar, o estudo do sono em contraste com o estudo do sonho – trouxeram à tona a importância de realizarmos uma *dissecação psíquica* da personalidade e uma análise do eu, e nos proporcionaram a oportunidade de revalorizar o conceito de *necessidade*. A necessidade, como Winnicott sempre nos fez lembrar, é essencialmente uma *necessidade do eu*, enquanto que as pulsões são oriundas do isso. Para Winnicott, no entanto, as necessidades do eu não se restringem ao aspecto biológico ou auto-conservativo do ser humano, mas abarcam todas as condições necessárias para que este eu se constitua e se desenvolva de modo suficientemente bom. A expressão *pulsões do eu* torna-se, neste contexto, um tanto problemática, uma vez que as pulsões, oriundas do isso, constituem – no caso de um desenvolvimento emocional primitivo satisfatório – o campo do desejo, e não o da necessidade. O nexo de tal expressão pode ser encontrado no modelo da *fome*: esta aponta para uma necessidade somática do ser humano que, se tem – talvez[41] – uma origem pulsional, ela *pode* vir a fazer parte das

---

[40] Ao tratar certos tipos de sonhos de caráter desprazeroso como *"sonhos punitivos"*, Freud (1900) reconheceu de imediato que estava acrescentando *"algo novo"* à sua teoria dos sonhos: "os sonhos punitivos indicam a possibilidade de uma participação mais ampla do eu na formação dos sonhos. O mecanismo deste processo torna-se muito mais transparente quando substituímos a antítese entre o *Consciente* e o *Inconsciente* por aquela entre o *eu* e o *recalcado*" (p.685). Sabemos, também, que estas observações sobre o papel do eu nos sonhos punitivos prenunciam alguns elementos da segunda tópica: a descoberta de uma larga porção inconsciente do eu e, evidentemente, a proposição do Supereu.

[41] Laplanche (1985) sugere que denominemos o campo da autoconservação pela expressão *funções vitais*, e não por *pulsões* (de autoconservação ou do eu); a fome é, resgatando Freud, uma *"função corporal essencial à vida"*. Esta proposta não deixa de ser interessante, se levarmos em conta as contradições apontadas.

necessidades do eu ou pode *não o fazer*; este é o caso, por exemplo, de um bebê que é bem alimentado, mas não suficientemente bem cuidado. Dormir é, certamente, uma necessidade do eu, uma necessidade básica do psicossoma humano. É uma necessidade no plano do eu somático e autoconservativo *stricto sensu*, uma vez que possibilita a revitalização e o "reabastecimento" do soma em termos de tecidos, órgãos e funções. É uma necessidade no plano do eu psíquico, uma vez que sabemos das grandes perturbações que surgem quando o *"bom sono"* é prejudicado; como nos lembra Winnicott (1945), uma falta suficiente de sono produz, em qualquer pessoa, estados de tipo psicótico semelhantes à loucura: vivências de não-integração, assim como sensações de despersonalização e de irrealidade. E é uma necessidade – como discutirei adiante – no plano do eu si-mesmo (*self*), pois dormir é sempre a oportunidade – bem ou mal aproveitada – de um reencontro sagrado com o núcleo mais íntimo do nosso ser, na busca do reabastecimento da experiência básica de um estar vivo de modo que valha a pena. Este eu que abarca o soma, a psique e o *self* – sem que estes elementos possam ser verdadeiramente separados entre si, a não ser como planos de uma mesma realidade – é o equivalente do que poderíamos denominar *psicossoma humano*.

A dimensão narcísica do sono: retraimento ou regressão?

Em 1915, com a teoria do narcisismo, Freud propôs alguns acréscimos significativos à teoria do sonho, partindo agora da fenomenologia do sono. *"O dormir é, somaticamente, uma reativação da existência intra-uterina, com todas suas características de quietude, calor e ausência de estímulos. Muitos homens chegam, inclusive, a adotar a posição fetal durante o sono. O estado psíquico daquele que dorme se caracteriza por um retraimento quase absoluto do mundo circundante e pela interrupção de todo interesse por ele"* (Freud, 1915, p.2.083). A teoria do narcisismo proporcionou um novo elo – fundamental – para a questão sono-sonho, já que o desligamento do mundo exterior do dormir pode ser associado agora a uma retirada narcísica, um desinvestimento da libido dos objetos do mundo realizada diariamente por todos, uma "batida em retirada" absolutamente universal e não patológica.

Para dar conta de tal retraimento, Freud resgata também o conceito de *regressão*, já que, ao buscar um estado análogo ao intra-uterino, o dorminte regride a uma etapa arcaica do desenvolvimento libidinal: o narcisismo primário. Freud aponta, ainda, duas dimensões da regressão: uma libidinal e outra relativa ao eu. A discriminação entre estas duas linhas regressivas é da maior importância, se pensarmos nos dois grupos de pulsões acima mencionados; mas já neste momento Freud relativiza – pelo menos em relação ao narcisismo – uma suposta oposição entre pulsões sexuais e pulsões do eu, chegando a afirmar que *"o narcisismo e o egoísmo são a mesma coisa"* (*Idem*).

As modificações que aqui se iniciam na teoria freudiana das pulsões são de grande monta: vemos um investigador nato dirigindo-se paulatinamente a uma concepção não-dualista entre a psique – aquela que investe libidinalmente o eu – e o soma – o eu corpóreo e autoconservativo que se concentra em seus próprios interesses –; esta tendência pode ser percebida no pensamento freudiano, pelo menos nesta passagem de 1915. No dormir, podemos tanto reconhecer o *egoísmo do eu* – expressão um tanto tautológica, já que um termo deriva do outro – quanto o *narcisismo da libido*. Ora, sabemos que, em termos da metapsicologia, esta aproximação entre autoconservação e sexualidade já prenuncia a virada da teorização freudiana dos anos ulteriores: a segunda teoria pulsional. De fato, as pulsões sexuais e as pulsões do eu serão consideradas, ambas, parte de Eros, e o que garantirá a manutenção do modelo dualista tão caro a Freud é a oposição delas à pulsão de morte.

A força da descrição freudiana da fenomenologia do dormir é, de fato, notável, e inspirou muitos analistas em suas reflexões teórico-clínicas. A idéia de uma "batida em retirada" universal e não patológica prenuncia o conceito winnicottiano de *self*, especialmente no que tange a importância concedida a um isolamento que se articula dialeticamente com o encontro com o outro. O viver pode ser compreendido como uma espécie sofisticada de jogo de esconde-esconde, no qual *"é uma alegria se esconder, mas é um desastre não ser encontrado"* (Winnicott, 1963a, p.186). Todo indivíduo estabelece um si-mesmo privado e íntimo que deve permanecer isolado e protegido, mas que, ao mesmo tempo e paradoxalmente, deseja comunicar-se e ser encontrado. Aqui encontram-se as bases da capacidade de estar só; podemos acrescentar que a capacidade do "bem dormir" é, no fundo, uma variante da capacidade de estar só.

Bem, e por que esta necessidade de isolamento precisa ser pensada apenas em termos de narcisismo? Esta indagação parece ter sido uma das molas que movia o pensamento de Winnicott. Se bem que a teoria do narcisismo tenha trazido à tona uma quantidade enorme de observações teórico-clínicas fundamentais, o *tratamento* de algumas delas em termos desta conceitualização pode ser questionado. O uso do termo narcisismo (primário) para um estado originário de indiferenciação entre o recém-nascido e sua mãe, antes ainda da formação de um eu que pudesse ser objeto de um movimento secundário de retraimento defensivo, traz alguns impasses. Da mesma maneira, a necessidade universal de uma não-comunicação do si-mesmo – necessidade do eu – merece ser distinguida do retraimento narcísico como defesa de natureza esquizóide.

Neste ponto, um novo elo cabe ser acrescentado a esta reflexão. Winnicott descobriu, ao longo de seu árduo trabalho clínico com pacientes *borderline*, a importância crucial de distinguirmos um estado de *retraimento* de um movimento de *regressão*, ainda que do ponto de vista do observador desavisado eles possam parecer a mesma coisa[42]. Aliás, a grande meta do trabalho analítico em situações de esquizoidia é justamente transformar um estado de retraimento em um estado de regressão. No retraimento, *"um paciente está sustentando o si mesmo [holding the self]; se, assim que o estado retraído surge, o analista é capaz de sustentar [holds] o paciente, então, aquilo que seria um estado retraído torna-se uma regressão"* (Winnicott, 1954, p.261). Em poucas palavras, *"na regressão há dependência, e no retraimento há independência patológica"* (Winnicott, 1965, p.149).

Bem, quando dormimos estamos *retraídos* ou *regredidos*?[43]. Estamos em um *"esplêndido isolamento"*, como estava Freud ao criar a teoria dos sonhos, em uma suposta *"relação narcísica"* com suas criaturas, ou, nesta experiência de reencontro com o si-mesmo, estamos ao mesmo tempo em um contato de uma outra natureza, talvez mais profunda e intensa, com o outro e os objetos do mundo? Ora, Freud (1915) já se deparou com esta contradição à sua maneira, ao afirmar que, na verdade, o retraimento do sono nunca é absoluto; o sonho expressa justamente uma recusa a aceitar o retraimento total, uma recusa do inconsciente recalcado em obedecer ao

---

[42] Nota-se como, na passagem acima citada de 1915, Freud de fato trata o retraimento e a regressão como co-extensivos. O tratamento dado ao tema por Winnicott é, no entanto, de outra ordem, já que o uso que faz do conceito de regressão é diferente. A regressão refere-se, no seu trabalho, a um processo que se dá na situação analítica, e que está articulado à linha de desenvolvimento do eu, e não à libido; a regressão é, essencialmente, uma *regressão à dependência*.

[43] Podemos acrescentar, também, a seguinte indagação: quando um paciente dorme em sua sessão de análise, ele está *retraído* ou *regredido*? A resposta só pode ser encontrada, evidentemente, em cada situação singular.

desejo do eu de dormir. O sonho é, pois, o resto que sobra de um sono que não se rende totalmente, o resto da operação narcísica de investimento pulsional no eu; trata-se de uma teimosia dos impulsos pulsionais em investir os objetos e animá-los na tela do sonho, ainda que alucinatoriamente, à maneira de um fenômeno restitutivo. Ora, se os "restos diurnos", *objetos* colhidos durante a vida de vigília, compõem, justamente, a matéria-prima dos sonhos, eles não indicariam que há uma ligação com a realidade que se conserva de alguma maneira? Não seriam eles *objetos intermediários* entre a vida de vigília e o sono?

Quando dormimos, estamos negando o contato com o outro ou estamos, ao contrário, precisamente mais entregues ao outro, como que *"nos braços"* da mãe-ambiente (Winnicott) ou de uma mãe-natureza, ou simplesmente, nos braços de Orfeu? Parece que a resposta só pode ser encontrada no paradoxal jogo de esconde-esconde sugerido por Winnicott... Eis, pois, uma questão crucial, que revira algumas concepções conhecidas do sono-sonho, tais como aquela que vê no sono um estado de *afastamento* da realidade, e no sonho um fenômeno essencialmente *alucinatório*; a verdade é que estas formulações podem ser interpretadas de diferentes maneiras. Estas observações nos obrigam, também, a reavaliar a concepção, tão facilmente aceita, de que o sonhar é uma experiência anti-social ou, pelo menos, a-social; ao pensarmos assim, talvez estejamos aderindo a um grande pré-conceito científico.

O dormir, o sonhar e a experiência psicossomática

Temos, portanto, na obra freudiana, um ponto de partida para o estudo do sono e do sonho. O que as pesquisas no campo da psicossomática psicanalítica nos permitem elaborar a partir destas bases freudianas, cujas conseqüências não foram, em alguns casos, levadas totalmente adiante? Avançando na nossa argumentação, podemos dizer que *o dormir e o sonhar são duas faces de uma mesma experiência psicossomática*, sendo o primeiro a face somática e o segundo, a face psíquica. A psicanálise nasceu estudando principalmente a face psíquica, e a psicossomática psicanalítica tem como vocação, entre outras coisas, enfatizar e trabalhar sobre a inter-relação entre ambas. O estudo dos distúrbios do sono complementa a psicologia dos processos oníricos, e tais distúrbios podem ser tomados, até mesmo, como o protótipo de toda perturbação do psicossoma, já que neles se verifica como uma falência das funções psíquicas atinge as funções vitais[44].

Durante o processo de desenvolvimento humano – especialmente no seu período inicial –, se dá um paulatino entre-tecimento entre o soma e a psique, não sendo esta última, na verdade, nada mais do que *"a elaboração imaginativa de partes somáticas, sentimentos e funções, isto é, da vivacidade física"* (Winnicott, 1949a, p.244). Winnicott denominou este processo *personalização* – relacionando-o à integração do eu –, ou ainda, *morada da psique no soma*. Ora, *"não apenas a fruição do funcionamento do corpo reforça o desenvolvimento do eu, como este último também reforça o funcionamento do corpo"* (Winnicott, 1964a, p.113); assim, o desenvolvimento do eu influencia no tônus muscular, na coordenação motora, ou mesmo na adaptação do organismo às mudanças de temperatura. A concepção monista de Winnicott é explicitamente ligada à formulação freudiana do eu como ser corpóreo (Freud, 1923); a experiência de um si-mesmo – o *self*, relacionado ao eu, mas não equivalente a ele –, também não pode ser compreendida abstraindo-se de suas bases no corpo (Winnicott, 1970).

Ora, esta construção paulatina da articulação entre psique e soma é *condição* para o sonhar. O trabalho de Freud com o produto-sonho pressupõe que tal conquista anterior tenha sido bem-sucedida, de modo que, quando trabalhamos, na análise da psiconeurose, com as representações psíquicas, estas portam consigo um psicossoma integrado. O método da associação livre do analisando e da interpretação do analista partem, sem o saber, de uma *personalização* tida como certa, sem a qual o método perde sua validade e eficácia. Se a palavra não está encarnada, se o analista não conversa com uma psique que é a elaboração imaginativa do corporal, a sua própria fala perde o poder mágico de curar, a chamada cura freudiana pela fala. O caso típico desta falência é aquele em que se apresenta uma mente dissociada do psicossoma, absorvida por um fantasiar ruminante e sem saída, que freqüentemente se aloja em uma estrutura falso-*self*. Um trabalho prévio de articulação psicossomática a partir do desmanche da defesa dissociativa é necessário para se atingir a potência e a magia do verbo. Só aí, então, as representações passam a portar o corporal, como é o caso típico

---

[44] Apresentei esta idéia em *Psicanálise, regressão e psicossomática: nas bordas do sonhar* (In Gurfinkel, 2001). O mesmo tema é discutido por Nayra Ganhito (2001) em *Distúrbios do sono*, e em seu trabalho publicado no presente livro.

da conversão histérica, distinguível, por definição, da somatização, por emergir a partir de um eu corporal intacto. Diz Winnicott (1963b): *"quando um sonho é sonhado, recordado e apropriadamente relatado, isto é em si mesmo um indicativo de que o sonhador tem a capacidade de lidar com as tensões internas expressas no sonho"* (p.75). Esta é a área conhecida e mais confortável para o analista: o campo da interpretação dos sonhos, compreendida em uma *clínica do recalcamento*. A *clínica da dissociação* o leva, em contraste, ao que denominei *"colapso do sonhar"* (Gurfinkel, 2001), tão característico dos distúrbios do psicossoma e das adicções.

O sonhar é, também, por sua vez, um fator fundamental de articulação psicossomática, de integração do eu e de reencontro com o si-mesmo; assim, se ele é o resultado da potencialidade simbolizante do psicossoma, ele também a produz. Um bebê nasce a partir de um sono profundo no interior do corpo da mãe – aquilo que Freud denominou narcisismo primário – e começa a experimentar, alternando-se com um estado predominante de adormecimento, estados de vigília insipientes. A atividade psíquica que surge nos dois estados é a base do sonhar, fantasiar, devanear e pensar, ainda difíceis de serem distinguidos entre si. Ora, nestes dois estados alternados, externamente observáveis, o bebê não sabe *"ser o mesmo e um único"*; tal construção se dá aos poucos. Bem, à medida que a criança cresce, poder relatar a um outro, em vigília, um sonho sonhado no estado de adormecimento, é uma maneira de tecer uma rede de ligação entre os dois estados, aproximando o eu que fala do eu que dorme. Não devemos menosprezar a importância de simplesmente sonhar e relatar tal experiência a um outro, independentemente de qualquer atividade interpretativa, conforme ressaltou Winnicott (1945); este outro – uma mãe, um pai, um adulto ou criança disponível, ou mesmo um analista – cumpre a função indispensável de possibilitar *"juntar os pedaços"*, ou refletir para o sujeito um si-mesmo, para que este ganhe o estatuto de realidade. Devemos considerar, assim, em um processo analítico, a função terapêutica em si mesma do sonhar e do relatar o sonho.

Um dos aspectos mais fascinantes da relação sono-sonho é uma espécie de *fenomenologia do dormir*, com ênfase especial para os momentos do *adormecimento* e do *despertar*. Acompanharemos, em seguida, algumas possibilidades de observação que este ponto de vista nos proporciona.

O processo do adormecer

Freud sugeriu que, quando adormecemos, há uma retirada do mundo externo e uma regressão a um estado narcísico, semelhante ao do bebê no útero. Podemos dizer, de uma maneira mais precisa, que se dá uma regressão a um estado de *identificação primária*, originalmente experimentado pelo bebê humano com sua mãe-ambiente. Nesta situação, não há uma apreensão objetiva (percepção compartilhada) das dimensões temporal e espacial, construção atingida pelo processo de *realização*[45]. Quando estamos em um sono profundo, *onde* estamos? *Quando* estamos? A dissolução paulatina das noções espaço-temporais[46] acompanha um estado de não-integração: tanto o eu quanto os objetos tendem a perder seus contornos e sua identidade, dissolvendo-se; trata-se de uma perda da forma, ou de estado *informe*. Winnicott (1971b) foi muito sensível ao sugerir, a partir da associação de uma paciente sua, que quando dormimos *"a mente está fora de foco"*. As imagens fugidias de um sonho se formam nos raros momentos em que algum foco é atingido, para depois perderem-se; o foco é também reencontrado no ulterior relato e, em alguns casos, no trabalho analítico sobre o sonho.

Compreendemos, assim, que o ciclo diurno/noturno dos sujeitos humanos obedece a uma lógica e a um equilíbrio muito sutis. Nele alternam-se os momentos da iluminação da vigília – nos quais o eu cioso de suas fronteiras conquistadas mostra-se bem-integrado – e os momentos do escuro do sono, nos quais a não-integração e a indiferenciação de um estado primário do Ser podem ser cotidianamente reexperimentadas. Estas reiteradas visitas a um tempo e espaço imemoriais têm, a que tudo indica, um misterioso poder de revitalização, refertilização e rejuvenescimento do si-mesmo; algum encontro aí se dá que possibilita ressignificar diariamente a experiência do viver. Lembro-me, aqui, de alguém que costuma dizer que, ao acordar, sente-se *"outra pessoa"*.. O dormir proporciona, a muitos indivíduos, um agradável sentimento de *realização*; isto parece desconcertante, já que novamente nos perguntamos onde e quando estamos mais "em contato" com a realidade.

---

[45] Veja "Fé perceptiva e experiência de realidade", In Gurfinkel (2001).
[46] Freud (1915) já havia indicado que o sonho é uma espécie de "psicose controlada", restrita ao espaço protegido do sono. Nele impera o processo primário, tendo como conseqüência a perda temporária dos parâmetros espaço-temporais do processo secundário. Mas o que está sendo aqui acentuado não é tanto esta regressão *formal* nos processos psíquicos, mas a regressão a um estágio primitivo no qual o eu ainda não havia se constituído.

Bem, quando nos referimos ao *adormecer*, muitas vezes dizemos que "caímos no sono". Ora, que "queda" é esta? Inúmeros exemplos podem ser encontrados, na literatura de ficção e na filmografia, que expressam o adormecimento como um *cair*, atestando o sentido profundo de tal figuração na experiência humana.

Se tomarmos, por exemplo, a personagem Alice, de Lewis Carrol, vemos que esta queda é, em geral, suave e não traumática, não causando ferimentos; no fim de sua queda, *"Alice não ficou nem um pouco machucada, e em um piscar de olhos estava de pé. Olhou para cima, mas lá estava tudo escuro..."* (Carrol, 2002, p.14); adiante, um outro corredor comprido que conduzia a um novo mundo a ser explorado. Trata-se de uma queda em um tempo desconhecido e em *"país das maravilhas"*. Pela toca do coelho, título do capítulo 1 de *Aventuras de Alice no país das maravilhas*, já indica que se trata de uma *passagem* – *através* da toca –, uma toca-caverna-passagem que é o portal do sono-sonho. A *lentidão* da queda indica, por outro lado, que o adormecer é um *processo*, não sendo um simples atravessar de um umbral. Se a queda é vista por uma auto-observação espirituosa, pode ser desfrutada e *experimentada* como tal: *"caindo, caindo, caindo. A queda não terminaria nunca? 'Quantos quilômetros será que já caí até agora?', disse em voz alta. 'Devo estar chegando perto do centro da Terra'"* (Idem, p.13). A *suavidade* da queda indica, ainda, que a lei da gravidade, com suas terríveis conseqüências, já não é mais válida: as noções de espaço e de tempo já se dissolveram.

Mas para que a queda seja assim lenta e suave – e possa ser experimentada espirituosamente como o foi por Alice – há uma *condição* crucial que não pode ser esquecida: *a existência dos braços da mãe que sustentam o bebê que dorme*. A capacidade de dormir e de sonhar só se desenvolve no ser humano se houver um *holding*, proporcionado pela mãe suficientemente boa da identificação primária. A angústia relativa a falhas desta função primária toma a forma de uma angústia de queda sem fim, angústia de natureza terrorífica e impensável que mobiliza imediatamente as defesas dissociativas do psicossoma. Os pesadelos de queda (por exemplo, do alto de um penhasco), em certa medida típicos, buscam figurar, de modo aproximativo, tal angústia; o impossível da angústia é percebido pela necessidade imperiosa de despertar, e pelo terror noturno que freqüentemente se segue.

Muitos analistas já apontaram como o eu se constitui, na sua origem, sob um fundo paranóide. Winnicott propôs um estado paranóide universal no desenvolvimento emocional primitivo, quando o eu começa a emergir a partir da identificação primária. Ele se vê, pela primeira vez, assim que "nasce" – o eu, não o ser biológico –, em perigo iminente, intuindo de imediato a precariedade e a fragilidade de sua existência; de fato, ele está sob um terrível risco de cair e quebrar, a não ser que alguém se encarregue de tomá-lo em seus braços. Na verdade, é neste momento que se *descobre* o perigo, já que, anteriormente a isto, as falhas de *holding* não são percebidas como tal, mas produzem, por outro lado, um padrão psicótico de defesa baseado nas reações à invasão. A passagem de um estado de dependência absoluta para um estado de dependência relativa, quando a fragilidade e a dependência passam a ser percebidas, talvez seja um dos momentos cruciais e mais sensíveis da trajetória de um bebê humano[47]. Existe um tipo de sonho que expressa esta passagem de modo particularmente vívido: aquele em que, dentro do sonho, o sujeito "acorda" e se vê no alto de uma pequena plataforma (por exemplo, a ponta de um penhasco), e sabe, dentro do sonho, que não pode se mexer, se não cairá no abismo, e será o fim de tudo.

Concluímos, pois, a título provisório, que deve haver uma relação intrínseca entre a construção da experiência do "bem adormecer" – nos jogos marciais, diz-se que "saber cair" é uma arte a ser aprendida – e esta passagem crucial do desenvolvimento humano, da dependência absoluta para a dependência relativa. Como *cair no sono*, quando a queda originária foi traumática e, em alguns casos, deixou rachaduras permanentes na estrutura do ovo-eu (refiro-me aqui a dissociações primárias)? Ora, trata-se justamente de uma passagem – da vigília para o sono, do processo secundário para o primário, de um estado de integração para um estado de não-integração –, e sabemos como as passagens são sempre cruciais e tão delicadas na vida psicossomática, começando pela passagem simbolicamente inaugural: saímos do útero em direção ao ambiente exterior ao corpo da mãe, também, em geral, por uma espécie de "toca do coelho"..

Percebemos, ainda, que existem certos sonhos – como os sonhos de cair – que são uma espécie de meta-sonhos, pois são tentativas de figurar a própria experiência do adormecer, do estar dormindo e do despertar.

---

[47] Como se sabe, Winnicott (1952) encontrou no personagem Humpty Dumpty – um ovo que se equilibra em cima de um muro – uma representação particularmente expressiva desta precariedade do eu em sua gênese, determinando uma persecutoriedade temporária e universal – portanto não patológica – que sucede as primeiras operações de integração.

A dinâmica do adormecer e do despertar concerne à problemática da constituição do eu, e à capacidade – melhor ou pior desenvolvida – de experimentar e fruir a não-integração, ou um estado informe da existência. É precisamente nele que se encontra o poço sem fundo da potencialidade criativa do homem. Acordar e adormecer expressam um ir e vir de um estado integrado a um estado não-integrado, e quando este trânsito pôde se constituir de modo suficientemente bom, o sujeito está de posse de um dos maiores tesouros da alma humana: o *Fort-da* do "eu sou" ao puro estado de Ser.

Quando a queda no sono pode se dar sem rupturas na continuidade do Ser, novas excursões de exploração surgem. Certos sonhos figuram, por exemplo, a queda no sono como uma viagem ao interior de um corpo, talvez o corpo da mãe. Surgem túneis, cavernas, passagens secretas, etc. Esta outra espécie de meta-sonhos típicos expressa a apreensão psíquica de um "interior", ou a elaboração imaginativa do interior de um corpo: uma viagem ao centro da Terra, a mãe-Gaia. Aqui retornamos a Alice – *"devo estar chegando perto do centro da Terra"* – e à metáfora, proposta por Freud em a *Interpretação dos sonhos*, da expedição exploratória de regiões desconhecidas e selvagens da natureza; podemos redescrevê-la como uma exploração da natureza humana, e considerarmos a pesquisa da vida onírica como a descoberta de uma *"via régia"/"passagem secreta"* que talvez nos leve, afinal, ao interior do corpo materno e do corpo próprio. Aqui nos reencontramos, também, com o Freud de 1915, que propôs o caráter hipocondríaco e diagnóstico de certos sonhos. Ora, no caso dos sonhos de cavernas, passagens, etc., as zonas erógenas visitadas são mais obscuras, pois referidas a um espaço *interior* e não *exterior*, como o são as mucosas oral e anal, os genitais, a pele, etc.

A experiência do despertar

Além do *adormecer*, também o processo do *despertar* merece nossa atenção.

Iniciamos nossa abordagem do despertar pelo estudo do *sonho de angústia*, ou da situação de interrupção do repouso pelo sonho, como Freud (1900) mesmo o fez na parte D do capítulo 7 da *Interpretação dos sonhos*. Lembremos o exemplo-modelo proposto por Freud na abertura deste longo capítulo, o sonho do pai com o filho morto, conhecido pelo apelo do filho: *"pai, não vês que estou queimando?"*. A descrição de Freud é concisa e clara:

"um indivíduo havia passado vários dias, sem um instante de repouso, à beira do leito de seu filho, gravemente doente. Morto o filho, o pai deitou-se no quarto contíguo ao que se encontrava o cadáver e deixou a porta aberta, através da qual via-se o resplendor das velas. Um senhor, seu amigo, ficou velando o cadáver. Depois de algumas horas de sono, sonhou que seu filho se aproximava da cama em que se encontrava, o tocava no braço e murmurava em seu ouvido, em tom de amarga reprovação: 'pai, não vês que estou queimando'?. Com estas palavras, desperta sobressaltado: observa um grande resplendor que ilumina o quarto vizinho, corre até ele, encontra o senhor que velava o cadáver de seu filho dormindo, e vê que uma das velas havia caído sobre o ataúde e posto fogo na manga da mortalha" (p.656).

Retornar a este *"sonho prototípico"* é sempre muito rico, tanto pela força da impressão que nos causa – por uma identificação empática com o sonhador – quanto pelo que suscita de questões e ensinamentos.

Freud propõe que, subjacente a este sonho, encontra-se o desejo de ter o filho vivo. Pois este, a título de transmitir ao pai a mensagem-reprovação que, afinal, expressa a percepção subliminar do incêndio, figura no sonho *vivo*, como teria desejado o pai; assim, o desejo do eu de permanecer dormindo após tamanho desgosto e fadiga associa-se ao desejo (provavelmente pré-consciente) de ter o filho ainda vivo: o sonho permite prolongar, a um só tempo, o repouso e a ilusão. Mas por que o sobressalto? E por que a reprovação? Haveria no sonho, como pano de fundo, uma idéia de culpabilidade? Estaria o pai culpado por ter ido dormir o "sono dos justos", quando seu filho acabara de morrer? Será que ele se sentiu sem direito de usufruir do alívio e do prazer de tal bálsamo, investindo em si mesmo a libido retirada do filho amado? Como pode alguém, em profundo pesar do luto, *"dormir em paz"*, sem sentir-se não merecedor de tal *egoísmo*? O luto talvez seja justamente o longo trabalho que possibilita ao sujeito, afinal – após tanta dor – dormir em paz, e deixar que o objeto perdido *"descanse em paz"*.

Ora, foi justamente Freud quem nos chamou a atenção ao conteúdo latente de um sonho típico, também prototípico: o sonho de morte de pessoas queridas. Subjacente à dor a ao medo da perda, encontra-se o desejo inconsciente de morte do ente figurado no sonho. Esta descoberta abriu caminho, como sabemos, à proposição da teoria do Complexo de Édipo, o que não é pouca coisa. Este desejo inconsciente de morte de pessoas queridas mostrar-se-á cada vez mais importante na vida psíquica dos sujeitos, denunciando a pregnância da ambivalência amor-ódio em todas as relações humanas. Isto produz uma complicação adicional em todo trabalho de luto, predispondo, em certos casos, a um luto patológico de tipo obsessivo ou mesmo a uma melancolia.

Voltemos a nosso sonho prototípico. O que assusta e *desperta* o pai, em um típico sonho de angústia: a percepção da luz do fogo que queima, no mundo externo compartilhado, o leito do filho morto, ou talvez seu desejo, oriundo da realidade psíquica inconsciente, de morte do filho? O *sonho desperta* o pai ou, quando este está por despertar, em virtude da luz intensa, o pavio do sonho é finalmente aceso, como em uma festa de fogos de artifício? Notemos, aqui, o surgimento de uma sugestiva metáfora pirotécnica, à qual retornaremos adiante. A alternativa ou/ou está aqui malcolocada, pois é justamente no encontro das águas do desejo inconsciente com os vestígios do dia que se produz o sonho e o despertar. A *necessidade de dormir* fica em segundo plano quando a força do *desejo inconsciente* ameaça a organização psíquica do sujeito, por causa do sentimento de culpa depressivo insuportável; neste momento, o reencontro com a realidade compartilhada é bem-vindo, já que afasta o terror da realidade psíquica sem freios, na qual impera a onipotência dos desejos. O despertar do sonho de angústia proporciona, em geral, um grande *alívio*, pois é acompanhado da sentença *"fique tranqüilo, não é nada além de um sonho"*; em outros casos, ao contrário, o despertar é acompanhado de uma *decepção*: *"ah, que pena, era só um sonho..."* Voltar para o estado de vigília pode ser uma bênção ou um fardo; o quanto estes afetos contribuem para precipitar ou retardar o despertar?[48]

Em um estudo sobre a agressão, Winnicott (1964b) comenta os sonhos de crianças nos quais a destruição e o assassinato são experimentados em fantasia. Ele nos adverte que *"esta atividade onírica está associada a um determinado grau de excitação no corpo; é uma experiência concreta, e não apenas um exercício intelectual"* (p.106). Com isto, ele nos chama a atenção para o fato de que *o sonhar é sempre uma experiência psicossomática*, e não apenas uma atividade *mental*; o despertar tira tanto a psique como soma de uma experiência insuportável. A agressividade tem

---

[48] Aqui torna-se especialmente significativa a relação entre *sono* e *depressão*, uma vez que muitas vezes os afetos penosos do estado depressivo provocam o prolongamento do sono enquanto *refúgio* (C.f. Delouya, 2002).

sua raiz, para Winnicott (1950), na motricidade do corpo, e não em uma hipotética pulsão de morte.

Bem, *"se o sonho contiver destruição excessiva, ou envolver uma ameaça séria demais para objetos sagrados, ou se sobrevier o caos, então a criança acordará gritando. Neste ponto, a mãe desempenhará o seu papel ficando disponível para a criança e ajudando-a a despertar do pesadelo, para que a realidade externa possa exercer uma vez mais sua função tranqüilizadora. Esse processo de despertar pode constituir também uma experiência estranhamente satisfatória para a criança"* (idem). Este trecho é notável por indicar que, se o reencontro com a realidade externa pode ser um grande alívio[49], este encontro é possibilitado por um outro ser humano: a mãe. O *holding* estende-se, pois, do proporcionar as condições para o adormecimento até uma presença potencial, discreta, que se faça operativa nos momentos de necessidade; ao se despertar do sonho de angústia, podemos imaginar também uma outra sentença de alívio: *"ah, que bom, então ainda continuo nos braços da mãe..."*

Estas observações nos conduzem, novamente, a estudar sempre o dormir – desde o adormecimento até o despertar – em um campo eminentemente intersubjetivo, sendo as relações com a mãe-ambiente e com a mãe-objeto preponderantes. O sonho prototípico de Freud talvez já indicasse, de maneira intuitiva, que o sonho-sono sempre inclui um endereçamento a um objeto e, no caso do pai do filho morto, um objeto no limiar entre a vida e a morte. O apelo do filho ao pai – no sonho deste último – pode ser entendido como um *grito*, um chamado ou pedido de ajuda: *"acorda, veja o estrago que está em curso!"*. Ora, também o *"acordar gritando"* da criança que figura no sonho as suas fantasias destrutivas não deixa de carregar a

---

[49] Este aspecto da relação com a realidade externa é freqüentemente assinalado por Winnicott, como na bela passagem que se segue: *"há algo que acompanha a aceitação da realidade externa: a vantagem que pode-se ganhar com isto. Nós freqüentemente ouvimos dizer das frustrações verdadeiramente duras impostas pela realidade externa, mas menos freqüentemente ouvimos algo a respeito do alívio e da satisfação que ela nos proporciona. (...) A questão é que, na fantasia, as coisas funcionam por magia: não há freios para ela, e o amor e o ódio provocam efeitos alarmantes. A realidade externa possui freios, e pode ser estudada e explorada; a fantasia só é plenamente tolerável quando a realidade objetiva pode também ser apreciada. O subjetivo é profundamente precioso, mas é tão alarmante e mágico que não pode ser usufruído, a não ser quando tomado em paralelo ao objetivo"* (Winnicott, 1945, p.153).

mensagem: *"mãe, não vês que estou queimando?"*. Assim, o estudo do sonho de angústia merece incluir, além da compreensão e interpretação de seu conteúdo e, portanto, da natureza da angústia subjacente, uma reflexão acerca do *grito que desperta e solicita um outro*.

Winnicott descreve de maneira tocante, em um relato de caso, uma espécie de *patologia do gritar* que dominava uma paciente, atormentada por angústias de natureza psicótica. Sucintamente, esta paciente sofria pelo fato de seu gritar não ter sido operativo, ou seja, não ter sido respondido pelo gesto materno. O processo associativo da paciente conduziu, a partir de certas dificuldades que vivia, a uma situação paradigmática: aquela em que uma mãe fica sentada ao lado da criança que brinca, ocupada com seus afazeres, mas disponível. *"A qualquer momento, a criança pode esboçar um gesto, e a mãe transferirá seu interesse para a criança. Se a mãe estiver muito absorta e não notar, de início, a necessidade da criança, esta precisará apenas chorar*[50] *para que a mãe se mostre disponível. No padrão ruim que está na raiz da doença desta paciente, a criança chorou e a mãe não apareceu"* (Winnicott, 1969, p.116-117). O não-grito era, para Winnicott, o grande tema desta análise, caracterizada pela busca do grito anterior ao momento em que se perdeu a esperança.

Bem, a seqüência brincar – chorar – ser atendido pelo outro, situação paradigmática a qual Winnicott tantas vezes recorreu, é semelhante àquela do sonho de angústia: sonhar – angustiar-se – gritar – ser atendido pelo outro. Podemos supor que entre o brincar e o chorar da primeira seqüência deve haver o desencadeamento de uma angústia e, mais importante, constatamos como o *brincar* e o *sonhar* são semelhantes em termos de sua mesma função simbolizante. Ora, o choro-grito é justamente um ingrediente fundamental do sonho de angústia, e não apenas uma conseqüência da angústia do sonho. O encadeamento sono-sonho-despertar *inclui*, neste tipo de sonho, a invocação do outro que vela pelo sono, aquele que vela para que se possa descansar em paz – como no sonho do pai do filho morto – ou brincar em paz. Este tipo de sonho porta sempre um apelo, e se não há a

---

[50] O *chorar* e o *gritar* estão aqui muito próximos, já que o choro, a partir de um certo momento do desenvolvimento, é também um grito-chamado. No original do texto de Winnicott encontramos o verbo *to cry* que, curiosamente, comporta os dois sentidos semânticos, apesar do autor utilizar também o verbo *to scream*.

crença em um objeto que escute e responda ao grito – como no caso da paciente de Winnicott –, esta formação psíquica tão singular nem chega a se produzir[51].

O sonho de angústia é de enorme utilidade como instrumento para melhor compreendermos a relação sono-sonho, assim como a fenômeno do despertar. Mas podemos estudar o despertar também no caso mais geral de qualquer repouso, considerando ainda a sua relação com os sonhos nele experimentados.

A observação fina de Freud (1900) destacou que, se o processo de formação de um sonho é longo e se inicia durante a vigília – quando as preocupações atuais e a coleta de restos diurnos começam por mobilizar a energia que investirá regressivamente as marcas mnêmicas inconscientes – a formação do produto-sonho como conjunto de marcas perceptivas está associada ao processo de *despertar* do sono. Ora, o ter um sonho é já um semidespertar, já que se trata de um conjunto perceptivo que atrai sobre si a consciência e desperta o pré-consciente, *"independentemente do tempo e da profundidade do repouso"* (p.695). Quando, durante a noite, se produz um sonho, nós experimentamos um pequeno despertar, logo seguido de um novo adormecer: *"é como quando acordamos para espantar uma mosca que nos incomoda; em seguida, voltamos a dormir, conforme tenhamos suprimido a perturbação"* (p.696). Ocorre que a maioria dos sonhos – por não terem força suficiente para interromper o repouso – parecem *"esperar"* o momento do despertar para fazerem-se presentes, já que, neste momento, a atenção, mais móvel, pode ir ao encontro do sonho. O sonho, quando sonhado, sempre *"chama a atenção"* – seria isto também uma espécie de grito? –, despertando, ainda que por um ínfimo instante, o eu do sujeito.

Se, no sonho de angústia, o sonho acorda o indivíduo, no caso do *"despertar espontâneo"* – conforme expressão utilizada por Freud –, é justamente ao acordar que ele experimenta, perceptivamente, seu sonho,

---

[51] Em um trabalho bastante provocativo, Winnicott (1949b) dedica-se a pesquisar possíveis conseqüências da experiência de nascimento no psiquismo do sujeito, ressaltando o contraste entre uma experiência de nascimento normal e uma traumática. O *choro* do recém-nascido pode ser tomado como um protótipo originário do choro-grito que estamos aqui discutindo. O "choro normal" inaugura uma expressão de vivacidade por meio da *expiração*; há, aqui, uma função psicossomática *expulsiva* que porta um sentido claro – "viver à sua própria maneira, e não reativamente" (p.188) – e que pode ser compreendida também como uma expressão de *raiva*. Esta raiva que é uma afirmação do viver e do si-mesmo é oposta à *raiva reativa* ligada ao processo de nascimento traumático; a raiva reativa – que indica uma falha no choro-grito - perturba o estabelecimento do eu.

como se fosse a primeira coisa que *"visse"* ao despertar. Neste ponto, o processo onírico experimenta uma aceleração, *"uma vez que o sonho ganha, já, o mesmo tratamento que qualquer outra percepção. A resultante é, pois, semelhante a uma festa de fogos de artifício, preparados durante muitas horas e consumidos em poucos minutos"* (Freud, 1900, p.695). Que bela imagem para figurar a experiência de *"ter um sonho"*!. Nós nos encontramos, novamente, com uma metáfora pirotécnica. Neste desfecho que antecede o despertar, a mente volta a estar "no foco".

Aqui poderíamos dar ainda mais um passo adiante em nossa investigação. Se a psicopatologia psicossomática dedica-se, por um lado, ao estudo dos *distúrbios* do sono, podemos também abordar a questão sono-sonho de um outro ponto de vista: em termos de uma espécie de *psicossomatologia da vida cotidiana*. Assim procedendo, deslizamos nossa atenção do patológico ao universal. Se nos afastamos, por ora, dos sonhos de angústia, como entendemos este fenômeno tão singular e inquietante que é o *"despertar espontâneo"*?. Podemos supor um despertar realmente *espontâneo*, resultado do esgotamento do repouso do corpo ou de um suposto desejo do eu de acordar, sem considerarmos a relação conflituosa deste com o recalcado? Haveria também, no psiquismo humano, um *"desejo de acordar"* – ou deveríamos dizer, uma *necessidade* de acordar? Afinal, por que acordamos, e por que adormecemos?

Percebemos, assim, como o estudo do *despertar* – de modo complementar ao estudo do *adormecer* – é da maior importância. Despertar e adormecer são, afinal, os momentos de *passagem* entre dois estados fundamentais da experiência humana: sono e vigília, universo dos processos primários e dos processos secundários, ou viver não-integrado e viver integrado. Como podemos compreender, afinal, a maravilhosa máquina que é o psicossoma humano, capaz de entre-tecer, na saúde, psique e soma, vigília e sono, processos primário e secundário, eu e Isso, sem perder o equilíbrio? O jogo do adormecer e do despertar faz parte, com certeza, da saúde do psicossoma.

O ciclo sono-sonho e o equilíbrio psicossomático

Muitos são os caminhos que podemos, a partir daqui, percorrer; gostaria de ressaltar apenas um último aspecto: a importância do sono-sonho para o equilíbrio e a saúde psicossomática.

Já foi ressaltada por Freud (1915) uma curiosa capacidade *diagnóstica* do sonho, derivada de uma certa hipocondria inerente ao adormecimento. Em virtude da retração narcisista da libido, a atenção fica dirigida ao eu e ao próprio corpo, o que possibilita ao indivíduo perceber certos sintomas de doenças orgânicas, especialmente no seu início, que passam despercebidos no estado de vigília. O fenômeno onírico amplifica, assim, todas as sensações somáticas[52]. Nota-se como aqui nos deparamos com uma hipocondria bem-vinda e, se quisermos, não-patológica; mais do que isto, trata-se de um recurso preciosíssimo que o psicossoma humano pode lançar mão para a autopercepção e o autoconhecimento.

Maria Helena Fernandes (1999) explora, em um belo trabalho, a força desta proposição freudiana, e tira dela conseqüências muito importantes para o campo da psicossomática. A autora observa como há uma enorme variação, nos indivíduos, em termos da sua capacidade de perceber sinais de que algo não vai bem em seu próprio corpo; ou seja, esta *"hipocondria saudável"* não é um recurso com o qual todos podem contar. Ora, não é difícil imaginar os inúmeros problemas decorrentes de uma falha grave nesta função autodiagnóstica, função que, aliás, não é passível de ser substituída de modo totalmente eficaz por qualquer aparato médico.

Gostaria de acrescentar aqui, além da função *diagnóstica* do sonho, uma possível função *curativa* e reorganizativa do ciclo benigno do dormir e do sonhar.

O sonhar propicia, em geral, uma derivação bem-sucedida das tensões pulsionais, já que o inconsciente recalcado pode encontrar expressão, sem ferir a necessidade do eu de dormir, de recolher-se e de reencontra-se com o si-mesmo. Do ponto de vista do equilíbrio *psíquico* e de sua economia, o sonhar é uma transação entre as diversas instâncias, e tem uma função de *válvula*: a excitação do inconsciente, que estava livre, é novamente dominada pelo pré-consciente, mas, por outro lado, ganha a oportunidade de uma derivação. Podemos acrescentar, ainda,

---

[52] Para uma apreciação mais exaustiva da relação entre sonho e hipocondria, consultar o trabalho de Rubens M. Volich (2002), especialmente a seção *Hipocondria e funcionamento onírico*, do capítulo 2. O tema é retraçado pelo autor desde a *Interpretação dos sonhos*, no qual já se observa o interesse de Freud pelas fontes somáticas dos sonhos, incluindo uma pertinente e sugestiva retomada do sonho da "injeção de Irma".

que do ponto de vista do equilíbrio *psicossomático*, o sono-sonho também guarda uma outra função: a articulação entre a psique e o soma. No exemplo da paciente que sofria da *"patologia do grito"*, Winnicott (1969) aponta que *"o não-gritar é em si mesmo uma negação ou apagamento de uma das coisas mais importantes que ligam a psique e o soma, isto é: o chorar, o gritar, o berrar e o protestar com raiva"* (p.117). O trabalho da análise foi precisamente o de reinstauração de um gritar, o que possibilitou um fortalecimento da inter-relação psique-soma e a conseqüente diminuição de certos sintomas que dominavam o quadro (doença crônica de pele e impossibilidade de relaxamento muscular), e que eram recursos que buscavam manter artificialmente esta integração perdida. Mas a reinstauração do gritar não se dá por uma *"terapia do comportamento"*, já que só faz sentido como uma operação verdadeiramente simbólica. Ora, no caso descrito, o que parece ter tido eficácia simbólica foi justamente um sonho, *um sonho no qual a paciente gritava*. Evidentemente, não se tratava de um sonho isolado, já que ele se inseria no contexto da experiência analítica e repercutia em toda vida da paciente.

Como apontei anteriormente, o sonho, sua lembrança e seu relato possibilitam a comunicação entre duas experiências que correm o risco de manterem-se dissociadas: a do sujeito que dorme e a do sujeito na vigília. Também em relação ao psicossoma, o sonhar cumpre uma função de intermediação, ao emitir uma espécie de *grito*: um chamado da psique ao soma e vice-versa. Ele informa a psique dos prazeres e sofrimentos do corpo, elabora imaginativamente as experiências somáticas, e relembra continuamente a psique de sua conexão básica com o corpo, muitas vezes ameaçada de ser rompida por uma atividade intelectual dissociada, comum na vida de vigília. Nesta, às vezes, alimentamos a ficção de um processo secundário puro, abstraído do processo primário[53]. O sono – e a necessidade de dormir – também nos põem sempre em contato com as bases do si-mesmo no corpo. Se o transtorno do psicossoma pode ser descrito, como quis Winnicott, como uma doença dissociativa da relação psique-soma[54], o sono-sonho

---

[53] Uma fixação neste tipo de vida de vigília estrita é característica dos chamados "normopatas", os quais, como bem assinalou Flávio C. Ferraz (2002), sofrem de uma rígida dissociação entre a realidade interna e a realidade externa, comprometendo o equilíbrio entre os processos primário e secundário. Estes indivíduos, ao tomarem contato com a vida onírica, experimentam uma desorganização de enormes proporções.

[54] Apresentei esta concepção de transtorno do psicossoma em "Winnicott e o psicossoma", In Gurfinkel (2001).

pode ser um precioso instrumento de "cura", já que carrega em si mesmo um potencial chamado à integração.

Pierre Marty (1984) assinalou como certos processos de adoecimento são benignos, e ainda, cumprem uma certa função reorganizadora. Este é o caso da maior parte das viroses e gripes de que somos acometidos em nosso cotidiano, especialmente em momentos mais tensos e de maior fragilidade. Ora, estes processos são denominados por Marty *regressões*, e com acerto: trata-se de um retirar-se da frente de batalha diária para uma reavaliação da situação, assim como para uma reorganização das forças e dos recursos disponíveis. Para tanto, "estacionamos" temporariamente em algum ponto de fixação (somático), que nos oferece um lugar transitório para estar e "curar-se" das feridas. Sem este lugar, corremos o risco de uma queda em desfiladeiro; neste sentido, *"as regressões se opõem à desorganização"* (p.119).

Ora, o dormir parece guardar uma semelhança grande com estas *regressões reorganizadoras*, uma vez que, também do ponto de vista somático, guarda uma propriedade reconhecidamente regeneradora. Como se diz na voz popular, quando se está com gripe, o melhor remédio é o repouso... Se já estamos habituados a pensar em termos do "sono dos justos" – aqueles que souberam, dentro de um padrão ético, articular desejo e consideração pelo objeto, e que portanto merecem a sua recompensa em termos do princípio do prazer –, podermos aqui acrescentar o "sono dos doentes": aqueles feridos no corpo, na alma e em seu narcisismo, e que buscam no sono um bálsamo reparador. Por outro lado, como já foi assinalado por Marty, o surgimento de *sonhos* ao longo de um tratamento de pacientes acometidos por doenças somáticas é, em si mesmo, uma sinalização positiva da recuperação – ou construção – da capacidade simbolizante do psicossoma, e reverte, em geral, em melhora do quadro somático.

Estas observações buscam apenas indicar, preliminarmente, alguns elementos de uma linha de pesquisa a ser levada adiante: o estudo da função do sonhar e do dormir no equilíbrio psicossomático. Poder entregar-se ao sono, considerando-se o estado de desamparo originário do ser humano, já indica uma simbolização deste estado por causa de uma experiência de *holding* introjetada, a partir da qual é possível fruir uma queda no informe. Se o sonho é o guardião do sono, o sono é o *setting*, o espaço ou o hábitat do sonho, assim como o é o *setting* analítico para o sonhar associativo do analisando.

Referências bibliográficas

CARROL, L. *Alice: edição comentada*. Rio de Janeiro: Jorge Zahar, 2002.

DELOUYA, D. *Depressão, estação psique: refúgio, espera, encontro*. São Paulo: Escuta/Fapesp, 2002.

FERNANDES, M.H. A hipocondria do sonho e o silêncio dos órgãos: o corpo na clínica psicanalítica. *Percurso*, 23:43-52, 1999.

FERRAZ, F.C. *Normopatia: sobreadaptação e pseudonormalidade*. São Paulo: Casa do Psicólogo, 2002.

FREUD, S. (1900) La interpretación de los sueños. In *Obras completas de Sigmund Freud*. Madrid: Biblioteca Nueva, 1981, v.1.

——— (1910) Concepto psicoanalítico de las perturbaciones psicopatógenas de la visión. *Op. cit.*, v.2.

——— (1915) Adición metapsicológica a la teoría de los sueños. *Op. cit.*, v.2.

——— (1923) El «yo» y el «ello". *Op. cit.*, v.3.

GANHITO, N. C. P. *Distúrbios do sono*. São Paulo: Casa do Psicólogo, 2001.

GURFINKEL, D. *Do sonho ao trauma: psicossoma e adicções*. São Paulo: Casa do Psicólogo, 2001.

LAPLANCHE, J. A ordem vital e a gênese da sexualidade humana. In *Vida e morte em psicanálise*. Porto Alegre: Artes Médicas, 1985.

MARTY, P. *Los movimientos individuales de vida y de muerte*. Barcelona: Toray, 1984.

VOLICH, R. M. *Hipocondria: impasses da alma, desafios do corpo*. São Paulo: Casa do Psicólogo, 2002.

WINNICOTT, D. W. (1945) Primitive emotional development. In WINNICOTT (1992).

———. (1949a) Mind and its relation to the psyche-soma. In WINNICOTT (1992).

———. (1949b) Birth memories, birth trauma, and anxiety. In WINNICOTT (1992).

———. (1950) Aggression in relation to emotional development. In WINNICOTT (1992).

———. (1952) Psychoses and child care. In WINNICOTT (1992).

———. (1954) Withdrawal and regression. In WINNICOTT (1992).

———. (1963a) Communicating and not communicating leading to a study of certain opposites. In *The maturational processes and the facilitating environment*. London: Karnac, 1990a.

WINNICOTT, D. W. (1963b) The value of depression. In *Home is where we start from*. London: Penguin, 1990b.

——————. (1964a) Psycho-somatic disorder. In WINNICOTT (1989).

——————. (1964b) Raízes da agressão. In *Privação e delinqüência*. São Paulo: Martins Fontes, 1999.

——————. (1965) Notes on withdrawal and regression. In WINNICOTT (1989).

—————— (1969) Additional note on psycho-somatic disorder. In WINNICOTT (1989).

——————. (1970) On the basis for self in body. In WINNICOTT (1989).

——————. (1971b) Dreaming, fantasying and living: a case-history describing a primary dissociation. In *Playing and reality*. London: Routledge, 1996.

——————. *Psycho-analytic explorations*. London: Karnac, 1989.

Macbeth e o assassinato do sono: um ensaio psicanalítico sobre a insônia[55]

Mário Eduardo Costa Pereira

"..the very substance of the ambitious is merely the shadow of a dream."[56]
Hamlet, Ato II, cena 2: Guildenstern

O presente ensaio pretende examinar as relações entre a insônia, a angústia e o desamparo, sob uma perspectiva psicanalítica, partindo da seguinte questão e de seus desdobramentos: se Freud concebe a análise como experiência radical de desilusão, como, então, seria ainda assim possível ao sujeito dormir em paz após o desabamento de suas garantias reasseguradoras ilusórias e o (re) encontro com o próprio desamparo? É ainda possível repousar após se haver contemplado frontalmente a *"noite horrenda"* – aquela para além da noite do seio mau: a do seio nenhum? Qual o descanso para além da internalização da mãe zelosa; que sono diante da mãe real, ou seja, daquela que pode não estar lá mesmo no momento do anseio mais desesperado?

Se o sono infantil depende da pacificação do mundo propiciada pelo amparo invisível de uma mãe amorosa e ativamente atenta às necessidades do filho; se o dormir dos primeiros anos depende da ilusão de segurança advinda dessa experiência fundante; se o amadurecimento individual está intrinsecamente ligado à subjetivação de uma lenta e gradual desilusão, ainda que temperada pelo desenvolvimento de uma capacidade autóctone de

---

[55] Gostaria de expressar meu agradecimento à professora Bárbara Heliodora que com sua paixão pelo teatro de Shakespeare e com sua competência em ensiná-lo, animou em mim o desejo de conhecê-lo mais profundamente. Gostaria, também, de agradecer a Rubens Marcelo Volich, cujo encorajamento e amizade foram decisivos para que esse artigo viesse à luz. Finalmente, agradeço a Mônica Teixeira pela leitura cuidadosa desse texto em sua fase de preparação e por seus valiosos comentários.

[56] *"...a verdadeira substância da ambição é apenas a sombra de um sonho".*

brincar e de criar; então que sono ainda é possível após a constatação de que todas as garantias absolutas *"dissolveram-se no ar, em pleno ar"*, e que *"o próprio Globo, grandioso, e também todos os que nele estão e todos os que o receberem por herança, – mesmo a mãe amorosa que parecia sustentar eternamente a paz do mundo – hão de desaparecer, [como se deu com essa visão tênue] sem deixarem vestígio"*?.

Se, por fim, como sustentará Lacan (1986), o verdadeiro término de uma análise depende de que o sujeito possa confrontar o próprio desamparo, ou seja, a condição em que *"o homem, nesta relação consigo mesmo que é sua própria morte [...], [já] não pode esperar ajuda de ninguém"* (p.351), então qual o destino do sono após se haver transposto esse ponto crucial?

Para examinarmos esse problema – sem a ambição de resolvê-lo, mas satisfeitos se conseguirmos colocar seus termos de forma fecunda de um ponto de vista psicanalítico – tomaremos, como o fez Freud tantas vezes, recurso em Shakespeare. O enigma do sono, a capacidade de sonhar e a proximidade subjetiva do dormir e da morte pareciam obsedar o genial dramaturgo inglês, que inúmeras vezes tratou poeticamente desses temas em suas peças. *Macbeth*, a tragédia de um homem ambicioso, que descobre pelo sofrimento engendrado por sua paixão cega, que ele próprio não passa de *"um pobre ator que gesticula em cena por uma hora ou duas, e que depois não se ouve mais"*, servirá de base para nossa argumentação. Nada podendo fazer com essa descoberta, Macbeth ainda assim decide *"morrer em seu posto"*, bravamente, *"em combate"*. Dessa forma, *"o assassino do sono"* encontra sua própria forma, singular, de confrontar o sono da morte, *"terra desconhecida, de cujos confins viajante algum jamais voltou"*.

Notas sobre o sono, a insônia e a morte no teatro de Shakespeare

As perturbações do sono, a insônia e os sonhos de angústia são temas recorrentes no teatro Shakespeare. Inúmeras são as suas peças nas quais esses distúrbios do dormir ocupam um lugar dramático central. Os exemplos multiplicam-se facilmente.

Já no Prólogo de *A megera domada*, uma das primeiras comédias escritas pelo então jovem poeta de Stratford, vemos o personagem Christopher Sly – um bêbado mergulhado no sono da embriaguez – ser desperto para a realização, na vida de vigília, de um sonho de riqueza e de poder. A brincadeira, levada a efeito pelas ordens de um nobre que por ali passava com sua comitiva, consistia em acordar o pobre homem, tratando-o como se ele fosse um rico cavalheiro e a lembrança de sua miséria, apenas um sonho ruim.

Da mesma forma, os elixires mágicos de provocar paixão, em *Sonho de uma noite de verão*, para que tivessem efeito deveriam ser instilados nos olhos das *"vítimas"* enquanto essas estivessem dormindo.

A tragédia de Romeu e Julieta, por sua vez, tem seu ponto dramático culminante na confusão entre sono e morte que o jovem Montéquio faz ao confrontar o corpo inerte de sua amada, lançando-se ao suicídio e ao triste desfecho da peça.

Tal aproximação poética entre sono e morte – a última sendo evocada pelo silêncio, desligamento do mundo e abandono de si mesmo inerentes ao primeiro – constitui outra figura freqüentíssima da poética shakespereana. O imortal monólogo de Hamlet, no IIIo. ato da peça, apresenta essa analogia entre sono e morte sob a forma de uma continuidade quase natural: *"Morrer, dormir, sonhar, talvez"*. Segundo o atormentado protagonista, imaginar que a morte é capaz de pôr *"remate aos sofrimentos do coração e aos golpes infinitos que constituem a natural herança da carne é solução para almejar-se"*. Contudo, *"é aí que bate o ponto. O não sabermos que sonhos poderá trazer o sono da morte, quando alfim desenrolarmos toda a meada mortal, nos põe suspensos"*[57.] O caráter enigmático do que nos espera após a morte – *"terra desconhecida"*, da qual ser humano algum jamais voltou – aparece aqui como o grande obstáculo, que impede que os homens encontrem a libertação de seus sofrimentos na ponta de um punhal[58]. Dessa

---

[57.] *"To be or not to be: that is the question: Whether 'tis nobler in the mind to suffer The slings and arrows of outrageous fortune, Or to make arms against a sea of troubles, And by opposing end them. To die, to sleep - No more - and by a sleep to say we end The heartache, and the thousand natural shocks That flesh is heir to! 'Tis consummation Devoutly to be wished. To die, to sleep - To sleep - perchance to dream: ay, there's the rub, For in that sleep of death what dreams may come When we have shuffled off this mortal coil, must give us pause"* (Hamlet, Ato III, Cena I., p.569)

[58] Para uma discussão mais detalhada das relações entre o sono e a morte nesse monólogo de Hamlet, remetemos a nosso artigo: "Boa noite, amado Príncipe. Ou notas psicanalíticas sobre a insônia, o repouso e a morte na tragédia de Hamlet", (PEREIRA, 2002).

forma, conclui Hamlet, tal consciência faz de nós covardes, pois os homens preferem suportar os males conhecidos no sonho da existência a arriscarem-se a outros por eles ignorados no sono da morte. Em *Medida por medida*, o duque de Viena, disfarçado de religioso, tenta consolar Cláudio – condenado à morte que aguarda sua execução – com as seguintes palavras: *"O sono é teu repouso que tantas vezes busca, mas tens medo da morte, que é só isso"*[59].

O recurso que toma Shakespeare nas figuras universais do sono e da insônia freqüentemente atribui ao repouso noturno o caráter de uma espécie de "hora da verdade" do personagem, constituindo o momento em que os justos poderão repousar em paz, em que os criminosos ver-se-ão assolados pelas sombras de seus crimes ou, ainda, em que grandes revelações existenciais manifestam-se àqueles capazes de acolhê-las.

Em um outro artigo[60], comentei a famosa cena do solilóquio de Henrique V (Shakespeare, *Henrique V* (Ato IV, cena 1), pronunciado entre os soldados de seu exército, que dormiam tranqüilamente na madrugada precedendo a decisiva batalha de Agincourt. Tendo diante de si o exército francês – muitas vezes mais numeroso, mais descansado e mais bem preparado para o combate, tudo fazia prever o massacre iminente das forças inglesas, conduzidas ao martírio pela soberana – e solitária – deliberação do Rei. Contudo, era justamente essa condição de alienação às supostas garantias emanadas do poder real que permitia que, às vésperas do provável martírio, os soldados pudessem repousar em paz, enquanto o Monarca permanecia como o único insone. Ele, e somente ele, deveria responder diante de Deus, no dia do Juízo, sobre as conseqüências e a justiça – ou não – de sua decisão de conduzir seu povo à guerra e, provavelmente, à morte. Abandonado à contingência de sua desamparada tomada de decisão, apenas ao Rei, e somente a ele, era dado contemplar em face, em sua terrível extensão, *"a noite horrenda"* (*"horrid night, the child of hell"*). O vil escravo, por sua vez, vai deitar-se *"com o corpo cheio e o espírito vazio, tendo o pão da desventura satisfeito", sem que em seu espírito faça qualquer idéia "das vigílias que o rei tem de passar para que ele possa conservar essa paz..."* (p.266).

---

[59] *"Thy best of rest is sleep; and that thou oft provok'st, yet grossly fear'st thy death, which is no more."* (*Medida por medida*, Ato III, cena 1).
[60] PEREIRA MEC., "A insônia, o sono ruim e o dormir em paz: a 'erótica do sono' em tempos de Lexotan", aceito para a publicação na *Revista Latino-americana de Psicopatologia Fundamental*.

A cena da aparição do fantasma de Júlio César durante o sono de Brutus, que participara da conspiração e do ato que conduziriam o Imperador à morte indefesa, constitui exemplo marcante do emprego dramático que faz Shakespeare do retorno noturno da culpa e dos crimes cometidos pelo próprio sujeito. Nessas situações, o sono agitado e os pesadelos são expressões da angústia do personagem, confrontado a culpas implacáveis decorrentes de seus próprios atos criminosos. Tais sonhos terríveis, próximos de experiências alucinatórias, não figuram propriamente cenas de retaliação. Eles expressam, acima de tudo, o caráter obsceno do crime praticado: surgem aos olhos do criminoso os corpos mutilados, o sangue derramado, as feridas infligidas, o corte na carne inocente. Nos pesadelos dos criminosos shakespereanos, freqüentemente os cadáveres retornam mudos, sendo sua mera presença uma horrorosa promessa de vingança, o que deixa entrever a culpa e a autocondenação. Tais imagens confrontam o personagem ao horror de sua própria vilania e crueldade. – *"Que visão sangrenta!"*, exclama a plebe ao contemplar o corpo múltiplas vezes apunhalado de Júlio César. – *"Oh, horror, horror, horror!"*, brada Macduff ao constatar o assassinato do Rei Duncan, no segundo ato de *Macbeth*.

Da mesma maneira, a insólita agitação do sono de Ricardo III, no último ato desse célebre drama histórico, constitui outro exemplo contundente da concepção de Shakespeare do descanso noturno como momento de emergência da verdade do sujeito, que se expressa seja pelo tranqüilo – e indefeso – repouso dos justos, seja pela angústia e inquietação daqueles que estão em conflito comigo próprios e com seus atos. Aqui, Ricardo encarna o protótipo mesmo do tirano sanguinário que chega ao poder pelos meios mais vis de intriga, traição e assassinato, executados com a maior frieza e crueldade. Em seu terrível solilóquio que abre a peça, por exemplo, o futuro monarca apresenta-se como inabalavelmente diabólico em sua pétrea resolução de recorrer aos meios mais malignos para conquistar o trono da Inglaterra: *"Determinei tornar-me um malfeitor e odiar os prazeres destes tempos. Armei conspirações, graves perigos, profecias de bêbados, libelos para pôr meu irmão Clarence e o rei dentro de ódio mortal, um contra o outro; e se o rei Eduardo for tão firme quanto eu sou falso, fino e traiçoeiro, inda este dia Clarence será preso"* (*Ricardo III*, Ato I, cena 1, p; 19-20). Ao longo da peça, Ricardo não hesitará em fazer a corte e seduzir Lady Anne, diante do cadáver de seu marido – que ele próprio assassinara –, nem em ordenar a execução de seu próprio irmão ou dos jovens filhos do rei morto, entre outros crimes dos mais vis, executados sem sombra de arrependimento.

Entretanto, o cruel protagonista da peça termina finalmente por revelar sua condição meramente humana – demasiado humana –, ao expressar pela perturbação de seu sono a sua clivagem subjetiva. À espera da batalha que decidiria seu destino, Ricardo desperta no meio da noite, assolado pela tenebrosa visão das vítimas dos crimes que cometera. Concretizava-se, assim, a maldição da rainha Margareth a ele dirigida no início da peça: *"– Que o sono não te feche os olhos tristes senão para algum sonho tormentoso que te amedronte como diabo horrendo!"* (Ato I, cena 3). Um a um passam na cena do sonho de Ricardo os fantasmas dos indivíduos por ele assassinados, em sua ânsia cega de chegar ao trono. Cada um deles profere um discurso que evoca a culpa criminosa do protagonista, concluídos sempre em tom de ameaçadora maldição: – Desespera e morre!

Tais aparições têm por efeito interpelarem Ricardo quanto à sua própria divisão subjetiva, até então imperceptível ao público – e a ele próprio. Despertando em sobressalto, o tirano exclama em solilóquio:

"– Piedade, meu Jesus! – Era só sonho! Não me aflijas, covarde consciência! Há uma luz azulada! É meia-noite. Gotas frias me cobrem todo o corpo. A quem temo? A mim mesmo? Estou sozinho. Ricardo ama Ricardo. Eu sou eu mesmo. Há um assassino aqui? Não – sim, sou eu" (p.144).

Após essas confusas expressões de turbulência interior, que denotam um profundo abalo na pretensa unidade de seu eu, Ricardo, escutando os ruídos da aproximação de um de seus servidores, exclama sobressaltado: *"– Quem está aí?"*.

Essa interpelação, exigindo que se esclareça o suspense quanto à identidade daquele que emerge das profundezas do "estranho", é uma constante na obra de Shakespeare. *"Who is there?"* é a enigmática questão que abre o *Hamlet*, pronunciada por Bernardo em sua vigília noturna do palácio de Elsinore. *"Quem está aí?"* é igualmente a pergunta desesperada, pronunciada por Macbeth logo após haver cometido com suas próprias mãos o assassinato do bondoso rei Duncan. Transtornado pelo ato criminoso que cometera sob a instigação de sua mulher, Macbeth tem a inquietante impressão de ouvir uma voz gritar:

"Dormir nunca mais! Macbeth é o assassino do Sono, do Sono inocente, do Sono que desenreda o novelo emaranhado das preocupações, do Sono que é a morte rotineira da vida de cada dia, o banho depois da árdua labuta, o bálsamo das mentes afligidas, o prato principal da grande mãe natureza, o mais importante nutriente do banquete da vida" (Ato II, cena 2).

O *"assassinato do Sono"* do *"Sono inocente"*: dessa forma, a tragédia do ambicioso guerreiro escocês coloca de maneira contundente o enigma das condições subjetivas permitindo ao sujeito entregar-se ao repouso, bem como fornece uma valiosa pista de investigação psicanalítica sobre a ruptura da possibilidade de se usufruir desse prato principal que os cuidados maternos atribuídos à natureza pode fornecer aos humanos. Ao menos no que diz respeito à mortal ruína a que se entrega um homem quando arrebatado pelo caráter mais cego de suas pulsões, em suas ânsias de gozo absoluto. É essa pista que pretendemos seguir por um instante, nesse artigo.

O estatuto metapsicológico do sono e o problema psicopatológico da insônia

O problema do estatuto metapsicológico do sono colocou-se desde o início no pensamento freudiano. Era necessário – dada a experiência clínica que Freud ia acumulando no tratamento psicanalítico de neuróticos – delimitar as condições nas quais ocorriam os sonhos e explicar por que razões certos elementos psíquicos permaneciam recalcados durante a vida de vigília, mas que conseguiam algum tipo de expressão, ainda que deformada, pelos sonhos.

Já em seu *Projeto para uma psicologia científica*, de 1895, Freud sustenta que *"uma condição do sono é* o abaixamento da carga endógena no núcleo de (psi), *tornando supérflua a função secundária"* (Freud, 1895, p.212). Como no adulto, ainda segundo o Projeto, o armazenamento de energia psíquica (Qn) está concentrado no 'eu', *"podemos supor que seja a descarga do 'eu' que condicione e caracterize o sono"* (p.212). Ou seja, o 'eu' esvaziar-se-ia periodicamente de seus investimentos, propiciando assim o repouso. Anos mais tarde, em *Suplemento metapsicológico à teoria dos sonhos*, Freud (1917) voltará a descrever o mecanismo do adormecer nessa mesma perspectiva:

"...todas as noites, os seres humanos põem de lado os invólucros com que envolvem sua pele, e qualquer coisa que possam usar como suplementos aos órgãos de seu corpo (...) por exemplo, os óculos, os cabelos e os dentes postiços e assim por diante. Podemos acrescentar que, quando vão dormir, despem de modo inteiramente análogo suas mentes, pondo de lado a maioria de suas aquisições psíquicas" (Freud, 1917, p.253).

Tal desprendimento da instância do eu, em favor de *"uma reativação da existência intra-uterina"*, torna possível, pelo afrouxamento do controle e da censura, a emergência de processos psíquicos primários. Ainda que o desinvestimento do eu não seja completo durante o sono, mesmo assim tal condição – aliada à paralisia motora da vontade que caracteriza o dormir –, facilitaria o surgimento de processos primários, ou seja, desejos clamando por realização por meio das vias mais curtas e imediatas.

Ao procurar descrever – ainda no contexto do Projeto – as condições psíquicas necessárias para a instalação do sono, Freud declara que o indivíduo dorme com satisfação *post coenam et coitum*. Ou seja, livre de excitações e estimulações, o sujeito durante o sono *"está no estado ideal de inércia"* (Freud, 1895, p.176). Já no início daquele texto, Freud havia descrito o *princípio da inércia* como constituindo a função primária do sistema nervoso: a eliminação completa de todo estímulo que a ele chega. Assim, o sono satisfeito – mais do que a morte – realizaria da forma mais perfeita tal condição.

Esse ponto de vista comporta importantes conseqüências. Segundo ele, dormir é, antes de tudo, uma experiência erótica de fruição. Desfruta-se eroticamente do repouso, tendo sido aplacadas, ou temporariamente abandonadas, as exigências pulsionais da vida de vigília. Aquelas que porventura persistirem/ insistirem durante o sono, ensina-nos Freud em *A interpretação dos sonhos*, deverão ser elaboradas pelo trabalho do sonho [*Traumarbeit*], sendo representadas na cena onírica como já realizadas, de modo a que não perturbem a realização de um desejo ainda mais fundamental – o desejo de dormir [*Wunsch zum schlafen*]. Tal condição – diríamos "erótica", pois se trata de um desejo – de repouso deve ser defendida contra toda a perturbação e todos os desejos intervenientes devem submeter-se a ela. Trata-se no estado de sono, segundo os termos freudianos, da restauração regressiva do narcisismo primitivo.

O desejo de dormir esforçar-se-ia, portanto, por absorver os investimentos provindos do eu e por estabelecer um narcisismo absoluto. *"Isso só pode ter um sucesso parcial"*, afirma Freud, *"pois o que é reprimido no sistema Ics [das Verdrängte des Systems Ubw.]* não *obedece ao desejo de dormir"* (Freud, 1917, p.256-257). O sonho instaura-se, nesse contexto, como *'guardião do sono'*, dando vazão às exigências pulsionais remanescentes, deformando-as o mínimo suficiente para que sua explicitação no eu ainda presente não venha importunar o repouso.

Dessa forma, quanto mais intensos forem os investimentos pulsionais do inconsciente, mais instável será o sono. *"Estamos familiarizados"*, diz Freud, *"com o caso extremo em que o eu desiste do desejo de dormir, porque se sente incapaz de inibir os impulsos reprimidos liberados durante o sono – em outras palavras, em que renuncia ao sono por temer seus sonhos"* (Idem, p.257). Temos aqui uma clara indicação freudiana sobre os mecanismos subjacentes à insônia: a excitação perturbadora de pulsões inconscientes inaceitáveis para o eu. A clivagem subjetiva expressa-se aqui pela impossibilidade de conciliar o repouso.

Correlativamente a tal processo, Freud fala também da possibilidade de alguns pensamentos pré-conscientes do dia permanecerem investidos durante a noite, introduzindo uma brecha no narcisismo e, assim, impedindo o sono. Tais vestígios do dia retirariam sua força perturbadora do fato de permanecerem em conexão associativa com elementos recalcados altamente excitantes, mas intoleráveis. Ambas as situações – no fundo, casos particulares de um mesmo mecanismo geral – se expressariam pela perturbação do sono, pela insônia e pelos pesadelos. A impossibilidade de conciliar o sono, a incapacidade de usufruir da experiência erótica de mergulhar no recolhimento narcísico do repouso constituem um inquietante sintoma para o sujeito, expressando sua clivagem interior e interrogando-o – por vezes radicalmente – sobre sua relação com seus próprios desejos.

As dinâmicas erógenas e narcísicas do sono. O lugar do Outro

Inúmeras questões vêm imediatamente à tona quando examinamos as contribuições dos autores pós-freudianos sobre o tema do sono, contribuições essas surpreendentemente escassas.

Pierre Fédida (1977), por exemplo, propõe uma aproximação das duas formas de regressão descritas por Freud para caracterizar os processos do sono e do sonho: no primeiro, tratar-se-ia de uma regressão no desenvolvimento do eu, visando restabelecer o narcisismo primário; no segundo, seria questão de uma regressão no desenvolvimento da libido, retornando-se a uma condição de *"satisfação alucinatória do desejo"*. Para Fédida, nenhuma dessas formas regressivas pode ser pensada sem a outra, uma vez que ambas concorrem para constituir a experiência do sono como processo narcísico de regeneração do interior. Protegido de todas as excitações mundanas, o dormir constituiria o protótipo depressivo do espaço psíquico, condição para a instauração auto-erótica do psíquico.

Apoiando-se nas contribuições de Isakower e de Lewin, Fédida considera que o adormecer comportaria as dimensões de perda dos limites do eu, de regressão arcaica a conteúdos de memória que retornam no próprio corpo e de solidão absoluta, remetendo aos mais terríveis temores de morte, destruição e de separação. Tais dimensões podem, por si mesmas, constituir um horizonte assustador que impediria o dormir para alguns sujeitos.

Joyce McDougall (1991), por sua vez, interroga-se sobre as condições de possibilidade para que o sono possa se instalar como experiência que aporta bem-estar interior, destacando a dimensão de investimento libidinal no dormir do bebê por parte da mãe. A autora apóia-se nos trabalhos de M. Fain, que distingue duas formas básicas do sono infantil: uma na qual a criança experimenta um sentimento de satisfação e de fusão com a mãe, comparável à descrição freudiana de um retorno ao narcisismo primário; e um segundo modelo de sono, precedido por frustração, sofrimento e tensão dolorosa, no qual a criança dorme por esgotamento. O segundo, à diferença do primeiro, constitui apenas uma expressão da premência fisiológica do dormir. A primeira forma é vivida como experiência de restituição narcísica e libidinal, indispensável para a preservação do equilíbrio psíquico. Nesse contexto, McDougall propõe que a capacidade para obter um sono deste tipo depende em grande parte da possibilidade que tiveram os indivíduos de internalizarem – ou não – uma mãe afetuosa, sem ser transbordante em sua afeição, capaz de funcionar como guardiã do sono.

Em outro trabalho (McDougall, 1998), na verdade um livro em que, sob a coordenação de Francisco Varela, um grupo de importantes cientistas e homens de letras entrevista o Dalai Lama sobre os temas do sonho, do dormir e da morte, Joyce McDougall faz uma interessante aproximação entre o sono e o orgasmo, sugerindo que no plano imaginário esses dois estados mentais estão associados por meio da idéia de morte. A psicanalista lembra que em francês o orgasmo também é referido como *"la petite mort"*. Um e outro implicam um certo grau de distanciamento do mundo extremo e das garantias de um eu organizado. Correlativamente, muitos indivíduos apresentam dificuldades de conciliar o sono ou de atingir o orgasmo por temer abandonar suas ancoragens egóicas e/ou perder os limites de si mesmo, mergulhando em angústias fusionais e de dissolução do eu.

Ana Lúcia Cavani Jorge, em seu livro *O acalanto e o horror* (1988), estuda o tema do adormecimento sob a perspectiva da erotização do sono propiciada pelo investimento materno desse momento fundamental da rotina do bebê. A autora destaca que o momento de dormir implica ao mesmo tempo fusão e separação daquela dupla imersa em um contexto amoroso narcísico. Nesse contexto, o acalanto e a cantiga de ninar, em suas dimensões ao mesmo tempo de ternura e de horror, corresponderiam tanto à aspiração fusional como à imposição da lei paterna que obriga a separação de mãe e filho. Assim, a voz materna e seu ritmo suave e constante reasseguram da presença do objeto amado protetor e da estabilidade do mundo. O próprio embalo efetuado pela mãe participa da erotização do corpo da criança e da experiência do dormir.

Nayra Ganhito (2001), estudando os distúrbios do sono, descreve essa *"cena fundante"* do narcisismo primário a partir do investimento amoroso, propiciado pela função materna, apoiado nos primeiros cuidados com o bebê: *"O que se passa ali, à maneira de um ciclo – a mamada, a troca de fraldas, o embalo, a chupeta, os cheiros e os ritmos, as palavras sussurradas, a voz que entoa um acalanto – tudo isso deixará 'dela' a marca indelével, nostálgica, sempre procurada e jamais reencontrada... A não ser, talvez, no sono e nos sonhos que porta"* (p.14-15)[61]. A experiência erótica do sono permitiria, de algum modo, um reencontro libidinal com as marcas corporais dos investimentos amorosos do Outro primordial no próprio sujeito.

Vemos, assim, que todas essas perspectivas colocam ênfase nas dimensões auto-erótica e narcísica próprias ao processo do sono e destacam o papel decisivo do Outro na sustentação dos investimentos libidinais fundantes do narcisismo primário. Tomando todas essas contribuições por ponto de partida, o presente trabalho propõe-se a focalizar essa mesma questão por um outro vértice: o da ruptura das condições psíquicas e libidinais que permitiriam o sono e o desfrutar erótico do repouso, condição essa que manifesta clinicamente pela insônia, pelo sono ruim ou pelos pesadelos.

---

[61] Essas idéias são também desenvolvidas no trabalho desta autora que consta desta coletânea.

É sob essa perspectiva que Macbeth aparece como o protótipo mesmo, ainda que literário, do homem arruinado e amaldiçoado – o *"assassino do sono"* – que perde a alma e, com ela, a possibilidade de repousar em paz. Nele, o sono tranqüilo cede lugar à impossibilidade de sair, mesmo que temporariamente, do *"novelo emaranhado das preocupações"*. É essa condição de perdição, de inquietação perpétua que impede o repouso, que procuraremos elucidar por intermédio do comentário da tragédia de Macbeth, buscando com o recurso à arte – do qual Freud tantas vezes se serviu na construção de sua teoria – obter algum ganho em nossa compreensão psicanalítica da insônia e suas relações com a angústia e com o desamparo.

Freud e o enigma de Macbeth

Macbeth conta a história da ruína de um homem inicialmente bravo e valoroso em seus feitos, nobre e leal em seu ofício de general do exército do Rei da Escócia, mas que se deixou embriagar por um sonho de poder. Mais do que com sua morte, o protagonista confronta-se com a perda da possibilidade de dormir em paz, apesar de ter, pelo crime, conquistado a coroa.

Quase quatro séculos após sua criação, a versão shakespeareana da tragédia de Macbeth continua a mobilizar o público, impactando-o com sua força e contundência. Tamanho sucesso não deixa de comportar um caráter enigmático: qual a razão do enorme poder de atração que o personagem principal – antes um homem patético que se deixa arrastar pela ambição para a própria destruição do que um herói trágico convencional –, exerce sobre os espectadores de diferentes épocas?

Em seu livro *Shakespeare, a invenção do humano* (Bloom, 2000), no capítulo dedicado a Macbeth, Harold Bloom mostra que enquanto em outros heróis–vilões shakespeareanos *"a perversidade é motivo de prazer... Macbeth sofre intensamente ao constatar que causou – e que está fadado a seguir causando – o mal"* (p.633). É seu aprisionamento na engrenagem do Mal e de assassinatos que ele próprio engendrou que o torna ao mesmo tempo cativante e digno de compaixão. Dessa forma, o autor interroga-se sobre o fato de que apesar de ser claramente um personagem cruel e criminoso, a atração que o bravo general sobre o público é avassaladora : – por que não conseguimos resistir à identificação com Macbeth? Uma das hipóteses é assim expressa pelo famoso crítico da Universidade de Yale: *"se* somos levados a nos identificar com Macbeth, ainda que ele nos aterrorize (e aterrorize a si mesmo) é porque somos, igualmente, aterrorizantes" (p.634). Examinemos, pois, um pouco mais de perto o terror suscitado pelo enredo.

A peça é de fato aterrorizante. Em sua *Nota do tradutor*, que introduz sua tradução de Macbeth, Manuel Bandeira descreve essa obra como *"a mais sinistra e sanguinária" tragédia de Shakespeare, "basta dizer que dos protagonistas apenas dois sobrevivem – Macduff e Malcolm "* (Bandeira, 1997, p.6). Anthony Burgess, por sua vez, citando a própria peça – *"Fora, fora, vela breve"* – considera que *Macbeth*, escrita em um período de desilusão de seu autor, expressa uma visão amarga da vida.

Mesmo assim, a sede de poder absolutamente manifesta pelo valoroso general tem algo de arrebatador. Em Aurora, Nietzsche sustenta que o fascínio exercido por esta tragédia decorre justamente da volúpia explícita da furiosa ambição de seu protagonista. Seria a exuberância crua de sangue e de energia a fonte do arrebatamento exercido pelo personagem sobre a platéia.

O comentário de Bárbara Heliodora sobre a peça segue essa mesma direção, embora focalize a crueza da sede de poder, tratada como tema fundamental dessa tragédia. Diz a autora: *"Macbeth tem dúvidas, porém fica bem claro que a força da ambição é maior do que elas"* (Heliodora, 2001, p.70). Na introdução que escreve a sua tradução de Macbeth, essa autora descreve Shakespeare como um dramaturgo *"profundamente envolvido com suas investigações sobre a natureza do mal, e sobre os vários modos pelos quais o homem lida com a presença deste em sua existência"* (Heliodora, 1995, p.176). Ela chama a atenção para o fato de que *Macbeth* não é de modo algum a mera história de um criminoso: trata-se, antes de mais nada, *"de se acompanhar a terrível trajetória de um homem cheio de qualidades, bom súdito e melhor general, que a certa altura é dominado pela ambição"* (p.177).

Em Freud, a tragédia de Macbeth sempre provocou a mais profunda impressão. Ao ser convidado com outras personalidades do mundo científico e intelectual, em 1907, pelo editor vienense Hugo Keller a indicar a seus leitores *"dez bons livros"*, Freud responde que se a questão colocada fosse *"as dez mais magníficas obras da literatura mundial"* uma delas seria Macbeth, ao lado de Homero, as tragédias de Sófocles, o *Fausto* de Goethe e *Hamlet*. Ernest Jones sublinha o fato de que Freud considerava Shakespeare seu escritor favorito, sendo que a análise de inúmeras de suas peças desempenhou um papel fundamental na construção do edifício teórico da psicanálise.

Em sua biografia do mestre vienense, Peter Gay relembra que, certa feita, em sua correspondência com o pastor Pfister, respondendo à questão deste sobre o que faria se a idade o conduzisse a um ponto em que *"as idéias falham e as palavras não vêm"*, Freud revela a seu interlocutor um pedido secreto: *"apenas nenhuma invalidez, nenhuma paralisia das faculdades pessoais devido a uma desgraça física"*. E completa: *"– Que morramos em nosso posto, como diz o rei Macbeth"*. De fato, assim ocorreu, morrendo Freud *"com dignidade e sem autopiedade"* em setembro de 1939, assistido por seu médico, amigo e também futuro biógrafo, o dr. Max Schür.

É interessante constatar que, refletindo sobre sua hora extrema, Freud evoca justamente a morte daquele herói trágico shakespeareano que perecera lutando com grande bravura, mesmo após já terem desabado todos os ideais e ilusões que tão obstinadamente perseguira.

Sem dúvida, Macbeth exercia sobre Freud um grande efeito de questionamento e de fascinação. Em uma carta a Ferenczi, datada de 1914, Freud informava a seu correspondente: *"comecei a estudar Macbeth, que há muito tempo vinha me atormentando, sem ter até agora encontrado a solução"*. A persistência do enigma do legendário general escocês na mente de Freud talvez se expressasse nos comentários relativamente reduzidos feitos a essa peça encontrados em sua obra, sobretudo quando os comparamos às fartas e recorrentes elaborações realizadas em torno de outra grande tragédia de Shakespeare: *Hamlet*.

Tal diferença no recurso a uma e outra peça não deixa de provocar certo estranhamento, sobretudo se lembramos que ambas tratam de regicídios com conotações parricidas. Lady Macbeth chega a afirmar, a certa altura da trama, que ela própria perpetraria o assassinato de Duncan caso a figura deste *"não lembrasse tanto meu pai enquanto dormia"*. De não menor interesse para esse debate é o fato de que os dois regicídios, elementos centrais em ambas as peças, foram efetuados durante o sono dos reis, em plena entrega desamparada ao próprio repouso, sem que lhes fosse dada qualquer possibilidade de defesa. Contudo, constata-se uma diferença marcante: lá onde Hamlet encontrava-se abandonado a suas próprias indefinições e procrastinações no momento de agir, Macbeth encontrava forças para a ação, a princípio instigado pela pétrea determinação de sua mulher, mas, em seguida, sustentado por sua própria volúpia de conquistar o trono e por seu temor extremo quanto às possíveis conseqüências de seus atos vis.

Sem haver autenticamente superado sua própria ambivalência quanto à realização dos crimes que conduziriam à concretização de suas ambições, mas compelido pelas firmes estocadas de Lady Macbeth, dirigidas sobretudo contra sua virilidade e contra sua dignidade fálica, o Barão de Glamis age. Mas hesita e desespera-se após a efetivação de cada uma de suas ações homicidas, vendo-se prisioneiro de uma engrenagem sangrenta, que o obriga a cometer novos crimes no intuito de sobreviver e de escapar da punição e da culpa.

Dessa forma, o crime fundador – o regicídio – engendra uma cadeia de mortes, temores e desconfianças, que tem por efeito impedir que os usurpadores possam gozar prazerosamente do resultado de suas conquistas.

Essa é justamente a perspectiva pela qual Freud irá abordar a peça no comentário mais extenso que a ela dedicou: a primeira parte da seção *Arruinados pelo êxito*, do artigo *Alguns tipos de caráter encontrados no trabalho psicanalítico*, de 1916.

Nesse texto, Freud propõe-se a examinar a situação paradoxal – mas freqüentemente observada na clínica – daqueles indivíduos que adoecem *"no momento em que um desejo profundamente enraizado e há muito alimentado atinge a realização"* (Freud, 1916, p.357). Tudo se passa *"como se elas não fossem capazes de tolerar sua felicidade, pois não pode haver dúvida de que existe uma ligação causal entre seu êxito e o fato de adoecerem"* (p.357). A tragédia de Macbeth é, pois, apresentada por Freud como paradigmática de tais situações de fracasso auto-infligido, em particular a figura de Lady Macbeth. Esta sinistra personagem aparece aos olhos do criador da psicanálise como o exemplo mesmo *"de pessoa que sucumbe ao atingir o êxito, após lutar exclusivamente por ele com todas as suas forças"* (p.359).

Freud destaca o fato de que inicialmente Lady Macbeth não manifestava qualquer hesitação em levar a cabo seu projeto de conspiração e de homicídio, mostrando-se pronta, para isso, a sacrificar sua própria feminilidade: *"– Vinde espíritos sinistros que servis aos desígnios assassinos!"*, exclama a futura Rainha da Escócia, *"Dessexuai-me [unsex me], enchei-me, da cabeça aos pés, da mais horrível crueldade!"* (Ato I, cena 5. Shakespeare, 1997, p.23).

Contudo, tão logo se torna Rainha pelo assassinato de Duncan, *"ela trai por um momento algo como um desapontamento, algo como ilusão. Não podemos dizer por que razão"* (p.360), citando a seguinte passagem da peça: *"– ...Tudo perdemos quando o que queríamos, / Obtemos sem nenhum contentamento: / Mais vale ser a vítima destruída / Do que, por a destruir, destruir com ela / O gosto de viver. (Ato III, cena 2)"* (Freud, 1916, p.360).

À medida que a peça avança, Freud observa que Macbeth vai se tornando tão inexorável quanto sua esposa inicialmente o era na luta por seu ideal grandioso. Lady Macbeth, contudo, definha rapidamente em sua força, até consumir-se na culpa e na loucura, terminando por suicidar-se sem qualquer glória.

Toda a questão concentra-se, pois, em elucidar essa ruptura tão radical em uma personalidade outrora firme e inclemente. A solução dada por Freud remete à sexualidade, à fecundidade e à feminilidade da personagem. Segundo seu ponto de vista, após o crime, mesmo tendo sido alçada à condição de Rainha, mesmo tendo renunciado a seu sexo em favor dos espíritos assassinos, Lady Macbeth teve de se confrontar com a esterilidade do casal, ferida narcísica que nem mesmo a título de realeza consegue remediar.

De fato, a oposição da fecundidade/esterilidade é central na peça. Tal ponto de vista é sustentado por Freud em uma importante passagem do capítulo V de *A Interpretação dos sonhos*, dedicada ao debate sobre *Édipo-Rei*: *"Da mesma forma que Hamlet trata da relação entre um filho e seus pais, assim Macbeth (escrito aproximadamente no mesmo período) se reporta ao tema da falta de filhos"* (Freud, 1900, p.281).

Freud chama a atenção para o fato de que a peça está repleta de referências às relações pai-filhos e supunha – confirma-nos Jones – que o fracasso de Macbeth em produzir um herdeiro masculino era a motivação secreta da tragédia, como veremos em detalhes mais adiante. Freud conclui sua análise da peça com a proposição de que, do ponto de vista psicológico, Macbeth e sua esposa eram dois aspectos de uma única personalidade, tendo de se defrontar de maneira multifacetada a uma mesma condição de extrema adversidade.

Cabe, contudo, destacar ainda uma outra referência significativa feita por Freud em outro contexto teórico, mas igualmente ligada ao tema da geração e do nascimento de filhos, em Macbeth:

"O nascimento é tanto o primeiro de todos os perigos de sua vida, como o protótipo de todos os subseqüentes que nos levam a sentir ansiedade, e a experiência do nascimento, provavelmente, nos legou a expressão de afeto que chamamos de ansiedade. Macduff, da lenda escocesa, que não nasceu de sua mãe, mas lhe foi arrancado do ventre, por esse motivo não conhecia a ansiedade" (Freud, 1910).

Essa mesma referência ao lendário Macduff, assassino de Macbeth, não nascido de mulher, é retomada na *Conferência XXV*, de 1917, dedicada à angústia. Tal como previsto pelas aparições engendradas pelas feiticeiras, nenhum homem nascido de mulher poderia fazer mal a Macbeth. Este, o rei mergulhado na angústia, haveria – ironicamente – de perecer diante daquele que não conhecera sequer o protótipo mesmo desse afeto. Em Macbeth, o rei usurpador que não engendrou descendência, a angústia e o desassossego expressavam-se, sobretudo, no fato de não conseguir dormir em paz.

"O sono, nem de dia nem de noite, cairá sobre suas pálpebras"

De fato, a tragédia de Macbeth discute o tema da insônia e da perda da possibilidade de dormir em paz de maneira quase obsessiva. Já na cena 3, do 1º Ato, que se passa na charneca e que mostra o diálogo entre as bruxas imediatamente antes de seu primeiro encontro com o desafortunado protagonista, uma delas lança a seguinte maldição contra um marinheiro cuja mulher recusou-se a dar castanhas a uma das feiticeiras:

– "O sono, nem de noite nem de dia, cairá sobre suas pálpebras. Viverá ele como homem amaldiçoado. Sofrerá de fadiga sete noites por uma semana, oitenta e uma semanas, quando emagrecerá e definhará".

Aqui, a insônia é apresentada como maldição oriunda de forças malignas que arrancam a paz e o repouso. Contudo, esse enunciado proferido por uma das feiticeiras contrasta frontalmente com o benefício prometido por Lady Macbeth, em seu esforço por convencer o marido a assassinar o rei.

– "... o grande empreendimento desta noite, [...] nos trará, a todas as nossas noites e dias por vir, controle inconteste, único, domínio soberano" (Ato I, cena 5).

O contraste é marcante entre as duas proposições: condenação à insônia eterna ou controle absoluto das noites e dos dias...

Acompanhemos, pois, um pouco mais em detalhes a progressiva implantação do desassossego e a perda da possibilidade de usufruir prazerosamente do repouso em *Macbeth*.

A peça inicia com a sinistra cena na charneca, na qual as três bruxas anunciam de forma enigmática seu primeiro encontro com Macbeth: *"O belo é podre, e o podre, belo sabe ser"*, afirmam, deixando antever o cruel enovelamento de glória e crimes pelo qual transcorrerá o destino do protagonista.

Macbeth é, no início da ação, ostensivamente descrito como um valoroso, valente e fiel general das forças do Rei Duncan, forças essas que buscam defender a coroa escocesa contra a revolta promovida pelo *"impiedoso Macdonwald"*, das ilhas Ocidentais, associado aos invasores noruegueses. Com bravura e heroísmo, Macbeth *"brandiu sua lâmina de aço, e esta manchou-se de sangrentas execuções"*, até encontrar-se face a face com o líder rebelde *"de quem ele jamais apertou a mão e de quem ele não se despediu até depois de ter-lhe aberto o corpo desde a barriga até o queixo e de ter-lhe cravado a cabeça em nossos parapeitos"* (Ato I, cena 2).

Vê-se, assim, que bravura, coragem, determinação e fidelidade não faltavam entre as qualidades do herói guerreiro. Essas mesmas qualidades são reconhecidas pela gratidão do Rei, que justamente cumula-o de honrarias, chegando mesmo a atribuir-lhe o título de Barão de Cawdor – tal como antevisto pelas feiticeiras – após a gloriosa vitória por ele obtida[62].

Será o encontro com as bruxas na charneca que, após a batalha, transformará fatalmente o destino de Macbeth.

Na charneca

A charneca – tal como a ilha, a tempestade e o bosque – constitui um desses cenários emblemáticos da dramaturgia de Shakespeare. O Poeta reserva às cenas aí transcorridas um caráter transcendental, metafísico e eterno. Pantanoso, vaporoso, sombrio, sulfuroso, inóspito, sinistro e inquietante, esse ambiente é paradoxalmente propício para o desnudamento, aos olhos do protagonista, de sua própria verdade e de sua própria miséria. Quem poderá esquecer a desolação moral de Lear revelar-se, na charneca, tão mais devastadora do que a tempestade que ali sobre ele se abatera? Na charneca, despido dos brilhos e cuidados da vida cotidiana, o protagonista vê emergir, envoltos em tênue bruma, os contornos de seu próprio desejo sob um fundo de crua explicitação do desamparo da condição humana. Ética e artisticamente empenhado em

---

[62] Não deixa de ser significativo o fato de que o título nobiliário ofertado a Macbeth, como sinal de reconhecimento do Rei, pertencia até então ao traidor que aquele acabara de derrotar.

operar como *"espelho da natureza"*, o teatro shakespeareano busca confrontar o homem à sua verdade mais radical, por vezes recorrendo à encenação mesma desse momento: o do encontro trágico do personagem com o oculto em sua alma e com o insuportável da finitude humana.

Contudo, na poética de Shakespeare como na vida, tal explicitação não se realiza jamais no engodo da objetivação, mas evoca-se, por assim dizer, obliquamente, no equívoco da cena e na polissemia da palavra. Nessa perspectiva, a charneca é o palco mesmo da emergência do inquietantemente familiar, do sinistro, do *Unheimliche* freudiano, daquela dimensão do angustiante que inquieta justamente por que, no seio mesmo de sua estranheza, descortina-se o mais íntimo, o mais familiar em nós, mas que não suportamos reconhecer como tal.

Na charneca, nas ambíguas palavras das feiticeiras, Macbeth escuta seu próprio desejo, passando a experimentar excitação e angústia diante de tal revelação:

"1ª. Bruxa – Salve, Macbeth; oh salve, *thane* de Glamis!
2ª. Bruxa – Salve, Macbeth; oh salve, *thane* de Cawdor!
3ª. Bruxa – Salve, Macbeth; que um dia há de ser rei!" (Ato I, cena 3. Trad. Bárbara Heliodora)

E, em seguida, as bruxas dirigem-se a Banquo, após saudá-lo:

"1ª. Bruxa – Menor porém maior do que Macbeth!
2ª. Bruxa – Menos feliz, no entanto mais feliz!
3ª. Bruxa – Não será rei, mas será pai de reis!" *(Ibid)*

O efeito sobre Macbeth das ambíguas profecias por elas proferidas deve ser examinado em outros detalhes, assim como a tensa relação entre ambição e hesitação manifestada pelo protagonista. É bem verdade que Macbeth é apresentado com homem profundamente ambicioso. De fato, seu primeiro encontro com as bruxas na charneca acende nele a volúpia de tornar-se Rei e de ver realizadas as gloriosas predições que escutara.

Nesse primeiro encontro com as feiticeiras, Macbeth não conhecia ainda a intenção do Rei de atribuir-lhe o título de *thane* de Cawdor, o que só ocorreria logo em seguida. Quando tal previsão se confirma, Macbeth jubila: *"– Glamis, e Barão de Cawdor. O mais importante está por vir"*. Contudo, como bem lembra Harold Bloom, *"as bruxas nada acrescentam àquilo que já está na mente de Macbeth"*. Na verdade, suas palavras apenas excitam ambições e fantasias que jaziam abafadas há muito em seu espírito. Dessa forma, e embriagado pelas promessas que descortinava diante de si, Macbeth mergulha em sua própria imaginação: *"Meu pensamento, este que em si acolhe um assassínio não mais que fantasioso, sacode de tal maneira o reino de minha condição humana e única, que toda ação fica asfixiada em conjecturas, e nada mais existe a não ser o que não existe"* (Ato I, cena 3).

Surpreendido, em seguida, por seus companheiros em suas reflexões arrebatadoras, Macbeth comenta: *"Tende paciência comigo. Meu cérebro embotado esteve ocupando-se de coisas há muito esquecidas"* (Ato I, cena 3).

Observa-se assim que a ambição e as tendências homicidas e talvez, em última instância, propriamente parricidas, estavam adormecidas, mas vivas em seu desejo. Entretanto, a reativação da volúpia narcísica que tais fantasias comportavam através das ambíguas e sedutoras palavras das feiticeiras, não foi suficiente por si só para colocar em marcha uma tomada de posição em relação ao regicídio e à usurpação. Excitado, Macbeth continuava, contudo, a hesitar. Sua natureza *"era tão plena do leite da bondade humana"* que não lhe permitiria o primeiro atalho.

Do desejo ao ato faltaria a intervenção decisiva de um outro protagonista: Lady Macbeth.

Lady Macbeth ou Macbeth e seu duplo

Em uma recente biografia de Shakespeare, Park Honan assinala que Macbeth *"é aquele tecido de complexidades que sua mulher ajuda a revelar"* (Honan, 2001, p.403). De fato, como veremos, Lady Macbeth tem um papel decisivo no encaminhamento do desejo do marido, revelando-o a ele próprio e interpelando sua ambição em todas as suas conseqüências e em toda sua radicalidade.

Freud, por sua vez, em seu estudo sobre Macbeth acima mencionado, destaca a enorme transformação do caráter daquela mulher, inicialmente cruel e decidida, mas que acaba fraquejando e se suicida.

Assim, mal terminara ela de ler a carta de seu marido relatando o prodigioso encontro com as feiticeiras e as magníficas previsões que delas escutara, Lady Macbeth concebe não apenas o assassinato do Rei, como também a necessidade de instigar no hesitante marido a determinação para sua concretização. Na verdade, seria mais exato dizer que ela consegue ler o desejo ambicioso e homicida do marido dissimulado no texto de sua carta e em sua própria alma, bem como sua vacilação em passar ao ato que realizaria suas aspirações. Em seu solilóquio, proferido nesse momento, Lady Macbeth atua como intérprete do desejo e das hesitações do esposo: *"– Querias ser grande, e para isso não te falta ambição, mas careces da maldade que deve acompanhar essa ambição. A grandeza a que aspiras, desejaras obtê-la santamente. Não querias trapacear, e entanto gostarias de ganhar deslealmente"* (Ato I, cena 5).

A questão sexual assume aqui o primeiro plano. A medonha evocação dos espíritos *"que sabem escutar os pensamentos mortais"* proferida pela futura rainha, realizada para que esta não se deixe levar pela ternura de sua feminilidade, assombra por sua crua determinação: *"Unsex me"* – *"Liberai-me de meu sexo e preenchei-me da cabeça aos pés, com a mais medonha crueldade"*.

Investida dos atributos viris de determinação e de força, Lady Macbeth avança com implacável retórica sobre o marido, atingindo-o justamente na coragem que deveria acompanhar a responsabilização por seu próprio desejo: – *"Tens medo de ser na própria ação e no valor o mesmo que és em teu desejo?"* (Ato I, cena 7). Ou ainda, um pouco mais adiante, quando afirma: *"...levas a vida como um covarde, não é assim? Deixas que o teu 'Não me atrevo' fique adiando tua ação até que o teu 'Eu quero' aconteça por milagre; como a gata coitadinha, que queria comer o peixe, mas não queria molhar a pata"* (Ato I, cena 7).

Em certos momentos, o próprio sono e a sonolência do marido são por ela tratados como sinais de fraqueza da vontade e frouxidão em colocar em marcha a realização concreta do próprio desejo. Diante da hesitação de Macbeth em levar a cabo seu plano regicida, a mulher brada: *"Estava bêbada, aquela esperança de que te revestias? Caiu no sono a tal? [...]"*

Assim, era a própria dignidade fálica do general que era colocada em questão por sua esposa. Ora, ambos partilhavam da mesma sede de poder e de glória. Contudo, em um primeiro momento somente Lady Macbeth encarnava a determinação em abandonar qualquer escrúpulo moral a fim de concretizar seus sonhos de grandeza. Macbeth hesita e, ao ceder às provocações da esposa – o que significa ceder à sua própria ambição hesitante – ele encontrará sua ruína.

É, portanto, digno de nota o efeito de tomada de posição subjetiva, no sentido da passagem ao ato criminoso, que as palavras de Lady Macbeth tiveram sobre o marido, fazendo-o sair da hesitação e a assassinar o Rei com suas próprias mãos. Ela se mostrava, aos olhos de Macbeth, como resoluta, destemida, cruel e esperando dele a coerência entre seus desejos e seus atos. Sua postura era a um só tempo desafiadora e interpelante da virilidade do esposo: *"– Que fera, então, levou-te a sugerir-me tal empresa? Quando o ousaste é que tu foste homem, e para vir a ser mais do que foste devias ser mais homem"* (Ato I, cena 7).

Os ataques da futura rainha à falicidade do general de alguma forma encontram eco em Macbeth. Talvez ele próprio – tão ocupado que estava com suas guerras e com seus sonhos de grandeza até então adormecidos – guardasse em si questões não resolvidas com sua própria atribuição fálica e com a virilidade a ela vinculada. Talvez a força brutal explícita naquela mulher tivessem para ele algo de intimidante ou mesmo de humilhante. E talvez sua incapacidade em produzir filhos e garantir sua descendência desempenhassem algum papel nesse contexto.

De qualquer forma, as palavras da esposa acabam por precipitar Macbeth na ação regicida e na assunção de seu sonho de poder.

Após consumado o assassinato de Duncan pelas mãos de Macbeth, sua esposa o repreende por este haver trazido consigo as provas incriminadoras: os punhais manchados de sangue. Diante da recusa do marido em retornar à cena do crime, Lady Macbeth exclama: *"– Mas que falta de resolução! Dá-me as adagas. Os que dormem, e os que estão mortos, não passam de pinturas"* (Ato II, cena 2). Sono e morte são mais uma vez aqui equiparados e destituídos de qualquer caráter ameaçador. Em seguida, ela própria vai aos aposentos reais, besunta de sangue os rostos dos guardiões adormecidos pela bebida envenenada que lhes oferecera pouco antes e deixa as adagas junto a eles para friamente incriminá-los.

Até esse momento da peça, a sanguinária personagem não mostra qualquer hesitação ou escrúpulo. Ao contrário, tal como propunha Freud, Lady Macbeth parecia encarnar o Outro lado da personalidade de seu marido. Lá onde ele hesitava na ação, ela o instigava ou mesmo, como nessa cena, realizava com suas próprias mãos os atos necessários para a concretização dos desejos inconfessáveis de ambos. Como alter-ego de Macbeth, sua esposa lia-lhe o coração, explicitava seus desejos mais sórdidos e não hesitava diante dos imperativos de sua execução. Diante da natureza *"por demais banhada no leite da bondade humana"* do marido, Lady Macbeth encarna o Mal e seus *"espíritos sinistros"* que aquele teme assumir.

A transitividade entre os dois personagens é, portanto, evidente. Ela é interprete e instigadora dos desejos do marido, que são os dela própria. Ele, a seu turno, não deixava de provocá-la a instigá-lo ao Mal. Por que, então, haveria ele de mencionar na carta que escrevera à esposa relatando os prodigiosos ditos das feiticeiras, que elas se desvaneceram no ar justamente no momento em que *"eu mais ardia no desejo de lhes fazer novas perguntas"*?. Tratava-se, claramente, de um desejo ardente, que provavelmente ambos já conheciam, mesmo que não lhes fosse explícita a verdadeira extensão de tal ardência. E por que escreve Macbeth que tomou a iniciativa de comunicar a ela tais eventos *"para que não perdesses a tua parte de júbilo, ficando no desconhecimento da grandeza que te está prometida"*, sendo que a Lady Macbeth as feiticeiras nada prometeram ou predisseram?

A questão da mancha deixada pelo sangue da vítima constitui outro exemplo notável da imbricação dos dois personagens. Assim, logo após o assassinato do rei Duncan, Macbeth apavora-se com os restos de sangue sobre suas mãos e inquieta-se dizendo que nem todo o Oceano seria capaz de lavá-las e que, ao contrário, são elas que tingirão todo o mar de vermelho. Ao que, Lady Macbeth responde: *"– Minhas mãos estão da cor das tuas. Mas envergonho-me por ser dona de um coração tão claro [...] Um pouco d'água irá nos limpar deste ato"* (Ato II, cena 2). Contudo, ao término da peça, mergulhada em sua loucura a desafortunada Rainha apavora-se com a simples possibilidade de suas mãos não voltarem jamais a estarem limpas e que seu *"fedor de sangue"* não desapareça *"nem com todos os perfumes das Arábias"* (Ato V, cena 1). Nesse momento, totalmente indiferente à culpa ou à dor, Macbeth encontra-se em luta desesperada para manter o poder e para sobreviver aos reveses decorrentes de seus crimes. As posições de ambos tornam-se especularmente trocadas, em uma sinistra simetria.

Por fim, a morte de Lady Macbeth ocorre pateticamente por um suicídio imerso na culpa e na loucura, enquanto Macbeth, agora resoluto em sua determinação de manter-se no poder e em escapar ao castigo por seus crimes – vai progressivamente dando-se conta de que foi traído pelo próprio desejo e pelas próprias ilusões mobilizadas pelas ambíguas palavras das feiticeiras: *"– Agora ninguém mais confie nesses dúbios demônios, que se riem de nós com seus equívocos; que sopram a palavra aliciante ao nosso ouvido e não a cumprem"* (Ato V, cena 8). Mas de quem mesmo, em última instância, teria sido o equívoco?

Macbeth, "o assassino do sono"

Como vimos, o estado de adormecimento coloca o sujeito em uma condição objetiva de desamparo: ele depende da benevolência do ambiente – ou da eficácia das medidas preventivas tomadas durante a vigília – para não ser molestado durante seu repouso indefeso. A tensão dramática gerada pela exposição do homem que dorme – e com o qual identifica-se a platéia – à crueldade anônima do outro furtivamente desperto, é vigorosamente explorada por Shakespeare. Basta lembrar que tanto em *Hamlet*, quanto em *Macbeth*, o assassinato dos reis ocorre durante o sono tranqüilo desses. Em *Macbeth*, este crime transforma-o em *"o assassino do sono"*.

"Quando Duncan estiver dormindo (e para a cama sadiamente o terá convidado a dura jornada dia de hoje), seus dois camareiros encarrego-me eu de dominar", sentencia Lady Macbeth. Assim, o assassinato do Rei é ardilosamente planejado para o meio da noite, de modo que a ação encontre a vítima indefesa em seu repouso. Para garantir que não haja resistência por parte dos guardas, Lady Macbeth vai pessoalmente à ante-sala dos aposentos onde está o rei para oferecer-lhes *"bebidas quentes"*, às quais acrescentará uma droga para fazê-los ... dormir. Dormindo, os guardas serão incriminados pela atrocidade cometida pelo casal e, ainda dormindo, serão executados pelas próprias mãos de Macbeth.

Com essa imagem do Monarca assassinado durante o repouso e do sono ardilosamente imposto aos encarregados de velar pela segurança do sono inocente do Rei, Shakespeare coloca em cena uma das mais terríveis fantasias infantis. Se considerarmos a figura do Rei nos termos pelos quais Freud descreve a condição originária do bebê – *His Majesty, the Baby* – totalmente imerso no narcisismo dos pais, vemos que seu sono é decorrência de uma entrega natural a um ambiente confiável, sem que ele sequer coloque em questão o risco que envolve o(s) guardião(ões) que velam por seu sono. Nayra Ganhito descreve nos seguintes termos a *"cena fundante"* da possibilidade do adormecimento do bebê: *"A mãe, antes mesmo dos sonhos advirem, é a guardiã do sono"* (Ganhito, 2001, p.14-15). Ora, com o crime daquela forma efetivado é a própria cena fundante que se encontrará doravante atingida.

A peça coloca, pois, em cena o horror dos horrores: o guardião do sono passa a fazer parte da temática do sonho e já começa a ser concebido como alguém que pode fracassar em sua tarefa protetora de garantir o sono tranqüilo: já não há mais qualquer ilusão de garantia absoluta de que tudo permanecerá em paz enquanto o sujeito repousa. A mãe torna-se real, ou seja, ela pode não estar lá. Pode faltar a presença reasseguradora e calorosa que protege o sono e que a princípio, em condições ordinárias, o sujeito sequer concebe como sendo um Outro. A questão da alteridade coloca-se cedo demais. E precocemente o sujeito estará confrontado a uma tarefa paradoxal para a qual ainda não está preparado: ter de velar ele mesmo por seu próprio repouso, sem qualquer outra garantia.

Doravante, dormir comportará uma dimensão de risco insuportável. O guardião do sono é visto tal como ele é: castrado, falível, simplesmente humano. Diante dessa insuportável revelação, afirmaria Freud, o homem recorre à fantasia plena de desejo de que existiria um bondoso e todo-poderoso guardião invisível do guardião visível e mortal. Coloca-se, pois a questão: a condição para o sono seria a da internalização da ilusão de um anjo da guarda maternal e protetor? Dependeria da ilusão fundadora de que o mundo é basicamente estável, confiável e protetor, a qual estabeleceria as bases da relação do sujeito com seu próprio mundo? Ou, ao contrário, seria possível entregar-se ao sono sem se esperar a proteção de qualquer guardião que seja? Na peça, o Rei dorme protegido por seus guardas e é assassinado. Macbeth não dorme, luta sem descanso para não ser atingido pelos atos de vingança suscitados por seus crimes, mas também é assassinado.

Contudo, não é apenas o risco do Mal proveniente do outro que coloca em xeque a possibilidade do sono. É o próprio Mal, emergindo mais livre no silêncio e na penumbra da própria intimidade, que perturba e excita o sujeito.

Desperto no meio da noite, momentos antes de assassinar o Rei, Macbeth exclama: *"Neste instante, sobre o meio do mundo, a Natureza parece estar morta, e, sob os dosséis, sonhos pecaminosos fazem mal ao sono dos que dormem"* (Ato II, cena 1).

É sob essa perspectiva que a consumação do Mal, excitante dos sonhos criminosos, resulta na perdição culposa e amedrontada da própria paz.

"Dormir nunca mais! Glamis matou o sono!"

A descoberta do assassinato do Rei é ainda mais irônica no que diz respeito à analogia sono-morte, tão recorrente nessa peça. Macduff chega cedo pela manhã ao castelo de Macbeth, onde pernoitara o Monarca, e busca saber se *"O Rei está acordado?"*. Em seguida, ele próprio toma a iniciativa de ir despertar Duncan nos seus aposentos, descobrindo assim o cadáver.

Desesperado, brada Macduff: *"Acordem todos! Acordem todos, livrem-se do macio do sono, simulacro da morte e olhem a morte na cara!"* (Ato II, cena 3). A fragilidade da vida, que permite tão facilmente a passagem para a morte, fica assim explicitada no horror manifesto por Macduff.

Dormir e morrer; a morte e seu simulacro; a experiência da morte em vida e a tênue fronteira que separa os dois irmãos: Tânatos e Morfeu – todas essas dramáticas oposições encontram-se expressas nessa cena.

A partir desse crime, Macbeth assume o trono da Escócia, realizando a previsão das *"Três irmãs"*. Ao mesmo tempo, iniciam seus terrores, pois os filhos de Duncan conseguiram fugir e, sobretudo por que os filhos de Banquo – a quem havia sido prometido que seriam reis – permaneciam vivos.

"Não temos como fugir daqui, nem como aqui permanecer!".

É absolutamente notável na peça que, à medida que Macbeth envolve-se mais profundamente na engrenagem de crimes colocada em marcha por sua ânsia de poder, tanto maior é seu desassossego e sua impossibilidade de usufruir dos benefícios da gloriosa posição conquistada. O terror passa a ser a tonalidade mesma de sua existência. Seu poder é ilegítimo e instável, suas questões relacionadas à sua fertilidade e à sua própria dignidade fálica permanecem intocadas e o medo da retaliação provinda daqueles a quem feriu torna-se progressivamente mais concreto e insuportável.

O assassinato de Banquo e o retorno de seu fantasma em plena comemoração de seu acesso ao trono são paradigmáticos dessa situação de impossibilidade de usufruir da suposta completude que a coroa lhe concederia.

Banquo, amigo e companheiro de armas de Macbeth, co-participante do fantástico encontro com as feiticeiras, passa, por isso mesmo, a ser visto como um perigo potencial. As bruxas haviam anunciado que seus filhos seriam reis. Além disso, Banquo talvez tivesse entrevisto as dissimuladas intenções homicidas de Macbeth contra o Rei. Era, portanto, urgente para o usurpador eliminar o antigo companheiro, com seus descendentes.

O assassinato de Banquo é cuidadosamente planejado para que de uma só ação este fosse abatido com seu filho, Fleance. Contudo, os mercenários enviados para executar a tenebrosa missão encomendada por Macbeth falham parcialmente em sua tarefa, matando Banquo, mas deixando escapar seu filho.

Assim, Macbeth passa a ser assombrado não apenas pelo fantasma do amigo morto – que aparece justamente no momento da festa que deveria comemorar a alegria de sua chegada ao poder – como também pela sobrevivência do filho daquele, agora alçado à condição de potencial vingador. Macbeth perde a possibilidade de gozar das honras e das glórias de seu alto cargo e da paz dos momentos de repouso. Sua vida passa a ser assombrada por fantasmas de suas vítimas e pelo potencial retorno de filhos vingadores, fúrias atiçadas por sua própria loucura.

Ao mandar, em seguida, assassinar a família de Macduff, dessa vez Macbeth tem sucesso em matar o filho daquele que viria a ser seu próprio algoz. É interessante notar que ao saber da notícia da chacina de seus familiares, Macduff exclama: *"– Somente por que ele não tem filhos, assassinou os meus!"* (Ato IV, cena 3). Tudo se passa como se Macduff visualizasse com clareza as motivações pulsionais mais secretas dissimuladas naquele crime horrendo.

Macbeth, rei desafortunado que não deixaria descendência, em uma ânsia de assumir este alto posto, terminou por reunir contra si uma horda de inimigos implacáveis e muito concretos: filhos buscando vingança pelos pais assassinados e pais que, tendo os próprios filhos mortos por Macbeth, preparavam-se para o combate e para a guerra contra o criminoso usurpador.

Em seu segundo encontro com as feiticeiras, dessa vez em uma caverna, procuradas por Macbeth para esclarecerem de vez o sentido enigmático de suas profecias, o protagonista é colocado na condição de espectador de aparições proféticas, encarregadas de elucidar as dúvidas que o atormentavam. A primeira aparição, sob a forma de uma Cabeça Armada, alerta-o para se precaver contra Macduff.

A segunda aparição, uma criança ensangüentada, prevê de que ninguém nascido de uma mulher poderia fazer mal a Macbeth.

Finalmente, a terceira e última aparição – uma criança coroada, com uma árvore na mão, – provoca em Macbeth a seguinte reação: *"O que é isso, que se levanta como filho varão de um Rei e traz na cabeça uma coroa, símbolo máximo de um soberano?"* (Ato IV, cena 1).

O filho de um Rei, tal como o que desesperadamente falta ao próprio Macbeth. É ele que revela ao Rei que este não será vencido, a menos que o grande Banquo de Birnan marche contra ele.

Cabeças armadas, crianças ensangüentadas, filhos de Rei: os fantasmas de Macbeth materializam-se sob as formas das aparições. As crianças feridas e assassinadas não faltam à cena de suas fantasmagorias – um dos ingredientes da que as bruxas acrescentam ao caldo que fervem em seu caldeirão é, inquietantemente, o *"dedinho de um bebê estrangulado ao nascer, nascido ao relento, uma prostituta por parteira"* (Ato IV, cena 1). Macbeth conquista o trono ao preço de perder paz justamente com seus fantasmas mais aterradores.

Incapaz de usufruir do poder conquistado e perseguido pelos inúmeros ofendidos por seus crimes, descortina-se aos olhos de Macbeth, com magnífica crueza, o engodo a que a volúpia cega de sua vontade do gozo o conduziu. À tal embriaguez – cega, plena de som e de fúria, cheia de conseqüências funestas, mas que em última instância nada significa – podemos, legitimamente, dar o nome de "paixão", ao qual responde a noção de "psicopatologia", tal como concebida por Freud.

"...nossos atores, (...) eram só espíritos e dissolveram-se no ar, em pleno ar..."

No fim da peça, ao receber a notícia da morte da esposa, Macbeth não demonstra mais qualquer surpresa. Ele já se havia engajado longe demais em uma cadeia inexorável de crimes e de horrores que o conduziriam à ruína. O Rei era odiado, seu reinado estava sob perpétua ameaça, floresciam as conspirações e tentativas de golpe. Malcolm, Siward e Macduff reúnem um grande exército e partem ao ataque contra o castelo do usurpador. Disfarçados com as ramagens da floresta, os guerreiros dos vingadores realizavam a profecia de que a floresta de Birnam marcharia contra as colinas de Dunsinane. Sua mulher, outrora tão decidida e corajosa, sucumbira à loucura e ao suicídio. Não havia mais esperanças, o fim estava próximo e o fundo de não-sentido e de ilusão de tudo aquilo pelo que em breve morreria, começava a se desvelar.

A declaração feita por Macbeth nesse momento dramático crucial constitui uma das passagens mais conhecidas da obra de Shakespeare, expressão maior do niilismo e da desilusão com a existência e com o mundo:

"Amanhã e amanhã, e ainda outro amanhã arrastam-se nessa passada trivial do dia para a noite, da noite para o dia, até à última sílaba do registro dos tempos. E todos os nossos antes não fizeram mais que iluminar para os tolos o caminho que leva para o pó da morte. Apaga-te, apaga-te chama breve! A vida não passa de uma sombra que caminha, um pobre ator que se pavoneia e aflige sobre o palco – faz isso por uma hora e, depois, não se escuta mais sua voz. É uma história contada por um idiota, cheia de som e de fúria e que significa nada" (Ato V, cena 5).

Vemos aqui o patético descortinar de uma verdade extrema, quase insuportável. Macbeth vislumbra com toda clareza um dos extremos fundamentos de sua própria existência e, sem dúvida, do homem próprio: a dimensão de ilusão, que sustenta o mistério de como é possível, do pó de que é feita a finitude humana, brotar alguma significação e sobre este vazio estruturar-se um universo de significações compartilhadas. Todas as ilusões se arruínam e descortina-se a seus olhos a chama breve – plena de ilusões – sobre a qual edificava-se um universo que, contudo, prometia sentido. Descobre penosamente Macbeth que, tal como advertira Guildenstern em *Hamlet*, "*a verdadeira substância da ambição era apenas a sombra de um sonho*" (Ato II, cena 2).

A turbulência do espírito de Macbeth, sua inquietação, sua impossibilidade de repouso, sua insônia, que o acompanham ao longo de sua trajetória trágica são correlativos da paixão cega que seus sonhos de grandeza nele suscitavam. Orgulhoso de suas glórias de guerreiro, entorpecido pelas profecias das feiticeiras, encorajado pela determinação de sua esposa, Macbeth passa a ter o *"cérebro embotado por coisas há muito esquecidas"*. Tais coisas – "esquecidas" – retornam a seu desejo e passam a brilhar como luz que dá sentido a todas as ações, como promessa de glória que paga o preço de todos os crimes.

Arrastado por essa paixão ao sofrimento e à tragédia, Macbeth confronta-se com a loucura correlativa de sua *hybris*: "*... todos os nossos ontens não fizeram mais que iluminar para os tolos o caminho que leva para o pó da morte*". É diante do vazio de significado da morte a que conduzira sua ambição que Macbeth, fazendo-se sujeito de seu próprio desamparo, assume uma decisão que só pode se sustentar sobre o seu próprio desejo: "*– Não me entregarei! Ataca, Macduff, e maldito seja o primeiro a gritar 'Basta! Eu me rendo!'*" (Ato 5, cena 7). Tal como havia proclamado pouco antes, quando a derrota final já se perfilava diante de seu horizonte, Macbeth reencontra seu orgulho guerreiro e sua honra de valoroso general: "*– Pelo menos a morte nos encontrará envergando nossas armaduras*" (Ato V, cena 5). Foi essa atitude a um só tempo altiva e louca que inspirou Freud na imaginação de sua própria hora extrema.

E assim o ambicioso general – rei pela usurpação – perece sob a espada de Macduff, aquele que não nasceu de mulher. Antes de morrer, contudo, teve tempo de constatar a ilusão de poder que o havia enlouquecido – sombra de um sonho – e o grave preço que haveria de pagar por sua cegueira. Sem possibilidades de resgate de sua existência a partir de tal descoberta, resta-lhe a trágica revelação da verdade de sua perdição e a dignidade de morrer – por sua própria decisão – em seu posto de guerreiro valoroso e destemido. Encontrava, assim, Macbeth, não o sono, mas a morte. O repouso, talvez. Mas igualmente a visão crua da existência quando desabam as ilusões.

Essa mesma revelação de que as visões oníricas que parecem preencher o mundo de significado não passam de ar, de puro ar, – sombra de um sonho – expressa-se no fim de *A Tempestade*, porém aqui em um contexto que nada tem de niilista.

Em sua última grande obra, Shakespeare parece querer demonstrar que uma outra modalidade de relação com o mundo e uma nova forma de paixão é possível após o desabamento das ilusões, fundada sobre a subjetivação do desvelamento do caráter meramente onírico das certezas e ideais que pareciam organizar a existência. Em outras palavras, o encontro do protagonista com a dimensão de *"quintessência do pó"* que qualifica os homens – ao menos aos olhos de Hamlet – não implica pois, necessariamente, em um esvaziamento melancólico do sentido da vida. Ao contrário, trata-se do momento crucial de se fazer sujeito de sua própria condição desejante, sem garantias, fundando seu percurso singular e escapando, assim, do apaixonamento louco e alienado em nome do qual Macbeth sacrificou seu sono, seu repouso e sua própria vida[63].

O mesmo desvelamento do oco arcabouço do mundo retratado em *Macbeth* aparece poética – e liricamente – sob a pena de Shakespeare no famoso monólogo de Próspero, ao fim de *A tempestade*, quando este revela que todo aquele universo que parecia pleno de consistência para os habitantes da ilha, era apenas ar, puro ar:

"Criai ânimo, Senhor. Nossa diversão chegou ao fim. Esses nossos atores, como vos preveni, eram todos espíritos e dissolveram-se no

---

[63] Sobre a incidência da subjetivação e da responsabilização pelo próprio desejo e pelo próprio desamparo no fim da análise, remetemos a nosso artigo: "O pânico e os fins da psicanálise: a noção de 'desamparo' no pensamento de Lacan", *Percurso*, 19/ 2° semestre, 1997, pp.29-36.

ar, em pleno ar, e, tal qual a visão infundada dessa visão, as torres, cujos topos deixam-se cobrir pelas nuvens, e os palácios, maravilhosos, e os templos, solenes, e o próprio Globo, grandioso, e também todos os que nele estão e todos os que o receberem por herança, hão de desaparecer, como se deu com essa visão tênue sem deixarem vestígio. Nós somos esta matéria de que se fabricam os sonhos, e nossas pequenas vidas terminam-se no sono" (Ato IV, cena 6).

Diante de tal revelação, Próspero quebra sua vara mágica e enterra seu livro de sortilégios, lançando-se à reconciliação com a vida, com o passado, com os amados e inimigos, com o sono e com a própria morte.

Em última instância, trata-se da mesma revelação e da mesma descoberta, em Macbeth e em Próspero. Constatando que sua ruína derivava de um sonho de poder que se sustentava, como toda a existência, no ar, em pleno ar, ainda assim Macbeth não se deixa arrastar pelo nada e morre em seu posto, lutando com bravura uma luta sem sentido, como em última instância o foram todas as suas batalhas.

O desabamento de seu sonho permitiu-lhe muito mais do que a descoberta local dessa ilusão, mas antes revela o fato de que nós – e o Globo inteiro – somos feitos do mesmo estofo de que são feitos os sonhos.

Assim sua pequena existência encontrava seu termo e seu repouso no sono da morte. E tal como em Hamlet, desfeitos os sonhos, para Macbeth o resto é silêncio.

Tragicamente confrontado a tal descoberta no termo de suas possibilidades e no termo de sua existência, Macbeth experimenta-a como amarga desilusão e medonha epifânia de uma dura verdade que se desvela. Ora é a mesma descoberta que prepara o fim radical de uma análise, e é a partir de sua subjetivação que a verdadeira aventura principia. Macbeth e Próspero interpelam os psicanalistas ao encarnarem poeticamente esse encontro crucial do homem com seu próprio desamparo, atravessando um vale de sonhos, ambições, angústias e insônia, até que confrontados a seu desejo e a sua falta de garantias, terminam por dar um destino subjetivo e singular à incompletude que os constitui.

Proponho assim que interrompamos por aqui essas claudicantes reflexões sobre o assassinato do sono perpetrado por Macbeth.

Pois, como afirma Christopher Sly, o bêbado dorminhoco da abertura de *A megera domada*: *"– Vai-se o tempo, e ninguém fica mais moço"*.

Referências bibliográficas

ALVAREZ, A. *Noite.* São Paulo: Companhia das Letras, 1996.

BANDEIRA M. "Nota do tradutor". In SHAKESPEARE W. *Macbeth* (trad. Manuel Bandeira). São Paulo: Paz e Terra, 1997.

BELLEMIN-NÖEL, J., *Psicanálise e literatura.* São Paulo: Cultrix, 1983.

BERTHOLD, M. *História mundial do teatro.* São Paulo: Perspectiva, 2001.

BLOOM, H. *Shakespeare: a invenção do humano.* Rio de Janeiro: Objetiva, 2000.

CORVIN, M. *Dictionnaire encyclopédique du théâtre.* Paris: Bordas, 1991.

FÉDIDA, P. "Le conte et la zone de l'endormissement". In *Corps du vide et espace de séance.* Paris: Jean-Pierre Delarge, 1977.

——————. "Hypnose, transfert et suggestion". In *Crise et contre-transfert.* Paris: PUF, 1992.

FERENCZI, S. (1924) "Thalassa". *Oeuvres complètes,* v.3. Paris: Payot, 1974.

FREIRE, J.M.G. "Hamlet, Oedipe de la modernité". *Cliniques Méditerranéennes,* 65:221-237, 2000.

FREUD, S. (1895) "Enwurf einer Psychologie". In GABBI Jr., O.F. (org.) *Notas a um projeto de psicologia: as origens utilitaristas da psicanálise.* Rio de Janeiro: Imago, 2003.

——————. (1900) "A interpretação dos sonhos". In *Obras Psicológicas Completas,* v.4-5. Rio de Janeiro: Imago, 1974.

——————. (1910) "Um tipo especial de escolha de objeto feita pelos homens (Contribuições à psicologia do amor 1)", *Edição Eletrônica Brasileira das Obras Psicológicas Completas de Sigmund Freud,* versão 2.0. Rio de Janeiro: Imago.

——————. (1914) "Sobre o narcisismo: uma introdução". *Obras Psicológicas Completas.* Rio de Janeiro: Imago, 1974, v.4

——————. (1914) "Zur Einführung des Narzissmus". *Studienausgabe,* Band III, Frankfurt-Am-Mein, S. Fischer Verlag, 1989.

——————. (1916] "Alguns tipos de caráter encontrados no trabalho psicanalítico". *Obras Psicológicas Completas.* Rio de Janeiro: Imago, v.14, 1974.

——————. (1917) "Suplemento metapsicológico à teoria dos sonhos". *Obras Psicológicas Completas.* Rio de Janeiro: Imago, v.14, 1974.

—————— (1930) "Mal-estar na civilização". *Edição Eletrônica Brasileira das Obras Psicológicas Completas de Sigmund Freud.* Rio de Janeiro: Imago, 1997.

GANHITO, N.C.P. *Distúrbios do sono.* São Paulo: Casa do Psicólogo, 2001.

GARCIA-ROZA, L.A. *O mal radical em Freud.* Rio de Janeiro: Zahar, 1990.

HELIODORA, B. *Falando de Shakespeare.* São Paulo: Perspectiva, 2001.

———. "Introdução a Macbeth". In SHAKESPEARE, W. *Hamlet e Macbeth*. Rio de Janeiro: Nova Fronteira, 1995.

HONAN, P. *Shakespeare: uma vida*. São Paulo: Companhia das Letras, 2001.

JOHNSON, S. *Prefácio a Shakespeare*. São Paulo: Iluminuras, 1996.

JONES, E. *Hamlet et Oedipe*. Paris: Gallimard, 1967.

———. *Le cauchemar*. Paris: Payot, 1973.

JORGE, A.L.C. *O acalanto e o horror*. São Paulo: Escuta, 1988.

LACAN, J. *Hamlet por Lacan*. São Paulo: Escuta, 1986.

———. *Le séminaire VII: L'éthique de la psychanalyse*. Paris: Seuil, 1986.

McDOUGALL, J. "Sommeil, orgasme et mort". In VARELA, F. *Dormir, rêver, mourir*. Paris: Nil, 1998.

———. *Teatros do corpo*. São Paulo: Martins Fontes, 1991.

PEREIRA, M.E.C. "A insônia, o sono ruim e o dormir em paz: a 'erótica do sono' em tempos de Lexotan", aceito para a publicação na *Revista Latino-americana de Psicopatologia Fundamental*.

———. "Boa noite, amado Príncipe. Ou notas psicanalíticas sobre a insônia, o repouso e a morte na tragédia de Hamlet". *Psychê*, 6(10):19-38, 2002.

———. *Pânico e desamparo*. São Paulo: Escuta, 1999.

———. "A psicanálise à escuta do sono". *Percurso*, 28:11-13, 2002.

———. "O pânico e os fins da psicanálise: a noção de 'desamparo' no pensamento de Lacan". *Percurso*, 19:29-36, 1997.

———. "Sim ou Não? A angústia e a voz do Outro". In BESSET, V.L. (org.) *Angústia*. São Paulo: Escuta, 2002.

———. "Solidão e alteridade em *A hora da estrela*, de Clarice Lispector". In *Literatura e psicanálise: estéticas da exclusão*. Campinas: Mercado de Letras, 1998.

ROCHA, Z. *Os destinos da angústia na psicanálise freudiana*. São Paulo: Escuta, 2000.

SÃO JOÃO DA CRUZ *La nuit obscure*. Paris: Seuil, 1984.

SHAKESPEARE, W. "A vida do rei Henrique V". In *Teatro completo de Shakespeare: dramas históricos*. São Paulo: Ediouro, s/d.

———. "*Hamlet*". In *Teatro completo: tragédias*. São Paulo: Ediouro, s/d.

_____. "Macbeth". In *Hamlet e Macbeth*. Rio de Janeiro: Nova Fronteira, 1995.

_____. "Macbeth". In *Teatro Completo: tragédias*. São Paulo: Ediouro, s/d.

_____. *Hamlet*. Porto Alegre: L&PM Pocket, 2000.

_____. *Julio César*. Rio de Janeiro: Lacerda, 2001.

_____. *Macbeth*. São Paulo: Paz e Terra, 1997.

_____. "Romeu e Julieta" In *Teatro completo: tragédias*. São Paulo: Ediouro, s/d.

Sobreadaptação, normopatia e somatização

Sobreadaptação à realidade ambiental e padecimento corporal

Renata Udler Cromberg

As manifestações no trabalho clínico nas semanas que se seguiram ao ataque de 11 de setembro de 2001 são o disparador do nosso tema. Em vez de exemplos pontuais, para minha surpresa, surgiu recorrentemente um tema presente em grande parte dos pacientes de maneiras diferentes: o suicídio. Efeito, sem dúvida, pós-World Trade Center, o Bin Laden em cada um de nós. Se os dias que seguiram o acontecimento traumático, que afetou a todos nós, trouxeram nas análises a revivência associativa de acontecimentos penosos na história psíquica de cada um, pouco tematizados, até então ou inéditos, após um intervalo, comecei a perceber, difusamente e com mal-estar, a presença do tema do suicídio.

Sem dúvida, temos a sensação que se ultrapassou uma zona até então ainda não atingida ao vermos o suicídio transformado na mais nova, letal e caótica arma de guerra e destruição, que em matéria de inventividade vai deixando para trás, como meros arcaismos do século passado, a câmara de gás, o desaparecido político e o estupro de mulheres em massa.

Existe negação maior do corpo do que transformá-lo em pura bomba de energia detonadora do assassinato em massa, a serviço da fantasia de imortalidade, que uma vida mais além contemplaria como sendo a verdadeira vida? Vida corporal que se sacrifica de bom grado, em nome de um belo dinheiro para a família que fica, existiria negação de si mesmo ou postergação maior das próprias necessidades, sendo-se o bom filho que preencheria as faltas paternas? Mas qualquer suicídio, para além da dor e do ódio, não está pautado pela esperança vã de uma nova vida, de um renascimento livre das exigências de um objeto que faz uma sombra totalitária sobre o eu?

Na época dos clones, da criônica, o suicídio transformado em arma de guerra é um megasintoma somático no limite daquilo que está além ou aquém do humano-inumano, pois faz desaparecer o próprio corpo que se torna puro combustível.

A fantasia de ser único e imortal habita, desde os primórdios, cada um de nós. Ela tem uma vertente positiva no qual ela forma um último sustentáculo garantidor da vida em situações extremas, no qual as condições ambientais falham em se tornar este suporte e a sobrevivência se apóia na âncora desta fantasia primordial. Por exemplo, nos casos de bebês órfãos em hospitais, em momentos de doenças graves, em situações perigosas inesperadas. Ela é uma primeira defesa ao profundo desamparo sentido que visa impedir o colapso total e mortífero. Mas na sua vertente negativa, ela é o germe daquilo que Freud chamou de fúria narcísica destrutiva, que elimina todo obstáculo à ilusão de se ser único e imortal ou que compele à constituição de um supereu tão rígido e destrutivo como a fúria contra a qual se ergue. Os destinos sublimatórios desta fantasia, Aulagnier já os apontou há algum tempo, o filho e a obra cultural, fazendo eco ao ditado popular (gerar um filho, escrever um livro, plantar uma árvore). Mas para isso, é preciso aceitar, ao menos um pouco, habitar um corpo mortal.

O clone, o suicida e o congelado suscitam a imagem de uma serialidade que se torna expressão de seu império. Tomemos o clone como exemplo. Esta nova invenção da ciência suscita as fantasias as mais inquietantes sobre o duplo imortal e as mais arcaicas fantasias narcísicas do autoengendramento, da recusa do papel do casal e da sexualidade na reprodução. Este clone nos inquieta, pois, talvez, toque muito de perto este narcisismo primário indestrutível, raiz da fúria destrutiva que Freud apontou no *Mal-estar da cultura* (1929). Narcisismo este que temos de continuamente nos desfazer para permitir a reinvenção constante da heterossexualidade, da relação com o outro, do desejo pelo outro na assunção de nosso desamparo originário e dependência relativa do outro, sempre presente, intersubjetividade constituinte do processo de humanização.

Já o corpo congelado, como lemos no artigo *O futuro da morte* (Hughes, 2001), mostra o quanto a tecnologia está problematizando a morte. Embora pragmaticamente classificado como morto, porque ausente do mundo dos vivos, poderia ser reinserido nesse mundo se houvesse evidências de que ele se encontraria realizando uma longa viagem. Seguramente, não é só genética, mas também psiquicamente que o clone e o congelado serão uma mutação do humano. No mesmo artigo, podemos pressentir *que "o desenvolvimento de dispositivos de informática que empregam materiais biológicos e de programas de software desenvolvidos sobre modelos biológicos sugere futuras convergências entre computação orgânica, software de redes neurais e interfaces entre o sistema nervoso humano e o computador"* (Hughes, 2001, p.6). Estranhas configurações, novos desafios para o pensamento psicanalítico, que a nossa época traz, entre tantos outros.

O corpo congelado da criônica, o corpo clônico e o corpo transformado em combustível do suicida político trazem uma estranha materialidade para uma forte pulsão tanática, para aquilo que Freud chamou de manifestação muda da pulsão de morte, por meio da compulsão de sua repetição. Talvez a zona que difusamente tenhamos sentido que se ultrapassou, para além de qualquer embate das pulsões, materialização visual da defusão pulsional que expôs a pura pulsão de morte à impotência de todos de contê-la, foi este espetáculo midiático dos aviões entrando pelos prédios, que fomos compelidos a ver, hipnoticamente fascinados no nosso horror. Além disso, a descrição obscena dos diálogos que antecederam o inferno incandescente, que eu, tão calejada, não pude suportar ler nos jornais.

Na mesma época, tive a oportunidade de assistir a um filme *Arquitetura da destruição* que expõe de maneira mais sutil, mas não menos sinistra, a paixão de Hitler pela estética da ordenação, da simetria e da serialidade repetitiva. O filme mostra-nos, entre várias coisas, como a solução final dos povos inferiores foi sendo montada pela condenação do corpo doente e deformado. De maneira muito simplificada seria assim: em um primeiro momento, decidiu-se eliminar todos os velhos e doentes graves que estivessem em asilos. Escrevia-se para as famílias que eles estavam sendo transferidos para asilos melhores, descrevendo-se as melhores condições em que viveriam. Depois, escrevia-se que eles haviam chegado lá e estavam bem e após serem mortos nas primeiras câmaras de gás, as famílias eram avisadas de que, infelizmente, eles haviam morrido. Paralelamente, foi montada uma exposição de quadros de arte moderna de judeuzinhos do porte de Chagall e Max Ernst que ficavam, cada um ao lado de retratos de pessoas doentes, deformadas, para apontar a semelhança das figuras pintadas com as retratadas. Por fim, dizia-se que era uma arte degenerada, feita por degenerados judeus, o que justificaria a mesma solução de limpeza final e depuração destinada aos degenerados. Sobravam, então, os corpos perfeitos em série dos soldados de raça superior ariana marchando uniformemente, em simetria e ordenação, nos trajetos impecáveis, desenhados pessoalmente pelo Führer.

Da negação do corpo à sobreadaptação

O que tudo isso tem a ver com o nosso tema, a sobreadaptação e as patologias corporais, além de serem associações reflexivas que a elaboração do traumático vem traçando no meu pensamento? Onde estas reflexões se cruzam com nosso tema, em um primeiro momento, é a maneira como se nega o corpo, em sua materialidade imperfeita, mortal, em nome dos ideais culturais e sociais erigidos como norma tirânica, como destino final, esperança de imortalidade descorporificada, ainda que com o sacrifício da vida prazerosa ou desprazerosa possível na habitação de um corpo mortal.

Tomemos, por exemplo, os pacientes cardiovasculares descritos por Liberman (1986) que não distinguem entre capacidade de trabalho e ócio e assumem grandes responsabilidades em atividades organizativas ainda nos lugares em que vão aparentemente para descansar, espairecer e buscar prática desportiva. Neste caso, o clube ou a casa de fim de semana, no lugar de serem continentes para o ócio criativo, passam a transformar-se em um empreendimento a mais que devem conter. Quanto mais forçam seu corpo, mais experimentam um perigoso estado de bem-estar porque não registram sintomas que em outras pessoas cumprem a função de real alarme corporal. São cenestopatas, pela incapacidade que apresentam para registrar estados corporais de tensão e relaxamento, prazer-desprazer, bem-estar e mal-estar, descanso e cansaço corporal. Desconexão maciça com seu corpo, pelo repúdio de sensações corporais. O paciente com risco de sofrer uma crise cardiovascular maciça, emergência seriamente alarmante hoje em dia, trata-se de uma pessoa orgulhosa de um bem-estar corporal aparente que, desde muito jovem, conseguiu posições de extrema responsabilidade na vida. Nunca experimentou fadiga muscular, as poucas horas do dia que pode desconectar-se das exigências externas, o coloca, dormindo em qualquer lugar, passa de uma vigília a outra; pode estar com uma taquicardia crônica, não muito acentuada, mas contínua, pode ter um metabolismo basal aumentado, espasmos intestinais, bruscas oscilações de tensão, etc., sem chegar a registrar, ainda que seja somente levemente, sinal algum de mal-estar corporal. Não vivencia as mesmas perturbações que levam outras pessoas a buscar ajuda médica, pois não tem registro psíquico do sofrimento.

Mas o que será que revela a vida psíquica e mental de uma pessoa assim, com esta disposição a uma manifestação corporal grave? São pessoas que manifestam uma sobreadaptação à realidade ambiental que se faz efetiva em forma dissociada de suas necessidades e possibilidades emocionais e corporais.

Este é o postulado básico do analista argentino, David Liberman e sua equipe, desenvolvido no livro *Do corpo ao símbolo* (1986): as pessoas com disposição a padecer de manifestações corporais patológicas expressam uma sobreadaptação à realidade ambiental e o fazem efetivamente de forma dissociada de suas necessidades e possibilidades emocionais e corporais. Passo a apresentar resumidamente as suas idéias.

Utilizando o referencial winnicottiano, Liberman descreve a vida mental destas pessoas segundo uma gama que vai daquelas que não registram alertas orgânicos prévios e que são candidatas à interrupção brusca e prematura de sua vida até as que apresentam enfermidades psicossomáticas dos mais diferentes graus de gravidade. Elas possuem um *self* ambiental sobreadaptado, em detrimento de um *self* corporal subjugado e repudiado, que não conseguiu uma articulação adequada entre maturação e aprendizagem corporal. São pessoas que padecem de sensatez. Pessoas sensatas demais!

As características principais deste padecimento são: privilégio em excesso do ajuste à realidade exterior, ao rendimento e ao cumprimento de exigências, ausência de conexão com as mensagens emanadas do interior emocional e corporal, enfrentamento, e não apenas divórcio, entre princípio de realidade e princípio do prazer e repúdio do *self* corporal, que não consegue representação simbólica no seu aparelho mental.

O sintoma somático tem, então, valor de denúncia do grau massivo de postergação a que o corpo foi submetido nesta constelação mental. Ele é, ao mesmo tempo, produto da estrita dissociação corpo/mente a que apelaram essas pessoas precocemente em sua evolução e uma tentativa de recuperar a unidade psicossomática rompida, por meio da emergência do corpo, presente com seus sofrimentos e requerimentos. O repúdio do *self* corporal que não consegue representação simbólica em seu aparelho mental, as conduz a adotar um plano de vida em que não se conjugam objetivos com possibilidades emocionais. É justamente a unidade psicossomática que nestas pessoas está rota. Em virtude da existência de uma clivagem nítida entre a psique e o soma, os pacientes psicossomáticos não percebem as suas emoções em situações angustiantes: as idéias associadas a qualquer afeto conflituoso importante não são recalcadas como na neurose, mas apagadas do campo da consciência. Funcionam como bebês, não podendo utilizar as palavras como veículo de seu pensamento, só conseguindo reagir de maneira psicossomática a uma emoção dolorosa. O sintoma denuncia um sistema de vida baseado em uma ideologia que, sob seu aparente ajuste à realidade exterior e seu privilégio do processo secundário, oculta uma carência de sentido comum: atrás do manifesto desejo de viver ao máximo, o que aparece é uma forte pulsão tanática, que lhes leva a pagar, por viver aceleradamente, o preço de uma morte prematura.

A estereotipia desta organização, na qual o ambiente se prestigia e a interioridade se oblitera, permite antecipar a possibilidade de severas crises somáticas ainda em pessoas que manifestam um tranqüilizador bemestar corporal e um aberto orgulho por sua capacidade de trabalho ajuste e rendimento.

Nestes pacientes, ao pensar-se que o mais doente deles assenta no reforço de um rendimento desarticulado de seu mundo emocional e de linhas autênticas de desenvolvimento e reparação, se a sobreadaptação ambiental perpetua a dissociação do *self* corporal, que carece de representação e prepara o caminho para novas emergências corporais, será objetivo da análise que este sistema de vida, tão fortemente arraigado, se torne egodistônico para o paciente e que o código visceral consiga transformar-se em mensagens com significados que permitam captar a postergação a que submeteram sua interioridade.

As sobreexigências não aparecem registradas como tais pelos pacientes, os quais têm uma séria confusão entre assumir responsabilidades e ser querido e aceito pelos demais. Por distorção semântica, interpretam as mensagens que lhes chegam de outra pessoa como ordens ou expectativas que deverão satisfazer.

Sobreadaptação e enfermidade corporal são dois aspectos da mesma patologia. A sobreadaptação formal às exigências, sem questionamento, unida ao fato de que estes pacientes constantemente estimulam aos demais que descarreguem responsabilidades sobre eles, é o primeiro vetor no qual recai o nódulo da patologia. O segundo vetor, a enfermidade no corpo é o protesto somático que denuncia a postergação a que se vê submetido o *self* corporal e emocional.

Assim, a somatização em si não é uma desgraça ou um fracasso como o decodificam estas pessoas, senão um aviso: há que revisar toda a organização de vida baseada em uma adaptação psicótica à realidade, que tem a aparência de ser a mais sensata e exitosa e que se presta a ser racionalizada. Fazer um sintoma é, portanto, uma sorte, porque é um anúncio de que assim não dá para seguir mais e que o programa de vida a que se submeteu está forçando demais a pessoa.

A ausência de afeto, a falta de capacidade imaginativa e a dificuldade de comunicação verbal dificulta muitas vezes a abordagem que deve trazer necessariamente uma nova avaliação do sintoma, muitas vezes contrária à família e ao paciente que tentam jugulá-lo. O sintoma é um sinal que denuncia uma adaptação massiva à realidade tendente a encurtar o ciclo de vida do sujeito. Aqui, a pulsão de autoconservação e a de morte parecem trabalhar juntas neste sentido: o sujeito tem de sobreviver nesta sociedade e de alguma maneira, para fazê-lo, deve silenciar determinadas necessidades emocionais. Esta forma de sobreviver, ainda que seja só até os 40 anos, carregando-se de responsabilidades, é a única saída que encontrou, para autopreservar-se do trauma de um desmame catastrófico e da perda da unidade simbiótica com a mãe, já que são angústias muito precoces ligadas a estruturas psíquicas muito antigas que estão em jogo.

Onde outros fariam uma melancolia, esses pacientes planificam um programa de vida que desemboca em um infarto ou úlcera. São pessoas que se apresentam como primariamente não conflituadas ou em todo caso, de modo secundário, à medida que, se sobrevivem, o sintoma somático destrói a onipotência da sobreadaptação, que é uma negação dos limites do corpo e da morte. Por isso nesses pacientes, instalar o conflito em si é já uma primeira terapia. Se isso não ocorre e o paciente procura ajuda só pela família ou pelo apelo médico, a tendência é o fracasso da intervenção terapêutica. Não se recomendaria uma análise propriamente dita, que poderia ser tomada como mais uma tarefa de sobreadaptação às exigências do meio ou do analista, para ser amado e aceito, se o paciente não instalou em si o conflito e o sofrimento psíquico mínimo necessário para de seu próprio desejo embarcar na viagem analítica que pode permitir-lhe novas ligações afetivas, verbais e psíquicas para permitir novas formas de expressão menos mortíferas da dor e do desprazer frente aos infortúnios da vida e um novo acesso ao prazer psíquico e corporal que fazem parte da sua potência de existir e perseverar na sua existência.

Nesses pacientes, o princípio de realidade e o processo secundário constituem o lugar de aquartelamento das angústias psicóticas. A função sintética do eu estaria a serviço de uma relação profundamente enferma com o ideal de eu a que uma cultura oferece substrato. Todo o conjunto de componentes culturais que sancionam e legitimam de forma complacente o *self* cultural sobreadaptado corresponde a uma adaptação distorcida à realidade e a utilização da cultura como depositária de ansiedades psicóticas. O sintoma somático conteria o mais autêntico do paciente. É o equivalente do sinal de angústia e é a matriz a partir de onde poderia ir se desenvolvendo no curso do processo psicanalítico, o registro de sensações, sentimentos e estados de ânimos de que carecem.

Os fracassos sérios de simbolização, que levaram a uma pseudoaprendizagem, pseudomaturidade, respostas imitativas, que não revelam elaboração gradual das angústias psicóticas em relação à realidade têm, muitas vezes, o incremento do ideal grupal ou familiar. Exemplo: filhos e netos de imigrantes que se fixaram em centros urbanos. Seus pais ou avós tiveram de fazer um grande esforço de adaptação a um meio, uma cultura e um idioma novos. Tendem a uma busca de *status* e tem necessidade urgente de incluir-se em organizações que substituam a precária matriz familiar da que provêm.

Liberman transita, à maneira de Winnicott, entre o campo do pulsional e do pré-pulsional. Neste movimento descreve, de maneira fina, as falhas maternas e da interação vincular, do ambiente e do mundo intrapsíquico e seus efeitos presentes tanto na imagem corporal representante do corpo como nos fracassos de simbolização.

A simbiose evolutiva e o processo de personificação-individuação

Liberman exporá duas configurações patógenas, conceitualizadas como pontos de fixação; a primeira diz respeito ao fracasso no estabelecimento da *simbiose evolutiva normal*, que se manifesta aos três meses de vida diante das ansiedades melancólicas primárias. Há um fracasso de interação de mães que são incapazes de conter, aceitar, detectar e nomear as emoções do bebê, com crianças muito sensíveis, que polarizam muito precocemente a sua atenção no estado do objeto. Bloquearam as descargas das ansiedades melancólicas evolutivas substituindo a percepção das próprias necessidades pelas do objeto. Há uma dissociação precoce entre corpo e mente que tem sua origem em vivências melancólicas catastróficas emanadas da interação de bebês, com uma hostilidade oral primária incrementada, sentimentos depressivos precoces e baixa tolerância à angústia, com mães incapazes de metabolizar as identificações projetivas violentas do filho. Há uma alteração da diferenciação eu/objeto e qualidades boas e más deste. O objeto intolerante materno ficou revestido projetivamente do desamparo e impotência do *self* infantil e passou a conceber-se como um objeto frágil. O registro das necessidades maternas e seu cuidado substituíram a percepção e busca de satisfação das próprias. A reversão de papel produz alívio pela evacuação projetiva de intoleráveis estados de ansiedade, mas deu lugar a um tipo de pseudo-reparação precoce, incondicional e altamente drenante para o *self*. Pelas suas qualidades narcisistas, a mãe do paciente psicossomático não pode conter as identificações projetivas da criança que veiculam hostilidade. Isso conduz ao bloqueio, desde o começo, destas manifestações, favorecendo a cisão das partes do *self* continentes dos vínculos hostis com a mãe persecutória que se dirigem por meio de identificações projetivas violentas ao interior corporal, e, em especial, ao órgão que enfermará. Por homologação entre o objeto mau e a função orgânica com a que se realizaria o ataque ao objeto, na trama da fantasia vincular hostil, o órgão resulta danificado.

A segunda constelação diz respeito ao *momento da personificação – individuação*. Dá-se entre os 12 e 18 meses. O feito da bipedestação, da deambulação e a possibilidade do registro do bebê dos primeiros índices de delimitação ânus/fezes na posição parada oferece à criança claras sensações da matéria fecal como algo que pesa nas fraldas e que é, portanto, exterior ao corpo. Nesta etapa, instala- se o contato da criança com altas exigências de controle das emoções, do controle muscular em geral e do esfincteriano em particular; o bebê responde com uma assunção sem resistência das condutas esperadas, com aprendizagens rápidas, sem crises de ansiedade, tanto do controle do corpo e do manejo do espaço e do tempo como das experiências de separar-se dos pais. A conduta familiar sobreexigente, em diferentes áreas simultâneas, conota uma experiência de perda de sustentação frente à qual estes bebês se sobreadaptam. Negam a perda e se adscrevem à hiper-rigidez corporal, à aderência mental às normas e à assimilação de conhecimentos, funções falidas de auto-sustentação. Formam um exoesqueleto ao qual aderem para criar um estado ilusório de simbiose com o objeto materno privador. A interação vincular, ligada evolutivamente na fase anal retentiva, reforça, com mecanismos defensivos de controle e isolamento extremos, a dissociação das emoções e necessidades que já apresentaram.

De uma maneira geral, impõe-se precocemente ao filho real um modelo ideal prévio que o leva a recorrer a soluções práticas no mundo exterior quando surgem conflitos emocionais, em uma prematuração que abre caminho à sobreadaptação, criando uma pseudo-identidade ficcional, um fazer antes de poder, um não ser senão o pensado a partir dos pais. A proposição narcisista materna não inclui o ódio e a agressão como emoções inerentes ao vínculo. Não tem propriedade do próprio e tem uma ideologia rígida da força de vontade, do "meter o corpo". Há um fracasso no estabelecimento da simbiose evolutiva normal. O objeto interno da mãe é um filho ideal sem necessidades, nem emoções desorganizativas, equivalente ao próprio ideal de eu materno; não há lugar disponível ao filho real. O modelo interno narcisista se contrapõe ao filho real de tal maneira que não há reacomodação materna, mas só reforço do seu vínculo narcisista. As funções receptivo-introjetivas da mãe continente, fundamento da simbiose, cederam passo às identificações projetivas sobre o bebê. Há uma *reversão da simbiose*: o bebê é que é o continente ilusório e precário do ideal materno. A mãe não une os aspectos do *self* infantil, recebendo as identificações projetivas do bebê por sua própria capacidade simbolizante. Ela reage com estados de ansiedade em espelho aos transbordamentos do filho. A agressividade deste é um objeto terrorífico. Age com preocupação ansiosa, atuando de modo impaciente, inadequado, disruptivo e violento sobre o corpo, para fazer cessar a descarga promotora de angústias nela. O espaço materno virtual torna-se expulsivo das emoções do *self* corporal. O interior materno e seu espaço mental são ocupados por um objeto interno narcisista que não dá lugar e expulsa o filho real. Ao mesmo tempo em que não deixa o bebê entrar, tornando-se uma superfície que rebate, penetra intrusivamente o bebê por meio de seus transbordamentos. Acaba confirmando as fantasias onipotentes destes sobre a própria destrutividade de seus impulsos hostis, vorazes e invejosos. Na patologia intrapsíquica, estes apresentam contatos precoces com ansiedades melancólicas, dissociação rígida corpo-mente, defesas maníacas primárias e toda uma patologia da idealização. Há um impedimento da passagem ao pai assim como um duplo vínculo corporal, alterações no processo de simbolização que se reflete na construção da representação do corpo, do espaço e do tempo. Os pacotes de marcas mnêmicas visuais e auditivas são desconectados das repercussões corporais e emocionais. São informações fixas que não podem ser utilizadas em funções criativas.

Gostaria de terminar contando um caso clínico que não é de Liberman, mas de um pediatra francês com formação psicanalítica, Aldo Naori (1994) que justamente por isso me pareceu interessante e que mostra a força do desejo materno por intermédio da simbiose inicial na produção de enfermidades.

Tendo internado um recém-nascido febril de cinco dias, pensando ser uma infecção urinária não grave, ele, pediatra, no entanto, se preocupava, pensando que ele não deveria nunca ter estado doente. Conversando com sua mulher que riu de sua onipotência, ele se viu explicando a ela que este bebê tinha um irmão de 3 anos que ele chamava de "o bacharel", porque na sua idade ele lia correntemente, tendo dificuldades com as divisões por vírgulas. Estas aquisições não habituais se passaram em uma atmosfera serena e ele jamais havia tido problemas de saúde, mesmo os mais corriqueiros. Viu-se descrevendo os pais a ela como os melhores que ele havia se defrontado em sua carreira, de tal forma que ligava o estado de saúde do primeiro filho à qualidade destes pais, tirando daí mais que um ensinamento, quase uma lei. A doença do bebê que tinha os mesmos pais fazia-o reconsiderar tudo. Quinze dias mais tarde ele reviu o recém-nascido no consultório, pois havia tido uma infecção urinária benigna, como ele havia predito. Ele confiou à mãe sua perplexidade e a dificuldade de compreender seu advento. Um diálogo estabeleceu-se entre eles. Atônito, ele escutou que a concepção das duas crianças havia sido por inseminação artificial por doador e que havia sido seu marido que havia sugerido esta solução, no lugar da adoção que ela havia lhe proposto, porque ele não queria de jeito nenhum que sua família soubesse de sua esterilidade. Excitado por este elemento novo, ele se interessou pela esterilidade do pai. Ela se inscrevia em um quadro familiar de tendência grave de expressividade múltipla do aparelho genito-urinário. Três tios paternos haviam morrido de infecção urinária e um quarto havia sobrevivido graças a uma diálise renal. Mas foi uma fala estranha da mãe que o "encucou": *"O senhor compreende, doutor, como eu estava exaltada de ver toda a família de meu marido exclamar em torno do berço: "Atenção, atenção! Em nós, as infecções urinárias são graves".*

A doença encontrou aí seu determinismo e significação. Longe de haver sido um acidente com conotação pejorativa ela constituía um reforço raro e apreciável do desejo identitário expresso pelo pai, permitindo à criança de ser dotada desde o nascimento de um verdadeiro conjunto de significantes paternos. Mas foi a mãe a verdadeira artesã da doença. Ela tinha todo o interesse nela, pois graças a ela, podia afastar radicalmente, aos olhos de seu entorno familiar e de suas crianças, a esterilidade do esposo e instalar ainda mais fortemente este na posição de pai que ela lhe destinava. Isso se deve à imbricação do corpo e da psique com a hierarquia vetorizada de toda relação mãe-criança. Como um micróbio obedeceu mensagens das quais ele não tem idéia, seria um micróbio psicológico, diz Naouri brincando? E ele nos responde:

> "Bom, o rim é o órgão pelo qual o sangue se desembaraça sem cessar dos micróbios trazidos pela circulação. O hipotálamo secreta sem cessar substâncias que intervêm nos processos imunitários, altamente efetivos no nível do próprio rim. O gestual materno, que é o inconsciente materno colocado em ato, revela-se capaz de aumentar ou diminuir a secreção destas famosas substâncias. Mas, evidentemente, com a inseminação, a descendência deste casal foi preservada de uma grave doença familiar e este caso mostra que a generosidade e a reparação simbólica da qual a criança tem tanta necessidade são sempre um assunto de mãe, que elas são sempre possíveis, mesmo nas condições as mais desfavoráveis" (p.38).

Referências bibliográficas

FREUD, S. (1929) El mal estar de la cultura. *Obras Completas*. Madrid: Biblioteca Nueva, 1973.

HUGHES J. O futuro da morte. *Mais! (Folha de São Paulo)*, 4/11/2001.

LIBERMAN, D. et al *Del cuerpo al símbolo*. Buenos Aires: Trieb,1986.

NAORI, A. Um inceste sans passage à l'acte: la relation mére-enfant. In HÉRITIER, F.(org.) *De l'inceste*. Paris: Odile Jacob, 1994.

Normopatia, psicose latente e somatização

Flávio Carvalho Ferraz

> *"É possível a uma pessoa esquizóide ou esquizofrênica levar uma vida satisfatória e mesmo realizar um trabalho de valor excepcional. Pode ser doente, do ponto de vista psiquiátrico, devido a um sentido debilitado de realidade. Como a equilibrar isso, pode-se afirmar que existem pessoas tão firmemente ancoradas na realidade objetivamente percebida que estão doentes no sentido oposto, dada a sua perda do contato com o mundo subjetivo e com a abordagem criativa dos fatos."*
> *(D.W. Winnicott, O brincar e a realidade, p.97)*

O termo *normopatia*, para dizer o mínimo, soa inicialmente estranho. Carrega, em sua própria formação, dois elementos contraditórios: *normo* + *patia*. O resultado dessa combinação peculiar é uma palavra que quer dizer algo como "doença da normalidade". Mas como isto é possível, se normalidade é exatamente ausência de doença, patologia ou desvio? A fim de lançar alguma luz sobre esse termo e o significado que ele adquiriu no vocabulário psicanalítico, é recomendável fazer, inicialmente, um pequeno giro por sua etimologia.

Antes de mais nada, apenas para situar muito brevemente a história do termo *normopatia* – que é a um só tempo estranho e elucidativo – cabe dizer que a psicanálise deve a sua existência – não apenas como termo, mas também como conceito – ao talento inventivo de Joyce McDougall (1978b), que o batizou, em 1978, em seu trabalho *Em defesa de uma certa anormalidade*. A palavra "normopata", na acepção que sua criadora lhe deu, foi inventada para tentar retratar um certo tipo de paciente aparentemente "normal", isto é, sem um conflito psíquico ruidoso, seja neurótico, seja psicótico, cujo trabalho analítico chegava sempre a um impasse, dada a sua imensa dificuldade – quando não a total impossibilidade – de fazer um mergulho profundo em seu mundo interno, exigência básica para o sucesso de uma análise. Tal configuração psíquica se trata de "normopatia", e não de "normalidade", porque é uma normalidade falsa ou apenas aparente; melhor dizendo, é uma normalidade estereotipada ou uma hipernormalidade reativa, decorrente de um processo de sobreadaptação defensiva.

Joyce McDougall, em seus trabalhos clínicos, priorizou a abordagem de pacientes "difíceis", para usar aqui um adjetivo corrente no vocabulário dos psicanalistas. Somatizadores, desviantes sexuais, drogadictos e outros pacientes refratários à abordagem psicanalítica tradicional – aí incluídos os "normopatas" – compõem o conjunto dos seres humanos que povoam seus escritos, motivados quase sempre exatamente pelas dificuldades e pelos impasses que ela sentia, diante deles, na condição de analista.

A curiosa composição do termo *normopatia* resulta da justaposição do radical "normo", que vem do latim *norma*, com o sufixo "patia", proveniente do grego *pathos*. Lalande (1999), no *Vocabulário técnico e crítico da filosofia*, afirma que o latim *norma* designa *"o que não pende nem para a direita nem para a esquerda"* e que, por conseguinte, mantém-se *"em um justo meio"*; disso derivam dois sentidos para o adjetivo *normal*, que pode então significar aquilo que:
1. *"é tal como deve ser"*;
2. *"encontra-se na maioria dos casos de uma determinada espécie"* ou *"constitui seja a média seja o módulo de um aspecto mensurável"* (p.737).

De acordo com o *Dicionário Houaiss da Língua Portuguesa* (Houaiss e Villar, 2001), *norma*, em latim, significa *"esquadro, regra, norma, modelo, padrão"*; trata-se daquilo que *"regula procedimentos ou atos"*. O adjetivo *normal*, derivado de *norma*, é empregado com três sentidos semelhantes, mas não idênticos. Ele pode qualificar aquilo que é
- *"conforme a norma"*;
- *"usual, comum"*;
- *"sem defeitos ou problemas físicos e mentais"*.

Na primeira acepção, o que define a qualidade de ser normal é a conformidade à norma, ou seja, a observância a uma regra que foi elevada à condição de padrão a ser seguido. Esse sentido do termo *normal* encontra-se, assim, umbilicalmente ligado a um padrão cultural e/ou moral. Portanto, essa normalidade só pode ser considerada quando pensada em relação ao espaço e ao tempo nos quais é vigente, como já postulava Durkheim (1895). Essa relativização cultural do valor de um comportamento, que tem participação decisiva na fundação do método antropológico, influenciou a psicologia americana no que toca à concepção de *loucura* em oposição a *normalidade*. Ruth Benedict (1934), no livro *Patterns of culture*, aplica essa relativização cultural à análise antropológica de tribos americanas, mostrando como certas condutas são valorizadas em uma certa cultura e desconsideradas ou condenadas em outra (Ferraz, 2000). Do ponto de vista moral, *anormal* é o sujeito cuja conduta se insurge contra o *status quo*. Nesse caso, a anormalidade pode resultar na estigmatização ou na segregação de seu portador.

Na segunda acepção, é a freqüência estatística que determina a qualidade de normal. Quêtelet (*apud* Dayan, 1994) publicou na Bélgica, em 1871, o trabalho *Anthropométrie ou mesure des différentes facultés de l'homme*, no qual expôs os resultados de seus estudos sobre as variações do tamanho de homem. A *"normalidade"*, nesse caso, era definida pela situação da variável verificada dentro da curva normal de Gauss, *"curva binomial a que tende todo polígono de freqüência"*, e que *"apresenta um cume na ordenada máxima e uma simetria com relação a esta ordenada"* (p.85). Essa concepção estatística de normalidade teve – e continua tendo – um peso muito grande na medicina, desempenhando um papel determinante na definição do que é patologia e do que é saúde. No entanto, cada vez mais, o que se entende como saúde vem deixando de obedecer unicamente ao critério da freqüência estatística, critério que, afinal de contas, é extrínseco ao sujeito de quem se fala. Péquinot (*apud* Dayan, 1994), por exemplo, fala em *"pluralismo das saúdes"*. Assim, a designação de saúde passa a ser relativo *"às condições de sobrevida do indivíduo em seus meios e às doenças que afetam mais ou menos a todos, em um momento ou em outro de sua evolução até a morte"* (p.85)[64].

---

[64] A Organização Mundial de Saúde, que tem entre suas funções definir o que é doença e quais são elas, evoluiu de uma posição que definia a saúde como "ausência de doença" para uma outra que a entende como *"perfeito bem-estar bio-psico-social"*. Apesar da evolução, a nova concepção continua problemática, pois, como objetam Segre & Ferraz (1997), "perfeição" não é algo facilmente definível: *"Se se trabalhar com um referencial "objetivista", isto é, com uma avaliação do grau de perfeição, bem-estar ou felicidade de um sujeito externa a ele próprio, estar-se-á automaticamente elevando os termos perfeição, bem-estar ou felicidade a categorias que existem por si mesmas e não estão sujeitas a uma descrição dentro de um contexto que lhes*

Na terceira acepção, aplicada especificamente à saúde física ou mental, a normalidade pressupõe "perfeição", que pode ser compreendida como ausência de doença física ou mental. Não temos, nesse caso, uma referência dependente da freqüência estatística, mas de outro valor que se sobrepõe a ela: a "perfeição", ideal composto por imperativos funcionais (anátomo-fisiológicos), mas também éticos e estéticos. O que é normal, no sentido de "perfeito", pode, até mesmo, não ser normal no sentido estatístico. Talvez na noção grega de *orthos* possamos encontrar uma parte de sua determinação.

O equivalente grego do termo latino *norma* é *orthos*, que significa *"reto, direito, correto, normal, justo, levantado, teso, direto"* (Houaiss e Villar, 2001). Trata-se do radical que encontramos em vários termos compostos de uso corrente, como ortodoxia, ortografia, ortopedia, ortodontia, etc., todos eles normativos, isto é, veiculadores de uma idéia de *correção*. Na Grécia Antiga, especialmente em Atenas, *orthos* designava a própria postura corporal irrepreensível que um homem deveria manter: ereto, hábil e decidido, isto é, ciente de onde quer chegar. Segundo Berlinck (2000),

> "o processo de aprendizado da posição irrepreensível – *orthos* – prolongava-se na convivência com os filósofos e, mais tarde, quando esses decidiram se organizar territorialmente, passou a ser praticado nas Academias, onde se aprendia a caminhar, lutar, manter relações homoeróticas com honra e, principalmente, a argumentar". *Orthos*, portanto, "regia o comportamento dos corpos humanos na ágora" (p.13).

Canguilhem (1966), médico e filósofo francês que investigou o conceito de normalidade, apontou a existência de dois tipos profundamente diferentes do sentido do termo *normal*: o primeiro, como vimos, define-se pela média aritmética, visando à homogeneidade dos fenômenos; o segundo define-se como um *"princípio de organização"* ou *"razão inerente a um grupo de fenômenos"*. Pela segunda concepção exposta por Canguilhem, portanto, o "normal" e o "patológico" não estariam em

---

empreste sentido, a partir da linguagem e da experiência íntima do sujeito. Só poder-se-ia, assim, falar de bem-estar, felicidade ou perfeição para um sujeito que, dentro de suas crenças e valores, desse sentido a tal uso semântico e, portanto, o legitimasse" (p.539). Por esta razão, os autores propõem que a saúde seja definida simplesmente como *"um estado de razoável harmonia entre o sujeito e a sua própria realidade"* (p.542), o que parece estar de acordo com a idéia de *"pluralismo das saúdes"*, de Péquinot.

oposição radical, *"pois seriam ambos fenômenos legítimos de um só processo"* (Silva Jr. & Ferraz, 2001, p.186). Essas diferentes visões da essência da normalidade inauguram tradições diferentes na psicopatologia e nos métodos de investigação psicodiagnóstica. De um lado, temos as técnicas psicométricas e quantitativas e, de outro, as entrevistas clínicas de inspiração psicanalítica, nas quais *"a preocupação com a normalidade do sujeito seria, em princípio, essencialmente incompatível com os elementos que o investigador deve inferir, que se referem a funções do discurso e fantasias inconscientes"* (p.194).

A segunda parte do termo *normopatia*, "patia", vem do grego *pathos*, que designa *"o que se experimenta"*, aplicado às paixões da alma ou às doenças; remete a sofrimento ou sensação. Esse sufixo "patia", bastante usado na formação de palavras que definem as mais variadas doenças (cardiopatia, osteopatia, neuropatia, psicopatia, etc.), significa *"estado passivo, sofrimento, mal, doença, dor, aflição, suportação"* (Houaiss e Villar, 2001).

De acordo com Berlinck (2000), as tragédias que eram representadas em Atenas, ao suscitar pensamentos no espectador, proporcionavam-lhe um enriquecimento: *"a posição do teatro se opõe, assim, à do* orthos *porque aquele não pretende convencer o interlocutor da irrepreensibilidade de sua posição e, sim, apresentar um discurso mito-poiético epopéico que produza experiência"* (grifo meu) (p.17). Ora, *experiência* é justamente *pathos*, oposto de *orthos*. *Pathos* só existe quando o mundo subjetivo é privilegiado, ao contrário de *orthos*, em que a posição a ser mantida tem um referente normativo externo. Se *orthos* pressupõe a perfeição (irrepreensibilidade) e a racionalidade, *pathos* pressupõe a imperfeição e a mobilidade, regendo a ação humana *passional*. No funcionamento mental do normopata supõe-se que haja alguma falha exatamente no *pathos*.

A psicanálise, campo do conhecimento que se volta para os afetos e suas manifestações, bem como para a correlação que estes mantêm com a formação do sintoma, apenas recentemente passou a reconhecer a *"normalidade sintomática"* como uma problemática a ser examinada. Tenho a impressão de que entre os casos descritos pelos kleinianos sob a denominação de *"paciente de difícil acesso"*, uma noção pouco precisa que abrange um amplo espectro de pessoas, contavam-se também alguns normopatas. Betty Joseph (1975), descrevendo esse tipo de paciente, ressalta a dificuldade que tem o analista de atingi-lo com interpretações e, portanto, de oferecer-lhe *"compreensão emocional verdadeira"*. Ela percebe que há, por parte do paciente, uma *"pseudocolaboração"* para com o analista. Tal paciente é incapaz, segundo ela, de fazer associações livres.

Uma contribuição decisiva para a elucidação do funcionamento mental do normopata foi dada pela psicossomática, particularmente por Pierre Marty e seus colaboradores do Instituto de Psicossomática de Paris (IPSO). A noção de *"pensamento operatório"*, detectado por Marty e M'Uzan (1962) nos pacientes somatizadores, foi de importância capital para o desenvolvimento da noção contemporânea de *normopatia*. Observando os doentes psicossomáticos, esses autores neles perceberam a carência da atividade fantasmática e onírica, que aparecia junto com uma forma peculiar de pensamento (o chamado *pensamento operatório*) que apenas reproduz e ilustra a ação, não tendo vínculo com uma atividade fantasmática considerável. Trata-se de um pensamento preso a coisas, nunca a produtos da imaginação ou a expressões simbólicas. Marty verificou, nesses pacientes, uma pobreza de representações pré-conscientes e inconscientes, classificando-os como *malmentalizados*. Outros investigadores do campo da psicossomática psicanalítica descreveram, em sujeitos que tendem a somatizar, modos de funcionamento psíquico bastante semelhantes ao que foi verificado por Marty. Podemos mencionar, por exemplo, as noções de *alexitimia*, de Sifneos (1974), de *desafetação*, de Joyce McDougall (1989b e 1989c), de *recalcamento do imaginário*, de Sami-Ali (1995) e de *sobreadaptação*, de Liberman e colaboradores (1986).

Joyce McDougall, autora que, como vimos, foi a primeira dentro da psicanálise a nomear essa problemática psicopatológica, cunhando o termo e conceito que é nosso objeto de exame, sofreu a influência decisiva das idéias de Pierre Marty, muito embora tenha discordado dele em diversos aspectos. A noção de *pensamento operatório*, no entanto, foi de fundamental importância para que ela pudesse definir o funcionamento mental do normopata, ainda que este não se confunda com o somatizador descrito por Marty e seus colaboradores, visto que não apresenta, necessariamente,

---

[65] JoyceMcDougall (1978a) reconhece que o normopata que ela descreve revela todas as características do pensamento operatório presente no somatizador de Marty e M'Uzan: pobreza da linguagem, asfixia afetiva e ausência de atividade fantasmática consciente. No entanto, ele não somatiza. Sua hipótese para a explicação desta diferença é a de que *"o fator de inércia é contrabalançado nestes indivíduos pela agressividade dirigida a certas pessoas ou a determinados aspectos da vida, suscitando-lhes uma irritação considerável e contínua"*, enquanto que *"a expressão da agressividade parece inexistir em doentes psicossomáticos"* (p.92).

somatizações[65]. No livro *Em defesa de uma certa anormalidade*, McDougall (1978a) dedicou um capítulo, intitulado *"O anti-analisando em análise"* para tratar do que, com licença poética, chamou de *"analisando-robô"*, protótipo do normopata. Esse analisando, a despeito de aceitar o protocolo analítico e comparecer regularmente às sessões, não exprime, segundo ela, nenhum afeto transferencial. Prefere sempre falar de acontecimentos atuais. Não porque não tenha recordações: ele as tem, mas elas parecem desprovidas de afeto.

D.W. Winnicott foi um autor cuja obra também contribuiu sobremaneira para a compreensão da psicopatologia do normopata, pois ele chamou a atenção para a existência de formações psíquicas nas quais a normalidade aparente era apenas a fachada de uma problemática psíquica grave, próxima mesmo da psicose (*"psicose latente"*, em suas palavras). O *"falso self"*, conceito de sua lavra, é uma chave teórica de enorme valia para a compreensão de muitos dos casos de normalidade sintomática. Winnicott (1971), com muita argúcia, já afirmara a existência de *"pessoas tão firmemente ancoradas na realidade objetivamente percebida que estão doentes no sentido oposto (*ao do psicótico), *dada a sua perda do contato com o mundo subjetivo e com a abordagem criativa dos fatos"* (p.97).

Foi exatamente um dos mais importantes seguidores de Winnicott, Christopher Bollas (1992), que deu continuidade à investigação da noção de *"normopatia"* proposta por Joyce McDougall. A partir de um referencial winnicottiano, ele propôs a idéia de *"doença normótica"*, expressão que preferiu utilizar, mas que coincide com a essência do quadro psicopatológico definido por McDougall. Bollas descreveu um tipo de paciente que apresenta um distúrbio da personalidade caracterizado por supressões parciais do fator subjetivo e pelo prejuízo da capacidade de introspecção. Tal paciente costuma fazer um grande esforço para "livrar-se" da vida intrapsíquica, demonstrando aversão em alimentar o elemento subjetivo da vida.

Um marco histórico para o reconhecimento da noção de *normopatia* pelo meio psicanalítico foi a realização em Paris, em março de 1992, do simpósio intitulado *A normalidade como sintoma*, promovido pela *Fondation Europeène pour la Psychanalyse*[66]. Contando com a participação de diversos analistas que reconheciam a possibilidade que tem a normalidade de

---

[66] Entidade surgida sob a iniciativa de Claude Dumézil, Charles Melman, Gérard Pommier e Moustapha Saphouan.

estruturar-se, na verdade, como um sintoma, esse encontro deu a público um importante material que foi, posteriormente, publicado em livro. Dentre os capítulos dessa obra, ressalto um, em especial, que representa um grande avanço para a caracterização da normalidade sintomática como uma problemática teórico-clínica que se coloca para a psicopatologia psicanalítica. Trata-se do artigo *"Normalidade, normatividade, idiopatia"*, de Maurice Dayan.

Nesse trabalho, Dayan (1994) introduz a noção de *"singularidade idiopática"*, expressão com a qual procura falar da experiência psicanalítica de um sujeito como uma espécie de experiência que não se parece com nenhuma outra: *"em uma relação analítica, toda formação sintomática, para a qual se abriu acesso à palavra, revela-se profundamente idiopática e exige ser tratada como tal"* (p.101). Com isto, ele pretende mostrar que, sob o referencial psicanalítico, torna-se impossível, no limite, *"normalizar"* qualquer forma de expressão de sintomática. Na escuta clínica existem apenas singularidades, ou seja, arranjos sintomáticos idiopáticos.

Isto não quer dizer, todavia, que as exigências culturais – cujo protótipo são o complexo de Édipo e a barreira contra o incesto – não sejam modeladoras de uma "normalidade" comum entre as pessoas. Essas exigências acabam por construir um sintoma universal, ou sintoma da própria cultura, erigido a partir da repressão às pulsões. Mas essa expressão sintomática comum a todos os membros de uma dada cultura não impede que cada indivíduo, assaltado pelas exigências civilizatórias, passe a processá-las idiopaticamente, construindo sua síndrome neurótica particular: *"à medida que o compromisso comum não pode ser suportado pelo indivíduo, este se afasta dele, mais ou menos, adicionando suas próprias formações àquelas que a sociedade recebe, vítima do mal-estar, sem ver nelas nenhuma doença"* (p.94).

Sem rejeitar esse postulado freudiano, no entanto, Dayan procura mostrar que, do lado da clínica psicanalítica, encontramos diferentes *figuras da suposição sintomática da normalidade*. O autor enumera quatro delas, dentre as quais uma é de particular interesse para nosso estudo, por tratar-se exatamente daquele do indivíduo "doente" de sua própria normalidade.

A primeira delas é a *reivindicação da normalidade pelos psicóticos*, particularmente na vigência dos episódios delirantes e alucinatórios, quando afirmam peremptoriamente serem normais; a segunda é a *aspiração à normalidade pelos neuróticos*, quando há uma ambigüidade entre o desejo de cura e o desejo de perpetuar o sintoma, transformado em forma substitutiva de obtenção de prazer; a terceira figura é a do *temor a ser anormal*, presente na neurose e nos processos limites, que se expressa, por exemplo, pelo temor de ser homossexual ou perverso ou então de nisso transformar-se em virtude da experiência analítica.

Finalmente, a quarta figura é o *sofrimento específico dos indivíduos doentes de sua própria normalidade*, exatamente os normopatas de Joyce McDougall. Segundo Dayan,

"estes não pedem ajuda para eles mesmos porque 'está tudo bem' ou 'normal', mas o que sucede é que a pedem para terceiros: filhos, pais ou cônjuges, já que as queixas ou o humor tornam sua vida penosa [...] Ao agir de tal forma, por certo não dizem *do que* sofrem, mas designam *aqueles* a quem imputam a origem de seu tormento ou de sua preocupação lancinante. Assim, fica denunciada a falha enorme de um sistema defensivo que logra, por outro lado, ser ignorado pela organização que o edificou" (p.96).

Se Joyce McDougall foi uma pioneira na designação de uma normalidade sintomática, como vimos, isso não quer dizer que essa figura clínica não tenha feito aparição antes de ser abordada por ela. É claro que, em McDougall, o conceito aparece elaborado, com uma proposta de compreensão teórica acompanhada de considerações clínicas dela decorrentes. Entretanto, a própria autora confessa que foi a partir de impasses na clínica que ela pôde isolar a problemática da normopatia como objeto de reflexão. Diga-se de passagem, esta sempre foi a via régia para todas as descobertas psicanalíticas, desde o impasse que representava a histeria para a medicina, que foi enfrentado por Freud e acabou dando origem à psicanálise...

Pois bem, é no livro autobiográfico de Jung (1961) *Memórias, sonhos, reflexões*, que encontramos um relato contundente e impressionante da normalidade sintomática[67]. A partir da dificuldade sentida por Jung no contato analítico com o paciente que descreve, podemos ter uma medida do impasse que esta forma estereotipada de "normalidade" pode representar para a técnica psicanalítica clássica.

Trata-se de uma experiência de tal importância e de tal interesse para nossa reflexão sobre a normopatia que vale a pena transcrever todo o trecho em que Jung dela se ocupa:

---

[67] Agradeço a Tales Ab'Saber por ter me chamado a atenção para esta passagem de Jung.

"Compreende-se que um neurótico seja submetido a uma análise; mas se é "normal" não tem necessidade disso. Posso, entretanto, afirmar que me ocorreram experiências surpreendentes com a assim chamada "normalidade". Certa vez, por exemplo, tive um aluno completamente "normal". Era médico e me procurou com as melhores recomendações de um velho colega. Fora assistente dele e ficara com a sua clientela. Seu sucesso e clientes eram normais. Com mulher e filhos normais, ele morava em uma casinha normal, em uma cidadezinha normal, tinha um ordenado normal e provavelmente se alimentava normalmente. Queria tornar-se analista! "O senhor sabe – disse eu – o que isso significa? Significa que deverá conhecer-se primeiro a si mesmo para tornar-se um instrumento; se não estiver em ordem, como reagirá o doente? Se não estiver convencido, como persuadirá o doente? O senhor mesmo deverá ser a matéria a ser trabalhada. Se não, que Deus o ajude! Conduzirá os doentes por caminhos falsos. Será preciso, inicialmente, que o senhor mesmo assuma a sua análise." O homem concordou comigo, mas declarou: "Nada tenho a lhe dizer que seja problemático." Eu devia ter desconfiado disso. "Pois bem, acrescentei, examinaremos seus sonhos. – "Eu não tenho sonhos", disse ele. E eu: "Mas logo o senhor os terá."

Um outro teria, provavelmente, sonhado na noite seguinte; mas ele não poderia se lembrar de sonho algum. Isso durou cerca de quinze dias e minha surpresa foi se transformando em inquietação. Enfim, ele teve um sonho impressionante: sonhou que estava viajando por uma estrada de ferro. O trem deveria parar duas horas em uma certa cidade. Como ele nunca tivesse visto esta cidade e desejasse conhecê-la, pôs-se a caminho até chegar ao centro. Encontrou aí um castelo medieval, provavelmente uma prefeitura. Caminhou através de longos corredores, entrou em belas salas, onde nas paredes estavam pendurados velhos quadros e lindos tapetes de gobeleim. Em torno, havia velhos objetos preciosos. De repente, viu que começava a escurecer e que o sol se punha. Pensou: "Preciso voltar à estação." Nesse momento, percebeu que se perdera, não sabendo mais onde estava a saída; teve medo e, ao mesmo tempo, percebeu que ninguém morava na casa. Angustiado, apressou-se na esperança de encontrar alguém. Deparou, então, com uma porta grande e pensou, aliviado: "É a saída!" Abriu-a e se viu em uma sala gigantesca; a escuridão era tão completa que não podia distinguir nitidamente a parede à sua frente. Assustado, pôs-se a correr no amplo espaço vazio, esperando achar a saída do outro lado da sala. Então bem no meio do quarto apareceu alguma coisa branca no chão. Aproximando-se, reconheceu uma criança idiota de cerca de dois anos, sentada em um urinol, toda suja de fezes. Nesse momento acordou dando um grito de pânico. Era o bastante! Tratava-se de uma psicose latente! Eu estava suando quando procurei tirá-lo de seu sonho. Falei sobre o sonho da maneira mais anódina possível. Não me detive em detalhe algum. Eis, mais ou menos, o que traduzia o sonho: a viagem é a viagem a Zurique. Mas aí permanece pouco tempo. A criança no centro do quarto é a imagem dele mesmo, com a idade de dois anos. Entre as criancinhas esses maus modos não são comuns, mas possíveis! As fezes atraem o interesse por causa do cheiro e da cor. Quando uma criança cresce em uma cidade e, principalmente, pertence a uma família severa, tal coisa pode acontecer uma vez ou outra.

Mas o médico – o sonhador – não era uma criança, era um adulto. Eis porque a imagem onírica da criança é um símbolo nefasto. Quando me contou o sonho, compreendi que a sua normalidade era uma compensação. Pude recuperá-lo *in extremis*, pois pouco faltou para que a psicose latente explodisse, e se tornasse manifesta. Era preciso impedir tal coisa. Finalmente, com a ajuda de um de seus sonhos, consegui encontrar um meio plausível para pôr fim à análise didática. Ficamos mutuamente reconhecidos por esta saída. Não revelei o meu diagnóstico, mas ele observara que um pânico, que uma derrota catastrófica se preparavam: o sonho insinuara que um perigoso doente mental o perseguia. Pouco depois, o sonhador voltou à sua terra. Nunca mais tocou no inconsciente. A tendência a ser normal correspondia a uma personalidade que não se desenvolveria mas, pelo contrário, explodiria em um confronto com o inconsciente. Essas "psicoses latentes" são as "*bêtes noires*" dos psicoterapeutas, porque freqüentemente é muito difícil descobri-las. Nesses casos, é particularmente importante compreender os sonhos" (p.123-125).

Como se vê, Jung deparou-se com um problema clínico bastante sério, que se coloca tanto para o diagnóstico como para a técnica psicanalítica. Ele próprio, fazendo uma espécie de autocrítica, escreve que *"deveria ter desconfiado"* desde o contato inicial. Ter desconfiado do quê? Podemos pensar que a ausência de sonhos, associada ao pouco saber de si mesmo, sinalizava a presença de uma problemática psicopatológica diferente daquela verificada no neurótico que preenche todos os requisitos exigidos pela "análise-padrão", se é que ainda hoje podemos pensar nisso.

A psicanálise contemporânea, certamente, dispõe de instrumentos teórico-clínicos mais eficazes para enfrentar este tipo de problema. O que estava em questão no caso do paciente de Jung, e que continua sendo um problema atual, parece-me, é a amplitude do potencial diagnóstico da entrevista analítica associado, preliminarmente, e a correlata "elasticidade" da técnica, valendo-me de uma expressão de Ferenczi (1928). Os critérios de analisabilidade definidos por Freud nos "artigos sobre técnica" da década de 1910 precederam a investigação clínica psicanalítica da psicose, da somatização e de quase todo o espectro das chamadas *"patologias não-neuróticas"*.

O paciente de Jung apresentava uma normalidade sintomática que disfarçava – apenas à primeira vista – a sua condição patológica. Seria um empreendimento fadado ao fracasso ou até mesmo arriscado submetê-lo à análise nos moldes da estrita técnica freudiana. Ele não apresentava os requisitos necessários para o desenvolvimento de uma análise clássica, que, segundo Joyce McDougall (1989a), seriam: a percepção do sofrimento psíquico, a busca do conhecimento de si mesmo, as condições para suportar a situação analítica e a possibilidade de depender do outro sem medo. A resistência que apresentava não era, em absoluto, a resistência do neurótico à análise, como a descreveu Freud, mas uma verdadeira impossibilidade de entrar em contato com o mundo interno em razão de sua fragilidade estrutural: sua normalidade era uma defesa rígida contra a psicose, então diagnosticada por Jung como *"psicose latente"*, exatamente o termo também escolhido por Winnicott (1963) para designar este tipo de quadro. Quando Jung o incita a sonhar, atividade que estava até então bloqueada por uma estrutura de pensamento operatória, a psicose quase que irrompe!

A normalidade estereotipada do paciente de Jung assemelha-se muito à normalidade do paciente que tende a somatizar e, particularmente, daquele que está prestes a ter uma somatização grave. É curioso como psicose e somatização, fenômenos aparentemente distantes no espectro da psicopatologia, encontram-se tão próximos enquanto resultantes de processos defensivos que consistem em ataques ao pensar. Chrsitophe Dejours (1988) é um autor que enfatiza esta proximidade, mostrando como o discurso, na psicose paranóide compensada, busca um *"recurso apaixonado"* à lógica e à racionalidade, que, contudo, não caracteriza propriamente o processo secundário do pré-consciente, pois apóia-se quase que exclusivamente no consciente. A fim de evitar a destruição de seu aparelho psíquico, o psicótico paranóide compensado tenta aplicar aos seus pensamentos o mesmo tratamento lógico que aplica a tudo o que o cerca: *"O Consciente com seu processo racional apodera-se dos pensamentos que insistem à porta da Psiquê e o paranóico começa a interpretá-los para em seguida integrá-los ao seu sistema racional. De lógico, seu pensamento torna-se paralógico. Começa, então, o delírio interpretativo, por regra admiravelmente coeso e coerente"* (p.121).

Podemos pensar que Jung, quando incitou o paciente a sonhar, propôs-lhe uma atividade psíquica de alto potencial explosivo para seu aparelho psíquico, que sobrevivia sem fragmentar-se exatamente a expensas do pensamento criativo, preso à realidade como um náufrago em sua pequena tábua de salvação.

Com o somatizador algo semelhante se passa, com a diferença de que a "explosão" do aparelho psíquico não ocorre, como na descompensação psicótica. Este conserva a todo custo as aparências da normalidade, não revelando exteriormente a sua loucura. Sua atuação, sob a forma de descarga sobre o soma, mantém-no calmo e pacífico. No entanto, como observa Dejours (1988), a somatização nem sempre pode absorver a totalidade do impulso a ser descarregado, sendo possível aparecer construções delirantes e atuações violentas nos somatizadores, ainda que não *"espetaculares"*[68].

A intervenção terapêutica, nos quadros claramente psicossomáticos, deve ser cautelosa a fim de não precipitar somatizações graves, colocando em risco, algumas vezes, a própria vida do paciente. Pierre Marty (1993) propõe, assim, que a intervenção terapêutica não se dê por meio de

---

[68] Tive a oportunidade de analisar uma moça que apresentava um quadro de colite bastante severo cujo discurso caracterizava-se por relatos factuais exaustivos, sempre presos ao exterior. Poderíamos classificar este discurso como "operatório", na acepção de Marty e de M'Uzan (1962). No entanto, ela costumava contar, sem alteração do tônus afetivo, sobre seus poderes paranormais: via a aura das pessoas, previa acontecimentos trágicos, sabia ler as mãos com perfeição, etc., coisas que me pareciam mais uma confabulação psicótica de aspecto delirante.

"*interpretações psicanalíticas*", mas de "*intervenções pouco interpretativas*": "*Essas se dirigem, portanto, ou aos sujeitos insuficientemente mentalizados, inaptos a atingir uma posição transferencial, ou aos sujeitos no decorrer de reorganização mental, ou àqueles cuja organização mental permanece incerta e que não atingem senão fugidiamente essa posição*" (p.66). Marty recomenda, é certo, que o terapeuta lance mão de meios de interessar o paciente por sua atividade onírica, tal como Jung desejou fazer, mas alerta para o caráter paulatino que deve ter tal tentativa. É necessário dizer, por justiça, que Jung renunciou rapidamente à interpretação quando percebeu o desequilíbrio a que o sonho remeteu seu paciente e o grau de periculosidade a que este se expunha.

Dejours (1991), à sua maneira, também fala em técnica de pára-excitação nos casos de pacientes com alto risco de somatização. Ele propõe a renúncia, por parte do analista, a toda tendência à interpretação e a evitação de questionamentos. A cura se daria, assim, a remanejamentos econômicos que atingem a vida do paciente, tal como uma mudança de trabalho, por exemplo.

Nos casos favoráveis, a aplicação da técnica propriamente analítica deve esperar por algum tempo. Como aponta Maria Auxiliadora Arantes (2000) em um trabalho sobre a clínica psicanalítica diante da somatização, o analista, seja qual for a sua orientação, tem o dever de esperar pela melhora das posições subjetivas e objetivas de seu paciente, sendo que a "cura", por assim dizer, "*é um algo a mais que o analista espera, mas nunca pode ter a certeza de que vai 'saber' o que ocorreu com paciente*" (p.62). Particularmente nos casos de somatização, resta sempre espaço para algo de misterioso no processo de cura analítica, que escapa ao saber do analista, mas que, acreditamos, é propiciado pela sua escuta. A relação entre o corpo e a mente guarda enigmas que estão longe de serem decifrados inteiramente: "*A cumplicidade entre o soma e o psíquico vai muito além do que um analista pode supor durante seu ofício, mesmo que já 'exausto' de teorizar sobre este pacto. O resultado vem mesmo, por acréscimo*" (p.62).

Enfim, como vimos, a normopatia é uma característica decorrente de processos defensivos contra o risco de sérias desorganizações, sejam psíquicas, sejam somáticas, para as quais o analista deve ter especial atenção. Sua abordagem clínica requer cuidados especiais, especialmente a espera paciente de que o pensamento associativo seja conquistado paulatinamente, tendo como corolários os efeitos mutativos sobre a linguagem. Isto não deve ser encarado, de modo algum, como uma renúncia aos objetivos da psicanálise, mas, antes, como uma ampliação do seu próprio potencial. A psicanálise, parece-me, possui uma utopia que a unifica: posicionar-se teórica e clinicamente ao lado da concepção do homem como o *"animal symbolicum"* de Cassirer, um degrau acima do *"animal rationale"* aristotélico.

Cassirer (1944) escreveu:

"A despeito de todos os esforços do irracionalismo, essa definição do homem como *animal rationale* não perdeu sua força. A racionalidade é de fato um traço inerente a todas as atividades humanas. (...) A linguagem foi com freqüência identificada à razão, ou à própria fonte da razão. Mas é fácil perceber que essa definição não consegue cobrir todo o campo. É uma *pars pro toto*; oferece-nos uma parte pelo todo. Isso porque, lado a lado com a linguagem conceitual, existe uma linguagem emocional; lado a lado com a linguagem científica ou lógica, existe uma linguagem da imaginação poética. Primariamente, a linguagem não exprime pensamentos ou idéias, mas sentimentos e afetos" (p.49).

A normopatia é uma das formas de adoecimento desta potência humana para a expressão afetiva[69]. Neste sentido, é uma patologia do pensamento e da linguagem, que perdem parte de seu potencial pático, deixando de funcionar no que possuem de melhor e de mais humano.

Referências bibliográficas

ARANTES, M.A.A.C. Flores brancas para Efigênia. Percurso, 13(24):57-62, 2000.

BENEDICT, R. *Patterns of culture*. Boston: Riverside, 1934.

BERLINCK, M.T. O que é psicopatologia fundamental. In *Psicopatologia fundamental*. São Paulo: Escuta, 2000.

BOLLAS, C. Doença normótica. In *A sombra do objeto*. Rio de Janeiro: Imago, 1992.

---

[69] É imperioso, aqui, lembrar da noção de *alexitimia*, de Sifneos. Esta palavra, de origem grega, designa a impossibilidade de colocar a emoção em palavras, isto é, dar nomes a seus estados afetivos.

CANGUILHEM, G. (1966) *Le normal et le pathologique*. Paris: PUF, 1984.

CASSIRER (1944) *Ensaio sobre o homem: introdução a uma filosofia da cultura humana*. São Paulo: Martins Fontes, 1994.

DAYAN, M. Normalidad, normatividad, idiopatía. In FUNDACIÓN EUROPEA PARA EL PSICOANÁLISIS *La normalidad como síntoma*. Buenos Aires: Kliné, 1994.

DEJOURS, C. *O corpo entre a biologia e a psicanálise*. Porto Alegre: Artes Médicas, 1988.

—————. *Repressão e subversão em psicossomática: pesquisas psicanalíticas sobre o corpo*. Rio de Janeiro: Zahar, 1991.

DURKHEIM, E. (1895) As regras do método sociológico. *Os Pensadores*. São Paulo: Abril Cultural, 1973.

FERENCZI, S. (1928) Elasticidade da técnica psicanalítica. In *Obras Completas: Psicanálise IV*. São Paulo: Martins Fontes, 1992.

FERRAZ, F.C. *Andarilhos da imaginação: um estudo sobre os loucos de rua*. São Paulo: Casa do Psicólogo, 2000.

HOUAISS, A. & VILLAR, M.S. *Dicionário Houaiss da Língua Portuguesa*. Rio de Janeiro: Objetiva, 2001.

JOSEPH, B. (1975) O paciente de difícil acesso. In FELDMAN, M. & SPILLIUS. E.B. (orgs.) *Equilíbrio psíquico e mudança psíquica: artigos selecionados de Betty Joseph*. Rio de Janeiro: Imago, 1992.

JUNG, C.G. (1961) *Memórias, sonhos, reflexões*. Rio de Janeiro: Nova Fronteira, 1984.

LALANDE, A. *Vocabulário técnico e crítico da filosofia*. São Paulo: Martins Fontes, 1999.

LIBERMAN, D. et al. *Del cuerpo al simbolo: sobreadaptación y enfermedad psicosomatica*. Buenos Aires: Trieb, 1986.

McDOUGALL, J. (1978a) O anti-analisando em análise. In *Em defesa de uma certa anormalidade: teoria e clínica psicanalítica*. Porto Alegre: Artes Médicas, 1989.

—————. (1978b) Em defesa de uma certa anormalidade. *Op. cit.*

—————. (1989a) Introdução: o psicossoma e a viagem psicanalítica. In *Teatros do corpo*. São Paulo: Martins Fontes,1991.

—————. (1989b) Afetos: dispersão e desafetação. *Op. cit.*

—————. (1989c) A desafetação em ação. *Op. cit.*

MARTY, P. *A psicossomática do adulto*. Porto Alegre: Artes Médicas, 1993.

MARTY, P. & M'UZAN, M. (1962) O pensamento operatório. *Rev. Bras. Psicanal.*, 28(1):165-74, 1994.

SAMI-ALI, M. *Pensar o somático*. São Paulo: Casa do Psicólogo, 1995.

SEGRE, M. & FERRAZ, F.C. O conceito de saúde. *Rev. Saúde Pública*, 31(5):538-42, 1997.

SIFNEOS, E. The prevalence of "alexythimic" characteristics in psychosomatics patients. *Psychotherapy and Psychosomatics*, 22, 1973.

SILVA Jr., N. & FERRAZ, F.C. O psicodiagnóstico entre as incompatibilidades de seus instrumentos e as promessas de uma metodologia psicopatológica. *Psicologia USP*, 12(1):179-202, 2001.

WINNICOTT, D.W. (1963) O medo do colapso (*breakdown*). In WINNICOTT, C.; SHEPHERD, R. & DAVIS, M. (orgs.) *Explorações psicanalíticas*. Porto Alegre: Artes Médicas, 1994.

—————. (1971) A criatividade e suas origens. In *O brincar e a realidade*. Rio de Janeiro: Imago, 1975.

A angústia entre psique e soma

A angústia na trilha da pulsão: entre psique e soma

Maria Luiza Scrosoppi Persicano

Neste trabalho, à guisa de disparador para o tema que abordarei, partirei de fragmentos da fala de um paciente, que chegou a mim diagnosticado e medicado como portador de "transtorno de pânico".

"Senti de novo aquele mal-estar no peito sem poder respirar, a taquicardia, o suor frio, a tremedeira, e tudo o que fazia tempo que eu não tinha [*é assim que o paciente se comunica, evitando nomear a angústia ou o pânico, bem como qualquer outro afeto, como, neste caso, a raiva ou o desejo sexual*]. E fui ao médico".

"Meu irmão foi lá em casa xeretear a reforma que eu fiz, dizendo que queria ir ao banheiro, que queria ver TV – ele que nem está acostumado a ir lá em casa — para daí dizer que eu não preciso comprar um apartamento novo. É um sufoco, eles não me deixam nem pensar. Vão agindo, decidindo por mim, não me deixam pensar". *["Eles" representa, aqui, a forma como o paciente costuma se referir ao irmão gêmeo, aos pais e à esposa, e que está presente na transferência como temor e exigência, simultaneamente].*

"E, agora eu estou vendo, que eu era assim também, só queria agir e logo e não pensava. Mas agora eu posso poder pensar, verificar idéias para depois decidir".

"Fico cansado de pensar. Quero mudar a realidade da minha vida, não quero pensar".

"Aqui às vezes eu fico cansado de vir aqui. Resolvo não vir, dar um tempo". *[Refere-se às suas costumeiras faltas, em média uma ou duas em uma semana de quatro sessões].*

"Cansa ter de pensar. Mas eu gosto de nossas conversas, gosto de sua voz".

Este paciente, uma pessoa de nível educacional e econômico médio superior, era portador, desde tenra infância, de uma deficiência física resultante de paralisia infantil tida aos 2 anos de idade. Essa deficiência era, no mínimo, óbvia a qualquer observador mais bem informado, mas a mãe, a sua família toda e ele próprio (quando chegou a mim aos 43 anos de idade) diziam ter sido resultante de uma meningite.

No início de sua análise, era comum após algum tempo sem qualquer referência àquele assunto, ele trazer frases soltas, ou ditas após alguma pontuação minha, relativas a seu corpo, de modo peculiar. Assim, certa vez, gemeu, fez cara de dor, levantando e virando o pé, e massageando-o, após tirar o sapato durante a sessão, ao que eu perguntei: *"o que foi?"*. Ele respondeu, sem denotar qualquer angústia ou preocupação – mas com som de voz indicativo de dor e continuando a massagear o pé : *"é meu pé está com um corte aberto na sola há dias e eu, às vezes, eu lembro dele"*. Eu disse: *"sente dor"*. Outras vezes, mencionou dores corporais: *"mas eu não presto muita atenção"*. Assim foi também com a percepção das conseqüências de sua paralisia infantil no corpo adulto e nas dores que sentia quando criança, como ele dizia *"com o massagista montado em cima"* dele, na mesa da sala.

Nos ataques de pânico, achava que iria enfartar, desmaiar ou morrer. Corria para o hospital ou telefonava do celular para o irmão gêmeo. Quando os ataques arrefeciam, queixava-se de cansaço constante, mental e físico, de desânimo e falta de vontade para trabalhar. Vivia esperando que algo desse errado por não tomar as decisões certas no trabalho. Entretanto, em várias situações de risco nos negócios era claro não fazer uso de nenhuma angústia sinal. Agia de pronto, sem pensar, ou tinha um ataque de pânico, que, no início, jamais relacionava com coisa alguma. Em casa, submetia-se a ser ameaçado fisicamente pela mulher, o que relatava cruamente, sem qualquer referência a qualquer afeto sentido durante ou depois do fato, nem mesmo durante a sessão. Em relação à sua vida sexual, esta era, como nos casos de neuroses atuais descritos por Freud, sobretudo auto-erótica, permeada de rejeições da realidade de seu aspecto físico. Na adolescência se masturbara muito, o que continuou fazendo depois de casado, sendo que, quando chegou à análise, fazia quase dois anos que não tinha relações sexuais com a esposa. Como ele dizia, o *"fogo pela minha mulher apagou, por causa do gênio dela e do corpo deformado de gorda"*. Aos poucos, passou a demonstrar sua raiva sob a forma de irritabilidade e mau humor. Dizia, conforme ia nomeando o que sentia, em tom de desprezo e raiva: *"estou de saco cheio daquela pessoa que atrapalha a minha vida"*.

Esta forma de rejeição brutal da realidade e do outro estava sempre presente na vida e na transferência. O primeiro fragmento apresentado refere-se a um período em que ele estava a caminho da percepção e da nomeação de seus afetos, mas suas conquistas neste sentido eram vividas, acompanhadas de fortes reações terapêuticas negativas, em que se ausentava das sessões. Certa vez, no meio de um acesso noturno de pânico, deixou um recado em minha secretária eletrônica, dizendo que precisava muito de mim, o quanto estava se sentindo mal e com medo, o quanto lhe fazia bem me ouvir, mesmo que fosse só a minha voz na secretária eletrônica. Acrescentava na gravação que estava deixando aquele recado para que eu não me esquecesse nunca do que ele estava me dizendo, fizesse o que ele fizesse, porque, dizia, com certeza iria esquecer. No dia seguinte faltou. Na sessão dois dias depois, não se lembrava bem do que tinha me dito *"no desespero"*. Durante esse período, no meio da noite, ao acordar com sua mulher aos gritos e despertar em uma crise leve de angústia, reviveu uma cena infantil dos pais fazendo barulho em casa. Começou a recordar e a nomear o que achava que devia ter sonhado para acordar em pânico. Voltaram muitas lembranças do período de infância e de adolescência ligadas à sua doença, às várias e consecutivas intervenções cirúrgicas, aos períodos de imobilidade forçada, às massagens e às dores, à sua solidão sexual e a como chorava à noite sozinho, em uma sala, existente no andar térreo de sua casa, onde teve de dormir durante muitos anos. Foi um período bastante produtivo da análise, em que o paciente passou a faltar bem menos.

A partir desse e de outros casos que acompanhei em análise, pretendo estabelecer uma proposição a respeito da possibilidade metapsicológica de um gradiente de eixo triplo: angústia/ elaboração psíquica/ alterações do soma, por meio do qual sustento que o pânico (ou angústia catastrófica) é a mais primitiva forma do aparelho — como aparelho psíquico — enfrentar o desamparo.

Desamparo e angústia primordial

O fenômeno somático acompanha o fenômeno psíquico na angústia automática, no pânico. Às vezes, o fenômeno somático surge "no lugar da" angústia psíquica automática: são as somatizações. A angústia tem um pé no soma e outro na psique, entrelaçando psique e soma. A vivência da angústia catastrófica é automática, traumática e inerente ao estado de desamparo. Dito de outra forma, no indivíduo a vivência de desamparo no/do bebê humano é a angústia primordial que é, em si, também, "o" trauma. Este é o evento-catástrofe vivenciado: a angústia primordial traumática. E é somente por meio deste evento que o humano no indivíduo desponta.

Assim é que, o trauma é visto, aqui, como uma catástrofe necessária e a angústia catastrófica primordial e traumática é, então, compreendida como condição necessária para a possibilidade de representação e para o impedimento da catástrofe psíquica. O estado de desamparo pode, então, ser entendido como a catástrofe filogenética (Freud, 1914/1987; Berlinck, 2000) e a constituição do psiquismo na espécie como "o" traumatismo por excelência, uma conseqüência ontogênica da catástrofe.

A vivência de angústia primordial automática é "o trauma" no bebê humano, a catástrofe real do desamparo transplantada, constituindo o psiquesoma e o traumatismo do psíquico. E será somente no humano que o trauma constitui-se como uma "catástrofe subjetiva".

É válido, portanto, afirmar que sem catástrofe não há possibilidade de representação, ou que só há essa possibilidade com catástrofe, quando o traumatismo se caracteriza pela constituição do psiquismo representacional. Quando a angústia primordial, traumática, qualificativa do estado de desamparo do bebê humano encontra no outro humano onipotente a excitação necessária e a pára-excitação suficiente, ela se encaminhará em uma incessante elaboração psíquica em direção à representação. O que teremos, então, será a catástrofe do trauma propiciando o traumatismo constitutivo do simbólico.

A catástrofe pode, porém, impedir a representação. Esta catástrofe é o trauma que não é ultrapassado, que permanece como catástrofe pura, que deriva em traumatismo psicopatológico, em vez de derivar em traumatismo fundante do psiquismo. O trauma como catástrofe é o único capaz de promover a constituição do psiquismo, no sentido de elaboração do trauma – ou seja, de significá-lo, de ligá-lo a representações possíveis, dando-lhe o sentido que como vivência traumática, repetidora da catástrofe externa que "transporta", não pode alcançar.

A angústia na trilha da pulsão: entre psique e soma

Uma pesquisa na teoria freudiana (Freud, 1895a, 1895b, 1915, 1917, 1926, 1933) estabelece a angústia como o "representante-afetivo da pulsão", como primeiro representante-afetivo pulsional, do qual derivam todos os outros afetos por meio de um maior trabalho psíquico, maior elaboração psíquica, maior ligação representacional. Pois, quer sob a forma dos diversos estados de angústia presentes na neurose de angústia (1895 b), quer sob a forma da angústia automática (1926), a angústia é o mais primário, o menos "psíquico" dos afetos.

Assim, Freud se refere, primeira e basicamente, ao tratar da angústia, ao aspecto intensivo, não significativo (representacional) da pulsão, em sua participação na descarga desta intensidade, tanto na descarga pulsional física como na descarga típica do processo psíquico primário, ambas presentes na angústia automática. Isto aparece claramente na descarga pulsional "física", aqui entendida como diferentes manifestações somáticas, e nas descargas do processo primário que as acompanham, ambas características inseparáveis da angústia automática. É também o que se evidencia no estudo da neurastenia e das neuroses de angústia.

Na descrição da neurose de angústia temos a descrição do pânico atual, em todos os seus aspectos. Freud destaca a neurose de angústia da neurastenia porque considera que todos os constituintes da neurose de angústia procedem de sintomas de angústia. Estes são manifestações imediatas de angústia ou rudimentos e equivalentes dela. Estão, freqüentemente, em completa oposição aos sintomas da neurastenia. Freud recorta da neurastenia várias manifestações que inclui na neurose de angústia. Primeiramente um *"fundo de excitabilidade e irritabilidade geral"*, que é relacionado por Freud ao acúmulo pulsional, por ausência de vias psíquicas para a descarga. Inclui, em segundo lugar, a *"expectativa aflitiva ou ansiosa"*, que é o sintoma nuclear da neurose de angústia, a qual se apresenta ou como um *quantum* de angústia livremente flutuante ou que pode se concretizar fixando-se ocasionalmente em qualquer coisa, originando o que Freud denomina de fobias típicas. Em terceiro lugar, inclui certa *"tendência à concepção pessimista das coisas"*. E, sobretudo, em quarto lugar, inclui o mais típico e reconhecível do pânico, os *"acessos ou ataques de angústia"* desprovidos ou não de conteúdo representativo imediato. Estes ataques podem ter as seguintes e diferentes características: angustiado sem saber por que; ou angústia de conteúdo vago (de aniquilação da vida, de acabrunhamento, de ameaça de loucura); acessos ligados a distúrbio sensorial ou a distúrbio de uma outra função corporal (respiratória, cardíaca, vasomotora, glandular) ou, ainda, um simples mal-estar. Aquilo que designamos como de ordem somática, no que se refere à angústia, é aqui colocado por Freud em primeiro plano. E em quinto lugar, as "fobias típicas", que não se fixam, pois a angústia pega carona temporária nelas para circunscrever o pânico. O afeto, entretanto, destas fobias é sempre angústia que não se fixou a uma representação. O afeto aqui não se origina de uma representação recalcada e não é posteriormente redutível pela análise psicológica. As fobias da neurose de angústia não apresentam substituição e deslocamento em sua constituição.

Ao mesmo tempo, o ataque de pânico revela-se como angústia automática, com a vivência maciça e extrema de angústia que o caracteriza: irritabilidade geral e difusa, medo de morrer, enlouquecer ou cometer um ato descontrolado durante o ataque. Nos ataques de pânico, temos a angústia "no" soma, um soma em transtornos funcionais temporários, ou seja, com os sinais físicos de angústia: taquicardia, sudorese, dispnéia, sufocamento, vertigens, desmaios, ondas de calor ou calafrio, parestesias (formigamentos), tremores ou estremecimentos.

Conclui-se que a primeira teoria da angústia de Freud não está construída, como muitos assim o quiseram, simplesmente em torno de uma diferenciação nosográfica feita por ele, entre a neurose de angústia frente à neurastenia, com base na vida sexual, nem apenas das relações da angústia com a vida sexual existente na vida atual do paciente. É uma teoria construída, sobretudo ,em relação ao que, na época, Freud denominava de *"ausência de libido psíquica"* e de *"ausência de mecanismo psíquico"* (recalque) em certas neuroses como a neurastenia e a neurose de angústia, as quais, neste momento inicial, denominará simplesmente de *"neuroses"* (logo, de *"neuroses sexuais"* e, depois, de *"neuroses atuais"*), apenas diferenciadas etiologicamente das *"psiconeuroses histéricas e obsessivas"*, em que estaria presente a *"libido psíquica"* e a *"defesa"* (recalque).

Em termos atuais, hoje denomina-se esta *"ausência de libido psíquica"* como *"falha ou fracasso na elaboração psíquica"*, muitas vezes *"falha na constituição do recalque originário"*, acrescida de toda uma falta de constituição do processo secundário pré-consciente daí resultante. Pierre Marty (1996) denominou *mentalização* ao trabalho do pré-consciente e percebeu esta mesma falha, apontada por Freud para a neurose de angústia e para a neurastenia, agora quadros psicossomáticos estudados por ele. No entanto, muitas vezes ele atribui a falha na mentalização muito mais ao mecanismo de supressão ou repressão do material pré-consciente pelo consciente do que à falha no recalcamento originário constitutivo do aparelho psíquico.

É nessa medida que o pânico tem a descrição sintomática das neuroses de angústia e a forma de angústia automática, maciça, extrema, incontrolável no plano físico e, sobretudo, intolerável no plano psíquico. Daí, podermos dizer que no pânico temos um psiquismo trabalhando no menor nível de elaboração psíquica, sem recursos para efetuar o recalque, e no limiar de suportabilidade psíquica, somente com recursos para suportar um ataque de angústia sem objeto ou, então, para a descarga no ato ou no soma. O pânico é, assim, uma espécie de último gancho que segura a intensidade no nível do psíquico, sob a forma do representante angústia automática. O pânico é o último elo de elaboração que impede que a intensidade resvale, escorregue para o puro soma.

Nos casos clínicos de pânico, primeiramente, só há esta presença do representante afetivo angústia automática, que é uma vivência bruta que não está ligada a qualquer representação. Só em um segundo tempo psíquico é que surgem representações que vão se ligar a estes representantes, como o medo de morrer, acabrunhamento, ou medo de ficar louco.

A neurastenia, no entanto, foi descrita por Freud como uma síndrome de tipo depressivo crônico com: perturbações corporais difusas e somatizações. Estas somatizações compreendiam certo número de distúrbios funcionais, sobretudo dores. Na descrição de Freud, é a sintomatologia somática que é privilegiada na neurastenia em detrimento da psíquica. Na neurastenia, Freud incluía em primeiro lugar uma *"astenia intelectual"* mas, sobretudo, *"física"*, caracterizada por ritmo invertido durante o dia. Esta astenia já se constituia como uma afecção somática, na verdade muito se assemelhando ao estresse psicossomático da atualidade. Em segundo lugar, incluía uma série de *"sintomas dolorosos vagos"*, como dores de cabeça e dores raquidianas. Na atualidade, encontro nesta linha casos de fibromialgia. Em terceiro, estão os *"distúrbios funcionais"* das chamadas funções neurovegetativas, perturbações digestivas, eventualmente cardiovasculares. Quanto ao afeto, Freud chama atenção para um estado de depressão, de tristeza, de indiferença.

Assim, entendo que, nesta primeira teoria, a angústia aparece como um fenômeno psicossomático por excelência. Na antiga neurastenia definida por Freud, podemos encontrar tanto os sintomas do atual estresse como os quadros psicossomáticos comumente a ele atribuídos. Nestes quadros, a angústia como fenômeno psíquico está ausente e penso que, neles, é ela que está presente apenas como fenômeno quase puramente somático. É nessa medida que, nesses casos, há toda uma gama de expressões puramente somáticas da angústia, em psiquismos que não foram organizados pelo recalque e nos quais o mecanismo de rejeição ou repúdio (*verwerfung*) os assemelha às psicoses, estando mais próximos, no entanto, das psicossomatoses descritas por Joyce McDougall (1982).

Estas somatizações são, na verdade, o fenômeno somático do afeto angústia, do que teria sido o pólo somático do afeto angústia, acompanhado não só da ausência do sentimento consciente da angústia, mas também da rejeição do representante-representação que poderia ter estado ou teria estado ligado à angústia na somatização. Elas são acompanhadas, sobretudo, da rejeição do próprio representante-afetivo angústia, do próprio *quantum* de afeto, seguido de sua ejeção pelo pólo somático do afeto angústia, em que se reverte o caminho pulsional, a angústia revertendo pela trilha somática, tomando a forma de explosão somática.

Nestas somatizações, a única manifestação psíquica, que corresponderia a um vestígio do fenômeno psíquico do afeto angústia, seria um tipo de vaga depressividade (e não depressão, termo que se designaria mais propriamente às questões do luto e da melancolia), com a característica narcísica de um desinvestimento generalizado, caracterizado mais pelo desinteresse geral, pelo estado de desânimo ou desalento e, também, por mau humor, ou humor tristonho ou humor indiferente. Empresto aqui a idéia de *desinvestimento pulsional*, descrita por André Green (1986), para aplicá-la ao afeto-angústia. Esta seria uma angústia totalmente desinvestida da vida, uma angústia a serviço da morte. Este estado também se aproxima à *depressão essencial* descrita por Pierre Marty (1990), caracterizada por um rebaixamento do tônus libidinal, desamparo profundo freqüentemente desconhecido do próprio sujeito, profunda fadiga e perda de interesse por tudo que o rodeia, podendo levar à enfermidade e à morte.

Assim, neste trabalho focalizei mais o tema da angústia quanto ao intensivo da pulsão, não só porque é o que se encontra privilegiado na primeira teoria da angústia de Freud, mas porque é o que está sendo retomado aqui como algo fundamental e indispensável para a compreensão do cerne da metapsicologia da angústia que, a nosso ver, só pode ser construída enquanto tal.

No entanto, foi o próprio Freud quem definiu de que modo – na angústia – o intensivo da pulsão pode se compor no simbólico, quando a angústia automática passa à forma de angústia sinal, passando a representante pulsional referido ao significativo da pulsão, ou seja, ligado, no inconsciente, a um representante-representação recalcado e a outros representantes-representação substitutos. É assim decisiva, no pensamento freudiano, a importância metapsicológica das vicissitudes do "representante-afetivo-angústia" no que se refere aos representantes-representação, seu papel "de" ligação e "na" ligação representacional, na estruturação do aparelho psíquico normal e patológico.

Portanto, é em função do simbólico, que se tem, em Freud, o lugar central da angústia na constituição de cada uma das duas tópicas do aparelho psíquico (consciente-pré-consciente/inconsciente e ego/id/superego). E, ainda em função do simbólico, a importância da representação recalcada para a emergência da angústia sinal, que indicará um aparelho com duas tópicas bem-estruturadas. E também se encontra, em Freud, as relações entre as noções de traumatismo e elaboração psíquica, nos anos vinte claramente vinculadas ao desamparo e ao eixo angústia.

O que, entretanto, pretendo salientar é algo que, presente em parte na primeira teoria de Freud, fica a seguir meio esquecido ou, então, disfarçado pela psicanálise freudiana, quando ela detecta no simbólico o poder exclusivo de ampliar as conexões das trilhas pulsionais. Negligencia-se o econômico, subordinando este ao dinâmico do psíquico. Acreditamos que o próprio simbólico só é possível de se instaurar via recomposição e redistribuição das trilhas econômicas pulsionais, a partir do trauma como catástrofe necessária e da angústia automática dele característica. Ou seja, um trabalho entre psique e soma, realizado por este afeto primordial que é a angústia. Estas idéias apenas esboçadas, para fins deste trabalho, fazem parte de um trabalho mais amplo que está sendo realizado.

Referências bibliográficas

BERLINCK, M.T. (2000) Catástrofe e representação: notas para uma teoria geral da psicopatologia fundamental. In *Psicopatologia fundamental*. São Paulo: Escuta, 2000.

FREUD, S. (1895a). Obsessões e fobias: seu mecanismo psíquico e sua etiologia. *Edição Standard Brasileira das Obras Psicológicas Completas*. Rio de Janeiro: Imago, 1977; v.3.

─────. (1895b) Sobre os critérios para destacar da neurastenia uma síndrome particular intitulada "neurose de angústia". *Op. cit.*, v.3.

FREUD, S. (1914/1987) Neuroses de transferência: uma síntese. Rio de Janeiro: Imago,1987.

———. (1915) As pulsões e suas vicissitudes *Edição Standard Brasileira das Obras Psicológicas Completas*. Rio de Janeiro: Imago, 1977; v.14.

———. (1915) O recalque. *Op. cit.*, v.14.

———. (1915) O inconsciente. *Op. cit.*, v.14.

———. (1917) Conferência 25: Angústia. *Op. cit.*, v.16.

———. (1926) Inibições, sintomas e ansiedade. *Op. cit.*, v.20.

———. (1933) Conferência 32: Angústia e vida pulsional. *Op. cit.*, v.22.

GREEN, A. (1986). Pulsão de morte, narcisismo negativo, função desobjetalizante. In *A pulsão de morte*. São Paulo: Escuta, 1988.

MARTY, P. (1990). *A psicossomática do adulto*, Porto Alegre: Artes Médicas, 1993.

———. (1996) *Mentalização e psicossomática*. São Paulo: Casa do Psicólogo, 1998.

McDOUGALL, J. (1982) *Teatros do eu*, Rio de Janeiro: Francisco Alves, 1989.

———. (1982) *Teatros do eu*, Rio de Janeiro: Francisco Alves, 1989.

O eu e o outro: esboço de uma semiologia psicossomática da angústia

Rubens Marcelo Volich

Eles vagavam sem rumo. Em meio à poeira, à fumaça, perambulavam, o olhar distante, mirando o vazio. Movimentos automáticos, irrefletidos, silenciosos. Não viam, não demonstravam ser vistos. Vagavam sem destino pelas ruas de Manhattan, sem dar-se conta do caos que os envolvia. Nos primeiros dias, muitos foram dados como desaparecidos, e sequer chegavam a reconhecer-se nas centenas de fotografias espalhadas nos postes por aqueles que os procuravam. Perdidos, siderados, chocados. Rostos sem expressão, em meio a expressões sem rostos. Desaparecidos sem aparência. Mortos-vivos. Zumbis.

Hoje já distantes, esmaecidas por horrores de outra guerra – menos surpreendente, também cruel – essas imagens foram as relatadas por Gerald Thomas ao observar as pessoas após o ataque ao World Trade Center há dois anos. Homens e mulheres que, horas antes, haviam se preparado para mais um dinâmico dia de trabalho no coração de uma cidade que se orgulhava de seu vigor e de jamais dormir. Em minutos, não tinham mais o que fazer, para onde ir, com quem conversar. Em instantes, ruíram compromissos, metas, encontros, projetos, futuros. Semanas depois do atentado, milhares de cartas ainda chegavam para endereços e pessoas desaparecidos. Em caixas postais de celulares, vozes familiares continuavam prometendo que aquele que não mais existia "retornaria assim que possível".

Zumbi. Fantasma que vaga pela noite morta. Lugar deserto do sertão. Vulto perdido, alma de certos animais. Assim nos ensina a crença popular. Paragens ermas, almas abandonadas. Imagens do desamparo. Como o do olhar estarrecido dos que testemunhavam o desabamento dos símbolos de suas crenças, de seus valores, de seu mundo.

Zumbis. Vultos que perambulam sem rostos, que não reconhecem o semblante do outro, nem o de si mesmos. Espaços vazios da alma, desertificados ou desertos para além ou aquém da angústia. Para mim, a visão daqueles seres empoeirados, estátuas-vivas petrificadas pelo horror, representava a expressão mais autêntica de um território que até então apenas tinha imaginado, mas nunca presenciado com tal intensidade. Para muitas pessoas, ainda alguns dias depois da catástrofe, não era o medo, o horror que imperava, mas a indiferença. Milhares entraram em choque, milhões se apavoraram. Como as nuvens de poeira, uma espessa camada de medo e de angústia espalhou-se sobre Nova York, ganhando em seguida todo o país, e daí o Mundo. Entramos, todos, em uma outra era.

Em pouco mais de dois anos, justificadas pelo ataque a Nova York, outras cenas de horror nos capturaram. Em um outro cenário, a moderna linha do horizonte de Manhattan foi substituída pelas infinitas dunas do deserto iraquiano, as reluzentes combinações de aço e vidro pelo tom ocre e poeirento de construções precárias, de outros tempos. Apesar de esperado, supostamente cirúrgico, restrito, o ataque ao Iraque provocou cenas parecidas de horror e de destruição. Após cada ataque, outros vultos também emergiam e rondavam entre os escombros, perdidos, desorientados. Outros povos. Outras terras. A mesma violência. O mesmo sofrimento. Humanos...

Em tempos que eram outros, Freud mergulhava na alma humana e seus temores. Intrigava-se com um menino Hans que tinha medo de cavalos (Freud, 1909a). Impressionava-se com Ernst Lanzer, mais conhecido por fantasiar, com horror e prazer, uma tortura do exército chinês que envolvia ratos penetrando pelo ânus (Freud, 1909b). Constatava também a *"belle indifference"* afetiva das histéricas (Freud e Breuer, 1895), as explosões delirantes de um Schreber que transmutava-se em mil corpos (Freud, 1911), e mesmo, sensível à sua época, perguntava-se sobre a natureza da violência, sobre a essência traumática das guerras e das neuroses por elas geradas (Freud, 1919).

Didático, ele tentou ensinar-nos a diferença entre o medo, a angústia e o terror, declarando que o primeiro manifestava-se diante de uma ameaça conhecida e identificada, a angústia diante de um perigo não-identificado, sendo o terror a condição extrema, traumática, de uma submersão do aparelho psíquico, e em primeiro lugar do ego, diante de uma experiência de intensidade extrema culminando com um processo de desorganização geral do sujeito (Freud, 1926).

Em um movimento curioso, distinto mesmo daquele do conjunto da teoria freudiana, a teorização sobre a angústia gradualmente migrou de um primeiro modelo eminentemente econômico, de quantidades de excitação que se tornavam desprazeirosas e assim angustiantes (Freud, 1895), para um outro de primazia tópica, em que, apesar de presente, a dimensão do desprazer é regida pela instância egóica intermediadora dos conflitos com o id, com o superego e com a realidade. Diante do perigo, da ameaça de emergência de um desprazer extremo já experimentado, o desamparo, protótipo da angústia automática, o ego desencadearia um sinal de angústia que mobiliza o aparelho psíquico de forma a evacuar, evitar ou eliminar, por meio de diferentes mecanismos, a situação ameaçadora (Freud, 1926).

Eram outros os tempos nos quais Freud desenvolveu essas teorias. Na I Grande Guerra, que horrorizou Freud, levando-o a pensar a noção de traumatismo, a violência e a destrutividade humana, os inimigos passavam meses entrincheirados a poucos metros uns dos outros, conheciam os nomes daqueles contra quem lutavam, e, nas tréguas de Natal, interrompiam sua luta, abandonavam suas trincheiras, para, por uma noite que fosse, confraternizar e juntos celebrar aquela data.

Nesses novos tempos em que, não apenas nas guerras, conduzidas a distância, teleguiadas, mas até nas esquinas de nossas cidades, não se conhece o inimigo, em que não se sabe onde procurá-lo, podemos continuar referidos apenas àquelas concepções freudianas sobre a angústia?

Apesar de conhecidos e consagrados, os modelos da angústia já não fazem completamente jus à riqueza dos recursos clínicos e teóricos da psicanálise, nem mesmo a muitos daqueles já desenvolvidos pelo próprio Freud. Proponho assim retomar algumas das formulações freudianas e seus desdobramentos posteriores, refletindo sobre o significado da experiência angustiante a partir de três de seus protagonistas, o ego, o objeto e a pulsão.

Além disso, penso também ser importante interrogar-se sobre a possibilidade de construirmos, a partir de um referencial psicanalítico, uma verdadeira *semiologia psicossomática da angústia*, que pode nos permitir compreender o sentido da multiplicação de adjetivos que a ela foram acrescentados: angústia neurótica, psicótica, angústia catastrófica, depressiva, angústia sem nome, e muitas outras, mas também ressaltar o papel da angústia como regulador e sinalizador da economia psicossomática.

Da pulsão à constituição da angústia

Por mais que o ego seja uma figura central na dinâmica da angústia, não podemos esquecer que a pulsão é uma dimensão constitutiva desta experiência. É a exigência de satisfação e de trabalho que a pulsão impõe ao sujeito que desencadeia no ego a necessidade de intermediar com os demais protagonistas desta experiência, o id, o superego e a realidade, os desfechos possíveis para tais exigências, entre os quais se encontra a angústia (Freud, 1915, 1926).

Da natureza pulsional da angústia, devemos reconhecer que estão implicadas nessas experiências dimensões psíquicas e somáticas, como o próprio Freud já apontava, e como podemos experimentar a todo momento. Dessa mesma natureza depreendemos que na angústia estão também implicadas as dinâmicas pulsionais de intricação e desintricação, de fusão e de defusão, das pulsões de vida e de morte, da libido e da destrutividade do sujeito (Freud, 1920). Mais especificamente, é importante considerar a angústia como um sinalizador do movimento de desintrincação pulsional e de desorganização promovido pela pulsão de morte.

Considerar a angústia a partir da perspectiva pulsional leva-nos também a compreender que, assim como a pulsão, a angústia não é uma experiência inata, mas, sim, que pode ou não vir a ser constituída, a partir dos avatares da história do sujeito.

Por mais que possamos compreender a angústia como herdeira das reações mais primitivas do sujeito em seus primeiros contatos com o mundo, como herdeira do desamparo, essas primeiras experiências não se configuram de imediato como angústia propriamente dita. Tanto quanto a constituição da pulsão, que, descolando-se do instinto, marca a origem da dimensão psíquica da vida do sujeito, também a angústia caracteriza-se como um estado no qual está implicada uma parcela, por menor que seja, do psiquismo desse sujeito.

Devemos, portanto, considerar a existência de estados primitivos, no início da vida ou em momentos de profunda desorganização do sujeito, subseqüentes a experiências traumáticas, nos quais, apesar de toda perturbação econômica e, até mesmo, fisiológica, a angústia não se encontra configurada e que, portanto, não podem ser caracterizados como angústia.

A angústia é assim uma experiência a ser constituída. É no contexto de uma história, a partir das marcas e dinâmicas vividas como prazer e desprazer que se constitui a experiência da angústia, segundo diferentes graus de complexidade e de qualidade. Sabemos a função essencial do outro humano na constituição de tais experiências. Reconhecemos, então, a natureza necessariamente sincrônica da emergência da pulsão, e do núcleo psíquico do que poderá vir a se constituir como o ego e como representação do objeto, componentes indissociáveis da angústia.

Como aponta Freud, o ego é uma instância central na dinâmica da angústia, sendo ao mesmo tempo o desencadeador desta dinâmica e o palco no qual ela se manifesta (Freud, 1926). As especificidades da angústia dependem, portanto, das características da instância egóica, das circunstâncias e do grau de desenvolvimento de seus recursos para lidar com as demandas pulsionais, com as demais instâncias psíquicas e com a realidade, e, em particular, com os objetos de satisfação da pulsão. É na dialética entre o sujeito e o outro, entre a pulsão e seus objetos de satisfação ou de frustração que se constituem as diferentes formas de angústia.

Desde suas primeiras formulações, Freud apontava para a angústia como sendo essencialmente um recurso antitraumático do aparelho psíquico para tentar evitar o transbordamento do excesso de excitações (Freud, 1895b). Por mais que implique uma dimensão de desprazer, ela mobiliza o sujeito de forma que seja possível evitar ou eliminar a fonte do desprazer. Os mecanismos de defesa do ego são apenas os recursos mais conhecidos para efetuar tais operações. Porém, como todo recurso antitraumático, a angústia pode implicar toda a gama de possibilidades de funcionamento psicossomático. Assim, as características da angústia dependem das mesmas dinâmicas segundo as quais o sujeito reage aos conflitos de sua existência que oscilam entre modos de reação mentais, comportamentais e somáticos, nessa ordem, dos mais aos menos evoluídos, dos mais requintados e consistentes aos mais frágeis e primitivos (Marty, 1990).

Como vimos, o outro humano exerce um papel essencial na proteção e no cuidado inicial do sujeito e, conseqüentemente, na promoção, no desenvolvimento e na organização de seus recursos. Dessa forma é também em torno do objeto que se organiza inicialmente a experiência da angústia. Esse objeto pode também se prestar como suporte dessa experiência. Como nos mostra Spitz, a constituição da angústia diante do estranho marca o momento de diferenciação entre o sujeito e o objeto, e o próprio nascimento do sujeito, como tal (Spitz, 1963). A qualquer momento da vida, mas principalmente nos primeiros momentos do desenvolvimento, a existência de um objeto que se constitua como suporte da excitação e da angústia é um importante organizador dos recursos antitraumáticos protetores contra a desorganização psicossomática.

Uma semiologia psicossomática da angústia deve considerar as diferentes características das dinâmicas implicadas nas manifestações de angústia: a existência ou inexistência de sinais manifestos de angústia, a qualidade desses sinais, as manifestações fisiológicas e corporais, as características da dinâmica psíquica do sujeito, seus modos de funcionamento, sua maneira de lidar com conflitos, as vias de descarga da excitação, mas também suas dinâmicas de relação objetais e narcísicas.

O paradigma das angústias infantis

M. Fain chama a atenção para três modalidades do adormecimento de bebês, que revelam essencialmente três diferentes modos de equilíbrio econômicos entre as atividades motora, representativa e auto-erótica.

1. O bebê adormece sozinho, realizando mais tarde, durante o sono, movimentos de sucção. Esse comportamento é um indício de um bom funcionamento do aparelho mental e de uma boa relação com a atividade representativa, permitindo a regressão necessária ao sono.
2. O bebê só adormece chupando o dedo, indicando a necessidade da sucção de um objeto real para conseguir a regressão necessária ao sono.
3. A criança se agita, berra, chupa freneticamente o dedo e não consegue adormecer. Esse comportamento revela um ciclo ininterrupto de descargas, ineficazes para a promoção da regressão narcísica que conduz ao sono.

Esses três modos de auto-erotismo revelam diferenças qualitativas do equilíbrio motricidade-representação, correspondente às diferentes distribuições da libido narcísica e objetal. O primeiro é próximo da representação, uma representação que reforça o sono por uma descarga alucinatória da excitação. O segundo indica a necessidade de uma excitação real bem mais longa, e o terceiro parece lançar-se em um ciclo infernal de descarga sem fim, em detrimento da atividade onírica e representativa.

A partir dessas observações, M. Fain aponta para a distinção entre mães *calmantes* e mães *que permitem a satisfação* de seu bebê. As mães dos bebês insones foram descritas como calmantes, voltadas para acalmar os bebês e não para propiciar a eles a experiência de satisfação. É possível constatar uma falha maciça em seu papel de pára-excitações. O investimento materno existe, mas ele é tão viciado que não permite ao bebê constituir para si mesmo um pára-excitações autônomo. Nesse caso, a mãe se propõe constantemente como única guardiã do sono da criança, função sem nenhuma relação com aquela normalmente exercida pelo sonho. Em função dos conflitos com seus próprios objetos primitivos, essas mães não conseguem propiciar a seus filhos identificações primárias que permitam a eles adormecer prescindindo do contato físico com elas. Elas se revelam incapazes de organizar seu instinto materno, oferecendo à criança mensagens discordantes nas quais a possibilidade de identificação primária com ela coexiste com uma tendência equivalente de rejeição. A possibilidade de renunciar a sua atitude calmante, propiciando experiências de satisfação para seu filho, é acompanhada pela regularização do ciclo sono-sonho da criança.

A esses modos de relação objetal corresponde a diversidade das condições de estruturação e manifestação da angústia na criança. L. Kreisler (1992) oferece-nos uma visão clara dessa diversidade a partir das perturbações do desenvolvimento, infantil, apontando para a função da angústia como sinalizadora do grau de integração da economia psicossomática.

Assim, a *atonia depressiva* da criança, freqüente no bebê, mas encontrada mesmo em adolescentes, caracteriza-se, segundo ele, pela *"inibição, pela inércia, pela indiferença, ausência de angústia, sem desamparo ou mesmo tristeza"* (p.41). Observa-se a monotonia de comportamentos do *vazio depressivo*, indícios de uma desorganização psicossomática maior. As separações são um fator importante de desencadeamento e manutenção das depressões do bebê, que podem também ocorrer no contato com uma mãe fisicamente presente, mas moralmente ausente ou deprimida.

As *cólicas e dores abdominais* são duas das expressões mais freqüentes da angústia no bebê e na criança. A manifestação mais conhecida dessa dinâmica são as dores de barriga ligadas à fobia escolar, segundo Kreisler, mal nomeada. Trata-se não de um medo de ir à escola, mas do medo e da impossibilidade de separar-se da mãe ou evoluir para a situação edípica, ou seja, constituir e representar a rivalidade edípica e a angústia de castração.

No *sonambulismo*, observamos atividades motoras automáticas durante o sono. A enorme dificuldade em acordar um sonâmbulo denota a insensibilidade e a indiferença deste à realidade exterior, mas principalmente às pessoas da proximidade, durante o sono. A amnésia é característica desse funcionamento, e chama a atenção a ausência de terror, de medo ou mesmo de inquietação que distingue o sonambulismo do terror noturno. L. Kreisler (1992) aponta que, na verdade, o sonambulismo não é um sonho agido, mas um *"sonho fracassado"* (p.139). A tentativa de preservar o sono não ocorre, como habitualmente, pela regressão psíquica, mas pela descarga motora. Trata-se de uma doença de expressão preponderantemente comportamental, caracterizada por uma vida fantasmática pobre, ou de difícil expressão, por um contato verbal pobre, descritivo, pela ausência de sonhos. Essa carência fantasmática e onírica parece ser compensada pela hiperatividade motora noturna. O TAT, Rorschach, CAT apontam para um importante bloqueio afetivo diante de situações potencialmente geradoras de angústia, e para a fuga de situações constrangedoras ou angustiantes.

O *terror noturno*, por sua vez, manifesta-se predominantemente por ocasião das vivências edípicas. Um intenso ataque de angústia surpreende a criança durante o sono, mergulhando-a em estado de grande terror, sem que ela possa reconhecer as pessoas à sua volta, nem lembrar-se da crise de angústia após ela. Trata-se de uma angústia indizível, que se manifesta pelos gritos e pelas gesticulações, e a criança parece defender-se do perigo, algumas vezes com os olhos arregalados, fixos, como se enxergasse um espaço alucinado. A conduta motora de terror é acompanhada de fenômenos neurovegetativos transpiração, taquicardia, taquipnéia e inconsciência da realidade exterior (Kreisler, 1992, p.142).

O terror noturno difere do pesadelo. No pesadelo, a criança pode ser acordada por solicitação de uma outra pessoa, acorda, e pode reconhecer tanto a pessoa como o próprio estado de pesadelo. O pesadelo é um sonho no pleno sentido da palavra, marcado pelo afeto de angústia.

Entre nós, Wagner Ranña aponta em seus trabalhos o bom prognóstico dos quadros alérgicos, caracterizados pela ausência da angústia diante do estranho, no momento em que os pacientes passam a apresentar manifestações fóbicas.

Esse rápido panorama de algumas manifestações psicossomáticas da infância permite-nos reconhecer os diferentes graus de organização psíquica e relacional determinantes de tais manifestações, mas também de diferentes modalidades de expressão da angústia.

Podemos observar que nas formas mais primitivas da atonia depressiva da criança, a precariedade do vínculo com os objetos corresponde a uma indiferença e à não-manifestação de qualquer traço de angústia. Tal ausência de angústia não é fruto, a meu ver, de um mecanismo eficiente para evacuá-la ou eludi-la, mas simplesmente *da não-constituição dessa angústia* em função da precariedade da organização psicossomática, em particular das instâncias e recursos psíquicos e representativos do sujeito, bem como de suas relações de objeto.

Da mesma forma, as cólicas, o sonambulismo, o terror noturno e os pesadelos infantis revelam-nos manifestações nas quais a progressiva organização psíquica e, conseqüentemente, uma crescente organização do ego e o enriquecimento das relações objetais vão gradativamente permitindo uma melhor configuração e uma manifestação mais nítida da angústia. Assim, é interessante a comparação entre o sonambulismo e o terror noturno, de um lado, e os pesadelos e os sonhos de angústia, de outro.

Nos dois primeiros, a descarga motora e o ataque de angústia durante o sono são refratários à presença ou mesmo à intervenção de um objeto exterior, revelando a intensidade de sua dimensão narcísica e a fragilidade vincular. Ao mesmo tempo, a amnésia denota uma ruptura quase completa entre a experiência do sono e de vigília.

No pesadelo, no sonho de angústia, o vínculo com o objeto e com a vigília pode ser prontamente restabelecido a partir da intervenção de um objeto exterior, denotando uma maior permissividade entre a dimensão narcísica e objetal dessa experiência e a maior continuidade entre a vivência onírica angustiante e a experiência desperta.

Por uma semiologia da angústia

P. Marty (1990) revelou a importância da compreensão dos movimentos evolutivos e contra-evolutivos para compreender o funcionamento psicossomático e suas perturbações. Ao desenvolver o conceito de *depressão essencial*, ele já chamava a atenção para a importância das características da angústia para compreender tais dinâmicas (Marty, 1968). Segundo ele, *"a depressão psicossomática, [várias vezes chamada] depressão sem objeto, [seria] melhor chamada de depressão essencial, pois ela constitui a essência da depressão, a saber, o rebaixamento do tônus libidinal sem contrapartida econômica qualquer".*

A depressão essencial é precedida por angústias difusas, arcaicas e automáticas, que poderiam também ser qualificadas de essenciais no sentido que traduzem o desamparo profundo do indivíduo provocado pelo afluxo de movimentos instintivos não controlados porque não elaboráveis. O ego submerso mostra, assim, sua fraqueza defensiva, a insuficiência de seus recursos, sua desorganização. Ele é incapaz de constituir angústias-sinal que alertam para a iminência de um perigo e para a necessidade de mobilizar a economia psíquica para enfrentá-lo,

Assim, a depressão essencial é caracterizada por uma *"crise sem ruído"*, que desencadeia a vida operatória. Observa-se o apagamento em toda a escala da dinâmica mental, o desaparecimento da libido tanto narcísica como objetal, sem qualquer outra compensação econômica a não ser a fragmentação funcional. Ela se constitui assim como *"uma das principais manifestações da precedência do instinto de morte"*. Apesar de menos espetacular do que a depressão melancólica, a depressão essencial pode evoluir de forma mais determinada e irreversível para a doença grave e mesmo a morte.

Podemos assim considerar, a partir do modelo de P. Marty, que na ponta evolutiva do desenvolvimento psicossomático humano, em cujo extremo encontramos a organização genital edipiana, as angústias apresentam um caráter objetal. Na ponta contra-evolutiva, na qual se manifesta a depressão essencial, a vida operatória, e a desorganização progressiva, encontramos as angústias difusas, características de psiquismo desvitalizado que perdeu a maior parte de seus recursos organizadores e defensivos.

Como sabemos, as angústias difusas, que apontam para a má mentalização, correspondem a experiências de desamparo, mecanismos de urgência de um ego precário tentando limitar efeitos da desorganização psíquica e somática. Porém, elas ainda são tentativas de reorganização visando à interrupção da desorganização progressiva e a preservação da vida (Volich, 2000).

Crises de vida, conflitos, crônicos ou agudos, e traumas perturbadores do funcionamento mental e da continuidade dos investimentos psíquicos perturbam também a organização e a manifestação da angústia como sinal de uma ameaça, não só de desprazer, mas também de uma desorganização pulsional, psicossomática, progressiva grave. Observamos em muitos pacientes a diminuição ou mesmo o desaparecimento de formas de angústia mais elaboradas (objetais) anteriores ou concomitantes à manifestação de doenças somáticas de diferentes graus de gravidade. Esse fato clínico deve alertar-nos para a importância em considerar esses quadros como sinalizadores de processos nos quais a precariedade das condições pulsionais, egóicas, representativas e objetais limitam ou tornam a função antitraumática da angústia inoperante.

Nos processos traumáticos, nas desorganizações progressivas, é em torno do outro, do objeto e de seus investimentos que é possível estancar os processos de desorganização. A angústia, como sinal, não é apenas um sinal de desprazer ou da iminência de um perigo vivido ou imaginado (Freud, 1926). O sinal de angústia, mesmo em suas modalidades mais difusas, é, sobretudo, um sinal de desinvestimento. Desinvestimento do outro e mesmo de desinvestimento do próprio ego como recurso psíquico, organizador narcísico do funcionamento psicossomático. É um sinal que o tecido psíquico se esgarça a ponto, algumas vezes, de não mais poder ser remendado.

P. Marty (1998) aponta para as diferenças evolutivas, dinâmicas e econômicas entre doenças orgânicas *"a crises"* e as doenças *evolutivas*. As doenças *"a crises"* manifestam-se predominantemente como fruto de movimentos regressivos em pessoas que geralmente apresentam uma boa mentalização, perturbada temporariamente por algum episódio de vida ou por um momento depressivo. Elas são funcionalmente localizadas, de natureza reversível e normalmente não colocam em risco a vida do sujeito. Fazem parte desse grupo a asma, o eczema, as úlceras, as raquialgias e as cefaléias. Paralelamente ao tratamento médico, a psicoterapia visa reforçar os recursos mentais buscando diminuir a intensidade e a freqüência das crises. Por sua vez, as *doenças evolutivas*, mais graves, decorrem geralmente do processo de desorganização progressiva resultante das neuroses de comportamento, das neuroses malmentalizadas e das desorganizações do pré-consciente. Elas podem ter como primeiro sinal o aparecimento de doenças "a crise" que, pela repetição, adquirem um caráter evolutivo. Seu tempo de latência e de progressão é variável, podendo colocar em risco a vida do paciente e quase sempre solicitando intervenções médicas mais agressivas (cirurgias, quimioterapias, radioterapias). As doenças cardiovasculares, as auto-imunes e vários tipos de câncer fazem parte desse segundo grupo.

Nas doenças a crise, que se manifestam em pessoas com melhores recursos da economia psicossomática que permitem interrupção e a reversão do movimento contra-evolutivo desorganizador, as angústias do paciente encontram-se geralmente associadas a representações mentais. São angústias objetais resultantes da boa qualidade dos recursos regressivos, que sinalizam a existência e a atividade dos recursos de reorganização do sujeito e de eventual reversibilidade da doença.

Nas neuroses de comportamento e nas neuroses malmentalizadas podemos observar uma grande oscilação na manifestação dos tipos de angústia, dependendo do estágio do movimento de desorganização progressiva. Nos momentos iniciais dessa desorganização, observamos ainda a presença oscilante de manifestação de angústia que podem desaparecer repentinamente, ou ainda manifestar-se de forma brusca, violenta e inesperada (próximas ou semelhantes a estados de pânico) sem associação a representações psíquicas ou a objetos. Essa oscilação é muitas vezes aleatória, e independe de qualquer evento exterior. Nos estágios mais avançados da desorganização progressiva, as angústias adquirem cada vez mais um caráter difuso e automático, próximo da sideração e dos estados de desamparo, apontando para a presença de uma depressão essencial. Podemos então considerar, segundo P. Marty, que as angústias difusas ou o desaparecimento de qualquer manifestação de angústia se constitui como um alarme, um sinal por excelência dos níveis mais graves e desorganizados de funcionamento da economia psicossomática.

Da semiologia à clínica

Para finalizar, é importante considerar as implicações clínicas de nossa construção semiológica referente à angústia.

Como aponta Cl. Smadja (1997), na clínica, *"a identificação da qualidade da angústia em um paciente que apresenta uma afecção somática regressiva, assim como a avaliação do caráter da angústia ao longo dos movimentos de reorganização espontânea ou sob o efeito de um tratamento psicoterapêutico são de importância capital na prática psicossomática"* (p.100). A mudança da qualidade da angústia acompanha a mudança do caráter da desorganização progressiva, e, muitas vezes da reversão do curso evolutivo da doença. *"A observação das crises interruptivas do funcionamento mental e as retomadas da continuidade dos investimentos psíquicos com as correspondentes transformações qualitativas do afeto de angústia são dois dos melhores indicadores para a avaliação do estado de funcionamento psicossomático de um paciente em um certo momento, e, em particular, durante o processo psicoterapêutico"* (p.102).

O terapeuta, o analista, o médico ocupam, como objetos transferenciais, um lugar de demanda e de investimento privilegiado para o paciente. Pela natureza de sua posição eles são inevitavelmente colocados nessa posição de objeto potencialmente estruturante e organizador dos destinos da angústia, da mesma forma como cabe à mãe, pela função materna, assegurar o contrainvestimento da excitação traumática de seu bebê, como forma de garantir sua sobrevivência e promover seu desenvolvimento. O lugar do terapeuta, daquele que cuida, é particularmente sensível como observatório das dinâmicas de investimento e de desinvestimento do paciente, e, conseqüentemente, das oscilações da qualidade da angústia.

Reconhecendo esse lugar, o que implica, até mesmo, colocar-se na desconfortável posição de objeto da angústia de seu paciente, pode o terapeuta, por seu investimento, contrapor-se aos movimentos desorganizadores e traumáticos sustentando o tecido psíquico prestes a se esgarçar.

* * *

Aos parentes das vítimas do World Trade Center foram oferecidos recipientes com destroços do desmoronamento das torres. Durante dias e meses, sucederam-se na mídia imagens das cenas relacionadas à catástrofe. O "ponto zero" transformou-se em lugar de peregrinação e vigília, passando a ser cultuado e promovido em seus mais ínfimos detalhes como lugar de memória e lembrança.

Inicialmente, todo esse interesse pareceu a todos chocante, excessivo, mórbido. Devemos, porém, tentar compreender a função de tais destroços, da repetição incansável das imagens, peregrinações e cultos em torno daquele lugar aniquilado pela catástrofe.

Houve um dia em que, depois de fascinar a todos com nosso sorriso, desesperamo-nos ao descobrirmo-nos sozinhos, e acreditamos em uma promessa incerta de que aquela mãe, que sempre cuidou de nós e se afastou, voltaria. Um dia, em meio a um passeio em um dia ensolarado em nossos carinhos de bebê, um rosto desconhecido nos mergulhou no mais profundo desespero. Um dia, acreditamos que uma simples formiga seria capaz de nos devorar.

Deveríamos ser gratos àquela mãe que nos abandonou por alguns instantes e àquele desconhecido que nos assustou. Gratos aos bichos-papões, às taturanas, às baratas, aos pequenos animais que em certos momentos nos causam ou causaram tanto medo, ou mesmo terror. Talvez, foram mães, estranhos, analistas, insetos, ou mesmo tantos outros seres insignificantes, pedaços de coisas sem importância que nos momentos cruciais de nossas vidas, sem querer, sem saber, livraram-nos do destino dos zumbis.

Referências bibliográficas

FERREIRA, A.B.H. *Dicionário Aurélio*. Rio de Janeiro: Nova Fronteira, 1999.

FREUD, S. & BREUER, J. (1895a) Estudos sobre a histeria, Edição Standard Brasileira das Obras Psicológicas Completas de Sigmund Freud (E.S.B.), v.2.

FREUD, S. (1895b), Sobre os fundamentos para destacar da neurastenia uma síndrome específica intitulada de "neurose de angústia" *E.S.B.*, v.3.

──────. (1909a), Análise de uma fobia em um menino de cinco anos. *E.S.B.*, v.10.

──────. (1909b) Notas sobre um caso de neurose obsessiva. *E.S.B.*, v.10.

──────. (1911) Notas psicanalíticas sobre um relato autobiográfico de um caso de paranóia. *E.S.B.*, v.12.

──────. (1915), Pulsões e suas vicissitudes. *E.S.B.*, v.14.

──────. (1919) Introdução à psicanálise das neuroses de guerra. *E.S.B.*, v.17.

──────. (1920) Além do princípio do prazer, *E.S.B.*, v.17.

──────. (1926) Inibições, sintomas e angústia, *E.S.B.*, v.20.

──────. (1933) Novas Conferências Introdutórias à Psicanálise, Angústia e vida pulsional, *E.S.B.*, v.22.

GURFINKEL, D. Regressão e psicossomática: nas bordas do sonhar. In FERRAZ, F.C., VOLICH, R.M. (orgs.) *Psicossoma: psicossomática psicanalítica*. São Paulo: Casa do Psicólogo, 1997.

KREISLER, L. (1992) *A nova criança da desordem psicossomática*. São Paulo: Casa do Psicólogo, 1999.

MARTY, P. & M'UZAN, M. La pensée opératoire. *Rev. Fr. Psychanal.*, 27:345-356, 1963.

MARTY, P. La dépression essentielle. *Rev. Fr. Psychanal.*, 32(3):595-598., 1966.

──────. *Les mouvements individuels de vie et de mort*. Paris: Payot, 1976.

──────. (1990) A psicossomática do adulto. Porto Alegre: Artes Médicas, 1994.

──────. *Mentalização e psicossomática*. São Paulo: Casa do Psicólogo, 1998.

ROSENBERG, B. *Masochisme mortifère, Masochisme gardien de la vie*. Paris: PUF, 1991.

SMADJA, C. Angoisse et psychosomatique. In AMAR, N., Le GUEN, A. & OPPENHEIMER, A. *Angoisses: pluralité d'approches*. Paris: PUF, 1997.

SPITZ. R. (1963) *O primeiro ano de vida*, São Paulo: Martins Fontes, 1993.

THOMAS, G. "Nação Zumbi". *Folha de S. Paulo*, 13/09/2001.

VOLICH, R.M. Entre uma angústia e outra... *Boletim de Novidades Pulsional*, 80:37-45, 1995.

──────. *Psicossomática: de Hipócrates à psicossomática,* São Paulo: Casa do Psicólogo, 2000.

Considerações sobre alguns fenômenos psicossomáticos

Estudo psicossomático sobre as dores de cabeça: cefaléia tensional e enxaqueca

Wilson de Campos Vieira

As dores de cabeça mais freqüentemente encontradas são a *cefaléia tensional*, que é a dor de cabeça mais comum, e a *enxaqueca*. Trataremos, sob o aspecto psicossomático, cada uma separadamente.

Quanto ao quadro sintomático, a distinção entre as duas, às vezes, pode ser delicada. Porém, freqüentemente a enxaqueca diferencia-se da cefaléia tensional pela presença de uma "aura", que são distúrbios no campo visual, dor apenas de um lado da cabeça, náusea seguida, nem sempre, de vômito. Quando a distinção fica difícil, as diferenças psicológicas podem esclarecer.

Cefaléia tensional

Com relação à cefaléia tensional, há o excelente artigo de Pierre Marty, de 1951, *Aspectos psicodinâmicos do estudo clínico de alguns casos de cefalalgias*. Reportaremos o essencial desse artigo e procuraremos incrementá-lo com algumas características psicológicas que fomos registrando em nossa prática com pacientes portadores de cefaléia tensional.

Marty percebeu que os pacientes com cefaléia tensional tinham freqüentemente a escolaridade problemática. Não iam bem nos estudos. Vários abandonaram a escola (conforme constatamos, é comum que voltem mais tarde, depois de anos muitas vezes; veremos adiante uma explicação disto). Marty constatou também que as primeiras dores de cabeça ocorriam na escola, ou no momento de fazer lições. Nos casos mais severos, as dores começaram na infância, nos primeiros anos de escolaridade[70]

---

[70] Atualmente a relação entre as cefaléias e a escola foi consagrada na medicina. Em um livreto de divulgação da Revista *Isto É*, com supervisão médica do Hospital Albert Einstein encontramos: *"As dores de cabeça tensionais nas crianças podem ser causadas por atritos familiares e medo da escola"*, e *"a confusão emocional de estar crescendo, combinada com a pressão na escola, causa dores de cabeça recorrentes em muitos adolescentes"*.

Por outro lado, aparentemente, o paciente adulto com cefaléia era pouco inteligente. Fazendo-os passar por testes de inteligência, Marty verificou que o nível destes não diferia dos da média geral. O problema então não era esse. Esses dados já permitiam antever que haveria nesses pacientes uma recusa de saber, de conhecimento.

Uma característica do paciente em sessão terapêutica é o mutismo. Em alguns poucos casos, o paciente começa a terapia falando bastante, mas não tarda a igualar os outros. O mutismo do paciente confirma a recusa de conhecer e Marty o interpreta como uma maneira de não clarificar as idéias pela verbalização e mantê-las em um estado dúbio e nebuloso. Poderíamos também interpretar esse mutismo como uma reação tenaz à intenção de conhecimento do psicoterapeuta. Sem que o paciente se manifeste, como poderia o psicoterapeuta descobrir?

No entanto, não é bem assim. Percebemos que o paciente, gosta de ouvir as interpretações que o terapeuta consegue fazer, apesar da fala mínima do paciente. Porém, as idéias estão na mente do terapeuta e não na do paciente. Dessa forma, elas não são plenamente sentidas, ou assumidas pelo paciente, que pode entendê-las confortavelmente.

Alguns pacientes manifestam claramente sua recusa de conhecimento. Certa vez, quando dissemos a uma paciente que não queria conhecer, esta respondeu-nos: *"... mas este sempre foi o meu sonho dourado. Veja um índio que nunca viu um avião, se você colocá-lo em um vôo, ele não vai ter medo, pois não sabe que os aviões caem".*

De acordo com Marty, a causa da cefaléia tensional se origina no fato de o paciente ter presenciado, cedo na infância, cenas sexuais, antes que se pudesse compreendê-las. O efeito imediatamente traumático é constituído pela revelação de um intenso prazer adulto, que a criança percebe nos movimentos e nas mímicas e do qual é excluída.

Mais tarde, com o desenvolvimento do *pensamento lógico* no início da escolaridade, quando a criança passa a ser capaz de entender e apreender o que viu no passado, ela reage contra aquele pensamento em função do trauma. Sua reação dirige-se principalmente não contra a lembrança em si mesma, mas, sim, contra as faculdades mentais que lhe permitem conhecer todas as coisas; contra a própria capacidade de raciocinar. Desta maneira, a recusa do conhecimento é generalizada. Observamos, porém, que o raciocínio pode ser exercido diante de objetos muito abstratos; assim, por exemplo, a matemática geralmente não fica muito prejudicada.

Trata-se de uma reação diferente de quando não queremos nos informar sobre algo específico (por exemplo o resultado de um exame médico) que nos faria sofrer ou nos obrigaria a tomar uma decisão.

Marty foi fiel ao pensamento de Freud, segundo o qual a observação de cena sexual é imediatamente traumática, mesmo para uma criança de menos de 2 anos de idade, como Freud relata no caso do "Homem dos Lobos".

Todavia, o trauma pode ser conseqüência das informações sobre a vida sexual que a criança acaba tendo na escola, por amigos ou em casa, informações que a remetem a algo vivido por ela somente. A partir daí, o vivido no passado passaria a ser traumático. Este esquema em dois tempos é o mesmo que Freud desenvolveu para o sintoma histérico, um pré-compreensivo e outro compreensivo. Portanto o trauma ocorre propriamente na situação nova.

Essa última hipótese poderia explicar porque freqüentemente as cefaléias tensionais começam no início de cursos de grau mais avançado (quando o paciente entra no colegial, por exemplo). Existe nesse momento uma expectativa ansiosa com relação a novas informações porque, no passado, foi a *informação* sobre algo que não se conhecia ainda – a vida sexual – que deu origem ao trauma.

Essa hipótese poderia também explicar os casos de cefaléia, que observamos, em que o paciente na primeira infância não presenciou cenas sexuais, mas recebeu precocemente uma educação sexual em casa por pais "politicamente corretos", alguns intelectuais, ou em escolinhas que promovem uma educação com métodos duvidosos, mas dito modernos.

De qualquer forma, os casos bem mais freqüentes são aqueles em que podemos encontrar, senão lembranças, fortes indicadores de que o paciente presenciou cenas sexuais, antes de saber do que se tratava. Deparamo-nos com casos em que uma pessoa, para encontrar com o namorado, forjava ir passear com uma criança e esta criança acabava assistindo os atos amorosos dos namorados.

As cefaléias na clínica

Em nossa prática, observamos que na vida adulta, os pacientes com cefaléia são muito ciumentos porque querem evitar, a todo custo, a reatualização da cena sexual traumática, que a "traição" do companheiro poderia trazer.

Nem sempre o paciente foi mal nos estudos. Alguns estiveram entre os primeiros. Investigando esse fato, verificamos que tinham grande capacidade de decorar, desenvolvida à medida que combatiam o raciocínio: *"Eu decorava tudo* – dizia uma paciente – *inclusive porque eu sabia que decorando a gente esquece logo depois da prova, e assim eu me livrava de tudo aquilo".*

Outros – que representam mesmo um perigo para a ciência – percebiam a recusa interna do conhecimento e sentiam-se mal com isto; procuram então inverter a situação orientando-se para uma vida intelectual, ao contrário daqueles (a maioria) se afastam ou se aborrecem com os estudos. Passam a ler livros e mais livros que mal entendem, e acabaram seguindo e promovendo autores de idéias esdrúxulas, obscuras e que desprezam a lógica. Depois de algum tempo, esses pacientes, por causa da defesa, acabam não percebendo mais, ou apenas vagamente, essa recusa do conhecimento.

Freqüentemente, o paciente mais típico não abandona os estudos definitivamente. Ele se sente mal também, como no caso anterior, com a percepção interior de não querer conhecer. Interrompe e retoma os estudos várias vezes.

Outros pacientes, ainda, atribuem o mal-estar àquilo que estão especificamente estudando ou trabalhando. Em função disso, estão sempre procurando mudar de trabalho ou de função, estando sempre descontentes em qualquer um finalmente.

Por meio de um exemplo clínico, podemos perceber um movimento freqüente dos pacientes mais típicos, aqueles que se aborrecem com os estudos (percebendo assim a recusa).

Nosso paciente, um homem de 30 anos, tinha regularmente dores de cabeça aos domingos, no fim da tarde. Verificamos que isso ocorria porque no dia seguinte voltava ao trabalho, o que exigia uma atividade intelectual e aprimoramento.

Em uma sessão, ele me contou que, na sexta-feira anterior, à noite, havia entrado em um clima de festa na expectativa da partida de futebol de domingo. Reuniu os amigos para assistir ao jogo, com muita cerveja. Seu time perdeu. Então, voltando para São Paulo, foi acometido de intensa dor de cabeça, como poucas vezes sentira, atribuindo a dor à derrota do time.

Interpretamos que a dor de cabeça não fora exatamente desencadeada pela derrota do time, mas por causa da interrupção brusca da festa, que certamente a derrota do time precipitara. O clima de festa, que vinha desde sexta-feira, saindo do trabalho, era conseqüente da evasão mental, do desligamento absoluto da vida profissional, e, neste caso, da vida intelectual. Argumentamos que o trabalho pode ficar em suspenso no fim de semana, mas que não era bem seu caso; ele concordou que com ele era mais do que uma suspensão, era um esvaziamento total.

Marty constatou que a cefaléia tensional precoce (antes dos 10, 11 anos) e crônica pode predispor a doenças graves em geral, em função do prejuízo que então ela causa ao desenvolvimento mental.[71]

Gostaríamos de chamar a atenção para um ponto que a psicossomática geral de Marty não desenvolveu.

Observamos, em nossa prática, que doenças graves do olho, que acabam às vezes levando à perda da visão, inclusive por infecção, aparecem em pacientes com cefaléia tensional crônica. A visão, no desenvolvimento normal, contribui muito e permanece subjacente à atividade de reflexão. Ver e compreender são, muitas vezes, usados como sinônimos.

Fora da cefaléia, outras relações chamaram nossa atenção. Observamos várias vezes tumores intestinais malignos terem como antecedentes colite crônica ou prisão de ventre.

Certos distúrbios funcionais não seriam, quando crônicos, facilitadores de doenças mais graves? Semelhantemente ao que Freud constatou no sintoma histérico: que ele poderia ser facilitado por uma afecção orgânica préexistente (a mudez histérica pode ser facilitada por inflamação nas cordas vocais, por exemplo).

As enxaquecas

A enxaqueca tem uma etiologia distinta da cefaléia tensional.

Marty situa a enxaqueca no contexto da personalidade do paciente alérgico. Assim a enxaqueca seria uma reação alérgica. A personalidade do alérgico tem como característica a não-distinção do estranho; os sentimentos de familiaridade e proximidade são generalizados. As crises alérgicas

---

[71] Concebido por P. Marty, o princípio que revolucionou a psicanálise e a compreensão do homem quanto à relação mente-corpo foi que a falta de elaboração mental dos problemas da vida, mesmo que por mecanismos neuróticos e psicóticos, leva à somatização. A cefaléia tensional precoce e crônica indica que há dificuldade de elaboração mental e, portanto, predispõe a doenças graves. Sobre essas questões gerais, recomendamos nosso artigo Vieira W. C. (1997), "A psicossomática de Pierre Marty".

ocorrem quando o indivíduo não consegue reduzir o outro ao familiar, porque esse outro é por demais destoante daquilo com que o indivíduo está habituado.

Esta relação causal veste como uma luva a bronquite asmática, mas nas outras doenças alérgicas, inclusive a enxaqueca, ela se complica. Além da homogeneização da relação com o familiar, na enxaqueca há também uma forte fixação na segunda fase anal, conforme escreveu Marty sem outras explicações. Quando há uma forte fixação na segunda fase anal, sabemos que existe uma predisposição para a neurose obsessiva, ou então manifestações de certos traços de caráter como teimosia, mania de ordem, mania de limpeza, avareza. As duas possibilidades excluem-se, como mostrou Freud (1913).

Em nossa clínica, pudemos sempre verificar na enxaqueca a homogeneização da relação com o familiar. Dentre os traços de caráter anais, encontramos mais particularmente a avareza.

Mas um elemento constantemente encontrado na nossa prática é certa atitude de dominação do outro que se apresenta sob a seguinte forma: *"sou eu quem sabe, quem decide, quem manda, enfim"*.

Muitos líderes chegaram a esta posição por causa do problema que a enxaqueca envolve. Em menor escala, o indivíduo é fortemente atraído a ser chefe. Quem sofre de enxaqueca pressupõe que o comando baseia-se em melhor conhecimento de causa, o que resulta em uma competição intensa sobre quem sabe mais. Talvez seja essa relação com o conhecimento que faça da cabeça o local da dor. Vimos que na cefaléia tensional há também relação particular com o conhecimento, embora diferente.

Na enxaqueca, as dores aparecem quando o outro não se submete à dominação do indivíduo que sofre de enxaqueca, notadamente quando este outro impõe seu conhecimento ou ganha a competição intelectual que o portador de enxaqueca fez existir e da qual o outro não tinha idéia ou não dava importância. As leves disputas de conhecimento do dia-a-dia assumem uma dimensão enorme no portador de enxaqueca. A crise dolorosa pode ocorrer também quando o indivíduo, por conveniência externa, reprime o ímpeto de ser quem manda.

O asmático anula a distância com relação ao outro, e portanto o estranhamento, por meio da simpatia e do vivo interesse pelo outro. O indivíduo que sofre de enxaqueca anula o estranhamento por invasão hostil da privacidade e liberdade do outro, impondo o que deve ser feito, o comando.

Normalmente no quadro da enxaqueca encontramos também a prisão de ventre, a ponto de os pacientes atribuírem a dor de cabeça ao intestino preso. Não é constante, nesses pacientes, a educação esfincteriana severa como ocorre em outros casos de intestino preso. Por que então o intestino preso? Poderia ser porque a educação esfincteriana foi potencializada (e então vivida pelo indivíduo como severa) em conseqüência da sensibilidade própria ao fator da dominação, do comando (na educação esfincteriana o comando seria imposto pelo educador). Uma outra possibilidade é que o reconhecimento do estranho, o retraimento diante dele, fique por conta do funcionamento intestinal. Daí a prisão de ventre nas viagens. Deve ter sido no crescimento, a recusa de usar o banheiro público – em contraposição ao familiar – que levou a retenção, pois não se podia sentir vontade, o que acarretou, por sua vez, à prisão de ventre crônica. Somos mais propensos a acreditar nessa segunda possibilidade.

É freqüente as crises de enxaqueca precederem de pouco a menstruação. Supomos que é porque a menstruação "inutiliza" a mulher – conforme a tradição – e dá vantagem ao homem na disputa pelo saber e pelo comando.

Referências bibliográficas

FREUD, S. (1913) A disposição à neurose obsessiva. *Edição Standard Brasileira das Obras Psicológocas Completas*. Rio de Janeiro, Imago, 1980.

MARTY, P. Aspect psychodynamique de l'étude clinique de quelques cas de cephalalgies. *Rev. Fr. Psychanal.*, 15(2):216-252, 1951.

VIEIRA, W.C. A psicossomática de Pierre Marty. In FERRAZ, F.C. & VOLICH, R.M. (orgs.) *Psicossoma: psicossomática psicanalítica*. São Paulo, Casa do Psicólogo, 1997.

Dores somáticas e desvios pulsionais

Cristiane Curi Abud

O presente trabalho apresenta a reflexão sobre um caso clínico no que se refere aos possíveis mecanismos psíquicos envolvidos na formação dos sintomas somáticos apresentados pela paciente. Não pretende esgotar, nem tampouco fechar a questão, ao contrário, trata-se de polemizar e apontar as dificuldades que esta reflexão traz.

Dolores procurou os serviços do Hospital São Paulo[72], há alguns anos, por uma infecção urinária persistente e, após vários exames, detectou-se um constante sangue na urina. Os médicos não tinham qualquer explicação para este fato que, acreditavam, não traria grandes conseqüências para a saúde da paciente. Em razão do excesso de antibióticos tomados para as infecções urinárias, Dolores desenvolveu uma gastrite e procurou um gastroenterologista que solicitou mais exames, descobrindo no exame de sangue uma elevada taxa de colesterol. Como *"quem procura, acha"*, em uma destas peregrinações ao hospital, Dolores descobriu que sofria da Síndrome do Cólon Irritado e também de fibromialgia, acrescentando assim mais dois diagnósticos para o seu "currículo". E como um especialista leva a outro especialista que, presume-se, tenha alguma resposta para suas "dor no coccis", dor nos braços, cefaléia, insônia, taquicardia, pressão alta, desânimo, tontura, etc... Dolores efetuou uma verdadeira romaria pelo Hospital até que, descontentes com as poucas e até ausentes evidências de um substrato físico para seus sintomas, supuseram alguma participação de fatores emocionais nos quadros clínicos, encaminhando-na para a psiquiatria, mais especificamente para o Ambulatório de Somatizadores.

Como Dolores, inúmeras pacientes freqüentam o Hospital visitando as mais diversas especialidades, de acordo com o tipo de dor que sentem, a tal ponto que o Hospital chega a transformar-se para elas em uma "segunda casa". Passam a conhecer os funcionários, os professores, conseguem driblar

---

[72] Agradeço a José Atílio Bombana e a Milton Della Nina pela supervisão deste caso e a Ricardo de Almeida Prado pelo seu acompanhamento psiquiátrico.

a burocracia da instituição para serem atendidas na hora e com quem escolherem. Enfim, suas vidas passam a girar em torno de suas queixas somáticas conferindo-lhes uma identidade: paciente.

Após dois anos de atendimento clínico individual no ambulatório, Dolores foi encaminhada para um grupo no qual não conseguiu permanecer por causa das, segundo ela mesma, *"dificuldades de se colocar em um grupo"*. Pediu para sair do grupo e ser atendida individualmente, chegando assim, até mim. Iniciamos nosso trabalho em agosto de 2000.

Na primeira entrevista, Dolores disse achar que as dores que sentia relacionavam-se de alguma forma com o *"nervosismo"*. Achava que tudo começou, ou, melhor dizendo, piorou, quando, há vinte anos, perdeu um filho de vinte e quatro dias de idade, por um problema de pedras nos rins. Segundo a paciente, ela já era preocupada, ansiosa, mas depois deste episódio *"nunca mais teve sossego"*.

Dolores tem 41 anos, e é a penúltima filha de uma prole de sete. Nasceu em Mato Grosso e sempre viveu no meio rural. Lembrava que, aos 4 anos, dormiam no mesmo quarto ela, seu irmão mais novo e seus pais, quando uma noite seu pai deu um grito de dor e faleceu imediatamente, provavelmente de um ataque do coração. Sua mãe passou a criar os filhos sozinha. Dolores disse ter tido uma infância muito ruim e, com lágrimas nos olhos, não conseguiu dizer mais do que isto. Aos 15 anos casou-se e, em seguida, sua mãe também encontrou um companheiro. Lembra-se de que passou a morar em uma casa vizinha à de sua mãe e entre as duas casas havia um chiqueiro. À noite, os porcos gritavam e Dolores não conseguia dormir. Assim começou sua insônia. Gerou quatro filhos, três meninos, sendo o terceiro aquele que faleceu, e uma menina, por intermédio da qual, segundo a paciente, recuperou um pouco da confiança na vida. Sua vida sempre foi difícil e sacrificada, chegou a passar fome. Em busca de melhores condições e oportunidades de trabalho, mudaram-se para São Paulo onde seu marido trabalha como pedreiro.

Há três anos, sua mãe contraiu um câncer de pele, separou-se do marido e veio tratar-se em São Paulo. Dolores acompanhou a mãe no tratamento e nesta época piorou de seus sintomas, que ficaram mais agudos e constantes. Seu estômago piorou, insônia, fadiga, preocupação excessiva com o corpo... Ela sentia muito medo de ser igual à mãe, não apenas no que diz respeito à doença, mas na maneira como a mãe lidava com isto: vivia preocupada, resmungando, gemendo, cheia de dores, preocupadíssima com sua saúde,

Dores somáticas e desvios pulsionais – Cristiane Curi Abud

não reconhecia a ajuda dos filhos, nunca estava satisfeita... Dolores admitia-se muito parecida com a mãe, mas, apesar de não saber como, *"gostaria de ser diferente"*. Por exemplo, a mãe sempre teve cismas com comida e, desde criança, orientava Dolores a não misturar manga com leite; Dolores testava ingerir manga com leite para verificar se não faria mesmo mal. Até os dias de hoje, se sua mãe diz que alguma comida faz mal, Dolores faz o teste.

Escolhi esta ordem de apresentação da paciente, pois penso que reflete o modo como ela mesma se apresenta nas sessões: inicia a sessão falando de sintomas somáticos e a partir de algumas pontuações minhas, Dolores abre seu mundo subjetivo, possibilitando a atribuição de um sentido psíquico para estas dores. Por exemplo, em uma sessão, começou queixando-se de dores no abdome, síndrome do cólon *irritado*, passando, em seguida, à narrativa de toda peregrinação feita no hospital até este diagnóstico e de mil explicações médicas. Dolores lembrou que as dores começaram no dia em que sua mãe mudou-se da casa de seu irmão para sua casa, passando a refletir o quanto a presença de sua mãe resmungona, crítica e exigente, a *irritava*.

Vejamos, a seguir, alguns trechos de uma sessão que ilustram o modo de se apresentar da paciente, assim como seu funcionamento psíquico. Dolores iniciou a sessão queixando-se:

"Não estou bem. Minha cabeça parece que vai explodir. Acho que é da gripe. Já estou melhor da gripe, mas aqui tá tudo congestionado. Pode ser da sinusite, né?! Aí não quero nem ir ao médico porque ele vai passar antibiótico que eu sei, e aí vai me atacar o estômago. A dor de cabeça começou a semana passada, mas ontem piorou. Estes médicos não ajudam. Ontem vi uma reportagem mostrando que os residentes daqui, do Hospital São Paulo, têm que atender os pacientes com um supervisor do lado, porque eles ainda estão aprendendo. Mas isto não está acontecendo, eles atendem sozinhos. Imagina cair na mão de um destes! Os médicos ou são da rede pública e ganham pouco e têm muita gente para atender e não atendem direito, ou são de convênio e aí querem faturar. Meu marido foi ao médico um dia, eu que levei, porque gosto de ir em médico, por causa das varizes. O médico resolveu internar. Era um sábado e meu marido tinha um churrasco no domingo. Perguntou para o médico se não dava para esperar até segunda para ele não perder o churrasco. O médico disse que não dava para esperar e internou. Meu marido ficou doze dias no hospital e o médico não dizia o que ele tinha e, aí, ele deprimiu, a barriga inchou e ele foi parar na UTI. O médico não queria me deixar entrar na UTI e eu comecei a brigar porque não era nem caso de UTI, o médico queria faturar. O médico disse que eu era mal-educada e falei que eu era mesmo, analfabeta e mal-educada. Mas ele que tinha estudo era pior. Médico de convênio é assim. No final, meu marido saiu do hospital e foi trabalhar no dia seguinte. Não tinha nada. Que nem a filha da minha vizinha. Uma garota de 21 anos que tinha um bebê de dez meses. Um dia acordou com dor no braço, foi ao médico e ele internou dizendo que era coluna. Depois de quatro dias mandou ela para casa. Ela queria ir cuidar do filho. Chegou em casa em um dia, no dia seguinte acordou paralítica das pernas e morreu. A família acha que foi o remédio que o médico deu que a matou. Registraram um boletim de ocorrência e tudo, mas não descobriram do que ela morreu".

Neste momento interrompi a paciente apontando que ela cria uma verdadeira novela com os médicos, que por um lado representam figuras protetoras, que podem ajudá-la, mas por outro são criminosos mercenários, que dão medo. Dolores respondeu:

"Tenho medo mesmo. Imagina, você chega em um hospital para ser salva e o médico te mata. Fico pensando nestas coisas o tempo todo. Minha cicatriz do períneo não cicatrizou direito ainda, tem um lugar que fica sangrando. Passei a noite toda sem dormir, pensando: vou ao médico ou não vou ao médico. A noite inteira acordada."

Dolores precisou fazer uma cirurgia para levantar a bexiga que caiu pelo fato de os partos de seus quatro filhos terem sido normais. Notei nesta fala um deslocamento do afeto, pois este simples sangramento, comum após uma cirurgia como esta, não justifica passar a noite acordada. Comentei isto com a paciente acrescentando que *"talvez pensar nestas coisas desvie seu pensamento de questões mais difíceis de resolver".*

Neste momento Dolores deprimiu (no sentido kleiniano do termo) mudou seu discurso, deixando de acusar o mundo por sua mazelas e revela seu mundo subjetivo, aquilo que dele possa estar implicado nestas mazelas:

"Às vezes eu queria virar um mendigo. Penso: pra que viver, pra que lutar, pra que comer. Acho que por isto esta gente vira mendigo: desilusão. Eu luto, luto, luto e não consigo o que quero. Aí desisto de tudo, tenho vontade de morrer. Penso: porque não fico logo doente. Aí as dores aparecem e começo a cuidar delas."
C.A.: "As dores fazem lembrar que você está viva."
Dolores: "É verdade (sorri), e ao invés de desistir eu continuo lutando. É, eu queria voltar a ter sossego, voltar a meu normal."
C.A.: "E quando foi a última vez que se sentiu normal e sossegada?".
D.: "Foi antes daquele meu filho morrer. Eu levava a vida mais leve, não me preocupava tanto. Depois que ele morreu eu fiquei irritada, tensa, tudo me incomodava. Se meus filhos engolissem saliva eu ficava brava. Tudo tinha de ser do meu jeito, gostava de tudo em ordem, no lugar."
C.A.: "Você viveu uma situação muito traumática, de extremo desamparo. Seu filho doente, você mesma, na UTI, correu risco de vida. As coisas aconteciam à sua revelia e você não tinha como controlar nem evitar nada. Parece que depois disto passou a tentar ordenar e controlar as coisas, na tentativa de evitar uma outra catástrofe. Você passou a tentar prever as coisas para se precaver."
D.: "Prever e precaver. É isso mesmo. Até hoje sou assim, fico tentando adivinhar as doenças e qualquer coisinha eu corro pro médico."
C.A.: "Parece uma tentativa de evitar o sofrimento pelo qual passou."
D.: "É, meu filho morreu e eu fiquei meio doida. Minha cama ficava encostada na parede, e do lado de fora da parede tinha um poço artesiano e eu achava que o chão ia ceder e eu ia cair dentro do poço. Fiquei doida."
C.A.: "E poço te lembra alguma coisa?"
D.: "Lembro que quando eu estava grávida do segundo filho, do Marcelo, o mais velho tinha 2 anos e caiu dentro de um poço. Corri feito louca, pulei dentro do poço e tirei ele lá de dentro."
C.A.: "Este você conseguiu salvar."
D.: "Eu não conseguia cuidar do meu filho que morreu, sinto remorso."

C.A.: "Por que não conseguia?"
D.: "Não sei. Ele chorava muito, a gente tinha que correr para o Pronto-Socorro. Meu marido cuidava dele, eu não conseguia. Ele perdeu muito peso, os médicos não sabiam por que era doente. Eu sentia rejeição por ele. Ao mesmo tempo eu gostava dele, era meu filho. Até hoje sinto remorso."
C.A.: "Outra ferida não cicatrizada."
D.: "Que coisa, né... depois de tanto tempo."

Na sessão seguinte, Dolores diz que após aquela sessão, parara de se preocupar com seu sangramento, que, no dia seguinte, estancara.

Neste ponto, consideremos brevemente alguns pontos da primeira teoria das pulsões estabelecida por Freud com o objetivo de compreender como ele foi desenvolvendo este conceito, ou, melhor dizendo, como ele foi elaborando uma teorização que explicasse a relação mente-corpo, a passagem de uma excitação somática para o plano psíquico, ou em outros termos a ligação entre afeto e representação. Freud propõe um modelo de funcionamento mental, que trataremos em primeiro lugar, para depois nos determos nos possíveis desvios da pulsão a partir deste modelo "normal", desvios que explicariam algumas patologias.

Freud e a primeira teoria das pulsões

A psicanálise teve sua origem justamente no impasse teórico revelado à medicina pelos sintomas histéricos somáticos, uma vez que, para estes sintomas, não se encontrava um substrato orgânico. Freud interessou-se por este impasse desde 1885 quando foi aluno de Charcot em Paris e começou a investigar estes sintomas.

Em 1893, publicou um estudo no qual compara paralisias histéricas a paralisias orgânicas e conclui que *"nas suas paralisias e em outras manifestações, a histeria se comporta como se a anatomia não existisse, ou como se não tivesse conhecimento desta."* (Freud, 1893, p.234) Convencido de que a origem de tais paralisias não se devia a uma lesão anatômica, Freud iniciou uma investigação do psiquismo que pudesse explicar tais alterações somáticas, partindo do corpo neurológico, anatômico a caminho do corpo libidinal, erógeno.

Outra afecção que podemos destacar por sua sintomatologia somática é a neurose atual. Ao escrever sobre esta afecção em 1894, Freud elabora um modelo de tramitação mente-corpo supondo que em um homem maduro a excitação sexual somática é produzida e se torna um estímulo à psique. Freud arrisca uma explicação de como esta passagem se dá:

"... essa excitação somática se manifesta como uma pressão nas paredes das vesículas seminais, que são sulcadas pelos terminais dos nervos; assim essa excitação visceral será desenvolvida continuamente, mas deverá alcançar uma certa altura antes que possa vencer a resistência do caminho intermediário de condução ao córtice cerebral e expressar-se como um estímulo psíquico" (Freud, 1894, p.127).

Desta maneira, as idéias relacionadas à sexualidade ficam energizadas, causando um estado de tensão psíquica que pode ser aliviada por uma *"ação específica ou adequada"* (Freud, 1894, p.127).

Em *A Interpretação dos sonhos* (Freud, 1900), encontramos este modelo algo mais elaborado especialmente no que se refere à sua origem. Ao tentar definir a origem dos desejos inconscientes, Freud mantém a idéia sugerida acima, de um aparelho psíquico que é constantemente estimulado e que tenta livrar-se desta tensão por meio da ação motora, com o objetivo de restabelecer seu equilíbrio. As necessidades somáticas são uma fonte constante de estimulação. Para ilustrar, Freud descreve o bebê com fome que grita e dá pontapés, tentando livrar-se do desconforto da fome; apesar do escândalo, a fome permanece, a necessidade interna continua a gerar excitação no aparelho psíquico. Esta excitação só será aliviada por uma *experiência de satisfação*. *"um componente essencial desta experiência de satisfação é uma percepção particular (a de nutrição, em nosso exemplo) cuja imagem* mnemônica permanece associada, daí por diante, ao traço de memória da excitação produzida pela necessidade"(Freud, 1900, p.602).

Assim, sempre que presente esta necessidade e sua decorrente excitação, o psiquismo disporá de um impulso que irá catexizar a imagem mnemônica da percepção o que seria uma tentativa do psiquismo de restabelecer o estado de satisfação original. *"Um impulso desta espécie é o que chamamos de desejo: o reaparecimento da percepção é a realização de desejo e o caminho mais curto a essa realização é uma via que conduz diretamente da excitação produzida pelo desejo a uma catexia completa da percepção"* (Freud, 1900, p.603). Esse seria o caso da alucinação. Essa primeira atividade psíquica produz uma identidade perceptiva, *"algo perceptivamente idêntico à experiência de satisfação... A amarga experiência da vida deve ter transformado esta primitiva atividade do pensamento em uma atividade secundária mais conveniente"* (Freud, 1900, p.603). O princípio de realidade trata de impedir que a regressão do aparelho seja completa, a ponto de haver uma catexia total da percepção que produz uma alucinação, uma vez que este funcionamento mental mostra-se incapaz de satisfazer nossas necessidades em relação ao mundo exterior. Assim, no lugar do desejo alucinatório, aparece o pensamento. O desejo é a força motriz de nosso aparelho mental, produtor dos sonhos e pensamentos. Os sonhos que utilizam a regressão à percepção alucinatória são uma amostra desta atividade primária do aparelho, *"o sonho é um pedaço da vida mental infantil que foi suplantado"* (Freud, 1900, p.604), com exceção das psicoses. Graças à censura existente entre o pré-consciente e o inconsciente, é impedida a regressão do aparelho à percepção, o que produz o pensamento e a ação motora voluntária capaz de conduzir-nos à satisfação de necessidades.

Nos *Três ensaios sobre a teoria da sexualidade infantil*, Freud (1905) introduz o termo *Trieb* (pulsão), cuja origem pode ser encontrada nas noções de excitação somática e interna. Freud utiliza o mesmo exemplo, da nutrição do bebê, que ao mamar satisfaz os dois grandes grupos de pulsões, que são as de autopreservação e as sexuais. Ao mamar o bebê se nutre, satisfazendo a pulsão de autopreservação e logo descobre o *"prazer sensual de sugar"... "de início, a atividade sexual se liga a funções que atendem à finalidade de auto-preservação e não se torna independente delas senão mais tarde"* (Freud, 1905, p.186).

Mais adiante em sua obra, Freud retoma este tema reafirmando que a sexualidade infantil apóia-se nas principais necessidades orgânicas, *"sugar o seio materno é o ponto de partida de toda vida sexual, o protótipo inigualável de toda satisfação sexual ulterior, ao qual a fantasia retorna muitíssimas vezes, em épocas de necessidade"* (Freud, 1917, p.367). A vida psíquica composta por fantasias, pensamentos, devaneios e sonhos apóia-se inicialmente, no orgânico, descola-se conquistando uma certa independência e oferece-se como continente de excitações, capaz de tramitá-las simbolicamente.

Assim Freud foi delineando este conceito *"algo obscuro"* da psicanálise, *"...situado na fronteira entre o mental e o somático, como representante psíquico dos estímulos que se originam dentro do organismo e alcançam a mente, como uma medida de exigência feita à mente no sentido de trabalhar em conseqüência de sua ligação com o corpo."* (Freud, 1915, p.142). Freud destaca dentre as diversas pulsões dois grupos primordiais, pulsão do ego e pulsões sexuais. As sexuais são numerosas, *"emanam de uma grande variedade de fontes orgânicas, atuam em princípio independentemente um do outro e só alcançam uma síntese mais ou menos completa em etapa posterior"* (Freud, 1905, p.146). Ilustramos acima, com o exemplo extraído dos *Três ensaios...*, a fonte orgânica na qual emana a pulsão oral; ao longo de sua obra, Freud foi detectando outras fontes pulsionais, tais como anal e fálica, que em um desenvolvimento sem acidentes de percurso, portanto ideal, sintetizar-se-iam em torno da primazia dos genitais.

A teoria da libido amplia-se ainda mais com o conceito de narcisismo. Freud percebeu que a fase do narcisismo e as afecções a ela ligadas, por exemplo, a hipocondria, eram mais comuns do que ele imaginava, incluindo-a, então, no desenvolvimento normal da libido.

Portanto, se tudo correr de forma ideal, as pulsões encontrarão no psiquismo um substrato representacional, até mesmo do próprio corpo, capaz de contê-las, adiar a obtenção imediata de prazer, e direcioná-las para a realidade externa, no sentido de uma satisfação segura e madura. Assim o indivíduo seria capaz de amar e trabalhar. Mas, como a vida não é ideal, as pulsões sofrem vicissitudes, desvios desfavoráveis, tais como a reversão em seu oposto, retorno em direção ao próprio eu do indivíduo (narcisismo), recalque e sublimação, como sugere Freud em *Os instintos e suas vicissitudes*, de 1915. Não nos deteremos a especificar ou aprofundar estes destinos da pulsão, mas suas implicações clínicas.

Não por acaso, o presente trabalho destacou as descrições freudianas da histeria e das neuroses atuais. A meu ver, a conversão e a somatização, sintomas de desvios pulsionais, são as hipóteses possíveis para a compreensão dos sintomas de Dolores. A hipocondria, também efeito de um desvio pulsional, narcísico, pode ajudar-nos a compreender nossa paciente.

As somatizações

Freud e as neuroses atuais

Freud identifica entre seus pacientes neuróticos alguns cuja sintomatologia e etiologia caracterizam um grupo distinto das psiconeuroses, ao qual ele classificou como *neuroses atuais*. Assim como nas psiconeuroses, a sexualidade encontra-se presente na etiologia das neuroses atuais, com as seguintes distinções: o paciente consegue identificar a relação entre os distúrbios na vida sexual e sua doença, o que nas psiconeuroses não se dá de forma imediata. Há que fazer todo um trabalho de investigação analítica para que o paciente psiconeurótico encontre esta vinculação; os fatores sexuais são contemporâneos, pertencem à vida sexual atual do paciente, ou existem desde que atingiu a maturidade sexual, e não à infância, à *"préhistória"* do paciente.

Dentre as neuroses atuais encontramos a neurastenia com uma diversificada sintomatologia como: pressão intracraniana, fadiga crônica, dispepsia, constipação, irritação espinhal, etc... e encontra sua causa na masturbação excessiva, cuja conseqüência é a não-satisfação adequada da excitação sexual.

Da neurastenia, Freud destaca, em 1894, uma *Síndrome particular intitulada neurose de angústia*, cujos sintomas gravitam em torno da ansiedade, tais como irritabilidade, hiperestesia auditiva, expectativa ansiosa, ataques de ansiedade que seriam classificados atualmente por aquilo que chamamos de ataques de pânico caracterizados por taquicardia, sudorese, tremores, calafrios, distúrbios respiratórios, etc...causados também por uma satisfação inadequada da excitação sexual, mas neste caso por contenção ou abstinência. As neuroses de angústia não apresentam *"nenhuma origem psíquica"* (Freud, 1984, p.125) detectável. Neste caso, por uma prática sexual inadequada, a libido é desviada de seu emprego normal ocasionando um acúmulo de excitação somática de natureza sexual que se transforma em ansiedade. O mecanismo da neurose de angústia consiste em um desvio *"da excitação sexual somática da esfera psíquica, com um conseqüente emprego anormal desta excitação"* (Freud, 1905, p.126). Nota-se que em 1915, ao listar os possíveis desvios da pulsão, Freud não retoma este descrito para as neuroses de angústia.

Na neurastenia, a etiologia encontra-se em uma descarga inadequada da libido, enquanto que a neurose de angústia, resulta de fatores que impedem que uma excitação somática possa ser psiquicamente exercida. A excitação é desviada do psiquismo, que por *"insuficiência"* (Freud, 1905, p.134) não pode contê-la, e gasta de maneira inadequada, por exemplo, pela ansiedade. Há uma *"alienação entre as esferas psíquica e somática"* (Freud, 1905, p.129). Assim, os sintomas das neuroses atuais são substitutos da ação adequada para descarga da excitação e afetam o indivíduo no plano somático.

Freud mantém estas entidades nosográficas até o fim de sua obra, mas raramente as cita novamente. Em 1914, ao introduzir o conceito de narcisismo e teorizar sobre os mecanismos psíquicos da hipocondria, acrescenta-a ao conjunto das neuroses atuais. Voltaremos à hipocondria mais adiante.

Um exemplo da psicossomática atual

Após um período de esquecimento, a psicossomática resgatou a importância das neuroses atuais, aproveitando-a na compreensão das somatizações. Para Laplanche, por exemplo, *"a antiga noção de neurose atual leva diretamente às concepções modernas sobre afecções psicossomáticas"* (Laplanche e Pontalis, 1967, p.384).

De um modo geral, como destaca Ferraz (1997), os psicossomatistas atuais discordam de Freud no que concerne à etiologia das neuroses atuais. Para Freud a etiologia é encontrada na vida presente do paciente, sendo o infantil descartado. Nota-se que pacientes somatizadores são mais vulneráveis ao impacto de acontecimentos atuais, do que as pessoas em geral. Neste sentido, a atualidade, como detectou Freud, com seu brilhante faro clínico, tem um peso especial na vida destes pacientes. Entretanto Freud circunscreveu acontecimentos atuais, exclusivamente, à insatisfação da libido. E quanto à repressão da agressividade?, pergunta-nos Laplanche (1967).

A pesquisa moderna considera a infância e busca a etiologia das afecções somáticas na relação mãe-bebê. O próprio Freud (1900) dá esta dica, por exemplo, no trecho destacado d'*A Interpretação dos sonhos*. Ora, se, nas neuroses de angústia, o mecanismo de formação dos sintomas consiste em uma insuficiência do psiquismo, uma incontinência psíquica para as excitações somáticas, em outros termos, o psiquismo não oferece pontos de conexão, de liga para esta energia, podemos supor que houve, então, uma falha no desenvolvimento destes pacientes, e uma falha específica da fase primitiva do desenvolvimento descrito por Freud. De alguma maneira a excitação somática não encontrou um traço de memória ao qual pudesse se ligar; este destino, o da representação psíquica, lhe foi negado. A excitação fica assim impossibilitada de uma tramitação psíquica, restando-lhe o destino corpo. Conseqüentemente, as capacidades de desejar, pensar, fantasiar e sonhar de tais pacientes ficariam, pelo menos teoricamente, comprometidas. As pesquisas atuais enfatizam, neste processo de desenvolvimento psíquico, a função da mãe.

Dentre os autores contemporâneos, Pierre Marty (1998) pode nos auxiliar na compreensão de Dolores. Marty elabora a noção de mentalização referente à qualidade e quantidade de representações psíquicas. As representações são a base da vida psíquica, das fantasias e dos sonhos, permitem as associações de idéias, pensamentos e reflexões.

Um indivíduo pode relatar um fato acontecido sem que este fato represente algo para ele. Uma lembrança só constitui uma representação à medida que tem um sentido afetivo para a pessoa. Como define Laplanche, uma representação é o investimento do traço de memória. Um paciente relata sua doença contando sintomas, datas, tempo de duração, etc... mas ao anunciar que acontecimentos afetivos giravam em torno dos fatos patológicos, estes últimos tornam-se mais representativos. A noção de mentalização, revelada por psicossomatistas franceses, diz respeito à qualidade e à quantidade de representações. Nos psiconeuróticos estudados por Freud, a qualidade e quantidade de representações não chegava a ser uma questão, uma vez que psiconeuróticos possuem uma riqueza de representações, sua vida mental é bastante rica. Indivíduos com doenças somáticas não apresentam tal riqueza, pelo contrário, apresentam falhas no funcionamento mental, e aí se coloca a questão de como são, em quantidade e qualidade, as representações mentais destes indivíduos.

Em consonância com Freud, Marty afirma *"as representações consistem em uma evocação das percepções que foram inscritas, deixando traços mnêmicos. A inscrição das percepções e sua evocação posterior são, na maioria das vezes, acompanhadas de tonalidades afetivas agradáveis ou desagradáveis"* (P. Marty, 1998, p.15). As representações e suas associações alojam-se no pré-consciente. Existem as representações-coisa, que evocam vivências sensório-perceptivas originando associações também sensório-perceptivas; podem estar ligadas a afetos, mas não a associações de idéias, por causa de seu caráter de imobilidade dentro do aparelho psíquico. E representações-palavra produzidas a partir da percepção de linguagem. Têm uma origem sensorial, ouvimos as palavras, o que a torna, também, uma representação coisa. Progressivamente conquistam o *status* de representação-palavra. Começam na relação com a mãe, e ampliam-se para a comunicação com outros indivíduos, e consigo mesmo – reflexões interiores. Constituem a base da associação de idéias. *"Via de regra, as representações de palavras ligam-se às representações de coisas para formar o sistema pré-consciente"* (Marty, 1998, p.17). Um desequilíbrio no sistema pré-consciente destitui a representação do simbolismo da palavra, reduzindo-a a coisa novamente. Aí percebemos e avaliamos a qualidade de uma representação:

as que são muito próximas da realidade e da concretude das que são cheias de simbolismos, metáforas e associadas a diversas idéias, facilmente evocadas, ou mesmo as que não são facilmente evocadas, mas por estarem recalcadas. A quantidade das representações relaciona-se com *"acumulação dos sedimentos de representações durante os diferentes momentos do desenvolvimento..."* (Marty, 1998, p.18). Por exemplo, uma boneca inicialmente para o bebê é algo visível e palpável, com o tempo torna-se uma criança e mais tarde torna-se uma mulher sexuada.

Pacientes *com doenças somáticas* apresentam insuficiência ou indisponibilidade de representações. As *insuficiências* originam-se no início do desenvolvimento do sujeito. Provêm de uma insuficiência congênita ou acidental das funções sensório-motoras que constituem a base perceptiva das representações; podem prover de deficiências funcionais da mãe (uma mãe surda ou muda, por exemplo); ou, o que é mais freqüente, de uma carência ou desarmonia das respostas afetivas da mãe para com o bebê (mães psiquicamente surdas ou mudas). Mães somaticamente doentes, deprimidas, excitadas, autoritárias podem promover falhas na aquisição de representação-palavra ligadas a valores afetivos e simbólicos.

Na clínica de pacientes somatizadores, encontram-se diferenças quanto à quantidade e qualidade de representações. Em alguns casos, as representações parecem ausentes, em outros, reduzidas em quantidade (numerosas percepções que existiram e não deram lugar às representações) e qualidade. São os *neuróticos malmentalizados*. Sujeitos limitados no ato de pensar recorrem a atos de comportamento para exprimir as excitações provocadas pela vida. São os neuróticos de comportamento. Indivíduos com boas mentalizações, possuem à disposição uma grande quantidade de representações, associadas e enriquecidas de afetos e símbolos. São os neuróticos clássicos, *bem mentalizados*. Entre os bem e malmentalizados, surge um grupo numeroso de *neuróticos de mentalização incerta*, incerta no que diz respeito à quantidade e qualidade das representações dos sujeitos que por alguma razão, repressão ou evitação, durante um longo período foram privados do acesso mental às representações.

Pessoas sujeitas a uma estimulação pulsional intensa, e possuem um aparato mental pobre, no que se refere à mentalização, apresentam, mais freqüentemente afecções somáticas evolutivas e graves.

As conversões

Segundo Laplanche (1967), a conversão consiste "*... em uma transposição de um conflito psíquico e em uma tentativa de resolução deste em sintomas somáticos, motores (paralisias, por exemplo) ou sensitivos (anestesias ou dores localizadas, por exemplo). O termo conversão é para Freud correlativo de uma concepção econômica: a libido desligada da representação recalcada é transformada em energia de inervação. Mas o que especifica os sintomas de conversão é sua significação simbólica: eles exprimem pelo corpo, representações recalcadas*" (Laplanche e Pontalis, 1967, p.148).

Em 1910, Freud apresenta um caso de cegueira histérica que ilustra o mecanismo da conversão. Ele percebe que, apesar de não enxergar, a paciente, acometida pela cegueira, emociona-se diante de determinados estímulos ópticos, o que sugere uma cegueira psicogênica. A dissociação entre consciência e inconsciente, própria da histeria, permite que o estímulo, não decodificado pela consciência, atinja o inconsciente da paciente. Idéias relacionadas a esta perturbação da visão foram recalcadas, retiradas da consciência, por serem incompatíveis com o ego da paciente. Um conflito entre idéias gera o recalque, e como "*a oposição entre idéias é apenas uma expressão das lutas entre os vários instintos*" (Freud, 1910, p.199). Freud supõe um conflito entre as pulsões sexuais e pulsões do ego. As idéias ligadas às pulsões sexuais são recalcadas, mas as pulsões insistem na sua busca de satisfação, que se dá, disfarçadamente, pelo sintoma. O olho é um órgão, assim como todos os outros, que serve à satisfação das duas classes de pulsão: ele tanto percebe o mundo externo, o que auxilia na preservação da vida, como percebe o objeto de amor. Quando o prazer sexual de olhar entra em conflito com os ideais do ego "*as idéias através das quais seus desejos se expressam sucumbam à repressão e sejam impedidas de se tornarem conscientes; nesse caso haverá uma perturbação geral da relação do olho e do ato de ver com o ego e a consciência. O ego perderia seu domínio sobre o órgão, que ficaria, então, totalmente à disposição do instinto sexual reprimido... o ego se recusa a ver outra coisa qualquer, agora que o interesse sexual em ver se tornou tão predominante*" (Freud, 1910, p.201,202). O instinto sexual, por sua vez, domina totalmente o órgão em questão.

Percebe-se neste exemplo as noções de recalcado sexual infantil, uma vez que a esta altura Freud (1905) já havia formulado a teoria da libido dos

Três ensaios sobre a teoria da sexualidade. Nota-se ainda a oposição entre idéias (representação) e pulsão (afeto), sendo que na histeria a representação é recalcada e o afeto dela desligado por meio do recalque converte-se em energia somática.

Hipocondria

Em 1914, Freud define hipocondria como uma manifestação patológica do narcisismo, na qual o interesse (pulsão de autoconservação) e a libido (pulsão sexual) são retirados do mundo externo e catexizados em um órgão supostamente enfermo. Ocorre, portanto, um represamento da libido no ego, que excessivo, causa desprazer.

Normalmente, e em uma certa medida, as pessoas prestam atenção em seu próprio corpo e nos sinais que ele transmite, sem que isto signifique uma hipocondria. Porém, esta atitude narcisista não é de modo algum objetiva, uma vez que o corpo anatômico não corresponde necessariamente ao corpo psíquico, libidinal, o que pode gerar algumas distorções de percepção corporal. Como ilustra M.H. Fernandes (1999), o corpo de alguns pacientes portadores de doenças graves não apresenta absolutamente nenhum sinal da afecção, ao que ela chamou de *silêncio dos órgãos*. Outros apresentam sinais (por exemplo, por intermédio de sonhos cujo recolhimento narcísico facilita a observação do corpo, o que confere aos sonhos um *caráter hipocondríaco*), mas o paciente não os escuta. Segundo Fernandes, a hipocondria revela um investimento libidinal no corpo, ainda que exagerado e desprazeroso. O silêncio dos órgãos revelaria uma anestesia do corpo libidinal.

Uma mãe, capaz de escutar e interpretar o próprio corpo, será capaz de escutar e interpretar os sinais do corpo de seu bebê, ajudando-o a tolerar sensações desagradáveis e a "transformar esse corpo de sensações em um corpo falado" (Fernandes,1999, p.50).

Discussão

"Oh, Maria das Dores, você não tem nada".
Você quer é que eu fique em casa, né?"
Minha mãe, que, me abraçando, me ajudava
a representar o que, de fato, me doía.

E as dores de Dolores? Que desvios pulsionais estariam determinando seus sintomas?

A primeira ressalva a ser feita é que os quadros clínicos não são puros, o que facilitaria nossa discussão. Ao descrever as neuroses atuais, Freud fala em neuroses mistas, na qual sintomas de ansiedade combinam-se com sintomas histéricos: *"onde quer que ocorra uma neurose mista, será possível descobrir uma mistura de várias etiologias específicas"* (Freud, 1894, p.132). Se as pulsões são diversas e numerosas, nada impede que sigam caminhos diferentes, o que torna possível encontrar em um mesmo indivíduo somatizações, conversões e hipocondria.

Tomemos um exemplo fornecido pela sessão acima descrita. Ao dizer que passou a noite sem dormir por conta da dúvida de ir ou não ao médico por causa de uma *"ferida no períneo"* que não cicatrizava, Dolores demonstrava uma atitude hipocondríaca com o próprio corpo, em uma certa medida natural para alguém que acabou de passar por uma cirurgia. Entretanto, considerei que o afeto, desassossego, ligado a esta representação, dúvida, encontrava-se deslocado, uma vez que algo simples assim de resolver não justificaria uma noite de insônia. É muito desassossego para pouco motivo. Ao apontar isto para a paciente, rapidamente ela deslocou seu afeto-desassossego, para outras representações. Ela passou a falar de sua melancolia ilustrada por mendigos, vontade de morrer, desilusão, o filho que morreu, o que ela salvou, poço, medo de cair no poço, remorso, Pronto-Socorro, rejeição... Além de deslocado, seu desassossego condensava muitos outros sentimentos.

Podemos deduzir que Dolores possui um mundo interno rico no que diz respeito à disponibilidade de representações e afetos, o que descarta a hipótese de uma neurose malmentalizada. O exemplo que citei sobre o cólon irritado ligado à irritação provocada por sua mãe, também demonstra a capacidade de Dolores rapidamente acessar o plano psíquico a partir do plano somático. Em um primeiro momento, o corpo é vivido concretamente, e com intervenções analíticas passa a ser simbolizado, metaforizado. A síndrome do cólon irritado transforma-se em irritação diante da mãe e a ferida no períneo transforma-se em ferida psíquica.

A perda objetal sofrida por Dolores a fere em seu narcisismo, que sangra. Como seu bebê faleceu em um momento em que mãe e bebê encontram-se em plena simbiose e indiferenciação, podemos fazer uma idéia do quanto Dolores sentiu-se ferida em seu próprio corpo. Diante de uma vivência traumática, como seria natural, Dolores reage de modo a sentir-se ameaçada, como se a qualquer momento outro incidente pudesse invadir sua vida e ameaçar sua integridade física e psíquica. O problema é que este estado de coisas não se alterou de lá para cá. De alguma maneira não foi possível a Dolores elaborar este luto, esta separação, ficando tomada por sentimentos e idéias melancólicos como remorso e medo de cair em um poço. A doença de sua mãe atualizou este estado emocional. Quando a mãe adoece, Dolores voltou a *"enlouquecer"*, como ela mesma diz. Novamente ficou identificada com alguém doente, pois diante da doença da mãe passou a controlar seu corpo, seus sinais, temendo que alguma doença terrível a mate. Esta *"novela"* que criou com os médicos seria uma maneira de reviver estas situações, uma tentativa de elaboração psíquica.

Recentemente, Dolores veio a uma sessão dizendo que quase não viera, pois deixara sua mãe sozinha em casa. Trabalhamos o quanto é difícil para ela separar-se de sua mãe para levar sua própria vida, e seguimos com associações que hora diferenciavam as duas, hora as misturavam como se fossem uma só. Por um lado, Dolores mantinha a ilusão de fusão com a mãe, na qual sentia-se completa, sem frustrações, por outro, desejava distanciar-se, tornar-se distinta. Daí a dúvida vir ou não para a análise. Para Dolores separar-se implicava em morte. Pensou em não vir à sessão pois sentia medo de sair na rua, de atravessar a rua, pois um carro pode atropelá-la, tinha medo das pessoas estranhas. E sua mãe sozinha em casa poderia precisar de *"alguma coisa"* e não encontrar socorro. Ao mesmo tempo, Dolores sentia necessidade de separar-se, por isto veio à análise.

Assim, estávamos diante de uma identidade não totalmente constituída e diferenciada, e que por isto mesmo precisava o tempo todo verificar se existe, se está viva. As dores traziam esta sensação de estar viva, de existir. Ao ingerir manga com leite para contestar a mãe, em uma atitude ambivalente com o próprio corpo, Dolores tentava diferenciar-se da mãe, ao mesmo tempo em que corre um risco de morte do qual sairia ilesa, viva.

Por que Dolores elegeu esta forma sintomática, sentir dor? Uma dica que a paciente nos dava é que sua mãe sempre foi muito preocupada com doenças, e esta poderia ser uma forma de oferecer-se à mãe como objeto de seu interesse. Esta forma de relação estaria hoje atualizada na relação com os médicos. Neste sentido, a dor estaria sendo vivida como prazer.

Todas estas questões levantadas supõem um retorno da libido ao próprio eu da paciente, em uma tentativa de restauração deste narcisismo ferido.

Dissemos acima que, pela riqueza psíquica de Dolores, provavelmente não estávamos diante de uma neurose malmentalizada. Agora, entre a malmentalizada e a bem mentalizada existe uma gradação infinita. No caso de Dolores, pelo menos no que diz respeito à representação psíquica de seu corpo, encontramo-la a meio caminho, entre a concretude e a simbolização, provavelmente em virtude destas falhas narcísicas, a esta indiferenciação do próprio eu, que é antes de mais nada um eu corporal.

Referências bibliográficas

FERRAZ, F.C. Das neuroses atuais à psicossomática. In FERRAZ, F.C. & VOLICH, R.M. (orgs.) *Psicossoma: psicossomática psicanalítica.* São Paulo: Casa do Psicólogo, 1997.

FERNANDES, M.H. A hipocondria do sonho e o silêncio dos órgãos: o corpo na clínica psicanalítica. *Percurso*, 23, 1999.

FREUD, S. (1893) Alguns pontos para um estudo comparativo das paralisias motoras orgânicas e histéricas. In *Edição Standard Brasileira das obras psicológicas completas de Sigmund Freud.* Rio de Janeiro: Imago, 1976; v.1.

—————. (1894) Sobre os critérios para destacar da neurastenia uma síndrome particular intitulada "neurose de angústia". *Op. cit.*, v.3.

—————. (1900) A interpretação dos sonhos. *Op. cit.*

—————. (1905) Três ensaios sobre a teoria da sexualidade. *Op. cit.*

—————. (1910) A concepção psicanalítica da perturbação psicogênica da visão. *Op. cit.*

—————. (1917) Conferências introdutórias sobre psicanálise (Conferência 20: "A vida sexual dos seres humanos"). *Op. cit.*

—————. (1915) Os instintos e suas vicissitudes. *Op. cit.*

LAPLANCHE, J & PONTALIS, J.-B. *Vocabulário da psicanálise.* São Paulo: Martins Fontes, 1967.

MARTY, P. *Mentalização e psicossomática.* São Paulo: Casa do Psicólogo, 1998.

Pele

Bernardo Bitelman

A pele é o tecido orgânico que recobre a superfície dos corpos de todos os vertebrados. Tanto no bebê como no adulto, a pele é o principal órgão de percepção, permitindo a transmissão de sensações físicas e emocionais. Ao mesmo tempo intimamente privada e notavelmente pública, a pele é a interface final entre o eu e o outro – entre nosso ser interior e o mundo externo. Nossa pele é a roupa que jamais tiramos, mas como tudo o que vestimos, muda conforme o humor e a ocasião.

Desde os seus primórdios embrionários, aquilo que irá se constituir na pele, desenvolvendo-se no feto como o maior órgão do corpo, revestindo-o, terá a função de isolá-lo e ao mesmo tempo protegê-lo do meio externo durante toda a sua vida. Nos anfíbios, a pele age como uma superfície respiratória.

Durante a gestação, a pele fica em contato direto com o líquido amniótico, ocorrendo aí trocas de diversas naturezas. Como a temperatura deste líquido é constante e ideal para o feto, este não sofre quando ocorre alguma mudança brusca de temperatura no meio ambiente em que a mãe se encontra. A tecnologia moderna permite detectar reações fetais durante a gestação, que modificaram por completo as concepções sobre a relação entre a mãe e o futuro bebê durante este período.

Assim, por exemplo, uma ultra-sonografia, realizada enquanto a mãe acaricia o seu abdome com suas próprias mãos, revela movimentos do feto que poderiam ser interpretados como uma sensação de satisfação da parte dele. Estaria a pele desse feto manifestando alguma forma de prazer?

Mas, o que é muito importante neste período é que, no interior do útero materno, o feto está protegido pela sua pele, dos microorganismos do meio ambiente, estando assim livre de infecções, irritações e outros tipos de agressões.

A partir do nascimento, tudo muda. A cuidadora poderá ou não ser a própria mãe e haverá outros objetos de relação. Inicia-se, então, um processo de amadurecimento somático no qual a pele está incluída. Diferenciam-se todas as estruturas e as respectivas funções da epiderme, derme e camada de tecido gorduroso que são as três camadas da pele. A epiderme dos vertebrados terrestres renovam-se continuamente, como resultado de desgaste, sendo substituídas pelas células vivas novas.

Ao longo do desenvolvimento, a pele vai se constituindo como órgão sensorial por excelência, recebendo e transmitindo todas as impressões sensitivas de textura, pressão, dor, calor e frio. Cada uma dessas funções tem seu órgão sensor específico, enviando tais impressões para o córtex sensitivo, mobilizando no córtex motor respostas específicas, constituindo assim o sistema sensório motor.

Pela relação direta da mãe com a pele do bebê, constitui-se o corpo e o potencial psíquico da criança, determinando a estruturação mental e a caracterização das três instâncias: inconsciente, pré- consciente e consciente. Como sabemos, *"o pré-consciente ocupa econômica e dinamicamente um lugar fundamental na regulação do funcionamento psicossomático, e, em particular, dos recursos mentais do sujeito"* (Volich, 2000). Segundo P. Marty, ele se constitui-se como o verdadeiro reservatório das representações e das associações entre elas (Marty, 1994).

Nos primeiros anos de vida, as funções da pele manifestam-se durante o processo de desenvolvimento dos pontos de organização. As alergias da pele, preocupações comuns das mães, ao levar seus bebês ao pediatra, podem revelar o grau de rejeição ou de super- proteção existente na relação.

Desde Spitz sabe-se que, em geral, as crianças alérgicas não conhecem a angústia do oitavo mês (Spitz, 1963). Como afirma Sami-Ali, a alergia é uma síndrome psicossomática por excelência. Toda a alergia é um questionamento daquilo que é próprio a si e daquilo que não o é. Segundo esse autor, a alergia é, antes de tudo, uma disfunção do sistema imunológico que começa a fabricar anticorpos contra aquilo que realmente não ameaça em nada a integridade do organismo. O pediatra dirá que a alergia é oriunda do leite, do sabonete, ou da roupa e se limitará a prescrever um anti-alérgico e trocar o leite ou os outros objetos relacionados, sem preocupar-se com os aspectos relacionais que participam da reação alérgica.

Doenças infecciosas da pele, como piodermites, erisipelas ou outras são relacionadas pelo dermatologista à presença de alguma bactéria e tratadas com uso de antibióticos. Porém, com freqüência, elas ocorrem em momentos de rebaixamento do sistema imunológico com queda da resistência e crescimento das bactérias oportunistas. Não podemos esquecer que alterações do sistema imunológico sofrem influências do funcionamento psíquico; períodos de angústia ou depressão que determinam mudanças neurohormonais pelo sistema límbico.

As assim chamadas dermatites de contato são uma inflamação da pele em contato com outra pele, com substância irritante ou alérgica. Muitas vezes elas são relacionadas pelo próprio paciente ao contato com algum produto químico ou elemento físico, mas elas colocam a questão de contato da pele do bebê com a mãe cuidadora, a forma como era estabelecido esse contato, através da presença ou ausência de carícias, ou mesmo diversas formas de agressão.

Toda relação humana consiste em pôr em contato uma pele que toca a outra pele e em ativo e passivo equivalem-se (Sami- Ali).

Atualmente, muitos profissionais de saúde reconhecem que manifestações da pele representam uma exteriorização de problemas internos não-resolvidos, de ordem física ou emocional. Em diversas doenças gastroenterológicas, os sintomas digestivos vêm acompanhados de manifestações na pele, ou até sendo substituídos por estas. No que diz respeito aos problemas emocionais e afetivos, a cura dependerá da administração destes, por recursos próprios, quando existem, ou psicoterapêuticos.

As psoríases, doença da pele de etiologia malconhecida, envolvem fatores genéticos, imunológicos químicos e emocionais. O que estaria ela representando com suas lesões eritemo-descamativas, às vezes localizadas, outras vezes difusas, deixando o portador extremamente incomodado e provocando repugnância em pessoas mais preconceituosas?

Diversos trabalhos mostram que os pacientes com psoríase sofriam de um alto nível de estresse. Alguns autores acreditam que pacientes com psoríase reagem mais exacerbadamente a eventos não necessariamente estressantes para outras pessoas, ou que o estresse seja proveniente de fontes internas. Muitos têm má qualidade de vida na área profissional. O tratamento médico associado à psicoterapia mostrou-se mais eficaz para a redução das placas psoriásicas.

O vitiligo, com perda da melanina em alguns pontos da pele, lembra outras perdas, ou é uma perda por si só?

Poucos problemas da pele têm tanta capacidade de causar tormentos quanto um ciclo implacável de coceira. Embora grande parte das pesquisas nessa área tenham se concentrado no eczema atópico, muitas doenças e circunstâncias podem tornar a vontade de coçar irresistível. Entretanto, por pior que se sintam os portadores dessas doenças, essa é uma síndrome dermatológica que respondem bem a abordagens psicológicas.

Quando falo da pele, penso na cor, no branco, no negro, no vermelho e no amarelo. Aqui as considerações sociais, raciais são inevitáveis. Preocupa-me que, em pleno século XXI, essas questões ainda sejam motivos de discórdia, dando origem às guerras, à fome e à miséria da humanidade. Seria, a pele, "um mal da civilização?".

Voltando um pouco à questão do isolamento e da proteção, papéis fundamentais da pele, isto fica praticamente demonstrado em indivíduos que sofreram graves queimaduras com perda de segmentos do órgão.

Como se poderia esperar de um órgão tão complexo, do ponto de vista médico, as doenças que afetam a pele são bastante diversificadas. Bactérias, vírus, hormônios, elementos ambientais e químicos irritantes e influências hereditárias contribuem para muitas doenças da pele. O papel dos fatores psicológicos na causa e cura das doenças dermatológicas também é variado. A causa da alopécia é desconhecida, embora alguns estudos sugiram que possa ser uma doença auto-imune, na qual o sistema imunológico reage equivocadamente ao folículo capilar, como se fosse um intruso. Qualquer que seja a base fisiológica, o estresse emocional – principalmente perdas traumáticas – freqüentemente causa alopécia.

Uma lesão da pele que desperta um grande interesse para o dermatologista, assim como para os esteticistas, é a acne, especialmente por ocorrer com muita freqüência em adolescentes (cerca de 80%), incidindo mais em homens do que em mulheres. Por não comprometer o estado geral do paciente, não apresentar risco de morte, em interferir na mobilidade física, seus efeitos negativos deixam de ser avaliados.

Os adolescentes são muito vulneráveis aos efeitos psicológicos negativos da acne, que causa impacto sobre a auto-estima, a confiança e a segurança neles mesmos, perturbando também sua identidade. Os componentes psicológicos que devem ser considerados são a imagem corporal, a depressão, angústia, preocupação, confusão e frustração.

A acne pode limitar o estilo de vida e dificultar a dinâmica familiar. A baixa auto-estima pode fazer o indivíduo se sentir pouco atraente, feio ou até com aspecto sujo. A imagem corporal pode estar vinculada à questão do carinho, sensação de segurança conferidos pela mãe ou demais familiares. Nesses casos, a depressão e a angústia podem ser importantes, o que faz com que muitos adolescentes culparem os pais por seus males, principalmente se um deles também apresentar acne.

Fisiopatologicamente, a acne está relacionada à obstrução do folículo piloso, produção de excessiva de seborréia e eventual presença de microorganismos. Devem ser ainda considerados fatores genéticos, raciais, hormonais (andrógenos) e a dieta da pessoa.

Hoje em dia, na maioria dos casos, a acne pode ser facilmente tratada. Quando não o é, deixa cicatrizes deformantes, afetando ainda mais o componente psicológico.

A pele tem o seu papel nas relações amorosas, podendo afastar ou unir. Existem animais que se atraem pelo cheiro da pele, outros afastam seus inimigos eliminando substâncias pela pele. Há aqueles que trocam as células reprodutivas unindo toda superfície corporal e entre os seres humanos uma expressão que representa este sentimento: "no amor tudo é uma questão de pele".

Referências bibliográficas

FREUD, S. (1916-17) Conferências introdutórias sobre psicanálise. (Conferências: "O sentido dos sintomas", "Fixação em traumas" e "A ansiedade"). *Edição Standard Brasileira das Obras Psicológicas Completas*. Rio de Janeiro: Imago, 1980.

GOLEMAN, D. *Equilíbrio mente-corpo*. Campinas: Campus, 1997.

MARTY, P. *L'investigation psychosomatique*. Paris: PUF, 1963.

PILSBURY, D.M. & SHELLEY, W.B. Doenças da pele: a pele e seus anexos. In *Medicina interna*. Harrison, tomo I.

SAMI-ALI, M. *Pensar o somático: imaginário e patologia*. São Paulo: Casa do Psicólogo, 1995.

SPRITZ, R.(1963) *O primeiro ano de vida*. São Paulo: Martins Fontes, 1993.

VOLICH, R.M. *Psicossomática: de Hipócrates à psicanálise*. São Paulo: Casa do Psicólogo, 2000.

Eu-pele, psicossomática e dermatologia: nos limites da palavra, da transferência e do corpo: a pele

Sônia Maria Rio Neves

Este trabalho discorrerá sobre as questões da pele, suas representações, funções orgânicas e psíquicas exemplificando com algumas alterações somáticas descritas pela dermatologia. Este percurso procurará mostrar como a psicossomática é um elo integrador importante e reconhecido nas questões da dermatologia ; o conceito de eu-pele, desenvolvido por D. Anzieu (2000) em seu livro de mesmo nome, mas cujos temas foram sendo trabalhados desde 1974, será usado como um referencial que pode guiar a compreensão das questões da pele no que tange às alterações dermatológicas como também no campo social; refiro-me aqui, por exemplo, à utilização da pele nas tatuagens, maquiagem, etc.

Meu objetivo se prenderá mais a despertar o interesse, a curiosidade e alguma sensibilidade em relação à pele.

A Pele: algumas representações

Não é por acaso que muitas expressões populares usam a palavra "pele" para se referir à sensibilidade : – *"é uma questão de pele"*; *"fulano é casca de ferida"* ou *"é casca grossa"* (quando o que falta é exatamente a sensibilidade); *"estar na pele de alguém"*, expressão que aponta também para a capacidade de se identificar com o outro.

A palavra pele, em outras expressões populares, liga-se a atitudes agressivas *como "tirar a pele (ou o couro) de alguém"*. Dizemos ainda *"suar a camisa"* fazendo menção à função de eliminação pela pele e com o sentido de se dedicar muito a uma causa. Há muitas outras expressões que embora não usem a palavra "pele" referem-se ao "toque", atividade diretamente ligada à pele e à sua sensibilidade: *"dar um toque pessoal"*, *"toque feminino"* ou *"dar um toque em alguém"* são alguns exemplos; são também expressões que se referem à percepção e à sensibilidade quando dizemos: *"esta pessoa tem tato"* ou *"há situações em que é preciso ter tato"*; dizemos também que *"ficamos tocados"* quando a situação nos emociona.

A pele também mostra algo do funcionamento do organismo por intermédio de sua cor, textura, umidade ou secura; uma pessoa com problemas de fígado, por exemplo, ou uma criança com icterícia ficam com a pele amarelada. Reações emocionais também podem ser expressas na pele, como quando enrubescemos por vergonha, ou ficamos pálidos de medo (*"branco de medo"* ou *"de cabelo em pé"*). Outras vezes podemos sentir um formigamento na pele diante de excitações. Nos animais, uma clara reação de prontidão para o ataque é o ouriçar dos pêlos do pescoço.

Em geral, não prestamos muita atenção à pele mesmo sendo um órgão que ocupa uma enorme extensão; a atenção se volta para a pele quando esta se queima ou descasca ou quando surgem espinhas; é no envelhecimento também que muitas das características da pele como firmeza, elasticidade e textura começam a se modificar, tornando-se então mais fina, enrugada, manchada, formando bolsas e estrias. Atualmente, o desenvolvimento da dermatologia estética vem ocupar este lugar de cuidado e prevenção com a pele assim como foi só a partir da década de 80 que se começou a dar mais importância aos males provocados pela exposição solar direta na pele.

A pele: funções orgânicas

A pele é uma membrana de revestimento do corpo, o tegumento (do latim "tegumentum" que significa cobertura, envoltório). É constituída por três camadas: a epiderme, a derme (ou cório), e a hipoderme (ou subcutâneo)e possui anexos que são as glândulas sudoríparas e sebáceas, os pêlos e as unhas. Representa 15% do peso corporal, é resistente e elástica em algumas áreas e rígida em outras.

A primeira camada, *a epiderme,* é um tecido epitelial multiestratificado (quatro camadas justapostas). A camada mais interna – germinativa – possui células que se multiplicam constantemente e que evoluem gradualmente para células espinhosas (2ª camada), granulosas (3ª camada) e córneas, que formam a camada mais externa; à medida que envelhecem, as células epiteliais achatam-se e passam a fabricar uma proteína resistente – queratina –; quando as células mais superficiais acham-se repletas de queratina morrem e se destacam. Esse processo de queratinização permanece ao longo da vida, com a renovação constante da camada córnea. O funcionamento da camada epidérmica é fundamental na função de proteção da pele contra a ação de agentes externos.

A segunda camada, *derme,* é constituída por tecido conjuntivo e contém três tipos de fibras (colágenas, reticulares e elásticas), elementos celulares (principalmente fibroblastos), vasos sanguíneos, terminações nervosas, órgãos sensoriais e glândulas.

As fibras da derme são responsáveis pela resistência e elasticidade da pele; os vasos sanguíneos são encarregados da nutrição e oxigenação das células dérmicas e epidérmicas e desempenham importante papel na manutenção da temperatura corporal (termo-regulação).

As terminações nervosas e órgãos sensoriais, presentes na pele, respondem pela percepção de calor, frio, umidade, aspereza, maciez, dureza e pressão.

As glândulas, pêlos e unhas são originários de invaginações da epiderme. As glândulas sudoríparas são de dois tipos: écrinas e apócrinas, sendo as primeiras responsáveis pela termo-regulação por meio do suor e as segundas, ligadas à função odorante que se inicia na puberdade atrofiando-se no climatério.

As glândulas sebáceas secretam o *sebum* que lubrifica os pêlos e a pele. Algumas glândulas sebáceas estão unidas aos pêlos (unidade pilo-sebáceo). Estes, são constituídos por células epiteliais queratinizadas, mortas e compactadas, na sua parte externa; na região interna, o pêlo fixa-se no folículo piloso, na qual estão as células epidérmicas proliferativas e que constituem a matriz. Estas células (que originarão os pêlos) são nutridas e oxigenadas por capilares sanguíneos que existem nos folículos. Cada pêlo também está ligado a um músculo eretor que permite sua movimentação e também a glândulas sebáceas que se encarregam de sua lubrificação.

As unhas são estruturas achatadas, formadas por queratina bastante compactada; garantem firmeza às pontas dos dedos, auxiliando na apreensão e manipulação dos objetos; sua presença nas unhas dos pés também dão mais equilíbrio ao caminhar.

A terceira camada, *hipoderme,* é formada de tecido conjuntivo frouxo e possui fibras camada e células que armazenam gordura (células adiposas). Este tecido gorduroso, além de ser um depósito nutritivo de reserva atua também no isolamento térmico e protege contra os traumatismos externos.

As principais funções da pele são portanto:
- Proteção: a pele constitui uma barreira de proteção contra a ação de agentes externos e internos, impedindo a perda excessiva de água ou de outras substâncias do meio interno.
- Termo-regulação: controla a temperatura do corpo através da sudorese e da contração e dilatação dos vasos da derme.
- Percepção : a pele funciona como um importante órgão sensorial detectando calor, frio, dor, pressão e tato.
- Secreção: função que se dá pela sudorese e pela secreção sebácea, importante para manter a higidez da pele; o *sebum* também tem propriedades antifúngicas e antibactericidas.

A pele como órgão dos sentidos é o primeiro a se desenvolver no embrião, por volta do segundo mês de gestação, antes dos sistemas olfativo e gustativo, da visão e da audição. Está ligada também à sensibilidade sinestésica e do equilíbrio participando, da manutenção do corpo em torno do esqueleto.

A pele: funções psíquicas

A diversidade de aspectos sob os quais a pele e suas múltiplas funções podem ser investigadas facilitam a passagem do plano físico para o psíquico e neste desdobramento, veremos alguns possíveis correspondentes psíquicos das funções básicas da pele. Fazer esta correspondência implica em um referencial teórico que varia entre os autores, mesmo entre aqueles que tem como base a teoria psicanalítica.

Chiozza (1997) desenvolve a idéia de que tanto o órgão corporal como sua função e alterações revelam um significado psíquico próprio e que pode ser compreendido como uma linguagem corporal; este significado está relacionado a fantasias inconscientes específicas que se desenvolvem paralelamente ao desenvolvimento do indivíduo.

Uma compreensão mais detalhada deste processo requer uma entrada pelo campo da psicanálise, utilizando os referenciais freudianos de consciente e inconsciente e sua relação com a linguagem (verbal ou não). Chiozza (1997) mostra, então, como é possível deduzir, a partir dos postulados psicanalíticos, uma linguagem vinculada ao inconsciente, mas cuja expressão não passa pela representação verbal.

Uma outra forma de mostrar o significado psíquico nas funções e alterações da pele é apresentado por D. Anzieu, que afirma:

"Baseio-me em dois princípios gerais. Um é especificamente freudiano: toda função psíquica se desenvolve com o apoio de uma função corporal cujo funcionamento ela transpõe para o plano mental" e continua em seguida: "o desenvolvimento do aparelho psíquico se efetua através de sucessivas etapas de ruptura com sua base biológica, rupturas que, por um lado, lhe tornam necessário buscar uma sustentação de todas as funções psíquicas sobre as funções do corpo" (Anzieu, 2000.p.127).

Ele propõe um paralelo entre as funções da pele e as do ego, uma correspondência entre as funções orgânicas, psíquicas e as angústias e distúrbios que podem surgir. Descreve algumas funções psíquicas que o "eu-pele" pode ter, resumidas a seguir.

1. Sustentação

A primeira função da pele é a de sustentação do esqueleto e dos músculos: no sentido psíquico, esta função é desenvolvida inicialmente pela mãe e pelo ambiente próximo; segurando o bebê a mãe lhe proporciona um eixo vertical e favorece que, gradualmente, este possa ir encontrando seus apoios internos (na medida em que pode se sentar, engatinhar e andar) portanto, sua própria sustentação.

Patologias ligadas a falhas nesta função evidenciam basicamente angústias de vazio e de sensação de falta de apoio, de suporte.

2. Continente

A pele funciona como suporte, mas é também um envelope que precisa ser preenchido. É uma superfície que envolve e delimita o corpo, assim como o ego pode ser continente das sensações e impulsos vividos. Essa função "continente" da pele e do ego se desenvolve a partir dos cuidados e estimulações feitas pela mãe e das trocas contínuas que esta estabelece com o bebê.

Falhas no desenvolvimento desta função de "continente" levam a angústias difusas, não identificadas ou malcontidas como se esta capa estivesse esburacada. A dor física poderia, então, funcionar como uma tentativa de delimitação de contorno, de uma limitação vivida no real do corpo. Não teriam as dermatites artefactas, à medida que provocam marcas no corpo, entre outras motivações, a função de delimitar este espaço continente não representado no plano psíquico e, portanto, necessitando ser vivido no corpo, na pele?

3. Proteção

A pele funciona ainda como superfície protetora, por intermédio da epiderme, à sua camada sensível na qual se encontram as terminações nervosas. Cabe à mãe a função de pára-excitação, isto é, regular a quantidade de estímulos que o bebê pode tolerar. Esta função será, gradualmente, transferida para a criança.

Excessos ou déficits nesta função de pára-excitação podem levar a quadros variados como as angústias paranóides de intrusão (que podem estar presentes nos quadros de delírio parasitário) ou, no outro extremo, às couraças de caráter como descritas por Reich e também à "segunda pele muscular" mostradas por Esther Bick (1970). Neste contexto poder-se-ia pensar nas psoríases como um quadro no qual paralelamente às alterações fisiológicas estaria esboçada uma tentativa de reforçar as falhas nesta função de pára-excitação (Chiozza,1997).

4. Individualização

A pele também funciona como um elemento portador de algumas características individuais como cor, textura e odor que facilitam a diferenciação de si mesmo e dos outros e favorecem a noção de individualidade e identidade relacionadas não só às diferenças presentes na pele, mas também à função da pele como membrana que separa o exterior do interior e que distingue os corpos estranhos, rejeitando-os, dos semelhantes, que são aceitos.

Chiozza (1997) diz que a expressão "é uma questão de pele" refere-se à sensibilidade das pessoas frente aos outros e traduz, na sabedoria popular, a função de aceitar ou rejeitar o estranho.

5. Sensualidade

A pele é ainda uma superfície de contato, fonte de sensações e percepções; pela estimulação tátil, vão se desenvolver as zonas erógenas. Quando a alimentação e os cuidados que a mãe fornece ao bebê são acompanhados de agradáveis contatos pele a pele, está aberto o caminho para o desenvolvimento do auto-erotismo e para que os prazeres relacionados ao tocar sirvam de pano de fundo para o prazer sexual. Para D. Anzieu , *"o eu-pele exerce a função de superfície de sustentação da excitação sexual, superfície sobre a qual, em caso de desenvolvimento normal, zonas erógenas podem ser localizadas, a diferença dos sexos reconhecida e sua complementaridade desejada"* (Anzieu, 2000, p.136).

Tocar e ser tocado são experiências básicas para um bebê: proporcionam sensações de prazer e desprazer, estimulam o desenvolvimento sensorial e tem um papel fundamental na constituição da imagem corporal.

6. Comunicação

Para Montagu (*apud* Chiozza,1991), a pele também funciona como um primeiro sistema de comunicação importante, transmitindo experiências de aconchego e proteção quando o contato com o corpo da mãe é adequado e caloroso.

7. Autodestrutividade

Todas as funções acima descritas estão relacionadas à pulsão de Vida. Entretanto, D. Anzieu se pergunta *se "não existiria uma função negativa do eu-pele, um tipo de antifunção a serviço de Thanatus, e visando à autodestruição da pele e do eu"* (Anzieu, 2000.p.138).

Ele recorre ao estudo dos fenômenos auto-imunes (no qual o sistema imunológico do organismo é ativado e reage contra o próprio órgão do indivíduo, como se este fosse um corpo estranho) para estabelecer um paralelo com as reações psíquicas que tem como característica este voltar-se contra si próprio (por exemplo, as reações terapêuticas negativas, ataques à percepção e aos conteúdos psíquicos). Este aspecto da autodestruição e, associado a ele, o masoquismo, são pontos importantes ao se estudar as dermatites artefactas.

O "eu-pele": elemento de ligação entre o somático e o psíquico

Embora não se possa estabelecer uma correlação ponto a ponto entre as funções orgânicas e o psiquismo, mostrar este desdobramento é útil não só em termos da psicologia do desenvolvimento como também na compreensão das afecções dermatológicas. A noção de "eu-pele" proposta por Anzieu (2000) contribui para uma aproximação entre o que ocorre no nível somático e no nível psíquico funcionando como um conceito-passagem; uma investigação com pacientes com alterações de pele se ampliará se abordar questões ligadas a sensações de proteção ou desproteção, de segurança interna, de percepção ou não dos próprios contornos e principalmente sobre a capacidade ou não de perceber suas sensações corporais e a auto-imagem.

Por outro lado, ressaltar a importância da pele e de sua estimulação nas fases iniciais da vida remete ao tipo de relação estabelecida com a mãe. Kreisler (2000) aborda este aspecto ao falar da relação objetal alérgica. Montagu (1971) cita várias pesquisas com primatas e observações com humanos nos quais mostra não só a importância do contato pele a pele para o desenvolvimento do bebê como também a necessidade da mãe de ter este contato. Chama de interdependência a esta estimulação recíproca. Assim, deduz-se que dificuldades da mãe em relação ao tocar provocará respostas desadaptativas no bebê; dermatites atópicas surgem com freqüência em bebês cujo relacionamento com a mãe encontra-se alterado; Rosine Debray ilustra muito bem esta questão pelo relato de um caso clínico (Debray,1998, p.105-107).

A investigação e a atenção na transferência ao que se revela nesta área do contato permitirá a manifestação de algumas evidências ou relações. Retomar na transferência a linguagem sensorial principalmente nos pacientes com queixas dermatológicas pode ser uma via de acesso a registros pré-verbais importantes e um caminho que possibilite sua representabilidade.

Do "eu-pele" ao "eu-pensante"

Retomar a linguagem sensorial é algo que pode se dar ou não pelo toque; entretanto esta é uma questão delicada em psicanálise. A regra da abstinência, como diz Monique Dechaud-Ferbus (1993), não é algo que se altere sem explicação. Neste sentido, retomando Anzieu (2000), vemos que o tocar liga-se a três questões que por sua vez apresentam alguns impedimentos:
1. tocar é uma forma de comprovar a existência.
2. tocar é uma forma de cuidar do corpo e, portanto, daquilo que vai contribuir para a formação do "eu-pele" e do auto-erotismo.
3. tocar se relaciona com a sexualidade e com a sedução sexual.

Anzieu (2000) vai propor e discorrer sobre como a interdição ao tocar que se estabelece na 1ª infância prepara a interdição edipiana. As proibições ao tocar visam também proteger a criança (e o adulto mais tarde) da intensidade das pulsões sexuais e agressivas. Elas se manifestam por meio das falas da mãe ou de adultos em geral, tais como: "não toque este objeto porque ele pode se quebrar" ou "você pode se machucar" ou então "vê-se com os olhos e não com a mão", "não bata, não belisque, não morda", "não toque aí" (referindo-se às zonas sensíveis do prazer).

Há proibições ao tocar que vem do meio social e que visam à autoconservação; são aquelas ligadas aos perigos: queimar-se, cortar-se, machucar-se e aos perigos do mundo externo, do desconhecido. Ao mesmo tempo há um incentivo do meio para que a criança não fique só agarrada aos pais, vá para o mundo, explore-o, conheça-o, durma sozinha, fique com outras pessoas que não só a mãe. As proibições ao tocar favorecem a estruturação do *eu-pensante* somente se o *eu-pele* foi suficientemente adquirido e ficar funcionando como tela de fundo. É importante destacar o que Anzieu (2000) comenta sobre as interdições prematuras ao tocar: se a criança ficar privada ou receber muito pouca estimulação tátil, podemos ter como conseqüência inibições graves no relacionamento, complicando a vida amorosa e sexual assim como dificuldades no contato com crianças e para se defender da agressividade. Anzieu diz: "a comunicação ecotátil subsiste como tela de fundo e é importante na empatia, no trabalho criador, no amor e nas *alergias*" (Anzieu,2000, p.195).

Conclui-se, portanto, que alterações no pensamento e na coesão do ego tem relação com déficits na organização do ego-corporal que não permitem um melhor arranjo das fronteiras do corpo uma distinção que não é clara entre o "dentro" e o "fora" e dificuldades na constituição da própria identidade. Isto remete ao item 3 deste trabalho, quando foram apontadas as funções psíquicas da pele.

Por sua vez, a importância da interdição de tocar leva Anzieu a dizer: "*as palavras dos analistas simbolizam, substituem e recriam os contatos táteis sem que seja necessário recorrer concretamente a eles; a realidade simbólica da troca é mais operante que sua realidade física*" (Anzieu, 2000, p.196).

Mas se seguirmos esta forma de compreensão e de atuação terapêutica dela decorrente, como entender os benefícios que observamos em vários pacientes a partir de terapias corporais? Não deve haver uma resposta única a esta questão e provavelmente uma delas liga-se aos critérios de indicação de uma forma de trabalho mais verbal ou corporal ou até mesmo a uma combinação de ambas como em alguns trabalhos descritos por Gisèle de M'Uzan (1984) e por Monique Dechaud-Ferbus (1993), nos quais a técnica de relaxamento é utilizada.

É em Ivanise Fontes (1998), na sua tese de doutorado *A memória corporal e a transferência*, que uma possibilidade de resposta à questão acima pode ser encontrada; ela procura mostrar a existência de uma memória corporal, impressa no corpo e que está presente na comunicação entre o cliente e o terapeuta; todos os indivíduos possuem registros de ordem predominantemente sensorial (principalmente visual e auditiva, mas também tátil, olfativa, gustativa e sinestésica). Essas experiências não podem ser expressas verbalmente porque seu registro não é dessa natureza. Ivanise Fontes recorre a Ferenczi (1932) para dizer que *"o corpo não pensa, ele está ali, onde a história do indivíduo se faz. O corpo é testemunha de todas as circunstâncias vividas pelo indivíduo...* "*e o registro feito no corpo só pode ser despertado pelo corpo"* (Fontes, 1999, p.66).

É pela transferência, no que ela tem de menos concreto e discursivo que os elementos sensoriais se revelam; é interessante a ligação que ela faz citando Freud ao se referir ao paciente que reencarna no analista figuras de seu passado, por intermédio da transferência. Reencarnar, diz Ivanise,

"é tornar-se carne, representar de forma material e sensível.... "Quando uma relação analítica atinge níveis mais arcaicos, as palavras não são possíveis e são as sensações que tem lugar. É preciso então que o analista seja capaz de colocar em ação sua imaginação, sua capacidade de regressão para poder ter acesso a esse material fornecido pelo paciente em estado de transferência" (Fontes, 1999, p.67, p.68).

Valorizar a experiência sensorial e perceptiva é algo que se encontra brilhantemente descrito no trabalho de Monique Dechaud-Ferbus (1993); por meio de um atendimento psicoterapêutico, a técnica de relaxamento é mostrada como um elemento facilitador pela qual sensações são percebidas e estados corporais, principalmente aqueles ligados à contração muscular, são destacados; uma melhor mentalização pode, então, urgir pela recuperação da ligação entre sensações e imagens; os conteúdos representacionais são retomados ou, até mesmo, construídos.

A origem sensorial da palavra dá ao referencial corporal um lugar de destaque; quando a linguagem falta ou fica vazia é no corpo que sua substância será encontrada; é a partir do corpo que se dá corpo à fala.

"O maior sentido de nosso corpo é o tato. Provavelmente é o mais importante dos sentidos para os processos de dormir e acordar; informa-nos sobre a profundidade, a espessura e a forma; sentimos, amamos e odiamos. Somos suscetíveis e tocados em virtude dos corpúsculos táteis da nossa pele".

J.Lionel Tayler – 19 21

Referências bibliográficas

ANZIEU, D. *O eu-pele.* São Paulo: Casa do Psicólogo, 2000.

BICK, E. La experiencia de la piel en las relaciones de objeto tempranas. *Revista de Psicanálisis,* 27(1):111-117, 1970.

CHIOZZA, L.A. (org.) *Os afetos ocultos em* ... São Paulo: Casa do Psicólogo, 1997.

DEBRAY, R. *Bebês/mães em revolta.* Porto Alegre: Artes Médicas, 1988.

DECHAUD-FERBUS, M. La psychotérapie de relaxation: une psychotérapie d' inspiration psychanalityque pour certains patients "psychosomatiques". *Rev. Fr. Psychosom.,* 3:157-175; 1993.

FONTES I. Psicanálise do sensível: a dimensão corporal da transferência. *Revista Latinoamericana de Psicopatologia Fundamental,* 2(1):64-70; 1999.

KREISLER, L.A. *A nova criança da desordem psicossomática.* São Paulo: Casa do Psicólogo, 1999.

MONTAGU, A. *Tocar: o significado humano da pele.* São Paulo: Summus, 1986.

SAMPAIO, S.A.P., CASTRO, H. & RIVITTI, E.A. *Dermatologia básica.* São Paulo: Artes Médicas, 1985.

Dispositivos clínicos em psicossomática

O dispositivo analítico
e a clínica psicossomática

Márcia de Mello Franco

A clínica da psicossomática, bem como outras formas de sofrimento freqüentes na atualidade, coloca o psicanalista diante de uma série de questões acerca das formas clássicas de intervenção e conduz a uma reflexão sobre as características do dispositivo analítico.

O que permite ao analista efetuar modificações no dispositivo analítico ou mesmo criar novos dispositivos clínicos resguardando a especificidade de sua atuação?

Com a finalidade de abordar esta questão, tomarei como ponto de partida o dispositivo analítico clássico e procurarei demonstrar como ele foi criado por Freud a partir de sua experiência clínica, em função de uma particular articulação entre teoria e técnica. Para prosseguirmos convém, entretanto, esclarecer o que entendo por "dispositivo analítico".

Manuel Berlink (1988), em seu trabalho *"A contratransferência contra a transferência"*, recorre a um conhecido trabalho de Bleger intitulado *Psicanálise do enquadramento psicanalítico* para definir o dispositivo analítico como *"uma situação que abarca fenômenos que constituem um processo, ou seja, o que é objeto do trabalho de simbolização; objeto de nossos estudos, análises e interpretações; mas inclui também um enquadramento, isto é, um não processo, constituído pelas constantes, pelos marcos em cujo interior se desenvolve um processo"* (p.128). Assim sendo, a noção de dispositivo analítico contém, mas ultrapassa a de setting ou enquadramento, uma vez que envolve também aspectos relativos ao processo (portanto variável) que se desenvolve em um campo delimitado por certos referenciais tidos como invariáveis.

Quando falamos em transferência, resistência ou elaboração, por exemplo, estamos nos referindo ao processo analítico. Quando falamos em duração, freqüência de sessões, questões relativas ao pagamento, uso ou não de divã, etc., remetemo-nos ao enquadramento e estamos no âmbito do "não-processo." Também fazem parte deste âmbito a regra fundamental da psicanálise (que propõe ao paciente a associação livre e ao analista a atenção flutuante), e as regras da abstinência e neutralidade. Tais regras técnicas juntamente com as demais regras contratuais estruturam a situação analítica e permitem que se jogue, como diz Ferro (1998, p.181) este jogo, a análise, e nenhum outro.

No dicionário *Aurélio* (Ferreira, 1975), dispositivo está definido como *"mecanismo disposto para se obter certo fim; conjunto de meios planejados com vistas a um determinado fim"* (p.482).

Freud, em seu artigo "Recomendações aos médicos que exercem a psicanálise" (1912), afirma que *"os princípios da técnica relacionam-se àquilo que possibilita revelar o próprio inconsciente"* (p.157). O dispositivo que ele monta visa dar conta deste objetivo. Sendo Freud o criador da psicanálise, a invenção do dispositivo analítico surge atrelada ao nascimento de suas teorias a respeito do aparelho psíquico e do funcionamento mental e tem como base sua experiência clínica com pacientes neuróticos, em particular, com suas pacientes histéricas. Vejamos como se dão algumas destas articulações entre técnica e teoria.

Freud supõe que os sintomas apresentados por seus pacientes têm um sentido articulado a sua história de vida e ao sexual infantil. Para ele, o sintoma é um derivado do inconsciente, uma formação substitutiva que, ao mesmo tempo, revela e oculta um conteúdo recalcado. O sintoma guarda, portanto, uma relação simbólica com o recalcado e é preciso desvendar seu sentido para que ele se dissolva. Como diz Freud, *"pelo tratamento psicanalítico desvenda-se o trajeto ao longo do qual se realizou a substituição (do conteúdo recalcado), e para a recuperação é necessário que o sintoma seja reconduzido pelo mesmo caminho à idéia reprimida"* (1910[1909], p.28).

Assim como o sintoma, também o sonho, os atos falhos e a associação verbal do paciente são considerados derivados do inconsciente. A regra da livre associação tem, então, como pressuposto que esta só é livre na aparência uma vez que é determinada pelo inconsciente. Quando Freud acredita que, ao seguir as pistas fornecidas pelas associações verbais do paciente, pode ter acesso ao conteúdo recalcado, está supondo a existência de um aparelho psíquico capaz de elaborar psiquicamente a excitação. A associação se constituiria justamente por um deslizamento de significados produzido pelo deslocamento da excitação ao longo das cadeias de representações, podendo remeter, pelo caminho inverso, ao recalcado.

Se o objetivo do dispositivo analítico é revelar o que é inconsciente, e se só se tem acesso ao inconsciente pelos seus derivados, este dispositivo é montado de forma a facilitar a formação de derivados do inconsciente via processos psíquicos representativos. A sessão de análise é concebida, então, como uma situação que, tal como no sono, pode propiciar condições para que se dê a regressão necessária à formação de um sonho. A regressão é, como diz Marília Aisenstein (1994), o *"primum movens do trabalho psíquico"* (p.104). É o caminho regressivo que possibilita que os pensamentos latentes do sonho sofram um processo de elaboração submetendo-se aos mecanismos característicos do processo primário, deslocamento e condensação, assim como a uma tendência à figurabilidade.

Abordamos aqui a regressão nos três aspectos em que esta é examinada por Freud: no aspecto formal, que se refere à passagem de um modo de funcionamento a outro, do processo secundário ao primário; no aspecto tópico, remetendo a uma inversão do fluxo das excitações do pólo motor ao pólo perceptivo, o que confere o caráter alucinatório à experiência do sonho; e no aspecto temporal, em que o infantil se delineia a partir das articulações que surgem quando os traços mnêmicos do inconsciente são reavivados.

O uso do divã, que se transformou nos meios de comunicação em uma espécie de caricatura da psicanálise, visa a produzir uma certa privação sensorial que facilitaria o acesso à realidade psíquica tal como ocorre quando dormimos e podemos, então, sonhar. Da mesma forma, uma freqüência elevada de sessões, propiciaria melhores condições para que a regressão pudesse ocorrer a serviço do trabalho de análise.

A própria transferência pode ser concebida como uma espécie de sonho que se produz dentro do *setting* analítico favorecendo o acesso à realidade psíquica[73].

Como disse anteriormente, o dispositivo analítico foi sendo montado por Freud com a elaboração de suas teorias a partir de sua experiência clínica. O método foi se modificando e o dispositivo sendo reinventado conforme as exigências da clínica. Se, no princípio, Freud buscava ativamente desvendar o sentido de cada sintoma de seus pacientes, passou a se interessar *por "tudo que se acha presente na superfície da mente do paciente naquele momento e emprega a arte da interpretação para identificar resistências e torná-las conscientes ao paciente"* (1914, p.193). Aqui,

---

[73] A analogia entre o sonho, a sessão de análise e a transferência é discutida por Decio Gurfinkel em " A realidade psíquica, o sonho, a sessão". *Percurso*, 2(4): 18-25, 1990.

revelar o inconsciente refere-se a ampliar o acesso às múltiplas possibilidades de articulações dos traços ou representações inconscientes.

Essa modificação no método relaciona-se à regra fundamental da psicanálise segundo a qual o paciente deve associar livremente e o analista deve simplesmente escutar sem focalizar previamente sua atenção em nada específico. O analista deve se permitir encontrar o desconhecido e não aquilo que procurava previamente, o que implica em poder se surpreender. Para isto, "o analista deve se abandonar à memória inconsciente" como ressalta Freud em *"Recomendações aos médicos que exercem a psicanálise"* (1912, p.150). Neste artigo, Freud explicita que o inconsciente do analista é um instrumento de análise e inclui, desta forma, a mente do analista no dispositivo analítico. *"Abandonar-se à memória inconsciente"* significa poder fazer uso de sua capacidade regressiva e assim poder realizar transformações a partir do material do paciente. Por transformações entendo aqui os processos psíquicos elaborativos que requerem, em primeiro lugar, que haja condições de representabilidade na mente do analista ao que lhe desperta o contato com seu paciente, para que, posteriormente, as representações possam ser articuladas significativamente pela palavra. Abordando este aspecto do trabalho de análise, Freud utiliza para a "escuta" do analista a metáfora do telefone: o analista deve

> "voltar seu próprio inconsciente, como um órgão receptor, na direção do inconsciente transmissor do paciente. Deve ajustar-se ao paciente como um receptor telefônico se ajusta ao microfone transmissor. Assim como o receptor transforma de novo em ondas sonoras as oscilações elétricas da linha telefônica, que foram criadas por ondas sonoras, da mesma maneira o inconsciente do médico é capaz, a partir dos derivados do inconsciente que lhe são comunicados, de reconstruir esse inconsciente, que determinou as associações livres do paciente" (1912, p.154).

A inclusão da mente do analista no dispositivo analítico requer alguns cuidados. Torna-se fundamental a análise pessoal do analista, em que este poderá trabalhar suas próprias resistências e ampliar as possibilidades de sua escuta. Da mesma forma, as regras da abstinência e da neutralidade que, com a regra da atenção flutuante, também compõem o dispositivo analítico, têm o caráter de assinalar, como demonstra Sérvulo Figueira, qual deva ser o posicionamento subjetivo do analista para que possa haver análise (1994, p.3).

A regra segundo à qual o tratamento deve ser lavado a cabo na abstinência (Freud, 1915[1914], p.214) tem a finalidade de garantir que o movimento desejante do paciente, motor de sua análise, não seja obturado. No que diz respeito ao analista, isto significa que o analista não deve responder a demanda de amor ou saber do paciente. Já a regra da neutralidade traz-nos hoje em dia certo embaraço. Não se crê em um analista neutro, desvinculado do contexto histórico em que se dá o trabalho com seu paciente. Também não é possível imaginar um analista capaz de escutar seu paciente e realizar transformações, que não seja permeável ao outro e a seus próprios afetos. O modelo do analista "tela-branca" para as projeções do paciente, que circula erroneamente em alguns meios, pode ser substituído por um modelo de um continente delimitado por uma membrana permeável em que o que chega pode entrar, sofrer transformações e enfim retornar de outra forma. Só é possível, então, compreender a neutralidade naquilo em que ela se aproxima da abstinência; como um cuidado para que os próprios desejos do analista não invadam o dispositivo distorcendo sua escuta e impedindo que os desejos e características do analisando possam ganhar forma.

Todos estes preceitos técnicos apontam para situações desejadas, constituem uma espécie de "norte" que orienta o trabalho analítico. Assim como a "regra da livre associação" não impede que um paciente deixe de associar, as regras relativas ao funcionamento do analista também não garantem a ele um posicionamento subjetivo adequado.

Antonino Ferro (1998) considera que a condição mental do analista faz parte do *setting* e é um dos componentes variáveis da situação analítica. Ferro concebe a análise como um campo configurado tanto pelo analisando quanto pelo analista. Se a condição de escuta do analista varia conforme seu estado emocional a cada momento (ele pode estar mais ou menos disponível para o paciente), estas oscilações se refletirão na forma como o campo analítico se estruturará[74]. Da mesma maneira, se o analista é permeável aos estados emocionais de seu paciente, sua condição mental será constantemente perturbada no contato com ele. O trabalho de análise consiste, para o analista, justamente na possibilidade que este tem de se deixar perturbar

---

[74] Isso torna-se bastante relevante com os pacientes que somatizam, pois eles podem ser especialmente sensíveis às oscilações tanto da presença concreta quanto do estado mental do analista. Como as reações desses pacientes dão-se, muitas vezes, na esfera do próprio corpo, sua resposta a essas oscilações poderá se manifestar nesta esfera.

pelos estados emocionais do paciente e posteriormente restabelecer sua condição de pensamento.

Neste sentido que Fédida (1988), embora partindo de um referencial teórico distinto do de Ferro, traz uma concepção bastante original do que seja a contratransferência. Para ele, a contratransferência seria justamente o dispositivo pré-consciente que permite ao analista reinstaurar as condições de escuta, dizendo respeito portanto, às capacidades elaborativas do analista. Para Fédida, o analista escuta com a angústia, com seus restos não analisados que são mobilizados no contato com o paciente requerendo seu trabalho psíquico.

Da mente do analista à clínica psicossomática

O caminho percorrido até aqui, do objetivo do dispositivo analítico de tornar consciente o inconsciente à inclusão da mente do analista no dispositivo, contém os elementos para pensarmos na clínica da psicossomática.

Mais de 100 anos após sua criação, a psicanálise vem passando por modificações. Em nossa prática temos nos deparado freqüentemente com situações em que a livre associação ou um sonho passível de interpretação são quase um "luxo". Os silêncios, a fala que não é habitada pelo falante tal a dissociação de seu afeto, ou a fala que tem mais o caráter de um ato, de uma descarga, do que a função de comunicar, ocupam o cotidiano de nossa clínica. Encontramos pacientes relatando insistentemente suas crises de pânico, pacientes deprimidos arrastando vidas esvaziadas sem possibilidade de recobrimento pela via imaginativa, pacientes que somatizam queixando-se de seu corpo que sofre e assim por diante. Por um lado, estes pacientes obrigam os psicanalistas a repensarem seu dispositivo e, por outro, as transformações pelas quais vem passando a psicanálise permitem que se escute e mesmo que se olhe para a problemática que eles trazem. Dada a pobreza de sua vida representativa, o modelo do trabalho de análise, que tem como objetivo revelar o inconsciente por meio da interpretação de seus derivados, não é mais possível com esses pacientes. Onde não há sonho a se interpretar, o trabalho se centrará nas condições de construção de um sonho.

Daí que encontramos atualmente outras formulações para o objetivo do dispositivo analítico como, por exemplo: *"propiciar condições mínimas para que a simbolização possa ocorrer"* (Green, 1988, p.55), *"ampliar o mundo representacional"* (Rojas e Sternbach, 1994, p.165), desenvolver um aparelho para pensar (Bion, 1988).

Essas formulações, no meu entender, não se contradizem com o objetivo de revelar o inconsciente, apenas ampliam este objetivo. É como se a psicanálise houvesse passado por uma mudança de paradigma: do paradigma da neurose, do sujeito sonhador, para o das patologias dos sujeitos que não sonham ou pouco sonham. Desta forma, mesmo na clínica da neurose, os analistas estendem hoje sua atenção para as áreas não simbolizadas de seus pacientes.

Para trabalhar com estas questões, o analista dispõe dos efeitos que um certo tipo de comunicação bastante primitiva pode produzir em seu psiquismo e mesmo em seu corpo, ele também imerso nesse campo transferencial. O analista é assim levado a viver, a experimentar algo em seu corpo e em seu psiquismo, que seu analisando não consegue comunicar por meio das palavras. É a partir do vazio do discurso e dos efeitos de um transbordamento produzido pelas vivências que o paciente não acolhe em seu psiquismo, que o analista realiza seu trabalho. Isto requer dele capacidade de acolher, entrar em ressonância, conter e transformar o que é vivido por seu paciente.

O modelo para se compreender como se dão esses processos em uma análise é o modelo mãe/bebê. É a mãe quem, estando em sintonia com o bebê, acolhe, dá sentido e nomeia o choro, os gestos, os gritos e reações do bebê. Tanto por intermédio de suas ações, dos cuidados concretos que dispensa ao bebê, quanto da atividade de seu pré-consciente, a mãe exerce sua função de "pára-excitação", possibilitando assim a regulação das excitações que o bebê sozinho não é capaz de realizar. Como afirma Joyce McDougall (1983), a mãe além de ser fonte de vida para seu filho, é também seu *"aparelho para pensar"* (p.100).

Assim como o colo e a mente da mãe contém o bebê, o espaço analítico se prestará para a criação de fronteiras em que a experiência psíquica não dissociada do soma poderá ocorrer. Muitas vezes, será preciso que esta experiência se dê primeiramente na mente do analista que, estando em contato com seu paciente, dá forma àquilo que não encontra forma no psiquismo dele. O trabalho da análise adquire nesse contexto o caráter de um trabalho de construção tanto do espaço psíquico quanto das representações que o habitam. Para que o paciente possa conter e elaborar psiquicamente as suas vivências, é preciso construir as condições de representabilidade destas vivências, a partir do que poderão fazer parte da sua realidade psíquica.

Neste sentido, o trabalho do analista guarda relações com o trabalho do sonho, isto é, com as operações que possibilitam que os diversos estímulos do sonho, quer sejam estímulos corporais, restos diurnos ou pensamentos do sonho, possam se transformar em um produto, o sonho manifesto (Laplanche e Pontalis, 1983, p.664). É o trabalho do sonho e, portanto, a regressão que está nele implicada, que confere a estímulos que nem sempre faziam parte da dinâmica representacional a possibilidade de inclusão na realidade psíquica. Assim, para a psicanálise, o sonho constitui um protótipo da experiência de integração entre psique e soma. Já no trabalho de análise, muitas vezes as vivências do paciente poderão encontrar condições de representabilidade primeiro na mente do analista. Se o analista estiver receptivo ao informe do paciente e disponível para a experiência regressiva no contato com ele, poderá encontrar em si figuras para "pensar seu paciente" e suas vivências. Conforme aponta Eliana Borges Pereira Leite (2001), o analista empresta *"seus próprios traços mnêmicos como matéria-prima para uma recepção da fala"* (p.3) do paciente. Sua função equivalerá, portanto, àquilo que Leite descreve como sendo atribuição da mãe*: "sonhar o bebê e seu corpo, sonhar pelo bebê, instaurar com e para o bebê o trabalho do sonho"* (p.5). Desta forma, espera-se que o analisando vá adquirindo elementos com que pensar ou sonhar suas próprias vivências e vá desenvolvendo assim suas próprias condições elaborativas.

Na clínica com pacientes que apresentam transtornos psicossomáticos, a contribuição do trabalho psíquico do analista torna-se fundamental: é preciso criar ou recuperar as condições para que a excitação que sobrecarregou o soma possa ser contida e elaborada no terreno psíquico.

O contexto analítico e as regras que o estruturam, ou seja, aquilo a que me referi no início do trabalho como sendo a parte "não-processo" do dispositivo terá a função de propiciar as melhores condições possíveis para este trabalho de construção. É importante que a situação analítica seja estruturada com rigor para poder conter as operações transformadoras que caracterizam o processo de análise. Um *setting* rigoroso não significa, como ressalta Ferro (1998) referindo-se a Bion, que este deva ser um claustro. Pelo contrário, poderá ser um *"continente com qualidades de elasticidade e robustez"* (p.184).

Funções das disposições do enquadre

Rigor em relação ao *setting* também não significa que este deva corresponder ao *setting* proposto por Freud. Freud montou o dispositivo analítico clássico. Algumas das condições preconizadas por ele para a situação analítica poderão, então, ser repensadas em função da ampliação dos objetivos do dispositivo analítico. A montagem de um dispositivo clínico pelo analista deverá ser sempre fruto de um ato criativo que requer o solo da teoria para acontecer.

Conforme nos alerta Bleger (1977), para que não se estereotipem e burocratizem, é preciso, que as condições que estruturam a situação analítica sejam objeto de análise por parte do analista dentro do enquadramento por ele proposto. Para esse autor, o enquadramento é depositário das partes mais primitivas e indiferenciadas da personalidade. Em uma situação supostamente ideal, o enquadramento mantém-se "mudo", constituindo uma espécie de "fundo" imperceptível para o desenrolar do processo analítico. Nas ocasiões em que ocorre ruptura do enquadramento, estes aspectos que estavam nele depositados podem se revelar.

Bleger aborda, ainda, o enquadramento como o esquema corporal do paciente que ainda não se estruturou e discriminou, isto é, como a *"indiferenciação corpo-espaço e corpo-ambiente"* (1977, p.322). Creio que ele nos fornece, com esta reflexão, pistas preciosas para pensarmos na mobilização do corporal na análise a partir das rupturas do enquadre. Quando o que estava imobilizado no enquadre pode ser posto em movimento, é oferecida a oportunidade ao paciente de, pela presença de um outro, o analista, e de seu trabalho psíquico, vir a encontrar condições para que aquilo que não fazia parte da memória venha a se inscrever podendo ser, então, utilizado em uma dinâmica representacional.

Com pacientes que somatizam, uma ruptura do enquadre que não tenha sido provocada por ele, pode, entretanto, representar um risco de desorganização/somatização – estes pacientes necessitam muitas vezes por um longo período que o analista possa suportar a indiferenciação, evitando denunciar prematuramente sua presença como um outro sem, no entanto, estar ausente. Nestas circunstâncias, a interpretação pode ser vivida por alguns pacientes de forma muito intrusiva; marca de uma alteridade que ainda não podem tolerar. Não interpretar não significa, entretanto, ausentar-se ou calar-se: a mãe que dá sustentação às experiências do bebê é a mãe que alimenta, limpa, acalenta, fica confusa, pensa, fala e sabe esperar... Utilizando-nos da analogia estabelecida por Winnicott entre o contexto analítico e a "mãe-ambiente", poderíamos dizer que, em muitos momentos, a prioridade de alguns pacientes é que o contexto analítico, incluindo-se nele o analista, possa constituir um ambiente favorecedor a partir do que, processos de diferenciação e integração poderão ocorrer[75].

Retomando a discussão a respeito da montagem do dipositivo analítico, alguns psicanalistas, encabeçados por Pierre Marty (1993), pensam, por exemplo, que o trabalho com pacientes que apresentam transtornos psicossomáticos deva ser realizado face a face. A posição face a face, ao contrário do divã, impõe a presença do corpo de um dos membros da dupla analítica ao outro. Esta posição poderia favorecer um tipo de trabalho em que o não-verbal inclui-se mais amplamente já que *"o olhar resgata modalidades expressivas e significantes da corporeidade"* (Rojas e Sternbach, p.165). Não cabe nos limites deste trabalho fazer um estudo sobre o lugar do olhar no dispositivo analítico. Só para apontar um dos possíveis caminhos de reflexão acerca desta questão, eu lembraria que o olhar tem um papel fundamental nos momentos constitutivos do sujeito, em que a mãe delimita o corpo do filho contornando-o com o olhar e, em que, recorrendo a Winnicott (1975), o bebê é aquilo que vê nos olhos da mãe que o vê.

Ao tratarmos da posição do paciente na sala de análise, estamos ainda no âmbito da situação analítica, pensando na montagem do dispositivo analítico. O que dizer, então, daquelas situações em que o analista sai de sua poltrona e vai atender o paciente em seu domicílio ou no leito hospitalar por exemplo? Nestes casos, penso que quanto mais sua identidade tiver sido garantida pela manutenção do enquadramento que lhe é familiar, mais o analista viverá esta situação de forma disruptiva. Resta ao analista, entretanto, aquilo que é essencial em seu trabalho, suas condições mentais. Seu lugar de analista não será assegurado pelo *setting*, mas por seu posicionamento subjetivo no trabalho com o paciente. Isto não impede, penso eu, que se estabeleçam algumas regras para estruturar seu encontro com o paciente – mesmo que estas regras sejam muito distintas daquelas pensadas para a situação analítica.

No caso do paciente ser atendido por uma equipe, penso que os efeitos da impossibilidade desses pacientes conterem e elaborarem

---

[75] Estas idéias encontram-se desenvolvidas por mim e por Luciana Cartocci em " Winnicott: contribuições de uma clínica para a atualidade ". *Percurso,* 17(2): 7-10, 1996.

psiquicamente suas vivências podem ser experimentados pelos membros da equipe e nas relações entre eles. É como se toda a equipe se prestasse à colocação em cena do que ainda não se encontra simbolizado pelo paciente. Desta forma, as vivências do paciente podem encontrar ressonância e condições de representabilidade no espaço institucional ou da equipe. Constituem exemplos disso os inumeráveis conflitos que se apresentam entre os membros de uma equipe quando, muitas vezes, os pacientes se apresentam de forma aconflitiva. Estabelecer uma regra tal como: todos os casos deverão ser discutidos em reuniões periódicas – pode ser uma forma de proteger a equipe e oferecer-lhe condições facilitadoras para a elaboração dessas experiências intensas. A reunião de equipe passaria assim a fazer parte do dispositivo montado.

Para finalizar, eu gostaria de dizer que além da recomendação do trabalho face a face, existem outras recomendações técnicas sobre como tratar os pacientes que apresentam transtornos psicossomáticos. Meu objetivo não é, entretanto, abordá-las, uma vez que minha proposta é que se desloque a discussão de uma técnica especializada, para uma reflexão acerca da especificidade da contribuição do analista na clínica da psicossomática. Especificidade esta que eu penso residir na inclusão de sua mente e de seu trabalho psíquico no dispositivo, bem como na coerência entre uma concepção sobre o aparelho mental e o funcionamento psicossomático e a forma como é estruturada a situação em que se dá o atendimento.

Referências bibliográficas

AISENSTEIN, M. Da medicina à psicanálise e à psicossomática. *Rev. Bras. Psicanal.*, 28(1):99-110, 1994.

BION, W.R. *Estudos psicanalíticos revisados*. Rio de Janeiro: Imago, 1988.

BLEGER, J. *Simbiose e ambigüidade*. Rio de Janeiro: Francisco Alves, 1977.

BERLINK, M.T. *Psicanálise da clínica cotidiana*. São Paulo: Escuta, 1988.

FÉDIDA, P. A angústia na contratransferência ou o sinistro da transferência. In *Clínica psicanalítica*. São Paulo: Escuta, 1988.

FERREIRA, A.B.H. *Novo dicionário da língua portuguesa*. Rio de Janeiro: Nova Fronteira, 1975.

FERRO, A. *Na sala de análise: emoções, relatos, transformações*. Rio de Janeiro: Imago, 1998.

FIGUEIRA, S.A.(org.) *Contratransferência: de Freud aos contemporâneos*. São Paulo: Casa do Psicólogo, 1994.

FREUD, S. (1910[1909]) Cinco lições sobre psicanálise *E.S.B*. Rio de Janeiro: Imago, 1976; v.11.

──────. (1912) Recomendações aos médicos que exercem a psicanálise. *Op. cit.*, v.12.

──────. (1914) Recordar, repetir, elaborar. *Op. cit.*, v.12.

──────. (1915 [1914]) Observações sobre o amor transferencial. *Op. cit.*, v.12.

GREEN, A. O analista, a simbolização e a ausência no contexto analítico. In *Sobre a loucura pessoal*. Rio de Janeiro: Imago, 1988.

LAPLANCHE, J. & PONTALIS, J.-B. *Vocabulário da psicanálise*. São Paulo: Martins Fontes, 1983.

LEITE, E.B.P. O feminino familiar. In ALONSO, S., GURFINKEL, A. & BREYTON, D.M. (orgs.) *Figuras clínicas do feminino no mal-estar contemporâneo*. São Paulo: Escuta, 2003.

MARTY, P. *A psicossomática do adulto*. Porto Alegre: Artes Médicas, 1993.

McDOUGALL, J. A contratransferência e a comunicação primitiva. In *Em defesa de uma certa anormalidade: teoria e clínica psicanalítica*. Porto Alegre: Artes Médicas, 1983.

ROJAS, M.C. & STERNBACH, S. *Entre dos diglos: una lectura psicoanalítica de la posmodernidade*. Buenos Aires: Lugar, 1994.

WINNICOTT, D.W. O papel de espelho da mãe e da família no desenvolvimento infantil. In *O brincar e a realidade*. Rio de Janeiro: Imago, 1975.

A utilização de histórias no manejo terapêutico de pacientes hospitalizados

Andréa Satrapa

A proposta desse trabalho é proporcionar elementos para reflexão sobre a utilização de histórias como um recurso terapêutico no acompanhamento clínico de pacientes hospitalizados, visando torná-lo instrumental. Histórias utilizadas em situações de cuidado e seus efeitos terapêuticos foram abordadas de diversas maneiras. Já em *As mil e uma noites* (Galland, s/d) Xerazade tem sua vida poupada e resgata a capacidade de amar de seu marido, o Rei Xariar, contando-lhe uma série de histórias ao longo de mil e uma noites. As histórias também podem ser um valioso recurso nas consultas terapêuticas infantis, como demonstrado por G. Safra (1984) em sua dissertação de mestrado, e no trabalho terapêutico com adultos, como demonstrou S. Hisada (1998). Haveria, no entanto, alguma especificidade em sua utilização com pacientes que apresentam afecções somáticas em situação de internação hospitalar? É sobre esta questão que me proponho a refletir.

Em minha prática clínica, comecei a utilizar histórias de uma maneira bastante intuitiva. A primeira vez que utilizei esse recurso foi durante o atendimento a uma senhora de 50 anos que sofria de hipertensão arterial, acompanhada ambulatorialmente em uma instituição pública de saúde. Durante várias sessões, ela relatava situações nas quais sentia-se prejudicada, frustrada ou magoada, nas relações familiares, com as vizinhas e até mesmo no hospital. Queixava-se das injustiças que sofria, sem, no entanto, reagir a elas. Comecei a perceber que ela não manifestava agressividade e tentei apontar isso para ela, que prontamente disse que não tinha raiva de nada nem de ninguém, fechando-se e fechando a questão. Nesse impasse, quando a comunicação entre nós parecia momentaneamente interrompida, lembrei-me de uma história hindu que ouvira naquela semana. Achei a história representativa da dinâmica apresentada por ela e, por isso, resolvi contar-lhe.

Em um vilarejo na Índia, vivia uma cobra naja muito feroz e temida. Ela habitava uma caverna que ficava no caminho que ligava esse vilarejo a um outro, pouco maior, e atacava e matava quem quer que ousasse passar defronte à sua caverna. Há muito essa rota fora abandonada. Certo dia, um velho sábio que visitava a localidade resolveu utilizar o caminho, apesar das advertências dos moradores locais. Ao aproximar-se da caverna, encontrou a cobra, bote armado, a esperar-lhe. Antes de ser atacado, perguntou:
"Por que você agride e mata a todos que por aqui passam?"
"Porque aqui mando eu e todos que invadem meus domínios merecem a morte", respondeu a cobra.
"Mas não percebe que esse comportamento a condena à solidão? Ninguém mais passa aqui, todos a temem. Além do mais, não é seu direito tirar a vida de pessoa alguma", retrucou o sábio.
Subitamente tocada pelas palavras do homem, a cobra retirou-se para dentro da caverna e deixou-o passar. A notícia da chegada do sábio, ileso, ao outro vilarejo, logo se espalhou. Aos poucos, mais e mais habitantes foram aventurando-se pelo antigo caminho, sem que a cobra reagisse.
Passadas poucas semanas, o sábio retornou pelo mesmo caminho e, defronte à caverna, encontrou a cobra estendida na estrada, toda estropiada e quase morta.
"Mas o que se passou consigo desde nosso último encontro? Você estava sadia e forte quando a deixei!", exclamou o velho.
"Apenas segui as suas palavras. Tocada por elas, nunca mais agredi ou matei alguém. Agora agridem a mim, os homens da aldeia, mas não reajo, pois sei que não tenho o direito de tirar a vida alheia", disse a cobra.
Após refletir por alguns instantes, o velho sábio retrucou:
"Disse, mesmo, que não devia matar... mas em momento algum falei que não devia armar o bote e sibilar!".

Depois de ouvir atentamente, permaneceu em silêncio por algum tempo e, então, começou a falar da atitude da cobra, da necessidade de defender-se, passando em seguida a demonstrar mais clara e veementemente seu descontentamento e mesmo sua agressividade. A história fora de grande utilidade para o restabelecimento de nossa comunicação, bem como facilitara para a paciente entrar em contato com aspectos seus que até então permaneciam dissociados.

Passei, então, a utilizar este recurso com mais freqüência, servindo-me dessa e de outras histórias que me vinham à mente durante o contato com os pacientes. As histórias mostraram-se uma forma de intervenção bastante eficaz, especialmente com pacientes que encontravam-se hospitalizados, como ilustram as vinhetas clínicas aqui relatadas. Esta observação, derivada da prática clínica, suscita algumas questões: por que este parece ser um recurso tão eficaz nesse contexto específico? Haveria algo que se passa nessa relação que contribuiria para isso?

G. Safra (1984) mostrou a possibilidade do uso de histórias como um importante meio de intervenção em uma abordagem psicoterapêutica breve, em um contexto de consultas terapêuticas com crianças. Em resumo, as consultas infantis por ele realizadas não têm como objetivo a reestruturação da personalidade, mas o diagnóstico e o manejo profilático da angústia emergente naquele determinado período da vida, por um número pequeno de consultas, que terminam com a formulação de uma história que será contada pelos pais à criança. O método tem limitações, pois é pré-condição para sua utilidade e eficiência um meio ambiente minimamente adequado ao desenvolvimento da criança, já que em virtude da brevidade do trabalho, a ação conjunta com a família é fundamental. As histórias infantis foram escolhidas como instrumento privilegiado de comunicação, pois além de serem lúdicas, são transicionais[76] e permitem à criança encontrar um sentido para suas experiências, dentro de uma estrutura de relações. Desse modo, para ser útil a história deve conter a angústia básica da criança, seus mecanismos de defesa, o tipo de relação objetal e um personagem que funcione como um objeto compreensivo que ajuda na integração da personalidade, bem como possíveis soluções do conflito. A história é elaborada com os pais e são criadas também outras versões do mesmo tema.

A função transicional das histórias

A permanência dos pacientes no hospital, durante a internação, é geralmente breve e requer um tipo bastante específico de atuação, que leve

---
[76] Este conceito será apresentado adiante.

em conta tal característica. As histórias podem ser de grande utilidade em intervenções breves, como demonstrado por Safra; mas essa conclusão poderia ser generalizada para o contexto de psicoterapia breve com adultos? Os objetivos dos trabalhos realizados por G. Safra (1984) e no hospital são semelhantes: o manejo das angústias emergentes em um período crítico da vida; os métodos utilizados, no entanto, são diferentes: no hospital, o número de contatos com o paciente é incerto e a formulação da história não é o objetivo principal desses contatos. Ainda assim, no contato possível durante a internação, o uso de histórias, até mesmo aquelas que já fazem parte do arcabouço cultural do paciente, parece permitir que também o adulto faça uso desse recurso que lhe foi oferecido, seja no próprio momento, para lidar com as angústias desencadeadas ou exacerbadas pela internação e tudo nela implicado, ou sempre que necessitar. Também para adultos, as histórias parecem facilitar que um sentido para suas experiências seja encontrado.

B. Bettelheim (1980) aborda as semelhanças e diferenças entre as diversas formas de narrar uma história e suas implicações, que diferem para adultos e crianças.

Tanto os mitos, como os contos de fadas e as fábulas falam-nos em uma linguagem de símbolos, representando conteúdos inconscientes, que se dirigem simultaneamente à nossa mente consciente e inconsciente, ao id, ego e superego e também às nossas necessidades de ideais de ego. Há, no entanto, diferenças fundamentais entre eles.

Mito: Cada mito é a história de um herói particular e incomum. É caracterizado pela presença do divino, vivenciado na forma desses heróis sobre-humanos, que fazem constantes solicitações aos comuns mortais. Lida com conflitos inconscientes, que são retratados de forma direta e didática. Seu final é quase sempre trágico, pessimista. Não são úteis na formação da personalidade total, mas apenas do superego, pois projetam uma imagem ideal agindo nas bases das exigências do superego.

Conto de fada: Sua história retrata o homem comum, pessoas parecidas conosco. Moralidade não é o seu caminho, mas, sim, a certeza de que uma pessoa comum pode ser bem-sucedida, apesar das adversidades. Caracteristicamente, não faz solicitações, mas reassegura, dá esperanças de um futuro feliz por meio de um final sempre feliz, otimista. Lida de modo gentil, indireto e sem solicitações com os conflitos inconscientes que aborda. Descreve uma integração do ego que permite uma satisfação apropriada dos desejos do id.

Fábula: Apenas entretém e, na maioria das vezes, solicita ou ameaça, por um viés moralista. Afirma sempre uma verdade moral que, não deixando significado oculto, empobrece o trabalho imaginativo.

Utilizando a história de Édipo como exemplo, ele ressalta que a criança, ainda exposta aos conflitos abordados pelo mito, ao ouvi-lo fica sujeita à intensificação da ansiedade sobre si mesma e sobre o mundo. O adulto, ao contrário, pode ter a oportunidade de trazer sua compreensão madura ao que até então permanecia sob a forma de ansiedades infantis, pois o mito refere-se a situações que ocorreram em épocas distantes, em seu passado obscuro.

Para os adultos, então, uma ampla gama de histórias pode funcionar como veículo de comunicação e de facilitação no encontro de sentido para experiências pungentes e mobilizadoras de angústia. Não só contos de fadas, que, além das angústias e dos mecanismos de defesa, mostram possíveis soluções para o conflito e um final sempre feliz, mas também mitos e fábulas podem ser utilizados, pois um adulto dispõe de recursos acumulados ao longo do caminho que percorreu em seu processo de desenvolvimento, que ainda não estão disponíveis à criança. Uma história que apresente o conflito, a angústia dele decorrente, a solução encontrada pelo sujeito e as conseqüências dessa solução parece ser suficiente para desencadear um movimento associativo e (re)estabelecer a comunicação entre o paciente e o seu mundo interno, como também com o terapeuta, sem necessariamente apresentar outras soluções que levem a um final feliz.

Mas, por que as histórias são terapêuticas? Qual ou quais de suas características estão implicadas na produção desse efeito? B. Bettelheim (1980), embora abordando o uso do conto de fadas para as crianças, nos dá uma pista:

> "O conto de fadas é terapêutico porque o paciente encontra sua própria solução através da contemplação do que a estória parece implicar acerca de seus conflitos internos nesse momento de vida" (Bettelheim, 1980, p.33).
> "Os contos de fadas deixam à fantasia da criança o modo de aplicar a ela mesma o que a estória revela sobre a vida e a natureza humana" (Bettelheim, 1980, p.59).

Essas frases nos remetem ao conceito de transicionalidade, mais especificamente ao conceito de espaço transicional, formulado por D. W. Winnicott (1975).

O espaço transicional constitui uma área intermediária de experimentação, para a qual contribuem as realidades externa e interna. Pertence à zona da ilusão, entre a fantasia e a realidade, na qual pode ser estabelecida uma relação com o objeto de modo pessoal e significativo. É nesse espaço que a realidade, pela capacidade criativa do indivíduo, poderá ser transformada em algo subjetivo, com significação própria. É nessa área que se encontram o brincar, a arte, a religião e a imaginação.

Para G. Safra (1984), as histórias infantis são claros exemplos de fenômenos transicionais, pois, no mundo do "faz-de-conta", a criança procura alívio para as tensões decorrentes do contato da realidade externa com a interna, como também elas auxiliam o desenvolvimento do ego e do sentido de realidade, facilitando a capacidade simbólica. S. Hisada (1998) acrescenta que, para os adultos, permitem que aspectos mais primitivos sejam revividos de forma não persecutória e, na relação terapêutica, permitem que o paciente encontre um sentido para suas experiências, podendo então integrar partes dissociadas de seu eu.

A própria maneira de intervir, a forma de veicular uma interpretação pode constituir-se (ou não) em um fenômeno transicional. A forma como a comunicação é estabelecida com o paciente é fundamental para que ele a introjete e assimile, principalmente quando há um incremento das ansiedades persecutórias. Como as frases de B. Bettelheim (1980) acima citadas sugerem, a comunicação estabelecida na forma de uma história ofertada ao paciente guarda esse caráter de transicionalidade, pois o sentido não lhe é imposto e ele é livre para interpretá-la como quiser e puder, conforme seus interesses e suas necessidades. E quanto aos adultos, haverá alguma situação na qual a utilização de histórias, entendidas como recursos transicionais, se mostra particularmente eficaz?

S. Hisada (1998), que utilizou histórias no processo psicoterapêutico de adultos, relata que esse recurso se mostrou de grande auxílio nos momentos de maior resistência, exercendo funções psíquicas como:
1. Conter angústias, facilitando, desse modo, uma aproximação no contato interpessoal e uma maior consciência da realidade psíquica. O processo de transformação da angústia em pensamento é facilitado no espaço transicional, pois o paciente é respeitado em seu tempo de elaboração.
2. Facilitar a função de comunicação no processo terapêutico, tanto na relação paciente-terapeuta, como no contato do paciente com seu mundo interno.

3. Reconhecer o material que pertence a seu percurso de vida, à sua dinâmica, por meio da história que foi utilizada como recurso de comunicação.

Ela ressalta que *"talvez a estória seja mais eficaz quando utilizada na fase de angústia mais intensa, quando o paciente está em maior contato com seu lado infantil, facilitando em seguida a expressão de suas vivências emocionais"* (Hisada,1998, p.56) , e também que *"quando há um medo intenso do contato com o mundo afetivo, a estória atua de forma facilitadora, propiciando maior contato com o mundo interno"* (Hisada, 1998, p.66).

A crise da internação e os fenômenos regressivos

O período de internação hospitalar é, em geral, um período de crise, no qual as angústias persecutórias tendem a estar exacerbadas, especialmente se a internação é cirúrgica. A situação de perceber-se doente, que a internação torna mais difícil de ser negada, pode ser vivida de vários modos em um espectro que vai desde a possibilidade de receber cuidados maternais até a vivência de total impotência, incapacidade, como uma ferida narcísica. O modo de vivenciar o estar doente, em geral, repercute na maneira como as intervenções de cuidado serão vividas: pode haver a sensação de estar sendo cuidado, tratado, ou agredido, invadido, usurpado pelos procedimentos realizados.

O ambiente hospitalar coloca o paciente em situação extremamente favorável ao aparecimento de comportamentos regressivos. O protótipo disso é a UTI, na qual ele permanece preso ao leito, completamente dependente dos cuidados de terceiros até mesmo para o exercício das mais básicas funções vitais, como a alimentação, por exemplo.

D. Gurfinkel (1996) mostra que na metapsicologia e na clínica psicanalítica, o estudo dos fenômenos regressivos ganhou outros contornos a partir de Ferenczi e seus estudos sobre o desenvolvimento do eu; de Balint, que se aprofundou na teorização sobre os aspectos terapêuticos da regressão e de Winnicott, para quem *"regressão significa regressão à dependência e não especificamente regressão em termos de zonas erógenas"* (Winnicott, 1954, p.427), abrindo novo campo de estudos sobre o tema a partir de suas concepções sobre o desenvolvimento emocional primitivo. Regressão a um estádio anterior do desenvolvimento quando, na presença de um ambiente favorável, pode haver a retomada do desenvolvimento: o conceito passou a trazer, assim, um inegável aspecto de esperança. D. W. Winnicott (1954) ressalta a importância do fornecimento de um *setting* adaptado adequadamente para dar continência às necessidades que surgem a partir da regressão. Mesmo uma interpretação pode ser vivida como invasão, posto que pressupõem certa organização mental que não está acessível nos momentos regressivos.

Ressaltada a importância clínica dos processos regressivos no âmbito hospitalar, que devidamente manejados podem favorecer a apropriação psíquica de aspectos cindidos do eu, fica mais evidente o potencial da utilização de histórias como recurso terapêutico nesse contexto específico. O próprio ato de contar histórias evoca infância e, conseqüentemente, função materna. A despeito de seu conteúdo, os aspectos sensoriais envolvidos no relato de histórias (ritmo da fala e tom da voz, por exemplo), remetem às cantigas de ninar que, como aquelas, também são utilizadas para induzir o sono das crianças. As histórias são estruturadas em um registro menos formal e rigoroso que outros instrumentos terapêuticos, mais próximo à fantasia, na fronteira do registro primário, em grande sintonia com processos inconscientes, o que também as coloca mais próximas, portanto, dos eventos somáticos. Inicialmente, é por meio do exercício da função materna que o bebê pode passar de sujeito biológico a sujeito psicológico; é pela relação com outro ser humano, que nomeia as aflições do bebê, outorgando-lhes um significado, que as manifestações inicialmente vividas e expressas pelo soma podem ser representadas e ascender a manifestações psíquicas. O contato terapêutico que propicia que uma história possa ser oferecida a um paciente hospitalizado guarda esse caráter maternante pois, ao deixar-se afetar pelas aflições do paciente, o terapeuta tem condições de significar o que foi apreendido contratransferencialmente.

A utilização da história não é previamente programada quanto ao momento de sua apresentação, nem quanto à sua forma e conteúdo. A história surge do contexto relacional que se dá em um momento específico, caracterizando um processo que não é totalmente consciente, visto que o próprio terapeuta opera próximo do registro regredido do paciente. Em geral, uma história ou episódios dela surgem na mente do terapeuta como uma resposta às angústias que nele foram mobilizadas contratransferencialmente; situações de resistência mais intensa e de interrupção da comunicação por causa do incremento da angústia são especialmente sensíveis a essa forma de intervenção. Desse modo, mesmo uma história conhecida sofre alterações e recortes que, posteriormente, verifica-se ser o resultado de manifestações tranferenciais e contratransferenciais. Todas essas características infantis deste recurso parecem ser, de fato, as que fazem dele um instrumento privilegiado para lidar com os aspectos mais primitivos implicados nas situações de regressão e de desequilíbrio psicossomático.

Vinheta clínica

Sr. Pinocchio

Encontrei o Sr. Pinocchio nos momentos que antecediam sua segunda cirurgia de revascularização do miocárdio, quatro anos após a primeira. Disse-me que estava bem, não tinha receio algum do procedimento cirúrgico, pois já havia passado por aquilo, sabia como era. Contou que levara uma vida normal após a cirurgia, trabalhando, passeando, comendo e bebendo normalmente, pois se sentia muito bem. Começou a sentir dores há alguns meses e, se precisava operar de novo, operaria sem problemas, quantas vezes fossem necessárias. Embora tenha me recebido muito bem, não deixou espaço para um contato menos superficial, sentia-me visitando-o socialmente. Deixando-o, encontrei sua esposa do lado de fora do quarto. Ela se mostrou bastante preocupada com o comportamento do marido que, segundo ela, parecia não se importar com a própria saúde, com a própria vida. Mesmo após o enfarte e a primeira cirurgia, não mudou em nada seus hábitos: trabalhava exageradamente, como antes; continuava alimentando-se mal, não seguindo a dieta indicada a pacientes dislipidêmicos; não abandonou o cigarro e a bebida, como orientado pelos médicos. Pela postura dele, temia que essa situação persistisse ainda após essa segunda intervenção, o que, em seu entender, levaria inevitavelmente a uma terceira cirurgia.

A operação foi um sucesso e a recuperação do Sr. Pinocchio, muito boa. Sua única reclamação dizia respeito às admoestações da esposa, que, em suas palavras, *"... buzina em minha orelha o dia inteiro"*. Meu contato com ele permanecia superficial, questões pessoais não eram abordadas. Suas queixas a respeito das cobranças da esposa fizeram-me recordar da história de Pinocchio e sua "consciência externa", o Grilo Falante. Comentando sobre essa associação que eu fizera, perguntei-lhe se conhecia a história e, como não conhecesse, comecei a contar-lhe. Eu não me lembrava da história inteira e omiti muitos pedaços importantes; na verdade, do modo como contei-a, ficou enfatizada a busca de Pinocchio, por meio de suas ações mais que por suas palavras, pela satisfação imediata de seus desejos. Sequer cheguei a mencionei o nariz que crescia a cada mentira contada, a característica mais marcante do personagem! Ele escutou interessado, interrompendo-me com perguntas aflitas cada vez que Pinnochio colocava-se em situação de risco por seguir o princípio de prazer, desconsiderando o princípio de realidade, dissociado e representado pelo Grilo Falante: *"Mas ele não vê que assim vai terminar mal?"*.

Nosso contato mudou consideravelmente depois disso, como também mudou seu modo de encarar o adoecer e a doença. Ele começou a demonstrar preocupação com sua recuperação, bem como com o fato de ter necessitado de nova cirurgia tão pouco tempo após a primeira (o tempo médio de duração dessa cirurgia é de aproximadamente 11 anos). Pela primeira vez, parecia implicado em seu processo de saúde/doença, mostrando-se interessado em participar ativamente de sua recuperação e dos procedimentos de cuidado com sua saúde, pois não queria correr riscos desnecessários novamente: *"Eu poderia ter morrido!"*. Passou a contar com minha visita diária a seu quarto e a utilizar o tempo comigo para abordar seus sentimentos, receios, planos para depois da alta hospitalar. A utilização da história propiciou a aproximação do Sr. Pinocchio com seu mundo interno e com a equipe de saúde e ele pareceu poder integrar o problema cardíaco, até então dissociado, a seu *self*.

O potencial metaforizante das histórias e a economia psicossomática

Já vimos que as histórias são recursos transicionais e que apresentam características infantis, o que as torna um instrumento de grande utilidade no manejo das situações de regressão e de desequilíbrio psicossomático. No entanto, elas apresentam ainda outra qualidade, que nos ajudará a ampliar a compreensão sobre a eficácia de sua utilização em tais circunstâncias. As histórias, assim como os poemas e as canções, são próximas da metáfora e, por isso, carregam um potencial metaforizante, podem tornar-se palavras que pescam não-palavras, parafraseando o sensível título do livro de H. K. Rosenfeld (1998). Ao abordar a afinidade estrutural entre a interpretação psicanalítica e a metáfora, ela diz:

"O trabalho que a interpretação psicanalítica faz poderia ser pensado em termos de tentativa de inscrição – e nesse caso as idéias do "fundar", do "dar existência" e do "dar à luz" que a metáfora inspira – ou em termos de articulação, ligação, costura bem arrematada entre registros diferentes: entre afeto e representação, entre experiências indizíveis e palavras pronunciadas. Não é um trabalho simples, e já vimos que não se trata, por exemplo, de pôr os afetos em palavras. Trata-se, sim, de dar um nome que, ao invés de falar à distância do afeto, ao invés de designá-lo "desafetadamente", petrificadamente, possa falar dele de perto, de tão perto que o afeto fique dentro do nome, encarnado nele. Essa é a "fala afetada", fala enraizada no afeto, que pode articular os registros sem perdê-los, ou que pode criar um registro ainda inédito" (H. K. Rosenfeld, 1998, p.143-144).

O desequilíbrio psicossomático remete-nos aos afetos que estão aquém das representações, seja por uma impossibilidade circunstancial de articulálos psiquicamente ou por uma impossibilidade estrutural de fazê-lo. Os recursos psíquicos que permitem o manejo dos afetos podem não estar disponíveis naquela circunstância ou podem nunca ter estado: em ambas as situações, no entanto, há um transbordamento para o soma do que não pôde ser psiquicamente capturado, ligado, articulado[77].

A metáfora, e também a história por seu potencial metaforizante, quando justas, oportunas, favorecem essa captura, permitindo que uma experiência afetiva indizível ganhe contornos, receba uma ou mais significações e se conecte com outras representações e mesmo com experiências do mundo externo: a possibilidade de circulação de afeto brota em um sujeito afetado por uma metaforização, o que favorece o restabelecimento do equilíbrio psicossomático.

Restaria, ainda, uma última questão a ser abordada: há diferenças marcantes entre a história infantil e a interpretação psicanalítica? Se existem, o que demarca tais diferenças? O potencial metaforizante de ambas parece indicar uma semelhança estrutural entre elas, como a apontada por Rosenfeld entre a metáfora e a interpretação. No entanto, por ser um recurso transicional,

---

[77] Tais idéias baseiam-se nas concepções de P. Marty (1993), autor que sugiro ao leitor interessado em aprofundar-se no assunto.

a forma de apresentação e a liberdade de uso da história pelo paciente parecem destacá-la da interpretação. Sem poder apresentar uma resposta mais conclusiva a esta indagação, fica a sugestão para futuras investigações.

Vinheta Clínica

Sr. Caçador

Sr. Caçador era um paciente a quem tudo já havia acontecido. Viera transferido de um outro hospital, no qual ficara internado por mais de um mês por causa de um acidente vascular cerebral seguido de meningite. Como seu estado de saúde só piorasse, a família providenciou a transferência, contra a orientação dos médicos que então cuidavam dele. Depois de transferido, foi diagnosticada uma endocardite bacteriana, que precisou ser tratada cirurgicamente. Em virtude de seu estado bastante debilitado, a recuperação foi lenta e difícil. Também ocorreram complicações imprevistas, o que exigiu um tempo prolongado de internação e alguns retornos à UTI.

Entre as sequelas do AVC, a dificuldade para falar tornava a comunicação com o Sr. Caçador trabalhosa e um pouco difícil. Por causa das complicações apresentadas, toda a equipe de saúde estava bastante mobilizada e atenta. Ele estabelecia um contato amigável e cordial com todos, mas tinha freqüentes explosões de raiva com a esposa. Comigo, o Sr. Caçador pouco falava, limitando-se a abordar a situação atual, seu estado de saúde, suas limitações físicas. Às vezes, chorava por todo o tempo em que eu permanecia em seu quarto. Sua esposa, ao contrário, falava bastante, tanto nas vezes em que, a pedido do marido, permanecia no quarto durante os atendimentos, como quando me encontrava no corredor ou na lanchonete. Embora muito falasse, quase nada era comunicado a respeito das relações familiares que, mesmo quando abordadas diretamente por mim, eram evitadas ou tratadas superficialmente. Pareceu-me haver algum segredo familiar, que não podia vir à luz.

Da última vez em que retornou à UTI em conseqüência de uma infecção rara, o Sr. Caçador abateu-se bastante. Permaneceu em isolamento pela natureza contagiosa da infecção e teve de ser entubado por duas vezes, durante as quais permaneceu inconsciente. Após a segunda entubação, já há 14 dias na UTI, mostrava-se prostrado, desanimado, desinteressado pela vida. Apontei-lhe que percebia que ele estava cansado, entregue, e ele concordou com uma facilidade que me surpreendeu, dizendo que havia desistido de viver, não queria mais, havia se cansado de tudo aquilo pois sabia que não havia mais nada a se fazer. Após tentar aproximar-me dele e de seu atual estado psíquico por meio de apontamentos e formulações mais convencionais, sem obter sucesso, lembrei-me de uma história. Perguntei-lhe se gostaria de ouvir e, como concordasse, comecei a contar-lhe:

> Era uma vez uma tribo, na África, que vivia da caça, da pesca e da coleta de alimentos na floresta. Um dia, todos os homens da tribo saíram para caçar, tarefa que era desenvolvida coletivamente, já que cada um tinha uma função específica a desempenhar. Um dos africanos, que ficara com a tarefa de localizar a caça e avisar aos demais, distraiu-se no desempenho de sua atividade e, quando deu por si, já não escutava os companheiros. Havia anoitecido, ele estava em uma parte desconhecida da floresta, sozinho: estava perdido! Começou a procurar um bom lugar para passar a noite para, ao amanhecer, encontrar o caminho de volta à tribo, mas escutou um ruído familiar e assustador. Um leão estava por perto. Certamente percebera, como bom predador, o desamparo de sua presa, e procurava encurralá-la. Assustado, o africano passou a fugir, mas quando pensava finalmente ter conseguido despistar o leão, de novo ouvia seus ruídos, às vezes à sua frente, às vezes atrás... ele parecia estar em todos os lugares!
> Sem que ele suspeitasse, seus companheiros não haviam desistido de encontrá-lo, apesar da chegada da noite. Não haviam retornado à tribo, como era o costume, e continuavam na floresta a procurá-lo. Na verdade, em sua crescente aflição, não mais conseguia distinguir os sons do leão dos outros sons da floresta, até mesmo aqueles feitos por seus companheiros, movimentando-se a procurar por ele. A tensão e o medo transformaram-se em pavor. O dia não tardaria a clarear, mas nem isso o caçador africano foi capaz de perceber! Então, ao ouvir um rugido, ao invés dele fugir, precipitou-se direto para a boca do leão. Seus companheiros escutaram o horrível barulho, pois estavam muito perto, mas nada mais puderam fazer...

A reação do Sr. Caçador a essa história foi imediata. Seus comentários verbais limitaram-se a exclamações do tipo: *"Nossa, os amigos..."*, *"Estavam tão perto!"*, *"Ele não estava sozinho!"*. O leito no qual estava isolado era contíguo à sala da enfermagem, de modo que sempre havia auxiliares e enfermeiros passando em frente à sua porta. Começou a chamar as pessoas que passavam por ali, fazendo, com a mão que se movimentava com mais facilidade, gestos de cumprimento, sinal de positivo e movimentos de convite a entrar em seu cubículo. A partir daí, dificilmente ficava sozinho, pois sempre havia algum membro da UTI em seu cubículo ou brincando com ele a partir da porta. Sua melhora física foi sensível. Em 5 dias, recebeu alta da UTI. Após mais 12 dias no quarto, recebeu alta hospitalar. Mesmo no quarto, em todos os atendimentos efetuados a partir de então, ele comentava sobre a história, dizendo que havia sido muito importante para ele.

Apenas depois de havê-la contado dei-me conta das modificações que havia feito: eu acrescentara os companheiros de caçada e seus ruídos misturados aos do leão, detalhes ausentes na história original. E só então percebi que, de fato, havia introduzido a mim e à equipe de saúde, assustando-o com o "barulho" que fazíamos ao tentar ajudá-lo! Ao abordar suas intensas angústias e seus conflitos de forma lúdica e indireta, a história permitiu que a comunicação fosse reestabelecida entre nós e que ele pudesse utilizar seus recursos disponíveis, internos e externos, para viabilizar a recuperação.

Conclusões

Tentando compreender a eficácia da utilização de histórias no acompanhamento psicoterapêutico de pacientes adultos somatizantes durante a internação hospitalar, com o intuito de tornar essa técnica instrumental, foram utilizados alguns conceitos como eixo para dar suporte ao seu uso: fenômeno transicional, regressão e potencial metaforizante.

De um modo geral, a permanência dos pacientes em internação é breve e este, com freqüência, é um período de crise, no qual as angústias persecutórias tendem a estar exacerbadas, constituindo-se também, pelas características dos cuidados prestados aos pacientes, em uma situação extremamente favorável ao aparecimento de uma dinâmica regressiva. Tanto a regressão como a situação de desequilíbrio psicossomático que culminou no adoecimento causador da internação hospitalar implicam na necessidade do manejo dos aspectos primitivos nelas implicados.

Histórias que apresentem a angústia básica do sujeito, a solução encontrada para lidar com ela e as conseqüências dessa solução, de forma lúdica, são um bom recurso quando usadas em intervenções terapêuticas breves. Guardam a característica de um fenômeno transicional, como definido por D. W. Winnicott (1975), pois seu sentido não é imposto ao paciente, que é livre para interpretá-la como quiser e puder e, por essa característica, mostram-se especialmente eficazes quando apresentadas em situações de resistência mais intensa e de interrupção da comunicação pelo incremento da angústia. Por serem estruturadas em um registro mais próximo à fantasia, na fronteira do registro primário, em grande sintonia com processos inconscientes, guardam proximidade com os aspectos primitivos implicados nos eventos regressivos e somáticos. Emergem, sem programação prévia, de um contexto relacional com características maternantes, como resultado de manifestações transferenciais e contratransferenciais. Oferecem um potencial metaforizante que permite a captura de vivências afetivas indizíveis, que podem, então, ser significadas e conectadas a outras representações, possibilitando a circulação do afeto e favorecendo o equilíbrio psicossomático. Em virtude do estado regredido em que se encontra o paciente, as características transicional e lúdica e o potencial metaforizante das histórias são, a meu ver, os principais operadores do poder e da eficácia desse instrumento.

Referências bibliográficas

BETTELHEIM, B. *A psicanálise dos contos de fadas*. Rio de Janeiro: Paz e Terra, 1980.

GALLAND, A. (versão de) *As mil e uma noites*. Rio de Janeiro: Paisagem Rio, s/d.

GURFINKEL, D. Psicanálise, regressão e psicossomática: nas bordas do sonhar. *Percurso*, 16:69-80, 1996.

HISADA, S. *A utilização de histórias no processo psicoterápico: uma proposta winnicottiana*. Rio de Janeiro: Revinter, 1998.

MARTY, P. *A psicossomática do adulto*. Porto Alegre: Artes Médicas, 1993

ROSENFELD, H. K. *Palavra pescando não-palavra: a metáfora na interpretação psicanalítica*. São Paulo: Casa do Psicólogo, 1998.

SAFRA, G. *Um método de consulta terapêutica através de estórias infantis*. Dissertação de mestrado. Instituto de Psicologia da Universidade de São Paulo, 1984.

WINNICOTT, D. W. *O brincar e a realidade*. Rio de Janeiro: Imago, 1975.

──────. (1954) Retraimento e regressão. In WINNICOTT, D. W. *Textos selecionados: da pediatria à psicanálise*. Rio de Janeiro: Francisco Alves, 1993.

Uma cirurgiã na encruzilhada

Maria José Femenias Vieira

"Eu era o estranho, o que não tem capacidade de fazer interpretações inteligentes das unidades de significação"...
Carlos Castañeda

Após dezessete anos de formada em medicina, com especialização em cirurgia do aparelho digestório, optei por acrescentar ao meu currículo um curso de psicossomática.

Alguns colegas se referiram a esta minha opção como "estranha" e levei alguns fatos em consideração, em relação a este comentário. A palavra *estranho*, segundo o dicionário *Aurélio* é um adjetivo que tem várias interpretações:

"Fora do comum; desusado; novo; anormal;
Que é de fora; externo; exterior; estrangeiro; alheio;
Singular; esquisito; extraordinário; extravagante; excêntrico;
Misterioso; enigmático; desconhecido;
Indivíduo que não conhecemos;
Indivíduo que não pertence a uma corporação ou família"

Não sou capaz de dizer em quais dos itens as pessoas me situavam quando manifestavam sua estranheza...

Uma das vezes em que o "estranho" surgiu de forma intensa foi na Faculdade de Medicina, em 1975, enquanto cursava o segundo ano. Por um fato ocorrido durante aquele curso, tive receio de não estar adequada, ou não conseguir terminar a Faculdade de Medicina. Felizmente, eu a concluí em 1979.

Cursava a cadeira de Fisiologia e, entre as muitas experiências interessantes que me permitiram vislumbrar o quanto é sublime esta profissão, fui apresentada a um tanque cheio de sapos. Não foi experiência agradável a visão de inúmeros anfíbios naquele laboratório fechado e frio, quando seria possível para as pequenas criaturas estarem ao redor de um lago, coaxando tranqüilas durante a noite, em um prenúncio do que seria para eles um encontro de amor e manutenção da natureza.

No entanto, lá estava eu, olhando para os sapos...

Minha intuição me dizia que, mesmo destoando do coaxar no lago, também seria um encontro de amor à ciência. A maioria dos meus colegas parecia não se importar, porém eu não me sentia confortável naquela situação, ou seja, "estranha". A experiência, no entanto, teria de ser realizada para que conseguisse subir os degraus do meu aprendizado. Era necessário pegar o sapo, de tal forma que sua região cervical ficasse entre o segundo e o terceiro dedo e o primeiro dedo imobilizasse parcialmente sua coluna lombar. Este encontro de amor com a ciência não me parecia próximo do encontro de amor para preservação da espécie, mas como tudo estava "estranho", prossegui!

O professor, então, orientava aos alunos que tocassem um ponto mais deprimido (qualquer semelhança é mera coincidência!), na parte posterior da cervical que podemos simplificar como nuca. Neste local, um estilete fino com aproximadamente dois mm de diâmetro era introduzido e o sapo espinhalado: o estilete penetrava para cima e para baixo, e o seu corpo se tornava inicialmente rígido e posteriormente completamente flácido e sem reação. O sistema nervoso era atingido e o pequeno anfíbio capaz de dar saltos extensos, ficava inerte.

E lá estava o grande ato de amor à ciência: a entrega total!

O coração do animalzinho, no entanto, continuava a pulsar, o que era comprovado fixando seus membros superiores em cruz, com pequenos alfinetes, assim como os membros inferiores.

O coração pulsava...

Após incisar o tórax, comprovei que o coração realmente pulsava. Finalmente injetava-se cloreto de potássio e comprovava-se que o coração parava em sístole.

Esta experiência foi realizada várias vezes e com ela ia toda a minha mesada, que passava sutilmente para as mãos do bedel, que realizava os preâmbulos, pois era um *"expert"* neste procedimento. Eu apenas injetava o cloreto de potássio.

Fiquei de exame e havia apenas uma questão a ser sorteada dentre muitas na prova prática.

Naquele momento, acho que Deus se preocupava com os sapos do lago e não percebeu a jovem estudante de medicina, com os olhos fixos no papelzinho do sorteio, e lendo "experiência com cloreto de potássio".

Era como se o meu coração tivesse parado em sístole. Mas, a providência divina não falha e o professor teve de se ausentar da sala por três minutos, tempo suficiente para o meu querido herói, o *"expert"* bedel, realizar toda fase preparatória do procedimento da injeção de cloreto de potássio.

E assim galguei os meus degraus, tropeçando e equilibrando durante mais cinco anos, mas jamais esquecendo esta experiência do "estranho" durante a minha formação médica.

Devo confessar que julgo ser realmente estranho, uma cirurgiã que resseca massas, nódulos, inflamações, verrugas, cistos, partes do corpo, querer "ressecar" alterações da mente em suas múltiplas manifestações psíquicas.

Não foi fácil vencer o "estranho" e vislumbrar nos doentes, o sapo com o coração quase parando. Por que eles estavam paralisados impedindo que se soltassem dos pequeninos alfinetes que os fixavam em um plano por vezes tão frio do laboratório da vida?

Foram anos operando, auxiliando longas cirurgias, até o momento em que os lábios dos meus doentes passaram a falar mais, meus ouvidos passaram a ouvir melhor e percebia os olhos deles se enchendo de lágrimas sem que eu soubesse o que fazer. Sabia, no entanto, que por trás da doença existia um ser humano pedindo socorro. Querendo falar o que poucos ouviam.

Ampliando a potencialidade de atendimento

"Estranho, não se aproxime nem mais um passo
Não chegue perto de mim
Estranho
não devemos nos tocar as mãos
para juntar sua solidão à minha".
Peter Goblen

Pretendo com o presente trabalho retratar a mudança de paradigma ocorrida em minha prática profissional a partir do atendimento a uma paciente com tumor avançado de cólon com perspectiva de óbito em poucos meses.

Tratava-se de uma paciente com 49 anos, portadora de neoplasia de cólon, submetida a tratamento cirúrgico de emergência de caráter paliativo, visto que já existia carcinomatose peritoneal, ou seja, o tumor não estava restrito ao órgão primário, e sim espalhado difusamente no abdome.

No pós-operatório, foi encaminhada para quimioterapia com oncologista e também para psicoterapia de apoio, uma vez que demonstrou pouca aceitação à quimioterapia.

A paciente sabia da minha especialização em psicossomática e apesar da minha participação no procedimento cirúrgico, prossegui como psicoterapeuta, com supervisão após cada sessão. Eu já havia estabelecido um forte vínculo com a paciente, o qual permaneceu até o óbito após quatro meses da intervenção cirúrgica. Acompanhei a paciente em todos os momentos de dor física e psíquica. A doença a atingiu de forma grave e destruidora, determinando uma situação dolorosa para ela e para os seus familiares.

A luta entre a vida e a morte foi travada não só com as armas que a medicina dispõe. Em função de meu envolvimento, tanto concreto como subjetivo, muitas vezes essa luta travou-se dentro de mim.

Questões até então encobertas pelas defesas que eu mesma criara para não sofrer, ou para impedir que encarasse os limites da minha atuação, vieram à tona, colocando-me frente a frente com a finitude da vida. Viver a dor com a paciente mudou o paradigma que eu utilizava para encarar a doença e a morte. Percebi que os momentos mais preciosos e nos quais o apego à vida ficava muito intenso eram aqueles em que a morte era vislumbrada mais de perto. Ninguém tem o direito de calar estes momentos. Somente ouvi-los...

Não abdiquei do meu trajeto como médica; ao lado, no entanto, havia um caminho paralelo que colocava armas invisíveis em minhas mãos a cada sessão. Essas armas não desapareceram. Transformadas ou intactas, estão presentes para serem utilizadas com outros pacientes que delas necessitarem.

Para mim, o percurso agora se faz em uma estrada que se formou do encontro dos dois caminhos.

Psicoterapia de apoio

> *"Tudo tem o seu tempo determinado, e há tempo para todo propósito debaixo do céu: tempo de nascer e tempo de morrer..." Eclesiastes, 3:1-2*

Nas fases iniciais da psicoterapia, aparentemente, a paciente demonstrava pouco conhecimento da gravidade de sua doença. Apesar da persistência da sintomatologia orgânica (cólicas abdominais, emagrecimento e fraqueza), a maior preocupação da paciente era com a queda dos cabelos quando iniciasse a quimioterapia e com a possibilidade de precisar de uma peruca. Eu refleti sobre o quanto esta paciente teria consciência de si mesma. Ela sentia fortes dores abdominais que acompanharam sua depauperação física progressiva. Porém, o que, superficialmente, a preocupava era a aparência física externa. Será que ela sentia fisicamente, no concreto, ou sentia o que via externamente ao olhar no espelho? Sua dificuldade em se relacionar com a doença seria um processo de negação, pelo qual ignorava as partes doentes do corpo como se não existissem? Existiria também uma resistência para não enxergar a realidade? Talvez para Suzana fosse mais fácil olhar para o superficial.

O medo do encontro com o corpo doente poderia ser encoberto pela preocupação com a queda dos cabelos. Olhar para o "interno" é mais sofrido, uma vez que foge ao nosso controle e não obedece ao nosso comando; o "externo" poderia favorecer a resignação, pois bastaria colocar uma peruca.

Por outro lado havia um corpo erógeno construído pela sua própria história. Eu via Suzana como um ser psicossomático, que em momento algum deixa de ser psíquico para ser somente soma.

Esse modo "superficial" de reagir talvez pudesse ajudá-la a construir metáforas para viver a situação mais dolorosa que estava para acontecer.

Em uma das sessões, quis contar-me "sua história", como se referiu ao seu passado. Sua fala circulou em torno das perdas de sua vida. Em todas elas, demonstrou muito sofrimento, com a aceitação das situações, pois *"não tinha como lutar e precisava aceitar"*.

Pertencia a uma família que auferia boa situação financeira, mas que passou por crises importantes. Precisou trabalhar, especialmente após ter se separado do marido, que não a ajudava financeiramente. Em todas estas situações demonstrou entristecer-se com os fatos, mas aceitou-os de forma submissa e resignada.

Eu conjecturava sobre as razões de tanta submissão em situações tão dolorosas como um divórcio? A submissão é uma atitude que a própria sociedade exige. A criança é programada para interiorizar frustrações visando à própria sobrevivência, não podendo fazer exigências. A criança submete-se para ganhar amor. No entanto, há uma série de perdas, uma série de experiências de castração e é preciso no desenvolvimento encontrar o "ponto de equilíbrio" entre ser voluntariamente submisso e com aptidão para ser alegre. Eu não tinha dados sobre a alegria anterior na vida de

Suzana. Talvez não tivesse acesso a isto. Provavelmente, ela estava vivendo a situação mais dolorosa da sua vida, mas não o sabia e talvez nem quisesse saber.

Um ano e meio antes do aparecimento da doença, seu filho adolescente morreu tragicamente. Ele já havia tentado suicídio várias vezes; fazia tratamento com psiquiatra e tomava remédios. Ela se preocupava muito com ele, mas como vinha bem há três anos, achou que sua doença estava sob controle. *"Naquele dia, ele chegou em casa, me beijou. Depois ouvimos um barulho. Ele pulou... Eu só ouvi o barulho. Não me deixaram olhar. Eu não gosto de me lembrar deste dia. Não sabia o que pensar. Não gostava de pensar. Fiquei quatro meses sem querer nada. Andava como um E.T. pelas ruas... Ouvia os fogos de artifícios sem saber para que e por quê."*

Quando ela se identificou como um E.T. eu me lembrei do estranho, o estrangeiro. Será que ela se sentia como um extra-terrestre? Será que ela se sentia como não pertencente àquele lugar? O que era este E.T.? Quando eu perguntei a ela o que era o E.T., ela disse que era um Zumbi (Fantasma que vaga pela noite morta).

Eu pensava sobre este E.T. e surgiu a imagem do E C T. Uma luta entre Eros e Thanatos. Uma luta entre a vida e a morte. Eu sabia que a morte venceria no transcorrer do meu trabalho e deste pensamento emergiu um curto verso.

Eros x Thanatos ExT   E.T.

Eros e Thanatos vinham caminhando, lado a lado, colados um ao outro.
E: Estou tentando continuar o meu caminho, mas você me puxa e está difícil seguir em linha reta.
T: Não tem linha reta! Eu também estou indo para o outro lado, pois você afrouxou a sua mão.
E: O que está acontecendo? Parece que você ficou mais forte!...
T: Desista, então.
E: Está bem, mas só depois de lutar...

Eu me sentia muito fraca perante aquela situação, apesar de participar da luta com Suzana. A morte caminha de mãos dadas com a vida, mas é difícil encará-la tão próxima. A morte manifesta-se a qualquer momento. Pensar na morte é algo sombrio, pois por pior que seja a vida, ela é sentida, ao passo que a morte nos retira do espetáculo!

Cai o pano.

No próximo ato não fazemos mais parte daquele elenco.

É difícil pensar que a morte vai chegar mesmo. Ela é a maior das castrações...

Eu me lembrava dos meus tempos de estudante quando me defrontava com os primeiros casos graves e imaginava que eventualmente eu, meus familiares ou amigos poderíamos vir a ter as mesmas doenças.

Eu aprendi a não "pensar" nisto.

Uma noite, no entanto, sonhei que estava com tumor diagnosticado por Raio C.

Suzana teve uma consulta com o oncologista e a esperança no tratamento aumentou. Criou um vínculo com este especialista e demonstrava confiar muito nele. Ficava, no entanto, muito sozinha e achava que dava trabalho para as pessoas. Freqüentemente referia que precisava voltar para o emprego para sustentar os filhos que lhe restaram.

O trabalho de apoio visou fortalecer vínculos com os familiares, organizando as pessoas que cuidariam dela. Ela estava assumindo sua doença, o tratamento de quimioterapia, mas precisaria ser amparada por pessoas mais próximas. A negação da doença, ou da sua posição na família, não poderia ser indefinida. Ela deveria assumir a posição de ser cuidada e desta vez teria de se submeter aos outros. Esta submissão deveria, no entanto, assumir um aspecto voluntário. A intenção foi mostrar que ela precisava de ajuda e cuidados. Isto ela poderia tentar comandar, proporcionando uma condição em que ela se relacionasse mais harmonicamente com a aceitação da situação de sofrimento em que se encontrava.

Em função da piora do quadro clínico, Suzana foi internada e nossos encontros passaram a ocorrer no próprio Hospital. Ela estava com sonda naso-gástrica com alto débito. Enquanto falava, convergia os olhos para o líquido que saía da sonda. Comentava sempre que *"aquele líquido saía continuamente"*.

Naquele momento, eu não exercia minha função como médica, pois Suzana estava sob os cuidados da equipe de oncologia. Apesar disso, o meu lado concreto como cirurgiã e o subjetivo como ser humano e psicossomaticista em formação estavam presentes.

Suzana verbalizava sobre o medo da doença e daquele líquido que saía do seu corpo. Ela agora via o concreto, para onde convergia seu olhar. Por outro lado, eu que anteriormente só via o concreto, estava diante da minha total impotência para aliviar aquele desconforto de forma intelectual e analítica. Meu olhar, que habitualmente convergia para o racional, estava desviado para o cuidado com a fraqueza emocional de Suzana, conforme ela se conscientizava de sua grave doença.

Suzana falava sobre as pessoas que cuidavam dela. Ela organizou os familiares ao seu redor e não ficava sozinha em momento algum. Preocupava-se com sua aparência. Em uma das sessões realizadas no Hospital, ao entrar no quarto, deparei com Suzana sentada na poltrona, com sonda nasogástrica, rindo e conversando com seus familiares. Havia uma pessoa arrumando as unhas das mãos e outra as dos pés.

Quando iniciamos a sessão, ela me disse: *"estou me sentindo melhor e mais limpinha cuidando do meu corpo"*. Suzana estava falando sobre seu corpo. Era uma forma diferente da preocupação inicial e superficial com a queda dos cabelos. Ela estava usando critérios simples para se cuidar e conseguindo de certa forma viver dentro das limitações que a condição mórbida impunha.

Suzana achava que estava passando por aquilo por causa de algo errado que tivesse praticado. Passou a referir discussões com familiares e assuntos que ficaram mal resolvidos. Também começou a me questionar sobre o que aconteceria com ela. Não chegava a falar sobre morte, mas tinha medo que o tratamento não desse certo. *"E se não der certo? O que vai acontecer?"*. Conforme falava isto, convergia o olhar para a sonda e o líquido que saía. Ela estava em jejum há um mês, recebendo suporte nutricional por via parenteral.

Eu refletia sobre como devia ser difícil para Suzana aquele jejum. As refeições, na maior parte das vezes, marcam o transcorrer do dia. Os parâmetros de passagem do tempo para Suzana tinham mudado. Talvez tenha surgido em Suzana a dúvida sobre o que aconteceria com ela, a partir da interrupção de seus hábitos de vida pela doença.

Muitas vezes eu já havia lidado com pacientes terminais, porém como médica. Com eles, sabia que a medicina tinha exaurido todos os meios de cura e restava observar o paciente morrer, procurando minimizar seu sofrimento físico.

A aproximação da morte, no entanto, não é algo conscientemente percebido pela maioria das pessoas. Contudo, as doenças, especialmente as mais graves, colocam o indivíduo frente a frente com a finitude da vida. Há uma busca por causas que respondam à pergunta: *"Por que eu?"*.

Eu não tinha respostas para Suzana. Não existiam regras. Estas deveriam ser definidas e orientadas pela própria paciente. A forma de agir dependia de meu autoconhecimento, de minhas atitudes perante a morte e de minha capacidade de suportar a contratransferência.

Naquele momento, minhas mãos estavam atadas como médica, mas eu sentia internamente a integração de meus valores como profissional de saúde. Eu não podia controlar a evolução da doença, mas podia procurar facilitar a forma como a paciente vivia os seus últimos momentos.

O contato com a morte física fazia parte de meu cotidiano desde que entrei na Faculdade de Medicina. As primeiras aulas foram de anatomia e estudava em cadáveres. Aprendi a lidar com a doença e com a morte à espreita e não com a vida e a me defender contra a dor e o sofrimento para tentar não sofrer. Suzana me fez perceber a sua unicidade. Na busca de respostas para ela, eu me deparei com a falta de respostas para mim.

Suzana buscou apoio na espiritualidade. Apesar da crescente preocupação com seu estado, aceitava que o melhor e o necessário estavam sendo buscados. Ela se reaproximou das pessoas com as quais havia tido desavenças, empenhando-se em reconciliar-se com todos.

Suzana não apresentou melhora da obstrução intestinal. Ela se queixava de cólicas muito fortes e por isto foi indicada nova cirurgia, para a retirada da sonda naso-gástrica. No início, mostrou-se reticente, mas, posteriormente, tanto ela quanto os familiares, acharam que tudo o que fosse possível, deveria ser tentado. Havia grande confiança na equipe médica e esperança no tratamento proposto.

A operação cirúrgica foi realizada, e eu participei como auxiliar. Observou-se que o tumor havia progredido apesar da quimioterapia. Não foi possível sequer realizar-se a jejunostomia para aspiração e retirada da sonda naso-gástrica, que causava grande desconforto.

Durante o ato operatório, aventou-se a possibilidade de se manter a paciente sedada, para que não tivesse mais contato com aquela dura realidade. Esta conduta foi debatida entre os integrantes da equipe e questionada por alguns dos médicos, porém os familiares optaram por permitir a sedação. A paciente permaneceu sob sedação contínua e, em decorrência disto, sem possibilidade de comunicação. No entanto, em um determinado momento, a sedação tornou-se mais superficial e ela exigiu que os medicamentos fossem suspensos, pois queria se manifestar. Além disso, era dia do seu aniversário e queria receber visitas.

Conversei com a paciente e expliquei-lhe que nada pudera ser realizado durante a intervenção cirúrgica, pois havia muitas aderências entre os órgãos abdominais, razão pela qual ela deveria permanecer com a sonda. Ela respondeu que não se importava e que continuaria lutando. Queria também que não a deixasse.

O contato com os familiares tornou-se mais verdadeiro, pois o sentido de realidade, agora mais presente, o permeava. Não havia mentiras e todos lutavam com o mesmo objetivo, ou seja, permitir que a paciente vivesse quanto tempo restasse da forma como queria, mesmo que isto causasse extremo desconforto pessoal e aos que conviviam com sua dor e seu sofrimento.

Perguntei a Suzana se queria continuar com a psicoterapia e ela pediu que continuasse, mesmo com a falta de ar e as dores, que a dificultavam falar. Continuamos com sessões semanais durante aproximadamente um mês.

Após este período, Suzana passou a apresentar mais dificuldades respiratórias. Nas duas sessões que se seguiram houve um *silêncio verbal*. Na última sessão, nós nos despedimos com um forte abraço. Ela disse que eu era sua melhor amiga e a compreendia.

Telefonei no dia seguinte e os familiares referiram-me que Suzana estava cansada e pediu para dormir. Foi então sedada. Eu não tinha me dado conta, da intensidade da contratransferência. Chorei ao desligar o telefone.

Suzana não falaria mais nada. A luta estava terminando e a morte já se erguia, praticamente vitoriosa. O ciclo da vida de Suzana fechava-se. Mas desse ciclo saía uma linha que estava se encontrando com o ciclo da minha vida...

A morte caminha ao lado da vida. Não existem respostas para quando e como ela se manifestará no transcorrer da vida. Olhar a vida a partir da morte ajuda a viver bem. Ter a consciência da finitude da vida permite o encontro do que é essencial. Talvez se soubéssemos com certeza o dia e a hora, nos preocupássemos "apenas" em viver.

Fui ao enterro, no qual encontrei seus familiares. Alguns me disseram que o lado bom da doença de Suzana foi que havia sido possível reunir todos ao seu redor e, nos últimos dias, ela se sentiu amada, querida e cuidada como todo ser humano deveria se sentir; enfim, a reconciliação consigo mesma.

Considerações finais

Ao escrever este trabalho, vieram à tona na minha mente muitas lembranças do tempo em que cursei a Faculdade de Medicina e os motivos pelos quais escolhi esta profissão. Quantos ideais ao fazer esta opção! Queremos curar, vencer a morte, manter a vida. Porém, ao recebermos o diploma, quão pouco preparados estamos para enfrentarmos as inúmeras situações dolorosas e a impotência frente à vida e à morte. Como explicar para um paciente que nada podemos fazer, mesmo frente ao grande avanço tecnológico da Medicina?

As salas frias em que os primeiros estudos de Anatomia Humana são realizados, o cheiro forte de formol, a ausência de sangue e calor ao dissecar um cadáver escondem os primeiros passos de um longo caminho a percorrer.

O ensino médico inclui basicamente a abordagem orgânica. O corpo biológico é o centro do aprendizado e pouca ou nenhuma importância é dada ao corpo erógeno, que é a sede da subjetividade. O corpo biológico apenas não permite que o ser humano se constitua como um indivíduo. O paciente quando procura um médico com uma queixa, busca um saber específico. Nesse encontro existe uma vibração, algo que não pode ser mobilizado pelo paciente. Esse encontro ocorre entre um que sofre e outro que pode ajudar. O médico pode tentar promover a integração do paciente como um ser único. A relação médico-paciente constitui-se como um terreno fértil para o estabelecimento da transferência. A consulta é, por vezes, o único local onde o paciente pode tentar verbalizar seu sofrimento.

Infelizmente, pouca ou nenhum valor é dado para a necessidade de promover a formação do estudante de Medicina visando essa visão integrada do humano.

O contato com doenças orgânicas torna-se mais freqüente apenas após o quarto ano da Faculdade e a visão do paciente é cada vez mais desintegrada, uma vez que o corpo biológico continua a ser o ponto central do treinamento e aprendizado. O internato, a residência médica e as especializações seguem dividindo o paciente em fragmentos e partes do corpo, com pouca possibilidade de reverter esta situação com vistas a um atendimento mais humanizado e holístico.

Este trabalho demonstrou a possibilidade de uma abordagem mais completa e de uma mudança de paradigma no atendimento a uma paciente com doença grave, com previsão de óbito em poucos meses.

Em geral, estes pacientes são os que recebem menos visitas médicas que, quando ocorrem, são bastante breves. Por um lado, isso pode ocorrer, pois do ponto de vista terapêutico pouco ou nada pode ser feito para reverter o processo terminal. O contato com esses pacientes incomoda, uma vez que coloca o médico frente a frente com a sua impotência. Uma impotência que, muitas vezes, foi mascarada pelos "bons" resultados obtidos em pacientes que, aparentemente, demandavam apenas cuidados com o soma.

A paciente apresentada neste trabalho faleceu. No entanto, ela esteve amparada em todos os momentos da dor durante sua evolução, assim como seus familiares.

As dinâmicas psicossomáticas

As doenças psicossomáticas, mesmo quando representam ameaça à vida, podem ser encaradas como servindo ao propósito da sobrevivência do indivíduo. Nesses casos, segundo P. Marty (1993), os efeitos dos traumatismos que afetam o equilíbrio do indivíduo, não se situam no nível mental e existindo, então, a possibilidade de somatização. Segundo Volich (2000, p. 72), "não existe uma experiência traumática em si, mesmo que alguns acontecimentos da vida, como acidentes, doenças, morte de seres queridos, mudanças bruscas do cotidiano, sejam mais suscetíveis de provocar perturbações que a constituir-se como traumáticas. Em qualquer circunstância, o efeito traumático dependerá da combinatória entre recursos do sujeito e a intensidade da reação à experiência".

Com Suzana, a perda do filho constituiu-se como um traumatismo que provocou uma grande desorganização. Ela referia ter ficado, durante quatro meses, andando pelas ruas como um E.T. Ao ser questionada sobre o que era um E.T., respondia que era um *"querer nada"*.

A experiência de Suzana naquele momento talvez tenha se constituído como uma *depressão essencial*, ou seja,

"o rebaixamento do tônus libidinal sem qualquer contrapartida econômica positiva. Esta sintomatologia depressiva define-se pela *falta*: apagamento em toda escala da dinâmica mental (deslocamentos, condensações, introjeções, projeções, identificações, vida fantasmática e onírica). Não há a "relação libidinal" regressiva e ruidosa de outras formas de depressões neuróticas ou psicóticas. Sem contra-partida libidinal portanto, a desorganização e a fragmentação ultrapassam o domínio mental, num movimento comparável ao da morte, onde a energia vital se perde sem compensação. O instinto de morte é o senhor da depressão essencial" (Marty, 1993, p. 19).

Após esta fase, a paciente referiu que, durante uma festa de fim de ano, não queria participar de nada. Viajou e ficou ouvindo os fogos de artifício, mas sem qualquer participação. Não entendia aquele barulho; não queria comemorar, nem falar com ninguém. Percebemos, nessa fase, uma perda total de interesse pelo passado e futuro. Não tinha vontade de trabalhar ou de cuidar do próprio físico.

Este estado perdurou por mais de seis meses e a doença que se instalou foi grave levando ao óbito após quatro meses do diagnóstico. A situação traumática ocorreu um ano antes dos sintomas iniciais, caracterizada inicialmente como uma angústia difusa. Esta se manifesta após a ocorrência de situações excessivas que ultrapassam os limites com os quais a mente é capaz de lidar.

A perda e o empobrecimento dos recursos mentais favoreceu a instalação da depressão essencial. A mente perdeu sua mobilidade, ficando inerte, esvaziada e desmentalizada, estado que se traduzia no sentimento da paciente de ser um E.T.

É importante salientar que a depressão essencial não causa a doença, mas a precede. As funções orgânicas que se encontravam coordenadas e determinando harmonia do soma, desorganizam-se ocorrendo redução das defesas imunológicas e da biologia molecular provavelmente, sobrevindo a doença e, às vezes, até a morte. A "fragilidade" do aparelho psíquico, despreparado para as vicissitudes da vida, favorece a desorganização somática.

O "universo" psique-soma é infinito, uma vez que o ser humano é dinâmico. O organismo quando atingido no concreto, em geral responde no psiquismo de diferentes formas, mesmo com estímulos semelhantes.

Para Suzana, será que a doença tão grave, que a levou à morte, sequer possibilitou uma oportunidade para a tentativa de comunicação?

Quando relatava esta perda do filho, sua fala era descritiva. Porém com o progredir da terapia de apoio, seus olhos se enchiam de lágrimas, sua voz ficava fraca e embargada e seus olhos convergiam para o líquido que saía do seu corpo. A dor de Suzana era sentida por mim, que observava a chama da vida se apagando progressivamente.

Suzana chegou com uma doença somática sobre a qual eu atuei diretamente, inicialmente como médica. Ao longo deste tratamento emergiu a possibilidade de atuar no subjetivo que não estava separado do concreto, o que possibilitou o seu preparo para a morte. Não havia mais encruzilhada. O caminho do meio estava sendo delineado. A aparente desunião inicial possibilitou que se unisse dentro de mim, uma forma de lidar com o drama de Suzana. Certamente uma experiência pessoal, que me proporcionará entendimento para lidar melhor com o sofrimento humano.

Referências bibliográficas

MARTY, P. *A psicossomática do adulto*. Porto Alegre: Artes Médicas, 1993.

VOLICH, R.M. *Psicossomática: de Hipócrates à psicanálise*. São Paulo: Casa do Psicólogo, 2000

Psicossomática e interconsulta: A experiência no complexo HSP-EPM-UNIFESP

Mario Alfredo De Marco

Na década de 1930, a atividade de interconsulta (*Consultation-Liaison Psychiatry*) surgiu nos Estados Unidos tendo como finalidade aproximar a psiquiatria do trabalho clínico, de ensino e de pesquisa. Foi essa uma aproximação lenta e tardia, como demonstra o fato de, até 1967, nenhum curso sistemático de psiquiatria fazer parte integrante da formação médica, a psiquiatria estando ainda então confinada aos asilos.

Para Lipowski (1996), a interconsulta (*C-L P*) é uma subespecialidade da psiquiatria, englobando os planos de trabalho clínico, ensino e pesquisa, na fronteira entre psiquiatria e medicina. No trabalho clínico estaria incluída a disponibilização de "consultoria" aos médicos não-psiquiatras, bem como contatos informais com eles, com o objetivo de ampliar seu conhecimento dos problemas psiquiátricos e psicossociais de seus pacientes. É para esta atividade que foi cunhado o termo ligação (*liaison*) por Billings em 1939.

No plano do ensino, a função da interconsulta seria proporcionar, aos estudantes de medicina, residentes e estagiários o aprendizado dos aspectos psiquiátricos e psicossociais envolvidos na prática médica. No plano da pesquisa, Lipowski delimita os campos mais importantes dessa atividade:
  1) Reações psicossociais a doenças e ferimentos;
  2) Complicações psiquiátricas das doenças;
  3) Comportamento anormal frente à doença;
  4) Distúrbios factícios e somatoformes;
  5) Prevalência de morbidade psiquiátrica no campo médico;
  6) Avaliação da efetividade de suas atividades (clínicas e de ensino).

Lipowski (1996) considera a interconsulta (*C-L P*) parte integrante da Medicina Psicossomática que, para ele, é uma disciplina envolvida com:
  1) Estudo das correlações entre funções fisiológicas e fenômenos psicossociais e seu interjogo tanto no desenvolvimento normal como na instalação e evolução de todas as doenças;

2) Defesa de uma abordagem biopsicossocial nas intervenções terapêuticas.

A nós, parece condizente com os fatos uma proposição que considera a interconsulta, lado a lado com a psicologia médica, uma aplicação, no plano institucional, de uma perspectiva cujas premissas emergem e se desenvolvem a partir das concepções psicossomáticas.

Em muitas situações, a constituição da interconsulta ocorre na forma de herança direta da psicossomática, como é o caso de várias universidades em que os serviços de psicossomática se transformaram em serviços de interconsulta.

O Serviço de Interconsulta da EPM – Unifesp

O serviço de interconsulta do Departamento de Psiquiatria da EPM-Unifesp foi organizado em 1977 inspirado, principalmente, no modelo proposto por Ferrari e Luchina. Logo adquiriu perfil próprio, estruturando, ao longo de sua evolução, as seguintes características:

Equipe

A equipe de interconsultores conta com um corpo fixo composto por psiquiatras e psicólogos (docentes, contratados, bolsistas e voluntários), uma equipe móvel composta por residentes de psiquiatria (dois residentes de 1º ano e dois do 2º ano) e estagiários de psicologia (2 estagiários de 1º ano), e, eventualmente, residentes de 3º ano da instituição ou de outras instituições, que optam pelo estágio em nosso serviço.

Residentes e estagiários rodiziam em grupos a cada quatro meses; os residentes passam pelo estágio no 1º e no 2º ano; os estagiários de psicologia apenas no 1º ano (já foi aprovada a partir de 2004 a passagem, também, no 2º ano).

Perfil do atendimento

As características de atendimento que foram se delineando ao longo destes anos apresentam o seguinte perfil:

Intervenção orientada a partir do campo interacional

A tendência é orientar a intervenção levando em conta o campo que se configura na interação da equipe de saúde, incluindo o ambiente hospitalar e o grupo sob atenção, que envolve o paciente e seus familiares. Isto implica que a intervenção, a partir da demanda manifesta do profissional solicitante, irá tentar detectar as configurações daquele campo, para, a partir daí, orientar suas ações gerais e específicas.

O objetivo mais geral é sempre procurar identificar e intervir nas distorções e bloqueios da comunicação que afetam as relações em seus diferentes níveis. Um aspecto importante, que precisa ser enfatizado, é que, além das distorções de comunicação que ocorrem entre equipe de saúde e paciente/familiares, a nova realidade da medicina e do hospital criou um novo campo que demanda a administração das confusões, dilemas e impasses que surgem da relação entre os diferentes especialistas que funcionam, cada vez mais, em um sistema de "loteamento" do paciente.

Atendimento especializado integrado à perspectiva do campo

Nas intervenções específicas, uma ampla gama de recursos pode ser disponibilizada, em função das necessidades peculiares da situação. O atendimento psiquiátrico e psicológico especializado poderá ser oferecido tanto pelo próprio interconsultor, se ele estiver capacitado e for adequado à situação, quanto por qualquer outro profissional, capacitado para a intervenção específica, que será convocado a se integrar ao atendimento. O atendimento específico tem seus critérios próprios, mas estará sempre sendo considerado em função da perspectiva mais ampla, mesmo nos casos em que, aparentemente, apenas uma intervenção específica é requisitada e/ou pareça necessária. São muitas as situações em que o pedido vem direcionado para uma intervenção específica e, dependendo da avaliação, esta efetivamente pode ser a intervenção principal.

Isso não implica que se perca de vista a perspectiva do campo. Há casos, por exemplo, em que a intervenção específica principal é adequar a medicação de um paciente, já sabidamente portador de um transtorno mental, que é internado por transtorno clínico ou para uma cirurgia. A intervenção do interconsultor não deixará de ter presente a perspectiva do campo; fatores como a capacitação para a identificação e a continência da equipe de saúde e da enfermaria, em relação à doença mental, entre outros, serão objeto de observação e intervenção.

Atendimento realizado por psiquiatras e/ou psicólogos

No início do projeto, o interconsultor era sempre um psiquiatra. Com o desenvolvimento do trabalho e em função das características que foi adquirindo, o atendimento passou a ser realizado tanto por psiquiatras como por psicólogos. Dois fatores principais contribuíram para a decisão: o perfil do atendimento e a necessidade de formação de estagiários de psicologia que passaram a integrar o Departamento de Psiquiatria. Os resultados que temos obtido, em função dessa decisão, tem sido bastante satisfatórios.

O interconsultor – psiquiatra ou psicólogo – não está investido, primariamente, da função de ser mais um especialista chamado a atuar com o paciente (ele pode vir a exercer essa função específica, secundariamente), mas como um profissional que irá observar e influir no campo e na perspectiva de atendimento.

No início, a inserção do psicólogo na equipe esteve carregada de tensões, como podemos verificar nas observações dos primeiros profissionais que passaram pela experiência:

> "Nas longas discussões de equipe os psicólogos normalmente são alvo de algumas críticas e comentários do tipo 'o psicólogo está sempre na posição de perseguido' parece que não sabe qual o seu papel, todo mundo pergunta e o psicólogo não sabe responder'. A coisa 'engancha' aí o trabalho não anda. Parece que isso é uma realidade. O psicólogo vive com intensa tensão e sofrimento sua inserção em uma equipe multiprofissional; sente-se acuado, perseguido, parece ter que lutar de armadura para não ser massacrado e engolido, ou, então, se esconder e se omitir o máximo possível, para não incomodar e não ser cobrado" (Fernandes, 1986).

Essas observações relativas a fatos que ocorriam há mais de quinze anos têm, hoje, perfil diferente; o psicólogo já está perfeitamente adaptado e integrado à equipe multiprofissional e, além dos profissionais em formação, contamos com vários psicólogos integrados ao serviço.

No atendimento ou na própria solicitação da presença do interconsultor, alguns médicos ainda fazem distinção entre psiquiatra e psicólogo, considerando o primeiro como profissional que cuida exclusivamente de intervenções que podem requerer medicação e, o segundo, como o que vai cuidar das questões psicológicas, aquele que vai "conversar" com o paciente.

É comum, quando o psicólogo inicia seu treinamento em interconsulta, que nos primeiros atendimentos viva algum tipo de embaraço diante das situações em que a demanda manifesta é "apenas" para medicar o paciente. Conforme ele vai podendo assimilar o modelo e perceber que não existem interconsultas "apenas" para seja lá o que for, ele passa a lidar com relativa facilidade com essas questões, que podem se afigurar, a partir da nova perspectiva, como importantes focos de trabalho.

Referencial psicodinâmico

O referencial psicodinâmico norteia a observação e a leitura das situações do campo e está sempre coadjuvando as intervenções gerais e específicas; todas as ações específicas que se fazem necessárias são examinadas contra o pano de fundo dessa perspectiva. A intenção é que mesmo nos casos em que a intervenção específica pareça ser a demanda principal, não se perca de vista o campo interacional.

Estas características de aplicação do referencial psicanalítico se aproximam do que Bleger denomina de *psicanálise operativa*. Ele define três formas de psicanálise e suas contribuições para um plano social mais amplo (Bleger 1965):

- *Psicanálise clínica*, que obedece a um enquadramento técnico definido, limitando uma série de variáveis, cujas contribuições em um plano social mais amplo, podem decorrer de sua qualidade de método investigativo, produtor de conhecimentos. Estes últimos podem ser utilizados em estratégias de saúde pública, tanto no plano administrativo (influenciando leis, regulamentos e costumes) quanto no plano das relações interpessoais.
- *Psicanálise aplicada*, voltada para investigação de manifestações culturais (obras literárias e artísticas), pautas culturais e distintos comportamentos ou atividades (o espectador, o artista, o inventor, etc.). Sua aplicação no plano social pode ocorrer de forma semelhante à psicanálise clínica.
- *Psicanálise operativa*, terceira forma, que pode ser considerada uma variante da psicanálise aplicada, no sentido de se realizar fora do contexto da psicanálise clínica, mas que apresenta algumas

peculiaridades, como o fato de ser utilizada em situações da vida humana corrente, em qualquer atividade ou trabalho ou em toda instituição na qual intervém seres humanos. Por meio de diversos procedimentos, busca-se uma proto-aprendizagem, isto é, possibilitar a observação e reflexão sobre os eventos e as possíveis motivações, ensejando uma ação decorrente deste conhecimento, evitando sucumbir às ansiedades e defesas.

Na aplicação desse referencial, os instrumentos e procedimentos utilizados são variados e obedecem à necessidade e pertinência de cada situação. A observação e utilização da contratransferência têm ocupado um lugar de destaque em nossos procedimentos. O que se busca, dentro de uma proposta de "alfabetização emocional" da equipe de saúde é instrumentalizar os profissionais para o reconhecimento e o uso da contratransferência (usamos esse conceito em sua forma ampliada, englobando tanto a resposta emocional inconsciente quanto a consciente).

Neste campo, Balint estabelece *"um princípio segundo o qual, se o médico sentir alguma coisa enquanto cuidar do paciente, de modo algum deve agir segundo seus sentimentos, mas fazer uma pausa e considerá-los como um possível sintoma da doença do paciente"* (Balint, 1964). Em seguida, refina este princípio, estabelecendo uma distinção entre *contratransferência privada*, que remeteria à área de motivações pessoais que levaram o profissional a reagir de uma dada maneira e, *contratransferência pública* que se torna manifesta em seu comportamento profissional. Sua orientação era trabalhar quase exclusivamente a contratransferência pública.

Em nossa experiência, temos dedicado uma atenção constante a fim de não criar e de desfazer confusões de papéis. Antes de tudo, existe grande cuidado para evitar a utilização de qualquer jargão ou estereótipo, bem como evitar um tipo de confusão que faça o profissional solicitante se sentir objeto de intervenção psicoterápica. Costumamos brincar com os interconsultores em treinamento, informando-lhes que existe uma proibição expressa de se perguntar ao profissional solicitante o que ele sentiu. Esta brincadeira tem o sentido de apontar situações que podem mobilizar defesas e que se instalam freqüentemente entre interconsultor e profissional solicitante. O que queremos evitar é a criação de qualquer tipo de situação estereotipada que possa levar o profissional solicitante a sentir que ele, e suas questões pessoais constituam objeto de intervenção e de terapia; é preciso ficar sempre muito claro que é o papel profissional que está em questão e, se existe terapia, é uma terapia do campo e da relação profissional.

Uma estratégia que habitualmente apresenta bons resultados é tentar capacitar o profissional solicitante a reconhecer e tolerar sua própria reação emocional frente ao paciente, por meio do compartilhamento da reação emocional do interconsultor. À medida que reconhece e tolera sua própria contratransferência, tentará encontrar situações e formas de poder comunicá-la ao profissional solicitante. Se, por exemplo, no contato com um paciente experimenta aborrecimento ou tristeza ou raiva, ou qualquer outra emoção, ele tenta criar uma oportunidade para comunicar sua experiência emocional ao profissional. Isto, habitualmente, favorece de forma muito nítida, a possibilidade de o profissional ampliar a percepção e tolerância de sua própria reação emocional.

Temos associado esse aspecto de nossa intervenção, que busca ampliar a capacidade para lidar com a vida emocional, ao conceito de *rêverie* proposto por Bion, formulando nossa atividade como tentativa de incrementar a *rêverie* institucional.

A *rêverie* é uma capacidade mental que Bion descreve, inicialmente, como um atributo importante da mãe (*rêverie* materna), cuja situação paradigmática é a capacidade da mãe tolerar a identificação projetiva do pânico e do terror-sem-nome que o bebê efetua, contendo e transformando estas emoções, de forma que a criança sinta que está recebendo de volta sua temida personalidade em uma forma que agora lhe é mais tolerável. Esse é o dinamismo que proporciona as condições para tornar pensável o impensável, à medida que a *rêverie* proporciona as condições necessárias para transformar os elementos beta (não passíveis de ser utilizados para o pensamento) em elementos alfa, passíveis de ser utilizados para o pensamento (Bion, 1962).

Essa capacidade materna é estendida por Bion para a capacidade do analista em seu trabalho com o paciente e ampliada para as situações da vida em geral. Bion deixa claro que esse estado é útil em muitas outras tarefas além da análise. Ele é essencial para eficiência mental apropriada para uma tarefa, seja qual for a tarefa (Bion, 1992).

Dinâmica do atendimento

Após o recebimento do pedido de interconsulta que chega por meio de um BIP, indicando a enfermaria, o profissional solicitante e o motivo do pedido, a dinâmica do atendimento vai operar, geralmente, pelos movimentos descritos a seguir.

O pedido é atendido rapidamente, pois, consideramos, de saída, cada interconsulta como uma situação de urgência, uma situação emergencial, para a qual o serviço deve dispor de estrutura adequada para atender a demanda com rapidez (Martins, 1993).

Em um primeiro momento, o interconsultor vai procurar o profissional solicitante para se apresentar e verificar a natureza da demanda, em seu plano manifesto e latente. A partir daí, ele irá orientar suas ações, estabelecendo os passos seguintes – contato com o paciente, com outros profissionais, com a família, etc. – procurando, após cada ação, manter contato com o profissional solicitante.

O interconsultor participa diariamente de supervisões no setor, envolvendo uma troca ampla das experiências e, quando necessário, a visita às enfermarias. Consideramos a manutenção de supervisões diárias (o que já ocorre há muitos anos) de extrema importância, visto as peculiaridades da tarefa. Mantemos, também, uma reunião semanal, com a presença de toda a equipe (fixa e móvel), para aprofundamento e discussão de situações. A dinâmica da reunião é orientada para contribuir, tanto para a discussão dos aspectos das intervenções especializadas quanto para favorecer a percepção e elaboração das vivências próprias da situação e do campo. Procura-se oferecer continência e elaboração para as angústias despertadas pela situação no próprio interconsultor como forma de contribuir para a *rêverie* institucional.

Um diagnóstico do campo interacional vai sendo formulado, lado a lado com os diagnósticos específicos, para os quais poderá ser solicitada a colaboração de outros especialistas da área de saúde mental (psicólogos, psiquiatras, etc).

Desde o início vão sendo implementadas e propostas intervenções. No plano mais geral, que focaliza o campo interacional, todos os procedimentos já constituem uma intervenção no campo. As ações específicas podem englobar diferentes instrumentos, técnicas e procedimentos, mas terão sempre em conta, como pano de fundo, a dinâmica do campo interacional.

As ações específicas podem envolver, entre outras:
- indicação de intervenção especializada para o paciente, para fins diagnósticos ou terapêuticos;
- indicação de tratamento psiquiátrico ou psicoterápico para o paciente;
- indicação de intervenção para a família;

- indicação, pedido ou sugestão de alguma intervenção na própria enfermaria (por exemplo, grupo de discussão com profissionais, cuja demanda é mobilizada a partir da discussão de uma situação da Interconsulta em andamento).

Geralmente, um aspecto importante da intervenção é tentar evitar que o interconsultor substitua o profissional solicitante do paciente ou dos familiares. Por exemplo, se a demanda é no sentido de comunicar ao paciente uma informação dolorosa, o interconsultor deve evitar se encarregar dessa tarefa, em substituição ao médico. Um dos objetivos importantes da intervenção é, exatamente, trabalhar a fim de tentar capacitar o médico para essa tarefa.

Esse é, de fato, um ponto central na intervenção: a sensibilização do profissional da saúde para a existência da vida mental/emocional visando facilitar a observação e o manejo dos aspectos emocionais envolvidos no processo de adoecer e na reação ao adoecer. Os profissionais de saúde, de forma geral, são pouco preparados para lidar com as intensas angústias despertadas pelas situações que enfrentam em seu trabalho cotidiano.

Principais situações mobilizadoras de angústia

O adoecer

De forma geral, o médico está pouco preparado para tomar contato e lidar com as angústias que surgem frente ao adoecer, criando um campo de pouca continência para a oportunidade do paciente expressar e elaborar suas preocupações e angústias. Silenciar as angústias é regra tácita que a maioria dos pacientes observa. Se, porventura, um paciente "trai" a regra e demonstra suas angústias mais abertamente, provoca um afastamento da equipe. As angústias, habitualmente, encontram outros canais de expressão. Ilustremos essas questões por meio de um caso.

Uma paciente de 37 anos com polimiosite foi internada na UTI de Pneumologia. O pedido de interconsulta solicitava acompanhamento psicológico por depressão. O solicitante foi procurado e informou que achava que a paciente estava muito deprimida e ansiosa com tudo. As enfermeiras relatavam que a paciente não queria se ajudar e as solicitava muito – para mudar de posição, para mudar a máscara de oxigênio, etc. Tudo isso era relatado pela equipe, em tom de queixa e irritação, deixando claro que o comportamento da paciente provoca hostilidade e afastamento.

O contato com a paciente foi feito quando, estando ela com a máscara de oxigênio e com dificuldade de deglutir a saliva, apresentava muita dificuldade para conversar. Quando indagada sobre como estava, inicialmente só respondeu – *"medo!"*. Com o correr das entrevistas ela pôde ir expressando suas angústias frente à doença e quanto ao fato de estar longe de casa (morava em outro Estado).

Ao contato com a paciente, a interconsultora sentia-se solicitada a uma presença contínua, percebendo-se com dificuldade de suportar que, mesmo com tantos cuidados, a paciente continuava a sentir-se sozinha.

Sempre que tinha contato com a paciente, a interconsultora também contatava a equipe terapêutica. À medida que pôde ir percebendo e tolerando seus sentimentos em relação à paciente, ela foi encontrando oportunidade de compartilhá-los com a equipe. Frases do tipo: *"puxa como é difícil ficar com ela", "como é cansativo"*, comunicavam à equipe a reação contratransferencial da interconsultora. A ansiedade da equipe foi diminuindo consideravelmente, denotando um aumento da tolerância à própria contratransferência. No início, a interconsultora fazia visitas diárias à paciente. À medida que a ansiedade da equipe foi diminuindo, foi possível ampliar o contato desta com a paciente, podendo as visitas da interconsultora se espaçar. Após algum tempo, a paciente melhorou de sua condição e teve alta do hospital para prosseguir o tratamento em sua cidade natal.

Aparentemente, a equipe, sentiu-se recompensada pelo trabalho, pois, mesmo um certo um tempo após a alta, quando a interconsultora encontrava alguém da equipe, vinha o comentário: *"você viu como ela melhorou?"*.

A morte

A morte é a grande excluída da nossa prática médica. Procura-se, geralmente, manter o doente vivo a todo custo, sem muitas preocupações quanto à qualidade de vida. Quando, do ponto de vista do combate à doença, sente-se que chegou o momento em que nada mais há a ser feito, o médico considera que sua tarefa está encerrada. Acompanhar o paciente na morte foi totalmente excluído do âmbito da medicina. Geralmente, os médicos vivem a morte como uma derrota o que pode levá-los a reagir com raiva, indiferença ou desprezo.

Uma paciente de 30 anos, com linfoma não-Hodgkin, em estágio terminal, foi internada para fazer um ciclo de quimioterapia, que não foi possível em função de um comprometimento importante da função hepática. O médico solicitante demonstrou muito pouca disponibilidade para conversar sobre a paciente. Indagado pela interconsultora sobre se a paciente estava a par de seu estado, respondeu: *"Acho que não... parece que não sabe nada a respeito de seu estado, de sua doença... acho que ela pensa que vai melhorar"*.

Conversando com a paciente, a interconsultora perguntou se sabia para que havia sido chamada. A paciente respondeu que devia ser para prepará-la: ela sabia que estava *"indo embora"* e acreditava que fora chamada para prepará-la, pois achava que os médicos não sabiam como conversar com ela. Achava que os médicos deviam ter muita dificuldade para conversar sobre a morte. Relatou que apenas uma médica, um pouco mais velha, conseguiu não desconversar totalmente quando ela perguntou diretamente se achava que ia morrer. Essa médica respondeu que todo mundo um dia morre.

A paciente manifestou sua vontade de, se possível, morrer em casa. A interconsultora percebeu-se muito emocionada durante todo o contato, dando-se conta da dificuldade de ficar ali, ao lado da paciente, sem tentar alguma forma de evasão. Perguntou se havia algo que poderia fazer por ela, e a paciente disse que gostaria de ser colocada a par de tudo o que estava acontecendo, do ponto de vista médico, revelando seu desejo de morrer em casa.

Assim que saiu do quarto, a interconsultora foi conversar com o médico da paciente. Na conversa, dissipou-se o distanciamento inicial. Ele parecia, então, interessado em saber o que havia se passado. Dando-se conta de que a paciente sabia tudo a respeito de seu quadro, ele também foi ficando emocionado. Sentiu-se muito aliviado quando a interconsultora relatou sua própria reação no contato com a paciente, falando da tempestade emocional, da sensação de paralisia e do desejo de evasão que vivenciava no confronto com a situação. A pedido do médico, foi combinado que ao menos inicialmente, passariam a conversar juntos com a paciente. A alta da paciente ocorreu nos dias seguintes, conforme seu desejo de morrer em casa.

Comunicação entre os especialistas

Os distúrbios da comunicação entre os especialistas constituem fonte importante de perturbações do campo terapêutico. Com o "loteamento" do paciente, o que geralmente ocorre é um trabalho executado de forma fragmentada, cada especialista se preocupando com o cuidado de seu sistema ou órgão. Um paciente internado em uma enfermaria, freqüentemente é acompanhado por vários profissionais, cuja cooperação é solicitada por meio de pedido de consulta às várias especialidades. É muito comum que os especialistas nem mesmo se encontrem e a cooperação fica limitada a uma visita que o especialista faz ao paciente, deixando sua prescrição e sua observação anotada no prontuário. Supérfluo dizer que esse procedimento tem conseqüências desfavoráveis para uma cooperação efetiva, podendo repercutir em todos os níveis do campo terapêutico.

O médico residente solicitou "apoio psicológico" para um paciente de 39 anos, diabético, hipertenso e com insuficiência renal. O controle de pressão arterial estava difícil e o paciente revoltado em função das complicações que vinham ocorrendo em seu tratamento. Ao verificar as anotações no prontuário o interconsultor se deparou com anotações do especialista da Nefrologia que acompanhava o caso. Havia nelas um forte tom de cobrança para que a pressão do paciente fosse controlada. A expressão que surgiu ao interconsultor para definir a natureza das mensagens que observara no prontuário é de *"comunicação de guerra"*.

Qual a pressão difícil de controlar, a do paciente ou a que o médico vinha sofrendo? Quem necessitava de apoio, o paciente ou o médico? Por que não estava sendo possível contar com o apoio?

Por que não se estabelecia um clima cooperativo entre o médico solicitante e o interconsultor da Nefrologia de forma que ele pudesse, efetivamente, contar com o apoio do outro profissional? Essa situação tornou-se um foco importante da intervenção, cooperando para a diminuição da "pressão".

Outro paciente foi internado em uma enfermaria para investigação com forte dor de cabeça. Foi medicado sintomaticamente com antidepressivo e Tegretol. Descartado o diagnóstico da especialidade, ele foi transferido para uma outra enfermaria para tratar de seu quadro. Embora não houvesse mais a indicação do antidepressivo e do Tegretol, a medicação continuou sendo mantida, pois havia sido receitada por outro especialista. A nova equipe desconhecia a razão da indicação, mas não havia cogitado convocar o especialista para discuti-la, limitando-se a manter a conduta. O interconsultor chamado para atender o paciente, com suposto quadro depressivo (na realidade um quadro de *delirium*) pôde lidar com essa situação de bloqueio da comunicação, que normalmente passaria despercebida.

Comunicação dolorosa

Geralmente, o médico apresenta pouco preparo e disposição para lidar com situações que envolvam comunicação dolorosa. Quando solicita uma interconsulta para lidar com situações dessa natureza, o que ele busca, em geral, é transferir a atribuição da comunicação ao interconsultor, ou, transferir-lhe o encargo das eventuais reações do paciente. Muitos chamados seguem essa dinâmica.

Um interconsultor foi conversar com o profissional solicitante que informou que no dia anterior comunicou a um paciente de 57 anos que ele era HIV +: *"Acho que ele está com depressão; vá ver o que você acha"*. Esta é uma situação típica, em que a reação do paciente é tratada como se não fizesse parte da comunicação dolorosa. Na discussão com o médico em torno da comunicação dolorosa – comunicar ou não, quando comunicar, como comunicar – houve muito a ser discriminado.

No Brasil, ainda é uma prática muito comum, não revelar toda a verdade quanto ao diagnóstico e real estado de saúde do paciente (Pinto, 2001). Leigh (1992) relata que, nos Estados Unidos, a angústia dos médicos sobre contar ou não contar é coisa do passado. Hoje é impensável qualquer retenção de informação.

Um aspecto, em geral, pouco discutido nas equipes médicas é o que se entende por comunicar. Para muitos profissionais, comunicar pode significar, simplesmente, passar uma informação para o paciente. Nesse caso, a comunicação seria, então, um simples depósito de informação. A informação é passada ao paciente e isso seria suficiente. Tudo o que acontece a partir daí, como a situação apresentada retrata, não seria da alçada do profissional.

Continuidade dos cuidados

Fator de extrema relevância, a continuidade dos cuidados do paciente é um dos aspectos mais descuidados em nossa realidade hospitalar. A fragmentação dos cuidados tende a criar o hábito dos profissionais se interessarem exclusivamente pela intervenção em sua especialidade, com prejuízo do compartilhamento das informações e da continuidade do atendimento. Os danos dessa postura são imensos, tanto para o paciente e familiares como para a sociedade em termos de custo/benefício.

Um paciente de 50 anos teve perda total da visão após uma cirurgia de tumor de hipófise. Há dois anos vinha tendo uma perda progressiva da visão, e, embora estivesse sendo acompanhado no hospital, nenhuma reabilitação lhe foi sugerida ou indicada. Durante esse período, o paciente acreditava que voltaria a ter visão perfeita. Ele era pintor de paredes, bastante competente em seu ofício, mas não vinha exercendo sua profissão, em função daquela limitação. Essa situação trouxe, também, imensos prejuízos ao equilíbrio familiar. Antes da cirurgia, ele não foi preparado para a possibilidade de perda da visão. Mesmo após a operação, ele não estava plenamente informado de seu prognóstico. Prestes a ter alta, nenhuma indicação ou orientação ainda tinha sido aventada para a continuidade necessária de cuidados (particularmente reabilitação).

A solicitação de interconsulta foi feita para avaliação do estado de ansiedade e depressão do paciente. O interconsultor verificou que a ansiedade do paciente estava vinculada à carência de informações mais precisas quanto a seu estado e a seu prognóstico. Desde o início, seu quadro foi caracterizado pela desinformação e pela negação de seu estado real, de sorte que ele trabalhava com a idéia de que recuperaria sua visão. Isto afastou qualquer interesse de sua parte em buscar trabalhos de reabilitação. Uma vez que a equipe tampouco evocou essa possibilidade, ocorreu uma degradação importante da vida pessoal, familiar e social do paciente.

Ao ser revelada para a equipe, essa questão encontrou interesse e permeabilidade, sugerindo que, em uma certa medida, a falha na continuidade dos cuidados podia estar vinculada à desinformação e a vícios de funcionamento da equipe.

Iniciamos, com a equipe, o trabalho de informar, efetivamente, ao paciente sua real condição. A aceitação pelo paciente foi relativamente rápida, principalmente em função do horizonte que se abriu com a perspectiva da reabilitação que já se iniciou no próprio hospital e que teria continuidade em uma instituição para a qual foi encaminhado.

Transtornos mentais

De uma forma geral, os transtornos mentais produzem, na equipe de saúde, reações muito intensas que oscilam entre a negação e a intolerância. Duas de suas conseqüências são o subtratamento ou o tratamento sintomático excessivamente incisivo (abuso de medicação, contenções desnecessárias e traumáticas, etc.).

É importante que, além dos cuidados específicos, seja enfatizada a importância da relação da equipe com a doença mental, visando favorecer uma aproximação e a sua continência. Isto é particularmente importante para ajudar a identificar os transtornos mentais secundários a condições clínicas que, quando não detectados ou subvalorizados, podem trazer conseqüências graves.

Um médico solicitou interconsulta para atender um paciente que apresentava uma alteração mental. O interconsultor verificou que ele apresentava um quadro de *delirium*, associado à sua condição clínica. Um fato que chama a atenção é que o médico, embora trabalhasse em uma enfermaria em que essas ocorrências eram corriqueiras (decorrentes de transtornos metabólicos), ignorava completamente o assunto. O aprofundamento da análise da situação revelou que o desconhecimento decorria de uma conduta evitativa do médico frente às perturbações mentais, que passou a ser um dos focos da intervenção.

Dilemas éticos

Os dilemas éticos na prática médica são cada vez mais freqüentes. Eles têm aumentado em função de uma série de mudanças comportamentais da relação médico-paciente, bem como de técnicas cada vez mais sofisticadas, resultantes do progresso da medicina. Porém, as situações nas quais esses dilemas estão envolvidos costumam ser subidentificadas. Estima-se que quando devidamente avaliados, cerca de 32% dos casos atendidos apresentam alguma questão ética (Nogueira-Martins, De Marco, Manente, Noto, Bianco, 1991).

Os dilemas éticos mais freqüentes geralmente envolvem:
- Comunicar ou não a verdade ao paciente.
- Decidir o momento de descontinuar tratamento.
- Conflito entre condutas médicas.
- Não-aceitação de tratamento e/ou procedimento pelo paciente.

Em muitas situações, os dilemas éticos resultam ou se agravam em função de problemas de comunicação. A resolução efetiva do dilema depende da possibilidade da criação de um espaço para que ele seja plenamente vivenciado.

A interconsulta foi chamada para avaliar a situação de um paciente de 55 anos que recusava submeter-se à indicação de amputação de um membro inferior. Estava internado na unidade de hemodiálise em função de problemas renais. Como apresentava uma lesão ulcerosa na perna, que havia se expandido e não respondia satisfatoriamente aos antibióticos, foi solicitado o acompanhamento pela cirurgia vascular, que indicou a amputação, por causa do risco de septicemia. Havia sinais de gangrena gasosa, observados em exploração cirúrgica anterior, quando haviam sido amputados dois pododáctilos; a amputação só não havia sido estendida à perna por não haver autorização do paciente.

As frases mais importantes do paciente foram pronunciadas logo que a interconsultora se apresentou: ele já sabia quem ela era e sabia, também, que *"tinha ido lá por causa 'dele'"* (apontando o olhar para o pé doente), emendando em seguida que sabia que sua função era tentar convencê-lo a *"cortar fora"*.

Após o esclarecimento da interconsultora de que não tinha ido lá para convencê-lo, mas para ouvi-lo, ele se colocou mais à vontade. Estava realmente convencido de que poderia curar-se com o tratamento clínico.

A interconsultora conversou longamente com o paciente e depois com o médico. Entre outras coisas, foi sugerido que a família (da qual o paciente estava desligado há muitos anos) fosse chamada ao hospital para participar do processo. À medida que ia conversando e indagando, chamou-lhe a atenção o sentimento de incerteza que foi se fazendo cada vez mais presente durante o contato. Quando indagado pela interconsultora sobre as possibilidades de cura por meio de tratamento clínico, o médico da hemodiálise externou dúvidas quanto à indicação da cirurgia vascular, pois acreditava nas possibilidades de tratamento clínico.

Parecia muito provável que o sentimento de dúvida e incerteza, cada vez mais manifesto, revelava um conflito da própria equipe, quanto à necessidade efetiva da amputação. Essa incerteza deveria estar sendo captada, também, pelo paciente.

No dia seguinte, quando voltou à enfermaria a intenção da interconsultora era tentar aprofundar a questão da incerteza da equipe. Entretanto, algo surpreendente aconteceu: o médico informou que, embora o paciente já se mostrasse mais disposto à amputação, ela não seria mais necessária, pois havia presença de tecido de granulação que indicava uma boa resposta clínica.

Nessa situação, observamos como a postura da interconsultora deu espaço para que o dilema pudesse ser plenamente vivenciado e pudesse haver lugar para dúvidas e incertezas. Na medida em que a interconsultora não se colocou em situação polarizada, o paciente pôde vivenciar o dilema da escolha. Também o conflito (inicialmente inconsciente) entre os especialistas pôde ser explicitado e ser equacionado. Desse episódio ficou uma indagação: o tecido de granulação surgiu repentinamente ou, já estava presente, e então o médico se sentiu autorizado a percebê-lo?

Pela impossibilidade de vivenciar o dilema, outras situações podem mobilizar reações muito intensas e difíceis de serem contidas, dando lugar a atuações.

Um paciente de 27 anos, com diagnóstico de aids, foi internado em função de quadro de tuberculose ganglionar complicado por derrame pericárdico. O paciente já havia feito uma drenagem de um derrame pericárdico que cursou com intercorrências (do ponto de vista dele), pois sentira dor e dificuldades respiratórias após o procedimento.

Quando um segundo derrame manifestou-se, os médicos informaram ao paciente que não havia necessidade de drenagem por ser um derrame muito pequeno que poderia resolver-se apenas com acompanhamento clínico. Porém, o derrame aumentou rapidamente de volume trazendo o risco de tamponamento pericárdico e morte súbita. O paciente estava informado de sua situação e recusava submeter-se a nova drenagem. O interconsultor foi chamado para atestar que o paciente não apresentava alterações psíquicas que afetassem sua capacidade de decisão.

O paciente não apresentava nenhum quadro psiquiátrico definido e estava consciente do que lhe acontecia. Estava com uma aparência saudável, sentia-se bem e não queria voltar a ter as dores e dificuldades que havia experimentado na primeira drenagem.

Toda a equipe estava irritada com o paciente. O interconsultor percebeu-se irritado com a equipe que pressionava para se livrar rapidamente dele. Pressionado, o interconsultor acabou por atestar que o paciente não apresentava transtorno psiquiátrico e, embora tivesse recomendado que o paciente permanecesse mais alguns dias internado, para confirmar a observação e aprofundar o contato, no dia seguinte o paciente já obtivera alta, sob a alegação de que não era possível manter um leito ocupado por um paciente que recusava tratamento.

Esta situação ilustra que quando o dilema não pode ser plenamente vivenciado (geralmente em função das angústias que desperta), precipita soluções intempestivas que não são um equacionamento efetivo do dilema.

Um outro caso ilustra os novos e cada vez mais complexos dilemas que o progresso da medicina vêm desencadeando.

Uma pediatra procurou, pessoalmente, o serviço de interconsulta descrevendo a situação aflitiva em que se encontrava. Ela tratava de uma paciente de 8 anos de idade, filha única, que apresentava uma grave doença hematológica. A mãe da criança relatou ter tomado conhecimento, por meio de um programa de televisão, de que o transplante de medula seria uma possibilidade de tratamento para a filha e que o melhor doador seria um irmão.

A mãe estava disposta a procurar o pai da menina, do qual estava separada há muitos anos, após uma relação muito complicada, com a intenção de engravidar e, assim que a criança nascesse, fazer o transplante e salvar a filha. Queria que a médica aprovasse seu projeto.

Esta situação despertou fortes emoções em nossa equipe. Detectamos que havia uma diferença de reação entre homens e mulheres: o grupo feminino tendia a empatizar com a mãe da criança. A médica participou de nossa reunião e pôde perceber que a aflição que ela experimentava era compartilhada por todos. Essa percepção lhe trouxe alívio e disposição para iniciar um processo de reflexão, desobrigando-a a tomar partido na questão e possibilitando também uma atitude de compreensão em relação à mãe. Em contatos posteriores, informou-nos que tinha conversado com a mãe da criança e que ela tinha repensado seu projeto.

Desenvolvimentos e perspectivas

A partir de 1999, surgiu um interesse mais consistente e a possibilidade de uma integração e atuação mais amplas do serviço de Saúde Mental no Hospital São Paulo. Diversos fatores contribuíram para isso, destacando-se, entre os mais recentes, os programas de humanização e o desenvolvimento de sistemas de avaliação da qualidade dos serviços de saúde hospitalares, determinados pelo Sistema Brasileiro de Acreditação Hospitalar, desenvolvido pelo Ministério da Saúde e pela Organização Nacional de Acreditação.

Há muitos anos esperávamos por esta oportunidade. Já havíamos detectado que, nesse campo, o hospital apresentava dois pontos problemáticos centrais: por um lado, a falta de uma atenção mais ampla às necessidades gerais e específicas, que propiciasse a possibilidade de prevenção e/ou intervenções mais precoces, por outro, a inclusão crescente de profissionais de saúde mental nas enfermarias e ambulatórios, sem organização ou critérios claros sobre as formas de inserção, nem sobre a qualidade destes profissionais.

Na medida em que houve interesse efetivo da Superintendência do hospital, traduzido por meios e investimentos para nossa área, tivemos a oportunidade de estruturar uma ampliação considerável de nossa atividade, em consonância com os projetos que viemos amadurecendo ao longo dos 25 anos de funcionamento de nosso Setor.

Realizamos inicialmente um levantamento, a fim de ter um quadro mais claro da situação dos profissionais de Saúde Mental do hospital, que resultou nas constatações descritas a seguir.

- *Circulação sem controle centralizado*
  Circulam pelo hospital, atuando com os pacientes, profissionais e estudantes (de várias faculdades) sem nenhum controle centralizado. Nada se sabia quanto ao tipo de trabalho que realizavam e, se recebiam algum tipo de supervisão, ela, geralmente, ocorria sem que o supervisor tivesse acesso direto ao trabalho realizado.

- *Aplicação dispersa dos recursos*
  Atuavam na área psicossocial do hospital diferentes profissionais com diferentes vínculos (contratados, bolsistas, pós-graduandos, etc). A falta de um plano central de ação consistente e a contemplação de prioridades provocava a aplicação dispersa dos recursos e perda de eficiência.

- *Níveis de capacitação irregulares*
  A capacitação dos profissionais que atuavam na área era muito pouco uniforme. Havia profissionais altamente capacitados atuando, lado a lado, com profissionais com muito pouca capacitação.

- *Baixa integração das ações*
  Havia profissionais de diversas categorias atuando na área (psiquiatras, psicólogos, assistentes sociais, voluntários, etc.), mas as ações apresentavam baixo nível de integração, provocando subaproveitamento dos recursos.

- *Continuidade de cuidados insuficiente*
  Os cuidados oferecidos ao paciente e familiares apresentavam-se fragmentados, isto é, não havia compartilhamento suficiente de dados e orientações entre os diversos profissionais e entre instituições, perdendo-se a continuidade do atendimento.

A partir desses dados e de nossa experiência prévia, foi decidida a implantação de um serviço visando promover uma integração e atenção mais ampla às necessidades gerais e específicas do hospital e seus setores, bem como reorganizar a inclusão de profissionais de saúde mental nas enfermarias e ambulatórios, definindo critérios de inserção e capacitação destes profissionais, como consta do organograma abaixo.

Serviço de Atenção Psicossocial Integrada em Saúde (SAPIS-HSP)

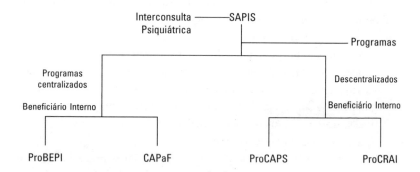

Legenda

SAPIS - Serviço de Atenção Psicossocial Integrada em Saúde
ProBEPI - Programa de Bem-Estar do Paciente Internado
CAPaF - Centro de Aprendizado do Paciente e Família
ProCAPS - Programa de Capacitação e Assessoria ao Profissional de Saúde
ProCRAI - Programa de Capacitação da Rede de Apoio Institucional
Beneficiário externo – Usuário da instituição, ou seja, o paciente e seus familiares (ou cuidadores).
Beneficiário interno – Profissional da instituição, seja de saúde (médico, enfermeiro, psicólogo, fonoaudiólogo, fisioterapeuta, alunos dos cursos de saúde, etc.) ou de nível técnico-administrativo não-terceirizado (escriturários, secretárias, auxiliares administrativos, seguranças, faxineiros, etc.).

A atuação do **Sapis** desenvolve-se em duas frentes de organização: programas centralizados e descentralizados:

A - Programas centralizados:
Desenvolvem medidas gerais, para a instituição como um todo.

ProBEPI – Programa de Bem-Estar do Paciente Internado
Objetivos
- Melhorar a sensação de bem-estar do paciente internado.
- Favorecer a organização/reorganização, no plano intra e extra-hospitalar, de uma rede de apoio social ao paciente, que amplie seu sentimento de apoio, conforto e confiança e garanta o atendimento de suas necessidades e prerrogativas de atenção, informação e decisão.
- Oferecer estímulos e possibilidades de opção para atividades, como, por exemplo, oficinas de terapia ocupacional.
- Implementar e estimular atividades de visita pelo corpo de voluntários do hospital e líderes espirituais (padre, pastor, rabino, grupo de oração, etc.), para atender demandas de suporte material e espiritual do paciente.
- Distribuir material (folhetos e outros) desenvolvido pelo SAPIS que abordará tópicos de interesse do paciente, direitos do paciente, descrição da rotina de atendimento nas unidades, descrição da rotina das enfermarias, descrição do ProBEPI, etc.

CAPaF – Centro de Aprendizado do Paciente e Família
Objetivos
- Constituir um espaço de acolhimento, informação e orientação para todo paciente do HSP e sua família, pela implantação de um Centro de Informação em Saúde. O centro estará disponível, também, para os profissionais de saúde e técnico-administrativos.
- Disponibilizar material adequado para informar sobre saúde, doença e tratamentos (livros, revistas e computadores ligados à internet em *sites* de busca).
- Oferecer grupos de acolhimento (grupos psicoeducacionais) para os familiares dos pacientes internados, visando discutir suas necessidades, medos e insegurança em relação ao tratamento. Esses grupos serão coordenados, preferencialmente, por enfermeiros e assistentes sociais treinados para a função.
- Organizar grupos de temas específicos que demandam maior atenção (por exemplo, sobre aids, câncer, morte, etc.).

- Realizar palestras, abertas à comunidade, sobre as doenças mais prevalentes e recursos de tratamento da rede pública.

ProDAPS – Programa de Discussão e Apoio ao Profissional de Saúde
Objetivos
- Estreitar o contato do profissional de saúde mental com os profissionais de saúde da instituição que cuidem diretamente do paciente, promovendo uma melhor relação interprofissional.
- Desenvolver atividades psicoeducacionais, isto é, ensinar e rever conceitos sobre a relação do profissional de saúde com o paciente e familiares, além de trabalhar, de forma geral e preventiva, as dificuldades emocionais do grupo profissional em lidar com situações adversas (óbito, pacientes sem prognóstico, famílias querelantes, etc).
- Desenvolver atividades teóricas (palestras) e práticas, na forma de grupos de discussão dos atendimentos (grupos Balint).
- Oferecer treinamento em técnicas de fácil aplicação que capacitem o profissional a aliviar as tensões resultantes da atividade profissional.

ProCRAI – Programa de Capacitação da Rede de Apoio Institucional
Objetivos
- Estabelecer parceria com o Departamento de Recursos Humanos do HSP para desenvolver treinamento e capacitação contínua dos profissionais.
- Capacitá-los a aprimorar sua forma de lidar com o doente e com o estresse gerado pelo exercício de sua atividade.
- Promover palestras e grupos de orientação, discussão e treinamento para o pessoal da rede de apoio (capelonato, voluntários e profissionais da área técnico-administrativa) que também tem contato direto com o paciente.
- Desenvolver manuais sobre a relação de cada categoria profissional com o paciente, orientando quanto à forma de procedimento em situações específicas (por exemplo, paciente tentando fugir do hospital, paciente agressivo, etc.).

B - Programas Descentralizados:

Ações e programas elaborados de acordo com as demandas e específicos para setores, enfermarias ou ambulatórios. Seus principais objetivos são:

- **Assessorar e integrar programas já existentes**
  Várias ações na área da atenção psicossocial eram desenvolvidas em vários setores e enfermarias do complexo HSP-Unifesp de forma isolada e com padrões muito variáveis. Elas devem ser objeto de atuação da equipe, a fim de conhecer, assessorar e integrar essas ações, visando estabelecer um trabalho integrado e um padrão na qualidade da assistência psicossocial do hospital.

- *Desenvolver programas específicos que atendam às demandas peculiares de cada serviço*
  Paralelamente aos programas centralizados, programas específicos devem ser elaborados e oferecidos, a partir do levantamento das demandas de cada enfermaria e ambulatório.

- *Implementar e universalizar os programas gradativamente*
  Atendendo prioridades de oferta e de demanda, a expectativa é que, em alguns anos, seja possível universalizar a atenção psicossocial, ampliando os programas centralizados e estendendo a aplicação de programas descentralizados a todos os setores.

Questões finais

A possibilidade de uma implantação e ampliação do trabalho da equipe de Saúde Mental nos confronta com a convivência com paradoxos e contradições próprios desta atividade. Estes necessitam ser equacionados visando à continuidade e a ampliação de nossa participação no cotidiano do hospital. A partir do que já foi exposto, consideramos a seguir algumas das questões gerais mais importantes que temos buscado equacionar.

Especialização e perspectiva integral

Essa é uma das questões fundamentais que temos procurado vivenciar e equacionar, tentando administrar a tensão que esta postura mobiliza, pois as forças que tentam empurrar para uma posição simplificadora não são nada desprezíveis. Ao que tudo indica, a especialização e o "loteamento" são irreversíveis. Na realidade, a especialização, em si, é inevitável, útil e necessária. O que, a nosso ver, é prejudicial é a perversão da especialização, que poderíamos denominar de *especialismo*, na qual ocorre uma clivagem, com a conseqüente perda da possibilidade da "visão binocular", aquela que permitiria a especialização sem perda da perspectiva global. Nosso esforço é manter um contraponto ao *especialismo*, buscando sempre promover a integração entre intervenção especializada e visão de campo.

Esse posicionamento é responsável por características importantes na orientação de nosso trabalho, que contempla diferentes níveis de atuação em campo que envolve, de um lado, o paciente, seus familiares e a rede social e, de outro, a equipe de saúde e técnico-administrativa. O objetivo é trabalhar para a construção de uma atenção e ação em saúde que, ao lado de todo um investimento técnico, mantenha uma visão global do ser e das relações.

O investimento nos beneficiários internos (equipe de saúde e administrativa) é imprescindível. Não é possível esperar que os profissionais tratem o paciente de forma humana, se eles próprios se tratam ou são tratados de forma desumana. Educação continuada, capacitação técnica e emocional para lidar com as mais diferentes situações, facilitação para acesso e uso de informações, interação do trabalho dos diferentes especialistas e dos diferentes serviços e profissionais (serviço social, voluntariado, equipes médicas e de enfermagem, terapia ocupacional, etc.) são algumas das ações imprescindíveis para alcançar nossos objetivos.

Para os beneficiários externos (pacientes e familiares) algumas das necessidades mais prementes são: fortalecer uma postura de atenção global, promovendo e facilitando a integração das ações e a continuidade dos cuidados; contribuir e estimular na preparação para enfrentar as transformações e angústias que se manifestam nas várias fases do adoecer, visando enfrentar e elaborar as crises de forma mais favorável; facilitar a comunicação e a circulação de informações. Um enfoque especial nos cuidados com a reabilitação é de extrema necessidade, pois eles praticamente inexistem. Essa é uma área em que é necessário um grande investimento.

O objetivo maior é a promoção de uma universalização dos cuidados que favoreça a incorporação de atenção e ações integrais, integradas à cultura do hospital.

Sabemos o quanto este objetivo demanda esforço e persistência, pois há grandes pressões, nos hospitais e nas universidades, para uma incorporação na corrente geral que caminha para o "loteamento" do paciente, característico da crescente perversão da especialização. Nós também nos vemos, constantemente, sendo empurrados para essa posição que, sem dúvida, poderia tornar nossa vida muito mais simples e nos colocaria na mesma corrente que as outras especialidades clínicas e cirúrgicas. Nós nos encarregaríamos de nosso "lote" e reasseguraríamos a "boa ordem".

Psicanálise e medicina

Quando o referencial psicanalítico é a perspectiva a partir da qual o campo é abordado, o hospital pode se tornar palco da interação entre perspectivas que podem, em certos aspectos, se revelar conflitantes em função de pressupostos distintos. A forma de lidar com o sofrimento pode servir para ilustrar este dilema.

A psicanálise, embora cuide para não infligir sofrimento desnecessário, não tem como proposta procedimentos anestésicos. Seu objetivo é o crescimento mental que depende muito mais de um aumento da capacidade de tolerar o sofrimento do que da diminuição do sofrimento. Esta verdade em relação ao crescimento mental que a psicanálise nos apresenta, faz parte da condição humana e está figurada nos vários temas míticos que tratam do crescimento mental e da busca do conhecimento: O mito do paraíso que retrata a interdição ao conhecimento do bem e do mal; o mito de Prometeu, condenado a um castigo eterno, por roubar o conhecimento do fogo para a humanidade; o mito da Torre de Babel e o ataque da divindade à comunicação, entre outros tantos, são expressões configuradas pela linguagem mítica de que o crescimento mental tem, e sempre terá, uma dimensão de *opus contra natura*.

Se há um sofrimento que a psicanálise pode reduzir é o sofrimento ligado à necessidade de evitar o contato com a realidade, um sofrimento que é decorrência da evitação do sofrimento. Nesse aspecto, o que a psicanálise tem a propor é o incremento da capacidade de suportar e transformar o sofrimento. A capacidade de *rêverie* está diretamente ligada à possibilidade de criação das condições que irão permitir tolerar e transformar o sofrimento.

Em muitos aspectos, essa postura é oposta à perspectiva médica ou ao menos com uma certa tendência da medicina que tem se orientado cada vez mais pela máxima de se livrar das dores e do sofrimento; "*sedare dolorem opus divinum est*" é uma das grandes máximas da medicina que tem muitas vezes sido colocada, indevidamente, à frente de outra – "*primum non nocere*" – contrariando a precedência indicada no próprio enunciado. Essa situação nos parece muito mais associada à postura da medicina moderna do que à medicina como um todo. Se consultamos as imagens que retratam a origem mítica da medicina, vemos expressa a necessidade de conviver com o sofrimento, com as limitações e com as dores, como nos dá a conhecer o mito grego em que Asclépio, filho de Apolo e Corônis e deus da medicina, recebe ensinamento nas artes médicas do centauro Chiron, versado em uma série de artes, inclusive a arte da cura. Chiron é figura singular e patética, pois, embora conheça o segredo das ervas que curam, padece de uma ferida incurável. Vemos nessas imagens a expressão da necessidade de convívio com nossas dores e feridas incuráveis, que na realidade são pré-condição para que possamos nos interessar e aproximar das dores do outro. Isto faz parte de aceitarmos nossa condição de humanos e do fato que não há cura possível para a condição humana (Groesbeck, 1983).

Geralmente, na prática de nossos dias, o médico não está preparado para lidar com a angústia e o sofrimento. Há problemas, também, para lidar com a dor física. Kornfeld (1996) relata pesquisas demonstrando que, habitualmente, as dores dos pacientes são subvalorizadas e subtratadas. Esse fato motivou vários artigos e recomendações de institutos de saúde americanos para a aplicação de tratamentos medicamentosos mais vigorosos, particularmente nos pacientes com câncer. Esses esforços foram só parcialmente bem-sucedidos.

O que podemos observar é que a sedação das dores físicas pode ser influenciada pela sedação emocional. O médico que já está emocionalmente sedado pode ter pouca consideração pela dor física de seu paciente. Nossa impressão é que ele resiste à sedação medicamentosa porque alguma outra "sedação" já ocorreu. Os esforços para mobilizar a aplicação de medicamentos mais vigorosos para as dores dos pacientes são só parcialmente bem-sucedidos, em função da "sedação" presente no médico.

Na realidade, há duas formas de sedação da equipe: ignorar e negar as dores e sofrimentos dos pacientes (nesta situação é a equipe que já está "sedada") ou silenciar a todo custo as dores do paciente (visando "sedar as dores" da equipe). Esse silenciamento pode ocorrer tanto por medidas desnecessárias (exames invasivos, intervenções clínicas ou cirúrgicas) quanto por medicamentos, tranqüilizantes, antidepressivos, sedativos, utilizados em muitas situações, para facilitar o distanciamento e não a aproximação.

Tão importante quanto decidir quando intervir, por meio de procedimentos ou das mais variadas sedações, é verificar o uso e a função das intervenções: facilitar ou evitar o contato com o paciente e com o sofrimento?

Quando o referencial psicanalítico orienta a visão do campo interacional, nosso exercício diário é a administração dos conflitos entre as perspectivas. A cada atendimento se apresentam questões como, quando medicar, como medicar e principalmente como articular a intervenção medicamentosa com a elaboração do sofrimento. Em resumo, de uma forma mais ampla, um dos aspectos importantes em nosso trabalho é observar quando as intervenções estão a serviço de favorecer o contato e quando a serviço de dispensar equipe e paciente de lidar com as situações e suas dores.

A perspectiva e a linguagem de mercado

Essas questões cada vez mais atuais possuem uma penetração cada vez maior em nosso campo, exigindo atenção e reflexão. Palavras como produto, consumidor, *managed care* e outras, têm se tornado cada vez mais comuns nos trabalhos e publicações ligados ao trabalho institucional. A questão do gerenciamento *(management)* é o desafio mais importante colocado à medicina de nossos dias (Kelleher, Gabe, Williams, 1994).

As investigações baseadas nos custos das intervenções médicas tomam vulto já a partir da década de 70 (Andreoli, 1998).

Kornfeld (1996), citando estudos que mostram as repercussões das novas políticas, particularmente na diminuição das verbas e de pessoal, lista algumas recomendações para adaptação às novas realidades que atingem não só a interconsulta, mas todos os centros médicos acadêmicos: atenção aos contratos de gerenciamento do cuidado, criação de unidades médico-psiquiátricas dirigidas por interconsultores como um meio de diminuir os custos do hospital e prover a base financeira para o serviço de interconsulta.

Outra recomendação importante é a de chamar a atenção dos administradores hospitalares para as vantagens indiretas do ponto de vista do custo/benefício do trabalho de interconsulta.

Nesse aspecto, uma série de trabalhos, tentando avaliar os efeitos das intervenções sobre a relação custo/benefício, vem sendo desenvolvida. Grande parte desses estudos demonstra o impacto das intervenções sobre o tempo de hospitalização. A partir de uma revisão desses estudos, Martins (1995) conclui que *"há evidências na literatura que justificam a crença de que o trabalho em consultoria psiquiátrica e psicológica no hospital geral reverte em benefícios para os pacientes e para os hospitais. Os benefícios se expressam através de uma diminuição do uso de serviços médicos em geral e uma redução do tempo de hospitalização com conseqüente queda dos custos hospitalares".*

Cada vez mais presente e consolidada nos Estados Unidos e Europa (particularmente Inglaterra), a nova realidade do mercado e do gerenciamento vem gradativamente se instalando entre nós. As reações a essa tendência ainda estão carregadas emocionalmente, oscilando de uma adesão incondicional a um repúdio ostensivo.

A linguagem pode soar desagradável: o atendimento se torna produto, o paciente, um consumidor. "Mercado", *"performance"*, "produção", "resultados", "custos" tornam-se expressões cada vez mais presentes no vocabulário das equipes de saúde. Nosso desafio é, distanciados de reações emocionais, poder avaliar e depurar as contribuições úteis (sem dúvida amplas) que esta perspectiva pode acrescentar a nosso trabalho e, resistir àquilo que pode desfigurá-lo. Se há algumas situações em que é possível e útil pensar em termos de custo/benefício, há outras em que isto é difícil ou mesmo impossível. Como medir o custo/benefício do tempo dispendido auxiliando um médico a se dispor a acompanhar um paciente moribundo? Qual o custo/benefício que isto traz? Para quem?

A tendência na qual os aspectos mais facilmente mensuráveis passem a ser "o critério" de avaliação, em detrimento de aspectos que podem requerer tempos mais longos para mensuração ou não possam ser mensurados, pode provocar uma polarização a favor de intervenções mais superficiais e localizadas, ditadas por interesses de lucro, *performance*, produção e consumo. É preciso atenção a estas questões, pois uma coisa é levar em conta esses fatores e outra é subordinar nossos projetos e intervenções a eles. Nossa visão do ser e da sociedade não pode ser ditada por interesses de mercado.

Referências bibliográficas

ANDREOLI, P.B.A. *Avaliação dos programas assistenciais em interconsulta psiquiátrica.* Dissertação de Mestrado, 1998.

BALINT, M. (1965) Psicanálise e prática médica. In *A experiência Balint: história e atualidade.* São Paulo: Casa do Psicólogo, 1994.

BION, W.R. (1962) *O aprender com a experiência.* Rio de Janeiro: Imago, 1991.

─────. *Cogitações.* Rio de Janeiro: Imago, 1992.

BLEGER, J. (1965) *Psico-higiene e psicologia institucional*. Porto Alegre: Artes Médicas, 1984.

DE MARCO, M.A. Sobre deuses e médicos: o reencantamento da medicina. In *Junguiana*, 7:55-80, 1989.

FERNANDES, M.H.S. A função e inserção do psicólogo nas equipes multiprofissionais. *Boletim de Psiquiatria*, 19(1/2):21-24, 1986.

GABE, J., KELLEHER, D. & WILLIAMS, G. *Challenging medicine*. London and New York: Routledge, 1994.

GROESBECK, C.J. A imagem arquetípica do médico ferido. *Junguiana*, 1:72-96, 1983.

KORNFELD, D.S. Consultation-liaison psychiatry and the pratice of medicine. *Psychosomatics*, 37(3):236-248, 1996.

LEIGH, H. *Consultation-liaison psychiatry 1990 and Beyond*. New York and London: Plenum Press, 1992.

LIPOWSKI, Z.J. In WISE, M.G. & RUNDELL, J.R. (ed.) *Textbook of consultation-liaison psychiatry*. Washington: American Psychiatry Press, 1996.

LUCHINA, I.L. *Hacia un modelo clinico-situacional*.Buenos Aires: Paidós, 1982.

NOGUEIRA-MARTINS, L.A. Consultoria psiquiátrica e psicológica no hospital geral: a experiência do Hospital São Paulo. *Revista ABP-APAL*, 11(4):160-164, 1989.

―――――. Ensino e formação em interconsulta in *Revista ABP-APAL* 15(2):68-74 (1993)

―――――. Os beneficiários da interconsulta psiquiátrica in *Boletim de Psiquiatria*28(1):22-23 (1995)

NOGUEIRA-MARTINS, L.A., BOTEGA, N.J., CELERI, E.H.R.V. In BOTEGA, N.J. (org.) *Serviços de Saúde Mental no Hospital Geral*. Campinas: Papirus, 1995.

NOGUEIRA-MARTINS, L.A., De MARCO, M.A., MANENTE, M.L.F., NOTO, J.R.S. & BIANCO, S.M. Dilemas éticos no hospital geral. *Boletim de Psiquiatria*, 24(1/2):28-34, 1991.

NOVAES PINTO, R. *A comunicação do diagnóstico em pacientes com câncer*. Tese de mestrado (2001).

STRAIN, J.J. In WISE, M.G. & RUNDELL J.R. (ed.) *Textbook of consultation-liaison psychiatry*. Washington: American Psychiatry Press, 1996.

VOLICH, R.M., FERRAZ, F.C. & ARANTES, M.A.A.C. *Psicossoma II: psicossomática psicanalítica*. São Paulo: Casa do Psicólogo, 1998.

A equipe interdisciplinar: suas dimensões clínicas e institucionais em psicossomática

Ângela Figueiredo de Camargo Penteado

"Haverá paradeiro para o nosso desejo dentro ou fora de um vício?
Uns preferem dinheiro, outros querem um passeio perto do precipício.
Haverá paraíso? Sem perder o juízo e sem morrer?
Haverá pára-raio para o nosso desmaio no momento preciso?
Uns vão de pára-quedas, outros juntam moedas antes do prejuízo
Num momento propício, haverá paradeiro para isso?
Haverá paradeiro para o nosso desejo dentro ou fora de nós?".

Arnaldo Antunes

Desde a Grécia Antiga, a interdisciplinaridade refere-se à articulação e à complementação de disciplinas visando a um ideal de saber da totalidade, da formação integral do Homem. A partir da Idade Moderna, com o Projeto Iluminista, o saber unitário da ciência tem sofrido crescente desintegração, contribuindo para a fragmentação do conhecimento, resultando na especialização exagerada, na redução do complexo ao simples, do global ao elementar, da organização à ordem, da qualidade à quantidade, do multidimensional ao formal. Cada vez mais destacou-se o estudo de fenômenos isolados, *separando-os* dos sujeitos que os percebem.

Neste contexto, a construção das disciplinas no campo da saúde também tem se centrado no indivíduo abstrato, separado de sua realidade psicodinâmica e social.

A principal disciplina desse campo – a Medicina Moderna – nasceu no fim do século XVIII, a partir de práticas disciplinares, com o aparecimento da anatomia patológica e da reorganização dos Hospitais. Inaugurou-se a chamada *ordem médico-hospitalar* que, por sua vez, define seu objeto, o corpo anátomo patológico. Como nos ensina Foucault, esse é um corpo a ser dissecado, descrito e controlado por conceitos que o explicitem – segundo um paradigma e uma teoria fundamentados pelo positivismo, por um ideal de racionalidade universal. Com essas características a prática da Medicina marcou também o lugar do paciente como sendo o daquele que deve se submeter ao poder disciplinar das rotinas e prescrições, daquele que deve ser receptivo e colaborador com o tratamento. Ao ser assumida, essa posição contribuiu definitivamente para a dissociação doente/doença.

Desde o século XVIII, e ainda hoje, o Hospital tornou-se centro do modelo de assistência à saúde e do ensino da prática médica. Nessa instituição, o discurso hegemônico tem sido o do médico e se outras disciplinas são chamadas a atuar, elas acabam por se inscrever no registro ditado pelo saber médico, registro que procura manter a assepsia, trata de purificar o doente de tudo aquilo que impeça a prescrição médica.

Neste modelo, as doenças encontram lugar para um exame mais complexo, para seu reconhecimento, em um "pronto-socorro" ou "pronto atendimento", mas nem sempre o "doente" encontra neste espaço, cuidado e reconhecimento às suas demandas e necessidades subjetivas.

Embora esse enfoque venha predominando por séculos, sabemos que abordar os problemas de saúde apenas pela ótica biológica não responde às demandas de saúde em toda sua complexidade. Sabemos também que para lidar com a ansiedade provocada pelo contato diário com o sofrimento, a dor e a morte, as equipes de saúde desenvolvem mecanismos individuais e grupais de defesa, em um enorme esforço para manter distantes os componentes emocionais julgados impertinentes para a tarefa do cuidar.

O desenvolvimento humano, o processo saúde/doença inerente à existência e às novas formas do adoecer demandam que outras disciplinas entrem em cena.

Há pelo menos cem anos, a psicanálise vem nos ensinando a importância das relações afetivas na constituição do sujeito, a singularidade de cada doença, a tonalidade transferencial específica de cada relação médico-paciente, as fantasias do doente acerca de seu adoecimento e da cura.

Groddek, Spitz, Ferenczi e Balint introduziram contribuições da psicanálise na prática médica. Como conseqüência, foram se *construindo* dispositivos específicos nos hospitais, como os Grupos Balint, a interconsulta médico-psicológica, os alojamentos conjuntos mãe-bebê, as atividades de preparação para cirurgias e transplantes e os grupos lúdicos ou de atividades expressivas.

Outro campo de conhecimento precursor da interdisciplinaridade foi o Movimento Institucionalista. Por meio de iniciativas históricas, sociais e coletivas, núcleos de pessoas e grupos têm tentado reger-se por si mesmos, dando sua própria definição dos problemas, gerenciando e realizando suas próprias soluções. Segundo Gregório Baremblitt, o institucionalismo nutre-se da psicanálise, da sociologia, da antropologia, da lingüística, da semiótica, da política, da biologia molecular, caracterizando um modo de intervir interdisciplinar. Em particular, a análise institucional aplicada ao campo hospitalar revela o lugar de dor, de morte e de conflitos que marcam a organização de suas práticas e de suas estruturas de defesa, bem como os pontos vulneráveis que podem desenvolver a iatrogenia, doença técnica, gerada pela própria organização, na qual o paciente responde com manifestações doentias, que surgem da imposição de respeitar os dispositivos organizacionais.

A introdução desses discursos no cenário das instituições hospitalares tem contribuído para reintroduzir os elementos que a concepção médica – hegemônica – de doença e nossas práticas hospitalares excluíram.

Dessa forma, foi estimulado um lugar para a fala do sujeito, que, ao ter seu corpo doente, pode descobrir aí, na doença, que esse corpo não é apenas morada de beleza, força e poder, que é um corpo finito, que pulsa e que sente, que traz dor e sofrimento. O sujeito pode também descobrir que a doença traz marcas de sua história, de sua estrutura psíquica, de sua singularidade. Esses elementos podem fornecer importantes indícios de como vai viver a novidade do adoecer, ou de como o adoecer pode ser expressão de excessos de excitação, que não puderam se encaminhar de outro modo a não ser pela desorganização orgânica.

Aprendemos com Pierre Marty e seus colaboradores que

> "a sintomatologia de qualquer natureza, mental e/ou somática, só pode adquirir sentido, quando relacionada com a economia geral do sujeito por ela atingido. Ponto de vista econômico, portanto, em primeiro lugar, mas do qual não se excluem nem o ponto de vista tópico, nem o dinâmico, na medida em que apreender a economia psicossomática de uma pessoa é recolocá-la no desenrolar vivo daquilo que é sua vida, em função de suas peculiaridades constitutivas genéticas e relacionais, bem como de sua história" (Debray, 1995).

A construção da interdisciplinaridade em saúde nos fala, portanto, da necessidade de estabelecer relações entre os campos da medicina, da psicanálise e da análise institucional, visando a uma práxis, que busque a resolução de problemas de saúde.

Como, então, a partir dessas diferentes referências e paradigmas poder auxiliar as equipes de saúde, para que elas escutem um corpo que pulsa para além da queixa orgânica? Como integrar a subjetividade, expressa por enfermos e por seus familiares, aos protocolos de tratamento geralmente exclusivamente pautados pelas provas de realidade da anatomia, da patologia e da biologia molecular?

Este trabalho procura abordar a interdisciplinaridade em Saúde, considerando o diálogo entre a medicina, enfermagem, fisioterapia, assistência social, psicologia e psicossomática psicanalítica. Ele propõe uma maior instrumentação da relação entre a equipe de saúde com seus pacientes/ familiares, partindo de cada referência específica de formação e procurando ampliá-la à luz da psicossomática. Seu campo de investigação foi uma supervisão clínico institucional de quase dois anos a uma equipe de Atendimento Domiciliar em DST-AIDS, de um ambulatório público de São Paulo.

Os primeiros contatos com a equipe

Nos primeiros encontros com a equipe para discutir seus atendimentos, diagnósticos e projetos terapêuticos, bem como a dinâmica da equipe, evidenciava-se o quanto ignoravam a importância de fenômenos relacionados à subjetividade do paciente e dos efeitos transferenciais na relação terapêutica, para o desenvolvimento de seu trabalho. Ignoravam também os efeitos da dissociação entre psique e soma sobre a evolução do tratamento, ainda que se tratasse apenas de um projeto inicial de reabilitação – no qual é clara a exterioridade do fenômeno orgânico. Nessas condições, o doente grave inicialmente tenta encontrar um novo equilíbrio emocional, narcísico, busca a cicatrização de feridas abertas pela doença orgânica, interroga-se sobre o uso afetivo e sexual do corpo, sobre o retorno à vida, à família e ao trabalho.

Por meio das discussões de casos e com o trabalho das relações equipe de saúde – pacientes/familiares, pudemos ir constatando a gradativa inclusão de pensamentos sobre afetos, sonhos, impressões e observações nos dispositivos de suas práticas específicas: consultas, prescrições medicamentosas, dietas, exercícios, curativos, orientações sobre benefícios sociais. Não se tratava de convidar toda a equipe a efetuar uma prática psicoterapêutica, mas a que cada um à sua maneira pudesse escutar o corpo que pulsa para além da queixa orgânica; que pudessem integrar a subjetividade que ia sendo expressa pelos enfermos e seus familiares com relação aos protocolos de tratamento, anteriormente pautados primordialmente na realidade orgânica, pelas provas da anatomia, patologia e biologia molecular. O trabalho de supervisão foi permitindo que também os membros da equipe pudessem tolerar a convivência das diferentes formações, que se aproximassem, como equipe terapêutica, de suas inquietações, vulnerabilidades, desamparo e angústias suscitadas pelo trabalho de cuidar do adoecimento e da fragilidade alheia.

A equipe de saúde: história, impasses e interpretação

A equipe de saúde era responsável pelos atendimentos domiciliares a pacientes com aids em estado bastante grave. Ela era composta por um médico clínico, uma assistente social, uma fisioterapeuta, duas enfermeiras, dois auxiliares de enfermagem e uma psicóloga, no papel de coordenação. Essa equipe buscou a supervisão com uma queixa inicial: tinham dificuldades para delimitar sua tarefa e estabelecer critérios claros para a admissão e para a alta do paciente no programa de Atendimento Domiciliar Terapêutico (ADT). Os critérios existentes eram teóricos e um tanto abrangentes, como por exemplo *"tratar a AIDS visando a melhoria da qualidade de vida de cada paciente"*.

Os membros da equipe queixavam-se muito das dificuldades enfrentadas com os cuidadores (familiares ou pessoas vinculadas aos doentes) como falta de preparo, vínculos conflitivos com os doentes, posturas negligentes. Queixavam-se ainda dos excessos de intimidade entre o paciente e a equipe: convites para a intimidade, presentes, exposições físicas desnecessárias, que causavam grande dificuldade nos procedimentos terapêuticos. Por fim, todos da equipe se referiam a intensas emoções presentes nos atendimentos como pena, raiva, impotência ou apego excessivo.

Na maioria dos atendimentos, a equipe também se deparou com situações de moradia muito precárias e com a conseqüente falta de condições mínimas de higiene e organização da casa, além da presença perturbadora de vários animais de estimação, inviabilizando as ações de cuidado terapêutico e pondo em xeque as noções de higiene e assepsia preconizada pelas práticas de saúde. Desde o início, traziam como pedido de ajuda – de forma latente – um pedido de continência para as intensidades de angústia, e quase um desespero, vivenciados nestas visitas domiciliares. Demandavam também continência para o encontro com situações-limite entre a vida e a morte; entre a condição de subjetividade e objetalização; entre as condições terapêuticas do domicílio e o modelo hospitalocêntrico de tratamento. Quais as referências teóricas e clínicas que buscariam para enfrentar esse desafio?

Apesar das dificuldades, a equipe mostrava-se com grande potencial para se constituir como grupo: estavam unidos pela seriedade e compromisso com a tarefa da assistência e muito mobilizados pela perspectiva de que o trabalho deles pudesse realmente interferir na melhoria da qualidade de vida daqueles enfermos, ou simplesmente pela perspectiva de tentar melhorar as condições de vida deles.

Já nas primeiras conversas, foi ficando evidente a dificuldade da equipe em integrar as diversas referências – de conhecimento e trabalho clínico – médicas, de enfermagem, de assistência social ou psicológicas, diante de manifestações que pareciam fugir ao controle e às noções preconizadas de assepsia e enfoque nas manifestações orgânicas. Os conflitos sociais e afetivos tomavam a cena, ainda que se tratassem de estados clínicos muito delicados, agravados pelo adiamento do tratamento, ou pela recusa da realidade da contaminação, que determinavam intervenções medicamentosas urgentes para manter a vida.

Nos primeiros relatos de casos quase não apareciam dados sobre a história de vida do paciente, de saúde doença, de contaminação pelo HIV, elementos que pudessem auxiliar a equipe a reconhecer repetições transferenciais e que sugerissem o modo como se relacionariam com a equipe e o tratamento proposto.

As primeiras discussões giraram em torno dos requisitos teóricos, da condição de que, para cadastrar o paciente, teria de haver um cuidador, de preferência um familiar, que se responsabilizasse com as prescrições, com as condições mínimas de higiene do paciente e do ambiente, que se preocupasse com a alimentação, com o repouso, enfim, com aquela lista de exigências, que, sabemos tão bem, fazem parte da rotina e disciplina dos equipamentos de saúde.

Porém, nas dinâmicas familiares com estes portadores do HIV, muitas vezes o que se impôs foi o resgate de vínculos distanciados ou rompidos por conflitos afetivos, preconceitos, valores morais. Muitas vezes se tratavam de dinâmicas marcadas pela perda recente de um companheiro também portador do HIV e da aids, ou pela presença da contaminação e da doença em vários membros do mesmo grupo familiar (pais, companheiros, filhos, irmãos), que deixaram marcas de intensa dor e conteúdos depressivos.

Na busca do cuidador, muitas vezes os critérios privilegiados eram apenas os formais: disponibilidade de tempo, esclarecimento e capacidade para lidar com *"necessidades do real do corpo"*, *"execução das prescrições propostas pela equipe"*, repetindo o modelo técnico-científico da ordem médico-hospitalar.

Eram silenciados os desejos dos sujeitos em questão, quer do doente quer dos "acompanhantes", elementos fundamentais no desenvolvimento da qualidade da "função de cuidar" (maternagem e pára-excitação, conforme nos ensina a Psicossomática), e na confiança para se deixar cuidar e regredir condições tão necessárias em quadros graves e frágeis como estes.

Em vários casos, a escolha de cuidadores não se sustentou, gerando brigas, abandonos, impasses que levaram a internações desnecessárias ou mesmo a interrupções na programação proposta pela Equipe do ADT, o que, por sua vez, frustrava, preocupava ou provocava muita culpa na equipe.

Defesas da equipe contra a ansiedade

A equipe interdisciplinar acompanhou uma mulher de 38 anos, com dificuldade de locomoção e outros sintomas, que se manifestaram após comprometimento hepático por causa de complicações após uma cirurgia de úlcera. Apresentava também uma grande recusa, apatia e agressividade no contato com a maioria dos membros de sua família, repetindo este padrão com a equipe. Morava com o pai, figura muito ausente nas visitas domiciliares da equipe, que não atendia às solicitações para conversar sobre a doença da filha. Ele sempre se evadia, justificando ter de trabalhar para sustentar a casa. Moravam também na casa uma filha da paciente, de 17 anos, que estava grávida; outra filha de 10 anos, e um neto da outra filha que saiu de casa. Compunha também a família uma de suas irmãs, com quem brigava muito.

Inicialmente, essa irmã assumiu contrariada a função de cuidadora, mas, a partir de muitas brigas e rivalidade, saiu de casa, e acabou, tempos depois, procurando a equipe e revelando também ser portadora do vírus e necessitar de tratamento.

A filha de 17 anos assumiu, então, a função, mas, logo em seguida, também não se sustentou neste lugar, ao demandar para ela o olhar da mãe.

Esta garota engravidou em uma relação precária e não conseguiu se cuidar na gestação, voltando a abusar do uso de álcool e drogas, necessitando de atenção especial por parte da equipe.

A paciente acabou assumindo sozinha seu tratamento, a partir do vínculo de confiança estabelecido com a assistente social e uma das enfermeiras. Por meio deste vínculo, conseguiu começar a falar de sua história, marcada por muitos lutos ainda não elaborados – o abandono precoce por parte de sua mãe, que se foi levando apenas uma irmã (a preferida segundo a paciente); a perda do marido por traficar drogas, também contaminado pela aids; a morte de uma filha de apenas 11 anos de idade, um ano antes, contaminada pelo vírus, e o receio de que a filha de 10 anos também tivesse a doença. Além disso, mostrava-se muito melancólica, com a perda de sua beleza e juventude – aspectos extremamente valorizados por ela e que já haviam sido seus instrumentos de trabalho, quando dançarina profissional.

Diante da falta de referências para lidar com a angústia, as repetições inconscientes que marcaram tantas gerações, e com a violência de tantos conteúdos destrutivos, a equipe defendeu-se utilizando critérios rígidos e exigentes em relação ao cuidador, fazendo-o funcionar como um anteparo a essas intensidades, que normalmente os dispositivos institucionais cheios de defesas, apaziguam e imobilizam.

Em seu estudo, *Sobre o funcionamento das organizações sociais como sistemas de defesa contra a ansiedade*, Isabel Menzies, psicanalista da Clínica Tavistock em Londres, mostra como os mecanismos de defesa institucionais se organizam diante da ameaça de dor e morte. Ela relata a fragmentação das ações, o rodízio de profissionais; as rotinas rígidas, o distanciamento e a negação de sentimentos, a despersonalização, a categorização e a negação da importância do indivíduo e a obscuridade na distribuição de responsabilidades sobre os casos. No atendimento domiciliar, o impacto da ansiedade das situações sobre a equipe é direto.

A relação com a queixa orgânica

Outra característica das primeiras discussões de caso com a equipe é a ênfase da parte dos pacientes nas demandas e questões orgânicas, que exigem muitos exames e introdução de medicação rápida, ações complementares de inúmeros especialistas e programação de excessiva quantidade de procedimentos. Pensamos aqui, e trabalhamos com a equipe, que, para esses sujeitos, que até pouco tempo tinham negado qualquer risco de contaminação, evitado buscar qualquer forma de tratamento ou vinham fazendo um tratamento cheio de interrupções, essa abordagem domiciliar e a introdução brusca do tratamento, poderia ser também vivida como muito violenta e traumática.

Por vezes, mesmo tendo contraído o vírus há tempos, alguns pacientes dão indícios de ainda não terem podido formular um sentido para sua doença, bem como mobilizar uma resposta ativa e aliada às propostas da equipe de saúde. Em muitos casos, os enfermos apresentam um funcionamento mental no qual prevalece o registro onipotente da negação ou o registro da repetição traumática.

Uma mulher, de 49 anos, foi encaminhada para o programa a partir de uma internação de quatro meses em UTI. Foi internada para fazer uma biópsia na axila e soube da contaminação no leito hospitalar, desenvolvendo a partir daí tuberculose, pneumonia e choque por septicemia. Saiu do hospital com citomegalovírus, carga viral do HIV altíssima, queixando-se de muitas dores a qualquer movimentação, além de apresentar tremores e anemia. Nos primeiros contatos com a irmã, a cuidadora, esta referia que a enferma não se alimentava e não permitia nenhum procedimento ou toque em função da dor.

Era uma paciente que se recusava a usar a medicação e faltava em todas as consultas com especialistas, necessárias à continuidade do tratamento.

Em casos como este, fica evidente que os boicotes ao uso do medicamento, o esquecimento de exames agendados com dificuldade pela equipe e mesmo o fato de ausentar-se de casa no dia da visita domiciliar marcada, apesar de todas as suas limitações físicas, eram os recursos defensivos possíveis diante de algo assustador.

Do lado dos profissionais, havia muita inquietação, angústia e também evasivas aos procedimentos combinados, ou fazem encaminhamentos precoces para outros serviços e especialistas – evidências de que esses diagnósticos e projetos clínicos consideram apenas o corpo orgânico debilitado, e não o interjogo psique-soma em questão.

A dinâmica do trabalho com a equipe

As reuniões de equipe em torno das discussões clínicas dos casos pretendem abrir espaço para a história desses sujeitos: como vivem, amam, trabalham; como se contaminaram e souberam da doença, como foi o percurso anterior de tratamento, que marcas importantes foram feitas em seu corpo, quais os sentidos dos sintomas (orgânicos ou psíquicos), que projetos de vida sustentam, como se expressam, para, a partir do reconhecimento das demandas e necessidades de cada um, planificar ações integradas e priorizá-las.

Em muitos momentos, fez-se necessário, para toda a equipe, ou alguns de seus componentes não-médicos, a explicação de processos orgânicos desconhecidos, de resultados de exames específicos, efeitos de medicações e procedimentos de fisioterapia. Para esclarecer estas dúvidas, são convidados também outros especialistas, que vieram esclarecer a complexidade de patologias, suas inter-relações e efeitos sintomáticos específicos de cada caso.

Os conteúdos subjetivos são, em geral, pouco tolerados inicialmente, havendo grande impaciência por parte do médico e grupo de enfermagem em escutá-los. Prevalecia um clima de desvalorização expresso no realizar simultaneamente atividades paralelas, enquanto estavam ali para discutirem os casos: realizam anotações de visitas nos prontuários de pacientes, separavam medicações e materiais para as próximas visitas, como se perdessem tempo com aquelas discussões.

Todas essas manifestações geravam um clima de enorme dispersão e dificuldade para concentração, provocando confusão entre os dados, mas reproduzindo também as dinâmicas familiares encontradas em alguns dos domicílios visitados.

Aos poucos, interpretamos para a equipe, as dificuldades da escuta, explicitando as percepções e as emoções que surgiam com estes dados. Evidenciou-se também como este exercício de continência e pensamento sobre desejos, conflitos, dados subjetivos é bastante diferente da utilização dos sinais vitais advindos do exame físico do corpo, ou dos resultados dos exames de laboratório, para a formulação diagnóstica e decisão sobre conduta terapêutica.

A proposta do grupo era a discussão de um caso, trazido por qualquer membro da equipe, a partir da mobilização de questões e impasses sobre o tratamento. O clima de excitação, as movimentações corporais, o entrar e sair da sala de supervisão, as atividades paralelas, caracterizou muitas reuniões de supervisão.

Com o avanço das discussões, o grupo foi percebendo que as inquietações circulavam entre todos eles, apesar das formações profissionais específicas, e que essas inquietações relacionavam-se à qualidade da relação estabelecida com o paciente: a forma como os pacientes os escolhiam por afinidades e proximidade, ou os recusavam de acordo com o desenvolvimento das ações terapêuticas.

A partir dessa constatação, a equipe formulou que seria interessante que fizessem as visitas sempre em duplas, depois que tivessem claro o diagnóstico e as ações terapêuticas necessárias, o que determinaria quais profissionais deveriam ser acionados. Perceberam, então, que não seria mais necessário mobilizar todos os membros da equipe para todos os atendimentos e que não se tratava de uma divisão quantitativa de trabalho, como estavam acostumados em outras rotinas de saúde.

Dessa maneira, enquanto um profissional realizava o procedimento previsto, o outro estaria mais disponível para escutar, conversar e observar, além de poder se ocupar com as questões dos cuidadores. Perceberam nitidamente a eleição de alguns da equipe por alguns pacientes como depositários de reflexões, histórias, pedidos específicos de ajuda, e também começaram a sustentar este vínculo de escuta e cuidado, além dos procedimentos técnicos.

À medida que se aprofundaram nestes cuidados, muitas vezes os profissionais perceberam o excesso de angústias diante da dor manifesta pelos enfermos nos trabalhos de luto, nas brigas e conflitos familiares, no desamparo e na dor diante da perspectiva da morte e mesmo na ressignificação de fracassos anteriores. Nesses momentos, a equipe recuava ou agia procurando oferecer algo da ordem do real que substituisse a dor: agir segundo uma espécie de "furor curandis", procurar ansiosamente por medicamentos, procedimentos ou paliativos, brigar entre si e culpabilizar um ao outro por fracassos terapêuticos. Aos poucos esses conteúdos eram trazidos para a reflexão e podiam ir se impondo limites ao ideal de cura e à onipotência. Em muitos casos, apesar da intensidade dos cuidados e de sua dedicação, a evolução do paciente caminhava para a morte e só lhes restava elaborar a enorme frustração diante deste fato.

Um menino de 8 anos era tratado no ambulatório desde o início de sua contaminação pelo HIV e vinha tendo uma evolução muito boa até esta idade. Ele desenvolveu um vínculo intenso com muitos profissionais do serviço, e era acompanhado por um pediatra que, quando percebe que o tratamento medicamentoso não está mais respondendo, acaba recorrendo ao ADT. Esse médico veio pedir ajuda para enfrentar a decisão de retirar toda a medicação e aguardar a evolução do caso. Ele se inquietava em ter de enfrentar os pais da criança, também contaminados e tratados no ambulatório, e ficava muito angustiado ao ter de acompanhar seu pequeno paciente no processo terminal – perdas que o garoto ia vendo se concretizar com muito pesar, como não conseguir mais ir para a escola e só querer estar no colo da mãe.

A equipe do ADT aproximou-se do médico e do garoto e percebeu que ainda não haviam oferecido nenhum espaço no qual o garoto pudesse expressar com seus recursos como vivia aquele momento. A psicóloga o atendia a partir de material lúdico e se impressionava muito com os recursos expressivos do menino. Apesar da regressão e fragilidade em que se encontrava, ele logo aceitou a proposta de brincar e pediu a ela um carimbo com seu nome para fazer receitas aos seus "doentes – bonecos". Ele mostrou, assim, para a equipe, por intermédio da brincadeira com seus bonecos, sua identificação com os cuidadores da saúde e sua aliança com a busca de um remédio que pudesse curá-lo.

Além disso, a equipe fez também um importante trabalho com o pediatra, antes isolado no ambulatório. Ela pode assistir aos pais no trabalho sobre o luto, as culpas e as possibilidades de seguirem se tratando, apesar da intensa dor mobilizada pela perda do filho.

Alguns pacientes morrem, outros evoluem para uma maior estabilização dos quadros sintomáticos, resgatando a perspectiva de sonhos e projetos futuros. Porém, por outro lado, podem mobilizar intensos conteúdos amorosos e de gratidão, que também angustiam a equipe.

Uma mulher, com aproximadamente 28 anos, muito pequena fisicamente – com um desenvolvimento físico quase infantil – apresentou-se gravemente debilitada pela aids. Ela se cuidava com muito vigor, sendo bastante aliada da equipe em todas as propostas e prescrições, até o momento em que seu quadro se estabilizou e a equipe começou a trabalhar a alta e encaminhamento para outra equipe do ambulatório. Ela ficou muito contrariada, porque queria seguir sendo cuidada pela equipe do ADT, apesar da melhora e da condição de autonomia que lhe permitia utilizar de outros serviços de saúde.

Naquele momento de conflitos com relação à alta, a paciente engravidou, colocando sua vida novamente em enorme risco e fazendo com que a equipe do ADT voltasse a assumi-la, para garantir o encaminhamento a um serviço de ginecologia especializado. Ela passou a demandar que a equipe de ADT a acompanhasse de perto até o fim da gestação e mais uma vez os critérios de atendimento foram revistos em função da dinâmica subjetiva da paciente. Este caso mobilizou muitos valores em torno da vida dos desejos e dos projetos possíveis no contexto de uma "doença terminal" – gestar uma criança e cuidar de seu desenvolvimento e de seu futuro. Essa paciente pôde enfrentar todos os tratamentos e deu à luz um bebê saudável.

Com aqueles que se recuperam e se fazem ativos na luta pela vida ao lado da equipe, encontra-se o desafio de como e para onde encaminhá-los, quando superam essa fase de maior dependência e vulnerabilidade, já que não se encontra com facilidade equipamentos de tratamento com abordagens psicossomáticas, que integrem esses aspectos da psique e do soma e que possam encorajar estes pacientes a seguir buscando o nexo entre sua história, seu adoecer, entre sua dinâmica psíquica e seu corpo.

Com aqueles que evoluem para a morte, movimentam-se indagações a respeito do sentido da existência, das referências religiosas de cada membro da equipe, fazendo-os percorrer memórias de perdas importantes – importante recurso identificatório para fazer frente ao mal-estar do desamparo e da finitude humana. Fez parte também do percurso desta equipe a busca de instrumentos teóricos para poder aprofundar seus questionamentos e constatações clínicas.

Os membros da equipe puderam a partir desses estudos e experiências sustentar com maior tranqüilidade o acompanhamento dos familiares e cuidadores durante o processo de luto, considerando-o como parte de sua tarefa. Esta foi mais uma prática alterada, uma vez que os critérios iniciais do programa preconizavam que se o paciente fosse a óbito, toda sua família seria automaticamente desligada.

Nesse momento de trabalho em equipe quando muitos casos traziam questões referentes à morte, que, em uma das supervisões, um dos profissionais, antes impaciente, evasivo e agitado no momento das discussões, pediu para contar dois sonhos que antecederam nossa reunião:

No primeiro sonho *"havia meninos estudando em uma mesa, como nos tempos de faculdade, e um anjo do lado de fora – era uma bela passagem. O anjo diz que do lado de lá é tudo diferente, tem que prestar atenção em outros aspectos..."*

No segundo, *"havia várias camas de vários doentes que vão morrer. Ele está em uma delas. Tem que esperar que eles morram. Tem sono e quer dormir. Dizem que não pode, que tem de ficar ali junto, acompanhando."*

Foi uma reunião de supervisão muito emocionada. A partir destes sonhos trazidos para o grupo e para a supervisão como um "presente de grego", trabalhou-se o grande alívio em poder dormir e sonhar diante de angústias, frustrações ou de contextos muito dolorosos.

Entendo que aquele sonho surgiu como paradigma da realização de desejos, como paradigma do processo de simbolização psíquica, fazendo referência ao trabalho possível de elaboração, a partir da continência grupal e a partir das palavras e pensamentos conquistados sobre os casos atendidos. Por outro lado, ficava evidente também uma dimensão persecutória e de controle – eles nos falavam da imposição de estar ali e ter de acompanhar os doentes que vão morrer, em um limite muito pouco claro entre ter de ficar junto, acompanhando, e também estar em uma das camas nas quais estão doentes que vão morrer... Será o cuidar para não morrer?

Naquela situação, novamente, a fonte de angústia, que fez essa equipe buscar ajuda na supervisão, disparou novamente. Era algo entre o terror e o sonho, em que há o risco da morte e da dor, mas há também elementos que falam do potencial criativo: anjos, lado de fora, bela passagem e poder prestar atenção em outros aspectos...

Conclusões

Penso que o referencial da Psicossomática Psicanalítica permitiu a sustentação da escuta desta equipe em supervisão – este lugar de pára-excitação para que a equipe pudesse discutir, discordar, descobrir, recuar e, enfim, para que pudesse refletir e se posicionar no cuidado às pessoas com alto grau de sofrimento orgânico e psíquico, ainda mais em um território estranho ao Hospital, que é o domicílio.

Um indicador importante do desenvolvimento do trabalho com esta equipe foi a emergência espontânea da função onírica, propiciando condições para que a simbolização sobre suas experiências pudesse ocorrer: sonhar possibilidades criativas de trabalho, e cada um sonhar seus sonhos como forma de processamento psíquico da subjetividade e da vida.

Outro fator importante no desenvolvimento deste trabalho foi a necessidade de integrar, no enquadre clínico das práticas em saúde, a realidade concreta dos domicílios – das formas de organização da casa, da família e a intensidade que a entrada de uma equipe na casa do paciente mobiliza. Isso trouxe para a equipe a necessidade de lidar com excessos nas relações terapêuticas e transferenciais, mas trouxe aspectos concretos da subjetivação daqueles pacientes e suas famílias, abrindo um campo para descoberta de novos recursos e contornos para o enfrentamento da doença.

Tudo isso é bem diferente do enquadre das práticas hospitalares, em que algo das intensidades se mantém imobilizado na ordem médica estabelecida e na hierarquia, ou nas práticas disciplinares, ou ainda nas paredes da sala, na maca, na mobília dos consultórios e das enfermarias. Aqui as duas questões – a escuta do inconsciente e o enquadre domiciliar – articulam-se no novo dispositivo. Por intermédio da equipe interdisciplinar fora do hospital, em atendimento domiciliar, resgatamos algo da especificidade da teoria da Psicossomática Psicanalítica, que, como campo articulador entre o psíquico e o somático, inclui a realidade do psíquico no exame do corpo e a dimensão do corpo na escuta dos conflitos e destaca, também, a importância dos vínculos parentais/familiares, marcadores dos destinos de vida e de morte das pulsões, possibilidade de "paradeiro" para o nosso desejo dentro ou fora de nós...

Referências bibliográficas

BENOIT, P. *Psicanálise e medicina*. Rio de Janeiro: Zahar, 1988.

CASETTO, S.J. Psicossomática e instituição hospitalar. In FERRAZ, F.C. & VOLICH, R.M. (orgs.) *Psicossoma: psicossomática psicanalítica*. São Paulo: Casa do Psicólogo, 1997.

DEBRAY, R. *O equilíbrio psicossomático*. São Paulo: Casa do Psicólogo, 1995.

FOUCAULT, M. *Microfísica do poder*. Rio de Janeiro: Graal, 1981.

JUNQUEIRA, L.A.P. Intersetorialidade, transetorialidade e redes sociais na saúde. *Revista de Administração Pública do Rio de Janeiro*, 34(6):35-45, 2000.

MENZIES, I. O funcionamento das organizações como sistemas sociais de defesa contra a ansiedade. *Panphlet 3*. Tavistock Institute of Human Relations, 1970.

SANTOS Fo, O. C. Psicanálise do "paciente psicossomático". In MELLO Fo., J. *Psicossomática hoje*. Porto Alegre: Artes Médicas, 1992.

SOUZA, M.L.R. Os diferentes discursos na instituição hospitalar. *Percurso*, 23(2):35-42,1999.

——————. O hospital: um espaço terapêutico? *Percurso*, 9(2): 22-28, 1992.

VOLICH, R.M. *Psicossomática: de Hipócrates à psicanálise*. São Paulo: Casa do Psicólogo, 2000.

——————. Entre uma angústia e outra.... *Boletim de Novidades Pulsional*, 80:37-45, 1996.

Sobre os autores

Aline Camargo Gurfinkel
Psicanalista, membro do Departamento de Psicanálise do Instituto Sedes Sapientiae; mestre em Psicologia pelo IPUSP; autora do livro *Fobia* (Casa do Psicólogo).

Andréa Satrapa
Psicóloga com especialização em Psicossomática e Psicologia Hospitalar, membro do Centro de Estudos do Crescimento e do Desenvolvimento do Ser Humano da Faculdade de Saúde Pública da USP.

Angela Figueiredo de Camargo Penteado
Psicóloga, especialista em Psicologia Clínica pelo CRP, e psicanalista; professora do Curso de Psicossomática do Instituto Sedes Sapientiae; atua em instituições de saúde desde 1986, especialmente em maternidade, pediatria, Unidades Básicas de Saúde e Programa de Saúde da Família em São Paulo.

Bernardo Bitelman
Médico-assistente do Hospital das Clínicas da Faculdade de Medicina da USP; mestre em Gastroenterologia pela Faculdade de Medicina da USP e professor do Curso de Psicossomática do Instituto Sedes Sapientiae.

Cássia A. Nuevo Barreto Bruno
Psicanalista; membro efetivo e professora do Instituto da Sociedade Brasileira de Psicanálise de São Paulo.

Cristiane Curi Abud
Psicanalista formada pelo Departamento de Psicanálise do Instituto Sedes Sapientiae; pós-graduanda em Psicologia Clínica pela PUC-SP.

Decio Gurfinkel
Psicanalista, membro do Departamento de Psicanálise do Instituto Sedes Sapientiae e professor dos Cursos de Psicossomática e de Psicanálise deste Instituto; Doutor em Psicologia pelo IPUSP; autor dos livros *Do sonho ao trauma: psicossoma e adicções*" (Casa do Psicólogo) e

A pulsão e seu objeto-droga: estudo psicanalítico sobre a toxicomania (Vozes).

Flávio Carvalho Ferraz

Psicólogo e livre-docente em Psicologia pelo IPUSP; psicanalista, membro do Departamento de Psicanálise do Instituto Sedes Sapientiae e professor dos Cursos de Psicossomática e de Psicanálise deste Instituto; autor dos livros *A eternidade da maçã: Freud e a ética* (Escuta), *Andarilhos da imaginação: um estudo sobre os loucos de rua* (Casa do Psicólogo), *Perversão* (Casa do Psicólogo) e *Normopatia: sobreadaptação e pseudonormalidade* (Casa do Psicólogo), e co-organizador de *Saúde Mental, Crime e Justiça* (São Paulo, Edusp, 1996) e da série *Psicossoma* (São Paulo, Casa do Psicólogo, 1997, 1998, 2003), entre outros.

Lia Pitliuk

Psicanalista, supervisora e coordenadora de grupos de estudo sobre psicanálise; membro dos Departamentos de Psicanálise e de Psicanálise da Criança do Instituto Sedes Sapientiae; professora e supervisora do Curso de Psicanálise da Criança deste Instituto; coordenadora da Rede de Atendimento Psicanalítico.

Márcia de Mello Franco

Psicanalista; membro do Departamento de Psicanálise do Instituto Sedes Sapientiae e professora dos cursos de Psicossomática e de Psicopatologia Psicanalítica e Clínica Contemporânea deste Instituto.

Maria Helena Fernandes

Psicanalista, doutora em Psicanálise e Psicopatologia pela Universidade de Paris VII, com pós-doutoramento pela UNIFESP; professora do Curso de Psicossomática do Instituto Sedes Sapientiae e autora dos livros *L'hypocondrie du rêve et le silence des organes: une clinique psychanalytique du somatique* (Presses Universitaires du Septentrion), *Corpo* (São Paulo, Casa do Psicólogo, 2003) e *Transtornos alimentares* (São Paulo, Casa do Psicólogo, 2006).

Maria José Femenias Vieira

Médica especialista em Cirurgia Geral; doutora em Cirurgia do Aparelho Digestivo pela FMUSP, professora do Curso de Psicossomática do Instituto Sedes Sapientiae e autora de *Estresse* (São Paulo, Casa do Psicólogo, 2002).

Maria Luiza Scrosoppi Persicano
Psicóloga e psicanalista. Doutora em Psicologia Clínica pela PUC-SP. Membro do Departamento e Professora do Curso Formação em Psicanálise do Instituto Sedes Sapientiae; membro da Sociedade Psicanalítica de Campinas e Professora do Centro de Psicanálise de Campinas.

Mariana Telles Silveira
Psicóloga clínica, membro do Departamento de Reabilitação do Hospital Infantil Darcy Vargas; título de Aprimoramento em Psicologia Hospitalar em Instituição Pediátrica (ICr) do HCFMUSP.

Mário Eduardo Costa Pereira
Psiquiatra e psicanalista; professor do Depto. de Psicologia Médica e Psiquiatria da UNICAMP; doutor em Psicopatologia Fundamental e Psicanálise pela Universidade Paris VII; diretor do Laboratório de Psicopatologia Fundamental da UNICAMP; professor convidado do curso de Psicanálise do Instituto Sedes Sapientiae; autor do livro *Pânico e desamparo* (Escuta).

Mario de Marco
Psiquiatra e analista junguiano; chefe do Serviço de Interconsultas do Departamento de Psiquiatria e Chefe da disciplina de Psicologia Médica e Psiquiatria Social da EPM – UNIFESP.

Mario Pablo Fuks
Psiquiatra e psicanalista; membro do Departamento de Psicanálise do Instituto Sedes Sapientiae, professor do Curso de Psicanálise, coordenador do Curso de Psicopatologia Psicanalítica e Clínica Contemporânea, supervisor do Projeto de Intervenção e Investigação na Clínica da Anorexia e Bulimia deste Instituto e co-autor de *Histeria* (Casa do Psicólogo).

Nayra Cesaro Penha Ganhito
Psiquaitra e psicanalista; membro do Departamento de Psicanálise do Instituto Sedes Sapientiae e professora do curso de Psicopatologia Psicanalítica e Clínica Contemporânea deste Instituto; autora do livro *Distúrbios do sono* (Casa do Psicólogo).

Paulo Schiller
   Pediatra e psicanalista; coordenador do Serviço de Psicologia do Instituto de Oncologia Pediátrica da UNIFESP; autor do livro *Vertigem da imortalidade* (Companhia das Letras).

Renata Udler Cromberg
   Psicóloga e psicanalista; membro do Departamento de Psicanálise do Instituto Sedes Sapientiae; autora dos livros *Paranóia* (Casa do Psicólogo) e *Cena incestuosa* (Casa do Psicólogo).

Rubens Marcelo Volich
   Psicanalista; doutor pela Universidade de Paris VII; professor do Curso de Psicossomática do Instituto Sedes Sapientiae; autor de *Psicossomática: de Hipócrates à Psicanálise* (Casa do Psicólogo), *Hipocondria: impasses da alma, desafios do corpo* (Casa do Psicólogo) e co-organizador da série *Psicossoma*.

Silvia Leonor Alonso
   Psicanalista; membro do Departamento de Psicanálise do Instituto Sedes Sapientiae e professora do Curso de Psicanálise deste Instituto; co-organizadora dos livros *Freud:um ciclo de leituras* (Escuta) e *Figuras clínicas do feminino no mal-estar contemporâneo* (Escuta) e co-autora de *Histeria* (Casa do Psicólogo)

Sônia Maria Rio Neves
   Psicóloga e psicanalista, especialista em Psicologia Clínica pelo CRP; membro do Departamento de Psicanálise do Instituto Sedes Sapientiae; professora e coordenadora do Curso de Psicossomática deste Instituto.

Sidnei José Cazeto
   Psicólogo; doutor em Psicologia Clínica pela PUC-SP; professor da Faculdade de Psicologia da PUC-SP, do Curso de Especialização em Psicologia Clínica: Teoria Psicanalítica da PUC-SP e do Curso de Psicossomática do Instituto Sedes Sapientiae; autor autor de *A constituição do inconsciente em práticas clínicas na França do século XIX* (Escuta).

Themis Regina Winter
   Psicóloga, psicanalista; diretora do Centro de Investigação Psicanalítica e Psicossomática de Taubaté, autora de *O enigma da doença* (Casa do Psicólogo).

Wagner Ranña
Pediatra e psicoterapeuta; mestre em pediatria pela FMUSP; assistente do Serviço de Psiquiatria e Psicologia Infantil do Instituto da Criança do HC-FMUSP; professor do Curso de Psicossomática do Instituto Sedes Sapientiae.

Wilson de Campos Vieira
Psicanalista e psicossomaticista; bacharel em Filosofia pela USP e em Psicologia pela Sorbonne; doutor em Filosofia pela Unicamp.

Impresso por :

gráfica e editora
Tel.:11 2769-9056